整数
↓
(int)(Math.Random()*100)
0–100.

编写 javac . 名字 java
执行 java 名字

this.x=x;
this.y=y;
当前 x , y.

工作

论 20
法 10
历 20
编 30

regedit

型
上转类
接口

5132

狼吃羊
鸟笼飞
(随机数)

类 car.

随机数.

hubei

论语

周二：13号：13:40 22104

商务：

周二：13号：13:40 21106

21世纪高等学校计算机基础实用规划教材

Java 2 实用教程

（第4版）

耿祥义 张跃平 编著

清华大学出版社
北 京

内容简介

Java 语言是一种很优秀的语言，具有面向对象、与平台无关、安全、稳定和多线程等优良特性，特别适合于网络应用程序的设计，已经成为网络时代最重要的语言之一。

全书共分 16 章，分别介绍了 Java 的基本数据类型、语句、类与对象、子类与继承、接口与实现、内部类与异常类、常用实用类、组件及事件处理、输入输出流、JDBC 数据库操作、Java 多线程机制、Java 网络编程、图形、图像与音频、泛型与集合框架、Java Applet 等内容。

本书注重可读性和实用性，配备了大量的例题和习题。许多例题和习题都经过精心的考虑，既能帮助理解知识，又具有启发性。本书通俗易懂，便于自学，针对较难理解的问题，都是从简单到复杂，逐步深入地引入例子，便于读者掌握 Java 面向对象编程思想。

本书既适合作为高等院校相关专业 Java 程序设计的教材，也可供自学者及软件开发人员参考。

图书在版编目（CIP）数据

Java 2 实用教程 / 耿祥义，张跃平编著. —4 版. —北京：清华大学出版社，2012.8（2013.8 重印）
（21 世纪高等学校计算机基础实用规划教材）
ISBN 978-7-302-26049-3

Ⅰ. ①J… Ⅱ. ①耿… ②张… Ⅲ. ①JAVA 语言－程序设计－教材 Ⅳ. ①TP312

中国版本图书馆 CIP 数据核字（2011）第 131342 号

责任编辑：魏江江 薛 阳
封面设计：常雪影
责任校对：时翠兰
责任印制：何 芊

出版发行：清华大学出版社
网 址：http://www.tup.com.cn，http://www.wqbook.com
地 址：北京清华大学学研大厦 A 座 邮 编：100084
社 总 机：010-62770175 邮 购：010-62786544
投稿与读者服务：010-62776969，c-service@tup.tsinghua.edu.cn
质 量 反 馈：010-62772015，zhiliang@tup.tsinghua.edu.cn
印 装 者：北京密云胶印厂
经 销：全国新华书店
开 本：185mm×260mm 印 张：31.5 字 数：782 千字
版 次：2001 年 10 月第 1 版 2012 年 8 月第 4 版 印 次：2013 年 8 月第 5 次印刷
印 数：275501～279500
定 价：39.50 元

产品编号：036797-02

编审委员会成员

	李善平	教授
扬州大学	李　云	教授
南京大学	骆　斌	教授
	黄　强	副教授
南京航空航天大学	黄志球	教授
	秦小麟	教授
南京理工大学	张功萱	教授
南京邮电学院	朱秀昌	教授
苏州大学	王宜怀	教授
	陈建明	副教授
江苏大学	鲍可进	教授
中国矿业大学	张　艳	教授
武汉大学	何炎祥	教授
华中科技大学	刘乐善	教授
中南财经政法大学	刘腾红	教授
华中师范大学	叶俊民	教授
	郑世珏	教授
	陈　利	教授
江汉大学	颜　彬	教授
国防科技大学	赵克佳	教授
	邹北骥	教授
中南大学	刘卫国	教授
湖南大学	林亚平	教授
西安交通大学	沈钧毅	教授
	齐　勇	教授
长安大学	巨永锋	教授
哈尔滨工业大学	郭茂祖	教授
吉林大学	徐一平	教授
	毕　强	教授
山东大学	孟祥旭	教授
	郝兴伟	教授
中山大学	潘小轰	教授
厦门大学	冯少荣	教授
厦门大学嘉庚学院	张思民	教授
云南大学	刘惟一	教授
电子科技大学	刘乃琦	教授
	罗　蕾	教授
成都理工大学	蔡　淮	教授
	于　春	副教授
西南交通大学	曾华燊	教授

出版说明

随着我国改革开放的进一步深化，高等教育也得到了快速发展，各地高校紧密结合地方经济建设发展需要，科学运用市场调节机制，加大了使用信息科学等现代科学技术提升、改造传统学科专业的投入力度，通过教育改革合理调整和配置了教育资源，优化了传统学科专业，积极为地方经济建设输送人才，为我国经济社会的快速、健康和可持续发展以及高等教育自身的改革发展做出了巨大贡献。但是，高等教育质量还需要进一步提高，以适应经济社会发展的需要，不少高校的专业设置和结构不尽合理，教师队伍整体素质亟待提高，人才培养模式、教学内容和方法需要进一步转变，学生的实践能力和创新精神亟待加强。

教育部一直十分重视高等教育质量工作。2007 年 1 月，教育部下发了《关于实施高等学校本科教学质量与教学改革工程的意见》，计划实施"高等学校本科教学质量与教学改革工程（简称'质量工程'）"，通过专业结构调整、课程教材建设、实践教学改革、教学团队建设等多项内容，进一步深化高等学校教学改革，提高人才培养的能力和水平，更好地满足经济社会发展对高素质人才的需要。在贯彻和落实教育部"质量工程"的过程中，各地高校发挥师资力量强、办学经验丰富、教学资源充裕等优势，对其特色专业及特色课程（群）加以规划、整理和总结，更新教学内容、改革课程体系，建设了一大批内容新、体系新、方法新、手段新的特色课程。在此基础上，经教育部相关教学指导委员会专家的指导和建议，清华大学出版社在多个领域精选各高校的特色课程，分别规划出版系列教材，以配合"质量工程"的实施，满足各高校教学质量和教学改革的需要。

本系列教材立足于计算机公共课程领域，以公共基础课为主、专业基础课为辅，横向满足高校多层次教学的需要。在规划过程中体现了如下一些基本原则和特点。

（1）面向多层次、多学科专业，强调计算机在各专业中的应用。教材内容坚持基本理论适度，反映各层次对基本理论和原理的需求，同时加强实践和应用环节。

（2）反映教学需要，促进教学发展。教材要适应多样化的教学需要，正确把握教学内容和课程体系的改革方向，在选择教材内容和编写体系时注意体现素质教育、创新能力与实践能力的培养，为学生的知识、能力、素质协调发展创造条件。

（3）实施精品战略，突出重点，保证质量。规划教材把重点放在公共基础课和专业基础课的教材建设上；特别注意选择并安排一部分原来基础比较好的优秀教材或讲义修订再版，逐步形成精品教材；提倡并鼓励编写体现教学质量和教学改革成果的教材。

（4）主张一纲多本，合理配套。基础课和专业基础课教材配套，同一门课程可以有针对不同层次、面向不同专业的多本具有各自内容特点的教材。处理好教材统一性与多样化，基本教材与辅助教材、教学参考书，文字教材与软件教材的关系，实现教材系列资源配套。

（5）依靠专家，择优选用。在制定教材规划时要依靠各课程专家在调查研究本课程教材建设现状的基础上提出规划选题。在落实主编人选时，要引入竞争机制，通过申报、评审确定主题。书稿完成后要认真实行审稿程序，确保出书质量。

繁荣教材出版事业，提高教材质量的关键是教师。建立一支高水平教材编写梯队才能保证教材的编写质量和建设力度，希望有志于教材建设的教师能够加入到我们的编写队伍中来。

21 世纪高等学校计算机基础实用规划教材
联系人：魏江江 weijj@tup.tsinghua.edu.cn

前　言

本书是《Java 2 实用教程》的第 4 版，继续保留原教材的特点——注重教材的可读性和实用性，许多例题都经过精心的考虑，既能帮助理解知识，又具有启发性。在第 4 版中，对全书章节的先后顺序和部分例题的内容做了调整，增加了一些新的知识、例题和习题，如增加了面向对象的内容，删除了一些陈旧的例子。

全书共分 16 章，分别介绍 Java 的基本数据类型、语句、类与对象、子类与继承、接口与实现、内部类与异常类、常用实用类、组件及事件处理、输入输出流、JDBC 数据库操作、Java 多线程机制、Java 网络编程、图形、图像与音频、泛型与集合框架、Java Applet 等内容。

第 1 章介绍 Java 语言的来历、地位和重要性，详细讲解了 Java 平台。第 2 章讲解基本数据类型。第 3 章介绍 Java 运算符和控制语句。第 4～7 章是本书的重点内容之一，讲述了类与对象、子类与继承、接口与多态、内部类与异常类等内容，对许多重要的知识点都结合例子给予了详细的讲解，特别强调了面向抽象和接口的设计思想以及软件设计的开闭原则。第 8 章讲述常用的实用类，包括字符串、日期、正则表达式、模式匹配以及数学计算等实用类，特别讲解了怎样使用 Scanner 类解析字符串。第 9 章介绍了组件的有关知识，把对事件处理的讲解分散到具体的组件，只要真正理解掌握了一种组件事件的处理过程，就会掌握其他组件的事件处理。输入、输出流是 Java 语言中的经典内容，尽管 Java 提供了二十多种流，但它们的用法、原理却很类似，第 10 章在输入、输出流的讲解上突出原理，特别详细地讲解了利用对象流克隆对象的原理。第 11 章结合例子讲解 Java 与数据库的连接过程，主要讲解 Java 怎样使用 JDBC 操作数据库，特别讲解了预处理、事务处理和批处理等重要技术。多线程是 Java 语言中的一大特点，占有很重要的地位，在第 12 章通过有针对性的例子使读者掌握多线程中的重要概念，并学习怎样用多线程来解决实际问题。第 13 章是关于网络编程的知识，针对套接字，用通俗而准确的语言给予了详细的讲解，使学生认识到多线程在网络编程中的重要作用，在内容上结合已学知识给出了一些实用性很强的例子，学生可举一反三编写相应的网络程序。第 14 章是有关图形、图像和音频的知识，结合已学知识给出了许多实用的例子。怎样有效地使用数据永远是程序设计中最重要的内容之一，在第 15 章讲述了常用数据结构的 Java 实现，在讲述这些内容时，特别强调如何有效合理地使用各种数据结构。第 16 章主要讲解 Java Applet 的运行原理及其在网络中的角色。

本书的全部例题在 JDK 1.6 环境下编译通过。登录清华大学出版社网站 http://tup.tsinghua.edu.cn 可下载本书的全部源代码。

希望本教材能对读者学习 Java 有所帮助，并恳请读者批评指正。

耿祥义

2011 年 10 月

目 录

第 1 章　Java 入门

主要内容

- Java 的地位
- Java 的诞生
- Java 的特点
- 安装 JDK
- 简单的 Java 应用程序
- 注释
- 编程风格

学习 Java 语言需要读者曾系统地学习过一门面向过程的编程语言，比如 C 语言。读者学习过 Java 语言之后，可以继续学习和 Java 相关的一些重要内容，比如，学习和数据库设计相关的 Java Database Connection（JDBC）、Web 设计相关的 Java Server Page（JSP）、手机程序设计相关的 Java Micro Edition（Java ME）、数据交换技术相关的 eXtensible Markup Language（XML）以及网络中间件设计相关的 Java Enterprise Edition（Java EE），如图 1.1 所示。

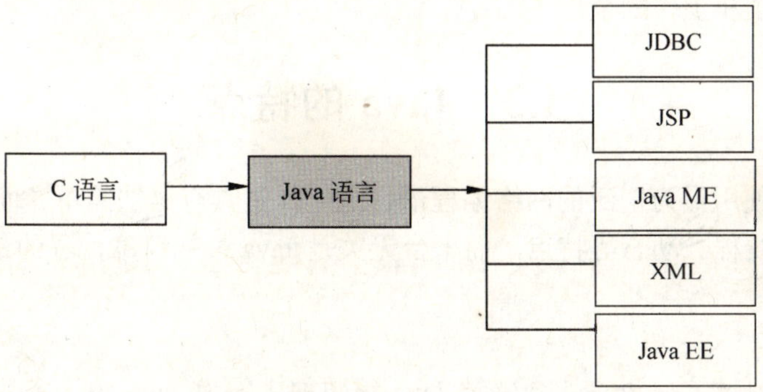

图 1.1　Java 的先导知识与后继技术

本章对 Java 语言做一个简单的介绍，重点讲解 Java 的平台无关性以及 Java 应用程序的开发步骤，有关 Java 语言的细节会在后续的章节中讨论。

1.1　Java 的地位

Java 具有面向对象、与平台无关、安全、稳定和多线程等优良特性，是目前软件设计中优秀的编程语言。Java 不仅可以用来开发大型的应用程序，而且特别适合于 Internet 应用的开发。Java 确实具备了“一旦写成处处可用”的特点，这也是 Java 最初风靡全球的主要原因。Java 是一门正在被广泛使用的编程语言，而且许多新的技术领域都涉及了 Java 语言，Java 已成为网络时代最重要的编程语言之一。

1.1.1 网络地位

网络已经成为信息时代最重要的交互媒介，那么基于网络的软件设计就成为软件设计领域的核心。Java 的平台无关性让 Java 成为编写网络应用程序的佼佼者，而且 Java 也提供了许多以网络应用为核心的技术，使得 Java 特别适合于网络应用软件的设计与开发。

1.1.2 语言地位

Java 是面向对象编程，并涉及网络、多线程等重要的基础知识，是一门很好的面向对象语言。通过学习 Java 语言不仅可以学习怎样使用对象来完成某些任务、掌握面向对象编程的基本思想，而且也为今后进一步学习设计模式奠定较好的语言基础。C 语言无疑是最基础和非常实用的语言之一。目前，Java 语言已经获得了和 C 语言同样重要的语言地位，即不仅是一门正在被广泛使用的编程语言，而且已成为软件设计开发者应当掌握的一门基础语言。

1.1.3 需求地位

目前，由于很多新的技术领域都涉及了 Java 语言，例如，用于设计 Web 应用的 JSP、设计手机应用程序的 Java ME 等，导致 IT 行业对 Java 人才的需求正在不断地增长，可以经常看到许多培训或招聘 Java 软件工程师的广告，因此掌握 Java 语言及其相关技术意味着较好的就业前景和工作酬金。

1.2 Java 的特点

Java 是目前使用最为广泛的网络编程语言之一，它具有语法简单、面向对象、稳定、与平台无关、多线程、动态等特点，而平台无关是 Java 最初风靡世界的最重要的原因。

1.2.1 简单

如果读者学习过 C++语言，会感觉 Java 很眼熟，因为 Java 中许多基本语句的语法和 C++语言是一样的，像常用的循环语句、控制语句等和 C++几乎相同。需要注意的是，Java 和 C++是完全不同的语言，Java 和 C++各有各的优势，将会长期并存下去，Java 语言和 C++语言已成为软件开发者应当掌握的基础语言。如果从语言的简单性方面看，Java 要比 C++简单，C++中许多容易混淆的概念，或者被 Java 弃之不用了，或者以一种更清楚、更容易理解的方式实现，例如，Java 不再有指针的概念。

1.2.2 面向对象

基于对象的编程更符合人的思维模式，使人们更容易解决复杂的问题。Java 是面向对象的编程语言，本书将在第 4～6 章详细、准确地讨论类、对象、继承、多态、接口等重要概念。

1.2.3 平台无关

Java 语言的出现是源于对独立于平台的语言的需要，希望这种语言能编写出可嵌入各种家用电器等设备的芯片上且易于维护的程序。但是，人们发现当时的编程语言，比如 C、C++都有一个共同的缺点，那就是只能对特定的处理器（Central Processing Units，CPU）芯片进行编译。这样，一旦电器设备更换了芯片就不能保证程序正确运行，就可能需要修改程序并针对新的芯片重新进行编译。

Java 语言和其他语言相比，最大的优势就是编写的软件能在执行码上兼容，在所有的计算机上运行。Java 之所以能做到这一点，是因为 Java 可以在计算机的操作系统之上再提供一个 Java 运行环境（Java Runtime Environment，JRE）。该运行环境由 Java 虚拟机（Java Virtual Machine，JVM）、类库以及一些核心文件组成，也就是说，只要平台提供了 Java 运行环境，Java 编写的软件就能在其上运行。

1．平台与机器指令

无论哪种编程语言编写的应用程序都需要经过操作系统和处理器来完成程序的运行，因此这里所指的平台是由操作系统（Operating System, OS）和处理器 CPU 所构成。与平台无关是指软件的运行不因操作系统、处理器的变化而无法运行或出现运行错误。

每个平台都会形成自己独特的机器指令，所谓平台的机器指令就是可以被该平台直接识别、执行的一种由 0，1 组成的序列代码。相同的 CPU 和不同的操作系统所形成的平台的机器指令可能是不同的。比如，某个平台可能用 8 位序列代码 00001111 表示加法指令，以 10000001 表示减法指令，而另一种平台可能用 8 位序列代码 10101010 表示加法指令，以 10010011 表示减法指令。

2．C/C++程序依赖平台

现在，让我们分析一下为何 C/C++语言编写的程序可能因为操作系统的变化、处理器升级导致程序出现错误或无法运行。

C/C++针对当前 C/C++源程序所在的特定平台对其源文件进行编译、链接，生成机器指令，即根据当前平台的机器指令生成可执行文件，那么，可以在任何与当前平台相同的平台上运行这个可执行文件。但是，不能保证 C/C++源程序所产生的可执行文件在所有的平台上都能正确地被运行，其原因是不同平台可能具有不同的机器指令（如图 1.2 所示）。因此，如果更换了平台，可能需要修改源程序，并针对新的平台重新编译源程序。

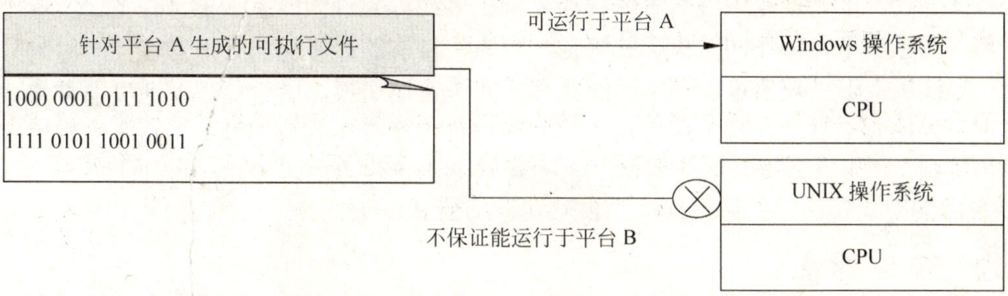

图 1.2　C/C++生成的可执行文件依赖于平台

3．Java 虚拟机与字节码

Java 语言和其他语言相比，最大的优势就是它的平台无关性。这是因为 Java 可以在平台之上再提供一个 Java 运行环境，该 Java 运行环境由 Java 虚拟机、类库以及一些核心文件组成。Java 虚拟机的核心是所谓的字节码指令，即可以被 Java 虚拟机直接识别、执行的一种由 0，1 组成的序列代码。字节码并不是机器指令，因为它不和特定的平台相关，不能被任何平台直接识别、执行。Java 针对不同平台提供的 Java 虚拟机的字节码指令都是相同的，比如所有的虚拟机都将 11110000 识别、执行为加法操作。

和 C/C++不同的是，Java 语言提供的编译器不针对特定的操作系统和 CPU 芯片进行编译，而是针对 Java 虚拟机把 Java 源程序编译成称为字节码的“中间代码”，比如，Java 源文件中的+被编译成字节码指令 11110000。字节码是可以被 Java 虚拟机识别、执行的代码，即 Java 虚拟机负责解释运行字节码，其运行原理是：Java 虚拟机负责将字节码翻译成虚拟机所在平台的机器码，并让当前平台运行该机器码，如图 1.3 所示。

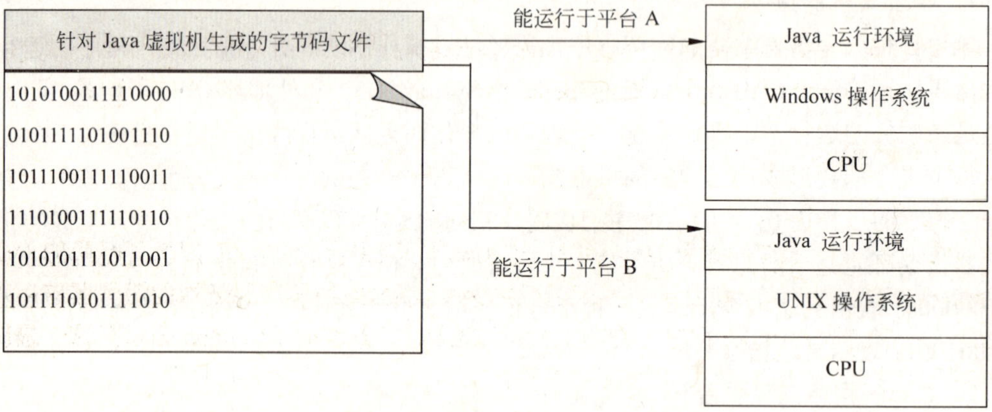

图 1.3　Java 生成的字节码文件不依赖于平台

在一个计算机上编译得到的字节码文件可以复制到任何一个安装了 Java 运行环境的计算机上直接使用。字节码由 Java 虚拟机负责解释运行，即 Java 虚拟机负责将字节码翻译成本地计算机的机器码，并将机器码交给本地的操作系统运行。

1.2.4　多线程

Java 的特点之一就是内置对多线程的支持。多线程允许同时完成多个任务。实际上多线程使人产生多个任务在同时执行的错觉，因为，目前的计算机的处理器在同一时刻只能执行一个线程，但处理器可以在不同的线程之间快速地切换，由于处理器速度非常快，远远超过了人接收信息的速度，所以给人的感觉好像多个任务在同时执行。C++没有内置的多线程机制，因此必须调用操作系统的多线程功能来进行多线程程序的设计。

1.2.5　安全

当准备从网络上下载一个程序时，最担心的是程序中含有恶意的代码，比如试图读取或删除本地机器上的一些重要文件，甚至该程序是一个病毒程序等。当使用支持 Java 的浏览器时，可以放心地运行 Java Applet 程序，不必担心病毒的感染和恶意的企图。Java Applet 程序由浏览器内置的 Java 运行环境负责解释执行，浏览器内置的 Java 运行环境不允许 Java Applet 程序访问当前浏览器上下文环境以外的其他部分。本书将在第 16 章讲述 Java Applet。

1.2.6 动态

在学习了第 4 章之后，读者就会知道，Java 程序的基本组成单元就是类，有些类是自己编写的，有一些是从类库中引入的，而类又是运行时动态装载的，这就使得 Java 可以在分布环境中动态地维护程序及类库。C/C++编译时就将函数库或类库中被使用的函数、类同时生成机器码，那么每当其类库升级之后，如果 C/C++程序想具有新类库提供的功能，程序就必须重新修改、编译。

1.3 安装 JDK

Java 要实现“编写一次，到处运行”（Write once，run anywhere）的目标，就必须提供相应的 Java 运行环境，即运行 Java 程序的平台。目前 Java 平台主要分为三个版本。

1.3.1 三种平台简介

1．Java SE

Java SE（曾称为 J2SE）称为 Java 标准版或 Java 标准平台。Java SE 提供了标准的 Java Development Kit（JDK）。利用该平台可以开发 Java 桌面应用程序和低端的服务器应用程序，也可以开发 Java Applet 程序。当前最新的 JDK 版本为 JDK 1.6，Sun 公司把这一最新的版本命名为 JDK 6.0，但人们仍然习惯地称做 JDK 1.6。

2．Java EE

Java EE（曾称为 J2EE）称为 Java 企业版或 Java 企业平台。使用 Java EE 可以构建企业级的服务应用，Java EE 平台包含了 Java SE 平台，并增加了附加类库，以便支持目录管理、交易管理和企业级消息处理等功能。

3．Java ME

Java ME（曾称为 J2ME）称为 Java 微型版或 Java 小型平台。Java ME 是一种很小的 Java 运行环境，用于嵌入式的消费产品中，如移动电话、掌上电脑或其他无线设备等。

无论上述哪种 Java 运行平台都包括了相应的 Java 虚拟机，虚拟机负责将字节码文件（包括程序使用的类库中的字节码）加载到内存，然后采用解释方式来执行字节码文件，即根据相应平台的机器指令翻译一句执行一句。

1.3.2 安装 Java SE 平台

学习 Java 最好选用 Java SE 提供的 Java 软件开发工具箱：JDK。Java SE 平台是学习掌握 Java 语言的最佳平台，而掌握 Java SE 又是进一步学习 Java EE 和 Java ME 所必需的。

目前有许多很好的 Java 集成开发环境（Integrated Development Environment，IDE）可用，例如，NetBean，Eclipse 等。Java 集成开发环境都将 JDK 作为系统的核心，非常有利于快速地开发各种基于 Java 语言的应用程序。但学习 Java 最好直接选用 Java SE 提供的

JDK，因为 Java 集成开发环境的目的是更好、更快地开发程序，不仅系统的界面往往比较复杂，而且也会屏蔽掉一些知识点。在掌握了 Java 语言之后，再去熟悉、掌握一个流行的 Java 集成开发环境即可。

可以登录到 Sun 公司的网站（http://java.sun.com）免费下载 JDK 1.6，本书将使用针对 Windows 操作系统平台的 JDK，因此下载的版本为 jdk-6u13-windows-i586-p.exe，如果读者使用其他操作系统，可以下载相应的 JDK。

在网站的 Download 菜单中选择 Java SE，然后选择 JDK 6 Update，单击下载按钮即可。

双击下载后的 jdk-6u13-windows-i586-p.exe 文件图标将出现安装向导界面，接受软件安装协议，出现选择安装路径界面。为了便于今后设置环境变量，建议修改默认的安装路径。在这里，将默认的安装路径 C:\program Files\Java\Jdk1.6.0_13 修改为 D:\jdk1.6。

将 JDK 安装到 D:\jdk1.6 目录下后，会形成如图 1.4 所示的目录结构。现在，就可以编写 Java 程序并编译、运行程序了，因为安装 JDK 的同时，计算机就安装了 Java 运行环境。

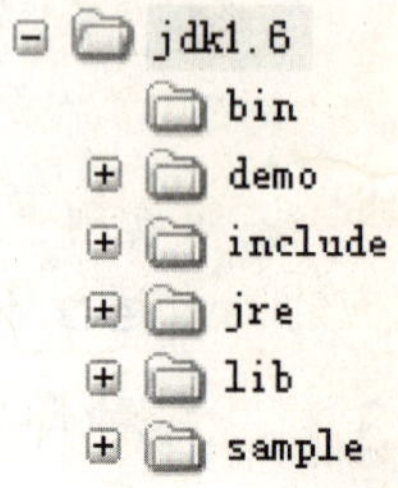

图 1.4　JDK 的目录结构

JDK 的主要内容如下：

- **开发工具**

位于 bin 子目录中。指工具和实用程序，可帮助开发、执行、调试以 Java 编程语言编写的程序，例如，编译器 javac.exe 和解释器 java.exe 都位于该目录中。

- **Java 运行环境**

位于 jre 子目录中。Java Runtime Environment 包括 Java 虚拟机、类库以及其他支持执行以 Java 编程语言编写的程序的文件。

- **附加库**

位于 lib 子目录中。开发工具所需的其他类库和支持文件。

- **演示程序**

位于 demo 子目录中。Java 平台的编程示例（带源代码），这些示例包括使用 Java Swing 和其他 Java 基类以及 Java 平台体系结构的示例。

- **样例代码**

位于 sample 子目录中。某些 Java API 的编程样例。

- **C 头文件**

位于 include 子目录中。支持使用 Java 本机界面、JVM 工具界面以及 Java 平台的其他功能进行本机代码编程的头文件。

- **源代码**

位于 JDK 安装目录之根目录中的 src.zip 文件是 Java 核心 API 的所有类的 Java 编程语言源文件（即 java.*、javax.*和某些 org.* 包的源文件，但不包括 com.sun.*包的源文件）。

1．系统环境 path 的设置

JDK 平台提供的 Java 编译器（javac.exe）和 Java 解释器（java.exe）位于 Java 安装目录的\bin 文件夹中，为了能在任何目录中使用编译器和解释器，应在系统特性中设置 path。对于 Windows 2000/2003/XP，右击“我的电脑”，在弹出的快捷菜单中选择“属性”，弹出

“系统特性”对话框，再单击该对话框中的“高级选项”，然后单击按钮“环境变量”，添加系统环境变量。如果曾经设置过环境变量 path，可单击该变量进行编辑操作，将需要的值加入即可，如图 1.5 所示。

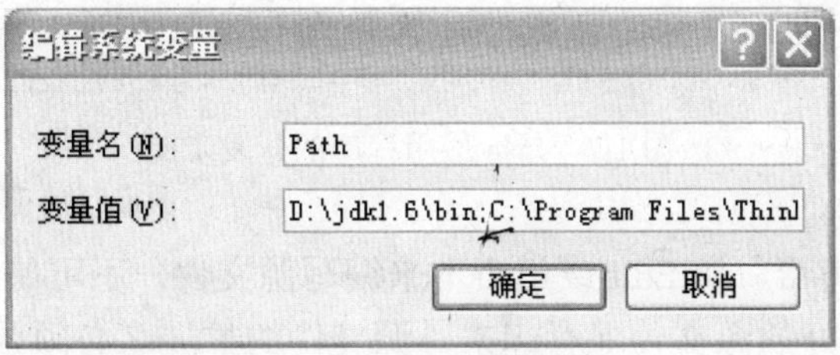

图 1.5　设置环境变量 path

2．系统环境 classpath 的设置

JDK 的安装目录的\jre 文件夹中包含着 Java 应用程序运行时所需的 Java 类库，这些类库被包含在\jre\lib 中的压缩文件 rt.jar 中。安装 JDK 一般不需要设置环境变量 classpath 的值。如果读者的计算机安装过一些商业化的 Java 开发产品或带有 Java 技术的一些产品，安装这些产品后，classpath 的值可能会被修改了。那么运行 Java 应用程序时，加载这些产品所带的老版本的类库可能导致程序要加载的类无法找到，使程序出现运行错误。读者可以重新编辑系统环境变量 classpath 的值。对于 Windows 2000/2003/XP，右击“我的电脑”，在弹出的快捷菜单中选择“属性”，弹出“系统特性”对话框，再单击该对话框中的“高级选项”，然后单击“环境变量”按钮，添加如图 1.6 所示的系统环境变量。如果曾经设置过环境变量 classpath，可单击该变量进行编辑操作，将需要的值加入即可。

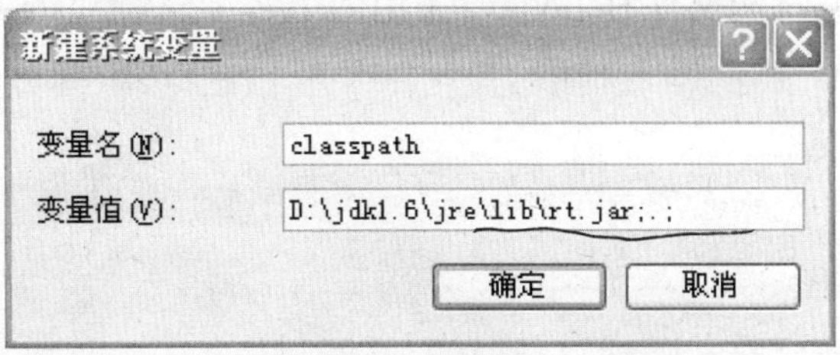

图 1.6　设置环境变量 classpath

注：classpath 设置中的“.;”是指可以加载应用程序当前目录及其子目录中的类。

3．仅仅安装 JRE

如果一个平台只想运行 Java 程序，可以只安装 JRE。JRE 由 JVM、Java 的核心类以及一些支持文件组成。可以登录 http//java.sun.com 下载针对各种平台的 Java 运行环境。

4．帮助文档

建议下载 Java 类库帮助文档，如 jdk-6-doc.zip。

1.4　Java 程序的开发步骤

Java 程序的开发步骤如图 1.7 所示。

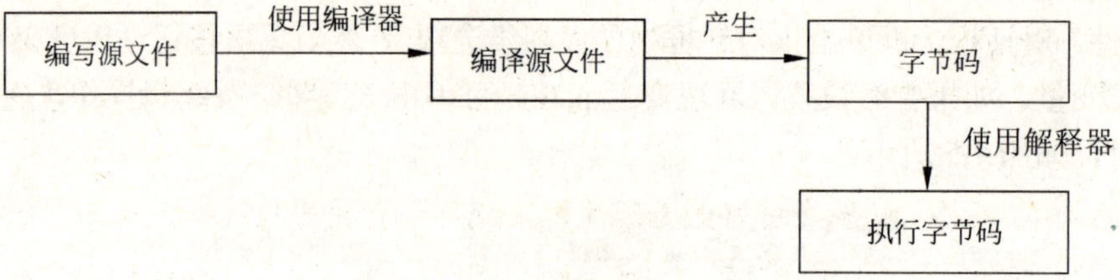

图 1.7　Java 应用程序的开发步骤

1．编写源文件

使用一个文本编辑器，如 Edit 或记事本来编写源文件。不可使用非文本编辑器，比如 Word 编辑器。将编写好的源文件保存起来，源文件的扩展名必须是.java。

2．编译源文件

使用 Java 编译器（javac.exe）编译源文件，得到字节码文件。

3．运行程序

使用 Java SE 平台中的 Java 解释器（java.exe）来解释执行字节码文件。

1.5　简单的 Java 应用程序

1.5.1　源文件的编写与保存

Java 是面向对象编程，Java 应用程序的源文件是由若干个书写形式互相独立的类组成，有关 Java 应用程序结构的细节在第 4 章还会讲解（4.4 节），本节的重点是掌握 Java 应用程序的开发步骤。

下面例子 1 中的 Java 源文件 Hello.java 是由两个名字分别为 Hello 和 Student 的类组成。

例子 1

Hello.java

```
public class Hello {
   public static void main (String args[]) {
      System.out.println("大家好!");
      System.out.println("Nice to meet you");
      Student stu = new Student();
      stu.speak("We are students");
   }
}
class Student {
   public void speak(String s) {
      System.out.println(s);
   }
}
```

1．编写源文件

使用一个文本编辑器，如 Edit 或记事本编写上述例子 1 给出的源文件。

Java 源程序中语句所涉及的小括号及标点符号都是英文状态下输入的括号和标点符号，比如"大家好!"中的引号必须是英文状态下的引号，而字符串里面的符号不受汉字字符或英文字符的限制。

在编写程序时，应养成良好的编码习惯，比如一行最好只写一条语句，保持良好的缩进等。大括号的占行习惯有两种，一种是向左的大括号“{”和向右的大括号“}”都独占一行；另一种习惯是向左的大括号“{”在上一行的尾部，向右的大括号“}”独占一行（有关编程风格见 1.6 节）。

2. 保存源文件

如果源文件中有多个类，那么只能有一个类是 public 类；如果有一个类是 public 类，那么源文件的名字必须与这个类的名字完全相同，扩展名是.java；如果源文件没有 public 类，那么源文件的名字只要和某个类的名字相同，并且扩展名是.java 就可以了。

上述例子 1 中的源文件必须命名为 Hello.java。我们将 Hello.java 保存到 C:\chapter1 文件夹中。

在保存源文件时，不可以将源文件命名为 hello.java，因为 Java 语言是区分大小写的。在保存文件时，必须将“保存类型”选择为“所有文件”，将“编码”选择为 ANSI。如果在保存文件时，系统总是自动给文件名尾加上“.txt”（这是不允许的），那么在保存文件时可以将文件名用双引号括起，如图 1.8 所示。

图 1.8　Java 源文件的保存

1.5.2　编译

在保存了 Hello.java 源文件后，就可以使用 Java 编译器（javac.exe）对其进行编译。

使用 JDK 环境开发 Java 程序，需打开 MS-DOS 命令行窗口，使用几个简单的 DOS 操作命令。例如，从逻辑分区 C 转到逻辑分区 D，需在命令行依次输入 D 和冒号并回车确认；进入某个子目录（文件夹）的命令是：“cd 目录名”；退出某个子目录的命令是：“cd..”，例如，从目录 example 退到目录 boy 的操作是“c:\boy>example>cd..”。

1. 编译器（javac）

现在进入逻辑分区 C 的 chapter1 目录中，使用编译器 javac 编译源文件（如图 1.9 所示）。

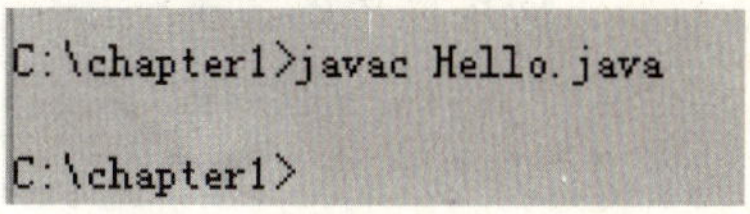

图 1.9　使用 javac 编译源文件

```
C:\chapter1> javac Hello.java
```

如果编译时，系统提示：

```
javac 不是内部或外部命令也不是可运行的程序或批处理文件
```

请检查是否为系统环境变量 Path 指定了 D:\jdk1.6\bin 这个值(重新设置过环境变量后，

要重新打开 MS-DOS 命令行窗口），也可以在当前 MS-DOS 命令行窗口首先输入

```
Path d:\jdk1.6\bin
```

回车确认，然后再编译源文件。

2．字节码文件（.class 文件）

如果源文件中包含有多个类，编译源文件将生成多个扩展名为.class 的文件，每个扩展名是.class 的文件中只存放一个类的字节码，其文件名与该类的名字相同。这些字节码文件被存放在与源文件相同的目录中。

如果源文件中有语法错误，编译器将给出错误提示，不生成字节码文件，编写者必须修改源文件，然后再进行编译。

编译上述例子 1 中 Hello.java 源文件将得到两个字节码文件：Hello.class 和 Student.class。如果对源文件进行了修改，必须重新编译，再生成新的字节码文件。

3．字节码的兼容性

JDK 1.5 后的编译器和以前版本的编译器有了一个很大的不同，不再向下兼容，也就是说，如果在编译源文件时没有特别约定的话，JDK 1.6 编译器生成的字节码只能在安装了 JDK 1.6 或 JRE 1.6 的 Java 平台环境中运行。可以使用“-source”参数约定字节码适合的 Java 平台。如果 Java 程序中并没有用到 JDK 1.6 的新功能，在编译源文件时可以使用“-source”参数，例如：

```
javac -source 1.4 文件名.java
```

这样编译生成的字节码可以在 1.4 版本以上（含 1.4 版本）的 Java 平台上运行。如果源文件使用的系统类库没有超过 1.1 版本，在编译源文件应当使用-source 参数，取值 1.1，使得字节码有更好的可移植性。

-source 参数可取的值有：1.6、1.5、1.4、1.3、1.2、1.1。

如果在使用 JDK 1.6 编译器时没有显式地使用“-source”参数，JDK 1.6 编译器默认地使用该参数，并取值为 1.6。

注：在编译时，如果出现提示 file Not Found，请检查源文件是否在当前目录中，比如 C:\chapter1 中、检查源文件是否被错误地命名为 hello.java 或 hello.java.txt。

1.5.3 运行

1．应用程序的主类

一个 Java 应用程序必须有一个类含有 public static void main（String args[ ]）方法，称这个类是应用程序的主类。args[]是 main 方法的一个参数，是一个字符串类型的数组（注意 String 的第一个字母是大写的），以后会学习怎样使用这个参数（见 8.1.3 节）。例子 1 中的 Java 源程序中的主类是 Hello 类。

2．解释器（java）

使用 Java 虚拟机中的 Java 解释器（java.exe）来解释执行其字节码文件。Java 应用程序总是从主类的 main 方法开始执行。因此，需进入主类字节码所在目录，比如 C:\chapter1，然后使用 Java 解释器（java.exe）运行主类的字节码，如下所示。

```
C:\chapter1\> java Hello
```

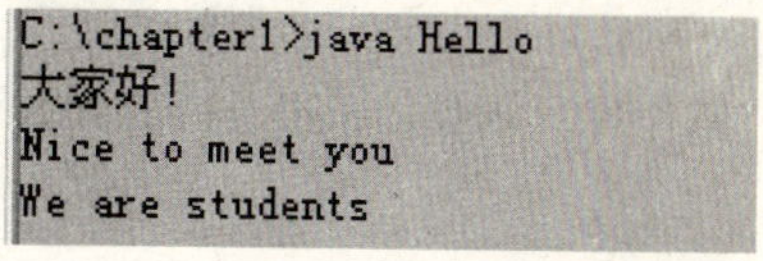

图 1.10 使用 Java 解释器运行程序

运行效果如图 1.10 所示。当 Java 应用程序中有多个类时，Java 解释器执行的类名必须是主类的名字（没有扩展名）。当使用 Java 解释器运行应用程序时，Java 虚拟机首先将程序需要的字节码文件加载到内存，然后解释执行字节码文件。当运行上述 Java 应用程序时，虚拟机将 Hello.class 和 Student.class 加载到内存。当虚拟机将 Hello.class 加载到内存时，就为主类中的 main 方法分配了入口地址，以便 Java 解释器调用 main 方法开始运行程序。

3．注意事项

在运行时，如果出现错误提示：Exception in thread “main”java.lang.NoCalssFondError，请检查主类中的 main 方法。如果编写程序时错误地将主类中的 main 方法写成（遗漏了 static）：public void main(String args[])，那么，程序可以编译通过，但却无法运行。如果 main 方法书写正确，请检查是否为系统变量 classpath 指定了正确的值，也可以在当前 MS-DOS 命令行窗口首先输入：

```
classpath=d:\jdk1.6\jre\lib\rt.jar;.;
```

回车确认，然后再使用 Java 解释器运行主类。

需要特别注意的是，在运行程序时，不可以带有扩展名。

```
C:\chapter1\> java Hello.class
```

也不可以用如下方式（带着目录）运行程序。

```
java C:\chapter1\Hello
```

再看一个简单的 Java 应用程序，不要求读者看懂程序的细节，但读者必须知道怎样保存下面例子 2 中的 Java 源文件、怎样使用编译器编译源程序及怎样使用解释器运行程序。

例子 2

```
public class People {
    int height;
    String ear;
    void speak(String s) {
       System.out.println(s);
    }
}
class A {
    public static void main(String args[]) {
      People zhubajie;
      zhubajie = new People();
      zhubajie.height = 170;
      zhubajie.ear = "两只大耳朵";
      System.out.println("身高:"+zhubajie.height);
```

```
        System.out.println(zhubajie.ear);
        zhubajie.speak("师傅,咱们别去西天了,改去月宫吧");
    }
}
```

1．命名保存源文件

必须把例子 2 中的 Java 源文件保存为 People.java（回忆一下源文件命名的规定）。假设将 People.java 保存在 C:\1000 下。

2．编译

```
C:\1000> javac People.java
```

如果编译成功，C:\1000 目录下就会有 People.class 和 A.class 两个字节码文件。

3．执行

```
C:\1000> java A
```

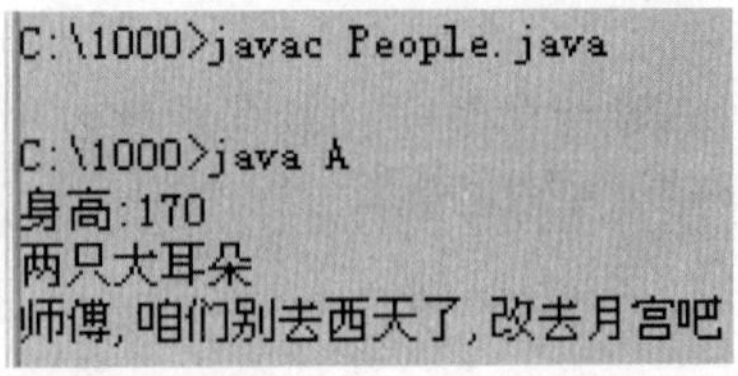

图 1.11　编译、运行 Java 应用程序

java 命令后必须是主类的名字（不包括扩展名）。

对上述例子 2 的 Java 程序进行编译、运行的操作步骤如图 1.11 所示。

1.6　编 程 风 格

遵守一门语言的编程风格是非常重要的，否则编写的代码将难以阅读，给后期的维护带来诸多不便，比如，一个程序员将许多代码都写在一行，尽管程序可以正确编译和运行，但是这样的代码几乎无法阅读，其他程序员无法容忍这样的代码。本节介绍一些最基本的编程风格，在后续的个别章节中将针对新增的知识点再给予必要的补充。

在编写 Java 程序时，许多地方都涉及使用一对大括号，比如类的类体、方法的方法体、循环语句的循环体以及分支语句的分支体等都使用一对大括号括起若干内容，即俗称的“代码块”都是用一对大括号括起的若干内容。“代码块”有两种流行（也是行业都遵守的习惯）的写法：Allmans 风格和 Kernighan 风格，本书绝大多数代码采用 Kernighan 风格。以下是 Allmans 风格和 Kernighan 风格的介绍。

1.6.1　Allmans 风格

Allmans 风格也称“独行”风格，即左、右大括号各自独占一行，如下列代码所示。

```
class Allmans
{
    public static void main(String args[])
    {
        int sum=0,i=0,j=0;
        for(i=1;i<=100;i++)
        {
            sum=sum+i;
```

```
        }
        System.out.println(sum);
    }
}
```

当代码量较小时适合使用“独行”风格，代码布局清晰，可读性强。

1.6.2 Kernighan 风格

Kernighan 风格也称“行尾”风格，即左大括号在上一行的行尾，而右大括号独占一行，如下列代码所示。

```
class Kernighan {
    public static void main(String args[]) {
        int sum=0,i=0,j=0;
        for(i=1;i<=100;i++) {
            sum=sum+i;
        }
        System.out.println(sum);
    }
}
```

当代码量较大时不适合使用“独行”风格，因为该风格将导致代码的左半部分出现大量的左、右大括号，导致代码清晰度下降，这时应当使用“行尾”风格。

1.6.3 注释

编译器忽略注释内容，注释的目的是有利于代码的维护和阅读，因此给代码增加注释是一个良好的编程习惯。Java 支持两种格式的注释：单行注释和多行注释。

单行注释使用“//”表示单行注释的开始，即该行中从“//”开始的后续内容为注释。例如：

```
class Hello // 类声明
{   //类体的左大括号
    public static void main(String args[]) {
        int sum=0,i=0,j=0;
        for(i=1;i<=100;i++)           //循环语句
        {
           sum = sum+i;
        }
        System.out.println(sum);      //输出 sum
    }
}   //类体的右大括号
```

多行注释使用/*表示注释的开始，以*/表示注释结束。例如：

```
class Hello {
```

```
    /* 以下是一个main方法，
       Java虚拟机首先执行该方法
    */
    public static void main(String args[]) {
        System.out.println("你好");
    }
}
```

1.7 Java 之父——James Gosling

1990 年 Sun 公司成立了由 James Gosling 领导的开发小组，开始致力于开发一种可移植的、跨平台的语言，该语言能生成正确运行于各种操作系统及各种 CPU 芯片上的代码。他们的精心研究和努力促成了 Java 语言的诞生。1995 年 5 月 Sun 公司推出的 Java Development Kit 1.0a2 版本，标志着 Java 的诞生。美国的著名杂志《PC Magazine》将 Java 语言评为 1995 年十大优秀科技产品之一。Java 的快速发展得益于 Internet 和 Web 的出现，Internet 上的各种不同计算机可能使用完全不同的操作系统和 CPU 芯片，但仍希望运行相同的程序，Java 的出现标志着分布式系统的真正到来。

注：印度尼西亚有一个重要的盛产咖啡的岛屿叫 Java，中文译名为爪哇，开发人员为这种新的语言起名为 Java，其寓意是为世人端上一杯热咖啡。

1.8 小　　结

（1）Java 语言是面向对象编程语言，编写的软件与平台无关。Java 语言涉及网络、多线程等重要的基础知识，特别适合于 Internet 应用的开发。很多新的技术领域都涉及了 Java 语言，学习和掌握 Java 已成为共识。

（2）Java 源文件是由若干个书写形式互相独立的类组成。开发一个 Java 程序需经过三个步骤：编写源文件、编译源文件生成字节码和加载运行字节码。

（3）编写代码务必遵守行业的习惯及风格。

习　题　1

1．问答题

（1）Java 语言的主要贡献者是谁？

（2）开发 Java 应用程序需要经过哪些主要步骤？

（3）Java 源文件是由什么组成的？一个源文件中必须要有 public 类吗？

（4）如果 JDK 的安装目录为 D:\jdk，应当怎样设置 path 和 classpath 的值？

（5）Java 源文件的扩展名是什么？Java 字节码的扩展名是什么？

（6）如果 Java 应用程序主类的名字是 Bird，编译之后，应当怎样运行该程序？

（7）有哪两种编程风格，在格式上各有怎样的特点？

2．选择题

（1）下列哪个是 JDK 提供的编译器？

A．java.exe　　B．javac.exe　　C．javap.exe　　D．javaw.exe

（2）下列哪个是 Java 应用程序主类中正确的 main 方法？

A．public void main (String args[ ])

B．static void main (String args[ ])

C．public static void Main (String args[])

D．public static void main (String args[ ])

3．阅读程序

阅读下列 Java 源文件，并回答问题。

```
public class Person {
   void speakHello() {
      System.out.print("您好，很高兴认识您");
      System.out.println(" nice to meet you");
   }
}
class Xiti {
   public static void main(String args[]) {
      Person zhang = new Person();
      zhang.speakHello();
    }
}
```

（1）上述源文件的名字是什么？

（2）编译上述源文件将生成几个字节码文件？这些字节码文件的名字都是什么？

（3）在命令行执行 java Person 得到怎样的错误提示？执行 java xiti 得到怎样的错误提示？执行 java Xiti.class 得到怎样的错误提示？执行 java Xiti 得到怎样的输出结果？

第 2 章　基本数据类型与数组

主要内容

- 标识符与关键字
- 基本数据类型
- 类型转换运算
- 输入、输出数据
- 数组

本章学习 Java 中的基本数据类型（简单数据类型）和数组。基本数据类型和 C 语言中的基本数据类型很相似，但读者务必要注意和 C 语言的不同之处，特别是 float 常量的格式与 C 语言的区别。Java 语言的数组和 C 语言的数组有类似的地方，但也有不同的地方，请读者务必注意。

2.1　标识符与关键字

2.1.1　标识符

用来标识类名、变量名、方法名、类型名、数组名及文件名的有效字符序列称为标识符，简单地说，标识符就是一个名字。以下是 Java 关于标识符的语法规则。

- 标识符由字母、下划线、美元符号和数字组成，长度不受限制。
- 标识符的第一个字符不能是数字字符。
- 标识符不能是关键字（关键字见下面的 2.1.3 节）。
- 标识符不能是 true、false 和 null（尽管 true、false 和 null 不是 Java 关键字）。

例如，以下都是标识符：

```
HappyNewYear_ava、TigerYear_2010、$98apple、hello、Hello
```

需要特别注意的是，标识符中的字母是区分大小写的，hello 和 Hello 是不同的标识符。

2.1.2　Unicode 字符集

Java 语言使用 Unicode 标准字符集，该字符集由 UNICODE 协会管理并接受其技术上的修改，最多可以识别 65536 个字符。Unicode 字符集的前 128 个字符刚好是 ASCII 码，还不能覆盖历史上的全部文字，但大部分国家的“字母表”的字母都是 Unicode 字符集中的一个字符，比如汉字中的“好”字就是 Unicode 字符集中的第 22909 个字符。Java 所谓的字母包括了世界上大部分语言中的“字母表”，因此，Java 所使用的字母不仅包括通常的拉丁字母 a、b、c 等，也包括汉语中的汉字、日文的片假名和平假名、朝鲜文、俄文、希腊字母以及其他许多语言中的文字。

2.1.3 关键字

关键字就是具有特定用途或被赋予特定意义的一些单词，不可以把关键字作为标识符来用，以下是 Java 的 50 个关键字。

abstract assert boolean break byte case catch char class const continue default do double else enum extends final finally float for goto if implements import instanceof int interface long native new package private protected public return short static strictfp super switch synchronized this throw throws transient try void volatile while

2.2 基本数据类型

基本数据类型也称简单数据类型。Java 语言有 8 种基本数据类型，分别是 boolean、byte、short、char、int、long、float、double，这 8 种基本数据类型习惯上可分为以下四大类型。

逻辑类型：boolean。

整数类型：byte、short、int、long。

字符类型：char。

浮点类型：float、double。

2.2.1 逻辑类型

- 常量：true，false。
- 变量：使用关键字 boolean 来声明逻辑变量，声明时也可以赋给初值，例如，

```
boolean male = true,on = true,off = false,isTriangle;
```

2.2.2 整数类型

整型数据分为四种。

1．int 型

- 常量：123，6000（十进制），077（八进制），0x3ABC（十六进制）。
- 变量：使用关键字 int 来声明 int 型变量，声明时也可以赋给初值，例如，

```
int x = 12,y = 9898,z;
```

对于 int 型变量，分配 4 个字节内存，因此，int 型变量的取值范围是：$-2^{31}\sim2^{31}-1$。

2．byte 型

- 变量：使用关键字 byte 来声明 byte 型变量，例如，

```
byte x = -12,tom = 28,漂亮 = 98;
```

- 常量：Java 中不存在 byte 型常量的表示法，但可以把一定范围内的 int 型常量赋值给 byte 型变量。

对于 byte 型变量，分配 1 个字节内存，占 8 位，因此 byte 型变量的取值范围是 -2^7～2^7-1。如果需要强调一个整数是 byte 型数据时，可以使用类型转换运算的结果来表示，例如：(byte)–12,(byte)28;。

3．short 型

- 变量：使用关键字 short 来声明 short 型变量，例如，

```
short x = 12,y = 1234;
```

- 常量：和 byte 型类似，Java 中也不存在 short 型常量的表示法，但可以把一定范围内的 int 型常量赋值给 short 型变量。

对于 short 型变量，分配 2 个字节内存，占 16 位，因此 short 型变量的取值范围是 -2^{15}～$2^{15}-1$。如果需要强调一个整数是 short 型数据时，可以使用强制转换运算的结果来表示，例如：(short)–12,(short)28;。

4．long 型

- 常量：long 型常量用后缀 L 来表示，例如 108L（十进制）、07123L（八进制）、0x3ABCL（十六进制）。
- 变量：使用关键字 long 来声明 long 型变量，例如，

```
long width = 12L,height = 2005L,length;
```

对于 long 型变量，分配 8 个字节内存，占 64 位，因此 long 型变量的取值范围是 -2^{63}～$2^{63}-1$。

注：Java 没有无符号的 byte,short,int 和 long，这一点和 C 语言有很大的不同。因此，unsigned int m;是错误的变量声明。

2.2.3 字符类型

- 常量：'A'，'b'，'?'，'!'，'9'，'好'，'\t'，'き'等，即用单引号（需用英文输入法输入）括起的 Unicode 表中的一个字符。
- 变量：使用关键字 char 来声明 char 型变量，例如，

```
char ch = 'A',home = '家',handsome = '酷';
```

对于 char 型变量，分配 2 个字节内存，占 16 位，最高位不是符号位，没有负数的 char。char 型变量的取值范围是 0~65 535。对于

```
char x = 'a';
```

内存 x 中存储的是 97，97 是字符 a 在 Unicode 表中的排序位置。因此，允许将上面的变量声明写成

```
char x = 97;
```

有些字符（如回车符）不能通过键盘输入到字符串或程序中，这时就需要使用转义字符常量，例如：\n（换行），\b（退格），\t（水平制表），\'（单引号），\"（双引号），\\（反斜线）等。

例如：

```
char ch1 = '\n',ch2 = '\"', ch3 = '\\';
```

再比如，字符串"我喜欢使用双引号\" "中含有双引号字符，但是，如果写成"我喜欢使用双引号" "，就是一个非法字符串。

在 Java 中，可以用字符在 Unicode 表中排序位置的十六进制转义（需要用 u 做前缀）来表示该字符，其一般格式为'\u****'，例如，'\u0041'表示字符 A，'\u0061'表示字符 a。

要观察一个字符在 Unicode 表中的顺序位置，可以使用 int 型类型转换，如(int)'A'。如果要得到一个 0~65 535 之间的数所代表的 Unicode 表中相应位置上的字符，必须使用 char 型类型转换，如(char)65。

注：Java 中的 char 型数据一定是无符号的，而且不允许使用 unsigned 来修饰所声明的 char 型变量（这一点和 C 语言是不同的）。

在下面的例子 1 中，分别用类型转换来显示一些字符在 Unicode 表中的位置，以及 Unicode 表中某些位置上的字符，运行效果如图 2.1 所示。

例子 1

Example2_1.java

```
public class  Example2_1 {
   public static void main (String args[ ]) {
      char chinaWord = '好',japanWord = 'あ';
      char you = '\u4F60';
      int position = 20320;
      System.out.println("汉字:"+chinaWord+"的位置:"+(int)chinaWord);
      System.out.println("日文:"+japanWord+"的位置:"+(int)japanWord);
      System.out.println(position+"位置上的字符是:"+(char)position);
      position = 21319;
      System.out.println(position+"位置上的字符是:"+(char)position);
      System.out.println("you:"+you);
   }
}
```

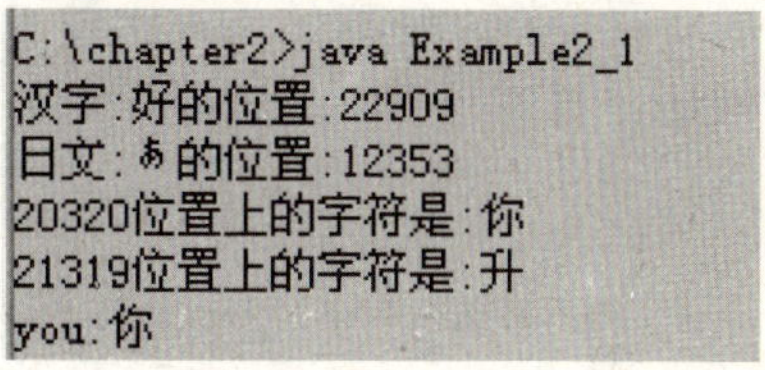

图 2.1　显示 Unicode 表中的字符

2.2.4　浮点类型

浮点型分为 float（单精度）型和 double（双精度）型。

1. float 型

- 常量：453.5439f，21379.987F，231.0f（小数表示法），2e40f（2 乘 10 的 40 次方，指数表示法）。需要特别注意的是常量后面必须要有后缀 f 或 F。
- 变量：使用关键字 float 来声明 float 型变量，例如，

```
float x = 22.76f,tom = 1234.987f,weight = 1e-12F;
```

float 变量在存储 float 型数据时保留 8 位有效数字（相对 double 型保留的有效数字，称之为单精度）。例如，如果将常量 12345.123456789f 赋值给 float 变量 x：x = 12345.123456789f。那么，x 存储的实际值是：12345.123046875（8 位有效数字，加下划线的是有效数字）。

对于 float 型变量，分配 4 个字节内存，占 32 位，float 型变量的取值范围是 1.4E–45～3.4028235E38 和–3.4028235E38～–1.4E–45。

2．double 型

- 常量：2389.539d，2318908.987，0.05（小数表示法），1e–90（1 乘 10 的–90 次方，指数表示法）。对于 double 常量，后面可以有后缀 d 或 D，但允许省略该后缀。
- 变量：使用关键字 double 来声明 double 型变量，例如，

```
double height = 23.345,width = 34.56D,length = 1e12;
```

对于 double 型变量，分配 8 个字节内存，占 64 位，double 型变量的取值范围是 4.9E–324～1.7976931348623157E308 和–1.7976931348623157E308～–4.9E–324。double 变量在存储 double 型数据时保留 16 位有效数字（相对 float 型保留的有效数字，称之为双精度）。

需要特别注意的是，比较 float 型数据与 double 型数据时必须注意数据的实际精度，例如，对于

```
float x = 0.4f;
double y = 0.4;
```

那么实际存储在变量 x 中的数据是（这里我们将小数点保留 16 位）：0.4000000059604645，存储在变量 y 中的数据是（小数点保留 16 位）：0.4000000000000000，因此，y 中的值小于 x 中的值。

2.3　类型转换运算

当把一种基本数据类型变量的值赋给另一种基本类型变量时，就涉及数据转换。下列基本类型会涉及数据转换（不包括逻辑类型）。将这些类型按精度从低到高排列：

```
byte  short  char  int  long  float  double
```

当把级别低的变量的值赋给级别高的变量时，系统自动完成数据类型的转换。例如：

```
float x = 100;
```

如果输出 x 的值，结果将是 100.0。

例如：

```
int x = 50;
```

```
float y;
y = x;
```

如果输出 y 的值，结果将是 50.0。

当把级别高的变量的值赋给级别低的变量时，必须使用类型转换运算，格式如下。

```
(类型名)要转换的值;
```

例如：

```
int x = (int)34.89;
long y = (long)56.98F;
int z = (int)1999L;
```

如果输出 x、y 和 z 的值，结果将是 34、56 和 1999，类型转换运算的结果的精度可能低于原数据的精度（见例子 2）。

当把一个 int 型常量赋值给一个 byte、short 和 char 型变量时，不可超出这些变量的取值范围，否则必须进行类型转换运算。例如，常量 128 属于 int 型常量，超出 byte 变量的取值范围，如果赋值给 byte 型变量，必须进行 byte 类型转换运算（将导致精度的损失），如下所示：

```
byte a = (byte)128;
byte b = (byte)(-129);
```

那么 a 和 b 得到的值分别是–128 和 127。

另外，一个常见的错误是在把一个 double 型常量赋值给 float 型变量时没有进行类型转换运算，例如：

```
float x = 12.4;
```

将导致语法错误，编译器将提示“possible loss of precision”。正确的做法是：

```
float x = 12.4F;
```

或

```
float x = (float)12.4;
```

下面的例子 2 使用了类型转换运算，运行效果如图 2.2 所示。

例子 2

```
C:\chapter2>java Example2_2
b=  22
n=  129
f=  123456.68
d=  1.2345678912345679E8
b=  -127
f=  1.23456792E8
```

图 2.2　类型转换运算

Example2_2.java

```
public class Example2_2 {
   public static void main (String args[]) {
      byte b = 22;
      int  n = 129;
      float f =123456.6789f ;
      double d=123456789.123456789;
```

```
        System.out.println("b =  "+b);
        System.out.println("n =  "+n);
        System.out.println("f =  "+f);
        System.out.println("d =  "+d);
        b = (byte)n;    //导致精度的损失
        f = (float)d;   //导致精度的损失
        System.out.println("b =  "+b);
        System.out.println("f =  "+f);
    }
}
```

2.4 输入、输出数据

2.4.1 输入基本型数据

Scanner 是 JDK 1.5 新增的一个类，可以使用该类创建一个对象：

```
Scanner reader = new Scanner(System.in);
```

然后 reader 对象调用下列方法，读取用户在命令行（例如，MS-DOS 窗口）输入的各种基本类型数据：

```
nextBoolean(),nextByte(),nextShort(),nextInt(),nextLong(),nextFloat(),
nextDouble()
```

上述方法执行时都会阻塞，程序等待用户在命令行输入数据回车确认。

在下面的例子 3 中，用户在键盘依次输入若干个数字，每输入一个数字都需要按回车键确认，在键盘输入数 0 结束整个的输入操作过程，程序将计算出这些数的和，运行效果如图 2.3 所示。

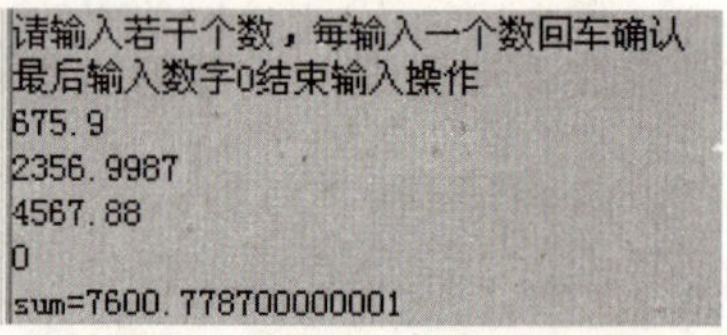

图 2.3 从命令行输入数据

例子 3

Example2_3.java

```
import java.util.Scanner;
public class Example2_3 {
    public static void main (String args[ ]){
        System.out.println("请输入若干个数，每输入一个数回车确认");
        System.out.println("最后输入数字 0 结束输入操作");
        Scanner reader = new Scanner(System.in);
        double sum = 0;
        double x = reader.nextDouble();
        while(x!=0){
           sum = sum+x;
           x = reader.nextDouble();
        }
```

```
        System.out.println("sum="+sum);
    }
}
```

2.4.2 输出基本型数据

System.out.println()或 System.out.print()可输出串值、表达式的值，二者的区别是前者输出数据后换行，后者不换行。允许使用并置符号+将变量、表达式或一个常数值与一个字符串并置一起输出，如：

```
System.out.println(m+"个数的和为"+sum);
System.out.println(":"+123+"大于"+122);
```

需要特别注意的是，在使用 System.out.println()或 System.out.print()输出字符串常量时，不可以出现“回车”，例如，下面的写法无法通过编译：

```
System.out.println("你好,
            很高兴认识你" );
```

如果需要输出的字符串的长度较长，可以将字符串分解成几部分，然后使用并置符号+将它们首尾相接，例如，以下是正确的写法：

```
System.out.println("你好,"+
            "很高兴认识你" );
```

另外，JDK 1.5 新增了和 C 语言中 printf 函数类似的输出数据的方法，格式如下：

```
System.out.printf("格式控制部分",表达式 1,表达式 2,…,表达式 n)
```

格式控制部分由格式控制符号%d、%c、%f、%s 和普通的字符组成，普通字符原样输出，格式符号用来输出表达式的值。

%d：输出 int 类型数据。

%c：输出 char 型数据。

%f：输出浮点型数据，小数部分最多保留 6 位。

%s：输出字符串数据。

输出数据时也可以控制数据在命令行的位置，例如，

%md：输出的 int 型数据占 m 列。

%m.nf：输出的浮点型数据占 m 列，小数点保留 n 位。

例如：

```
System.out.printf("%d,%f",12,23.78);
```

2.5 数　　组

前面几节学习了诸如 int、char、double 等基本数据类型，以下将学习数组。

如果程序需要若干个类型相同的变量，比如需要 8 个 int 型变量，应当怎样做呢？按

着前面所学知识，可能如下声明 8 个 int 型变量。

```
int x1,x2,x3,x4,x5,x6,x7,x8;
```

如果程序需要更多的 int 型变量，以这种方式来声明变量是不可取的，这就促使我们学习使用数组。数组是相同类型的变量按顺序组成的一种复合数据类型（数组是一些类型相同的变量组成的集合），称这些相同类型的变量为数组的元素或单元。数组通过数组名加索引来使用数组的元素。

数组属于引用型变量，创建数组需要经过声明数组和为数组分配变量两个步骤。

2.5.1 声明数组

声明数组包括数组变量的名字（简称数组名）、数组的类型。

声明一维数组有下列两种格式：

```
数组的元素类型 数组名[];
数组的元素类型 [] 数组名;
```

声明二维数组有下列两种格式：

```
数组的元素类型 数组名[][];
数组的元素类型 [][] 数组名;
```

例如：

```
float boy[];
char cat[][];
```

那么数组 boy 的元素都是 float 类型的变量，可以存放 float 型数据，数组 cat 的元素都是 char 型变量，可以存放 char 型数据。

可以一次声明多个数组，例如，

```
int [] a,b;
```

声明了两个 int 型一维数组 a 和 b，等价的声明是：

```
int a[],b[];
```

需要特别注意的是，

```
int [] a,b[];
```

是声明了一个 int 型一维数组 a 和一个 int 型二维数组 b，等价的声明是：

```
int a[],b[][];
```

注：与 C/C++不同，Java 不允许在声明数组中的方括号内指定数组元素的个数。若声明

```
int a[12];
```

或

```
int [12] a;
```

将导致语法错误。

2.5.2　为数组分配元素

声明数组仅仅是给出了数组变量的名字和元素的数据类型，要想真正地使用数组还必须创建数组，即给数组分配元素。

为数组分配元素的格式如下。

```
数组名 = new 数组元素的类型[数组元素的个数];
```

例如：

```
boy = new float[4];
```

为数组分配元素后，数组 boy 获得 4 个用来存放 float 类型数据的变量，即 4 个 float 型元素。数组变量 boy 中存放着这些元素的首地址，该地址称做数组的引用，这样数组就可以通过索引使用分配给它的变量，即操作它的元素。

数组属于引用型变量，数组变量中存放着数组的首元素的地址，通过数组变量的名字加索引使用数组的元素（内存示意如图 2.4 所示）。比如：

```
boy[0] = 12;
boy[1] = 23.908F;
boy[2] = 100;
boy[3] = 10.23f;
```

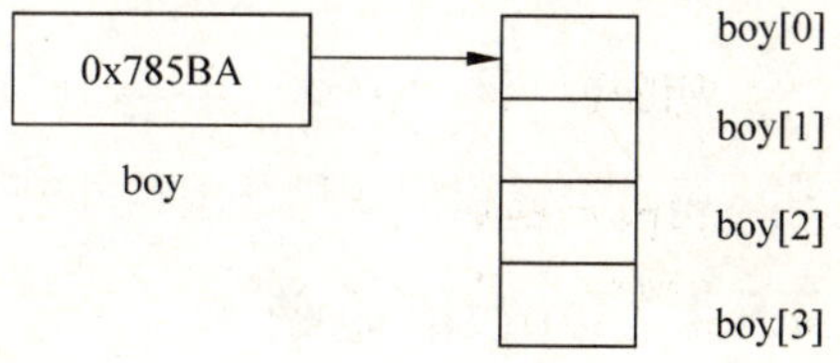

图 2.4　数组的内存模型

声明数组和创建数组可以一起完成，例如：

```
float boy[] = new float[4];
```

二维数组和一维数组一样，在声明之后必须用 new 运算符为数组分配元素。例如：

```
int  mytwo[][];
mytwo = new int [3][4];
```

或

```
int mytwo[][] = new int[3][4];
```

Java 采用“数组的数组”声明多维数组，一个二维数组是由若干个一维数组构成的，例如，上述创建的二维数组 mytwo 就是由 3 个长度为 4 的一维数组 mytwo[0]、mytwo[1]和 mytwo[2]构成的。

构成二维数组的一维数组不必有相同的长度，在创建二维数组时可以分别指定构成该二维数组的一维数组的长度，例如：

```
int a[][] = new int[3][];
```

创建了一个二维数组 a，a 由 3 个一维数组 a[0]、a[1]和 a[2]构成，但它们的长度还没有确定，即还没有为这些一维数组分配元素，因此必须要创建 a 的 3 个一维数组。例如：

```
a[0] = new int[6];
a[1] = new int[12];
a[2]] = new int[8];
```

注：和 C 语言不同的是，Java 允许使用 int 型变量的值指定数组的元素的个数，例如，

```
int size = 30;
double number[] = new double[size];
```

2.5.3 数组元素的使用

一维数组通过索引符访问自己的元素，如 boy[0]，boy[1]等。需要注意的是索引从 0 开始，因此，数组若有 7 个元素，那么索引到 6 为止，如果程序使用了如下语句：

```
boy[7] = 384.98f;
```

程序可以编译通过，但运行时将发生 ArrayIndexOutOfBoundsException 异常，因此在使用数组时必须谨慎，防止索引越界。

二维数组也通过索引符访问自己的元素，如 a[0][1]，a[1][2]等；需要注意的是索引从 0 开始，比如声明创建了一个二维数组 a，

```
int a[][] = new int[6][8];
```

那么第一个索引的变化范围从 0 到 5，第二个索引变化范围从 0 到 7。

2.5.4 length 的使用

数组的元素的个数称做数组的长度。对于一维数组，“数组名.length”的值就是数组中元素的个数；对于二维数组“数组名.length”的值是它含有的一维数组的个数。例如，对于

```
float a[] = new float[12];
int b[][] = new int[3][6];
```

a.length 的值 12，而 b.length 的值是 3。

2.5.5 数组的初始化

创建数组后，系统会给数组的每个元素一个默认的值，如 float 型是 0.0。

在声明数组的同时也可以给数组的元素一个初始值，如：

```
float boy[] = { 21.3f,23.89f,2.0f,23f,778.98f};
```

上述语句相当于

```
float boy[] = new float[5];
```

然后

```
boy[0] = 21.3f;boy[1 ]= 23.89f;boy[2] = 2.0f;boy[3 ]= 23f;boy[4] = 778.98f;
```

也可以直接用若干个一维数组初始化一个二维数组，这些一维数组的长度不尽相同，例如：

```
int a[][ ] = {{1}, {1,1},{1,2,1}, {1,3,3,1},{1,4,6,4,1}};
```

2.5.6 数组的引用

数组属于引用型变量，因此两个相同类型的数组如果具有相同的引用，它们就有完全相同的元素。例如，对于

```
int a[] = {1,2,3},b[ ] = {4,5};
```

数组变量 a 和 b 分别存放着引用 de6ced 和 c17164，内存模型如图 2.5 所示。

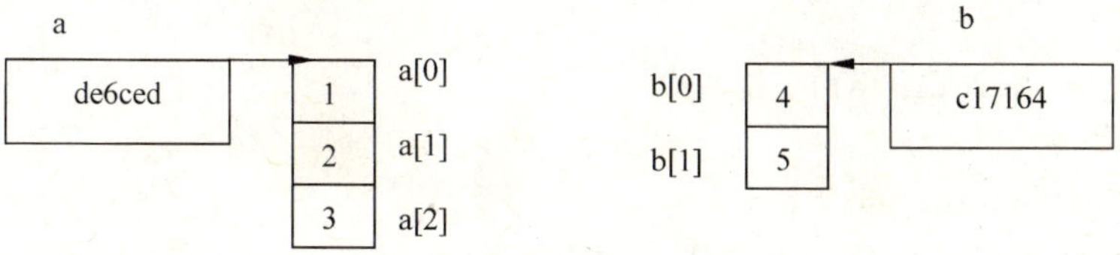

图 2.5　数组 a、b 的内存模型

如果使用了下列赋值语句（a 和 b 的类型必须相同）：

```
a = b;
```

那么，a 中存放的引用和 b 的相同，这时系统将释放最初分配给数组 a 的元素，使得 a 的元素和 b 的元素相同，a、b 的内存模型变成如图 2.6 所示。

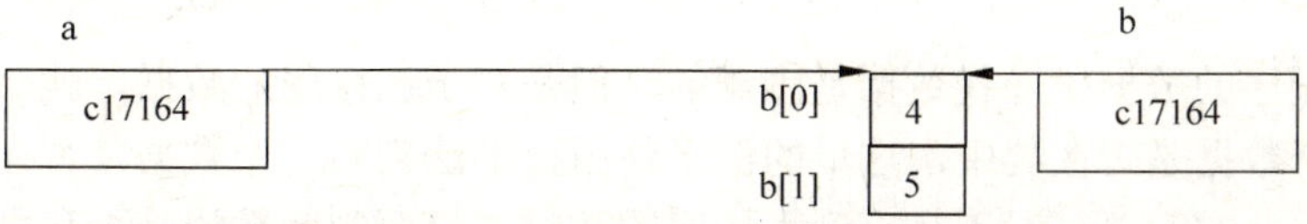

图 2.6　a=b 后的数组 a、b 的内存模型

下面的例子 4 使用了数组，请读者注意程序的输出结果，运行效果如图 2.7 所示。

例子 4

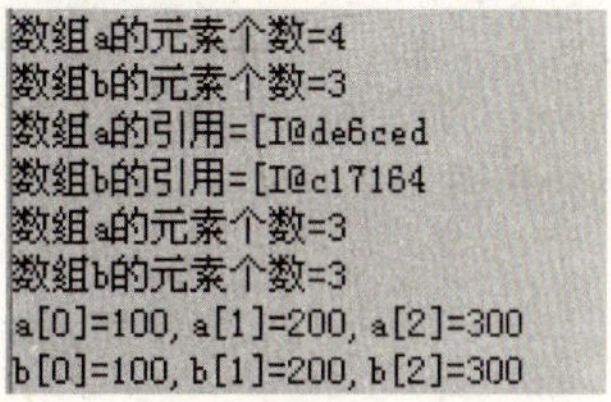

```
数组a的元素个数=4
数组b的元素个数=3
数组a的引用=[I@de6ced
数组b的引用=[I@c17164
数组a的元素个数=3
数组b的元素个数=3
a[0]=100, a[1]=200, a[2]=300
b[0]=100, b[1]=200, b[2]=300
```

图 2.7　使用数组

Example2_4.java

```
public class Example2_4 {
   public static void main(String args[]) {
      int a[] = {1,2,3,4};
      int b[] = {100,200,300};
      System.out.println("数组 a 的元素个数="+a.length);
      System.out.println("数组 b 的元素个数="+b.length);
      System.out.println("数组 a 的引用="+a);
```

```
        System.out.println("数组 b 的引用="+b);
        a = b;
        System.out.println("数组 a 的元素个数="+a.length);
        System.out.println("数组 b 的元素个数="+b.length);
        System.out.println("a[0]="+a[0]+",a[1]="+a[1]+",a[2]="+a[2]);
        System.out.print("b[0]="+b[0]+",b[1]="+b[1]+",b[2]="+b[2]);
    }
}
```

需要注意的是，对于 char 型数组 a，System.out.println(a)不会输出数组 a 的引用而是输出数组 a 的全部元素的值，例如，对于

```
char a[] = {'中','国','科','大'};
```

下列

```
System.out.println(a);
```

的输出结果是：

```
中国科大
```

如果想输出 char 型数组的引用，必须让数组 a 和字符串做并置运算，例如：

```
System.out.println(""+a);
```

输出数组 a 的引用 def879。

2.6 应用举例

在一堆无序的数据中寻找数据是困难的，但是对于已排序的数据，就会有比较快捷的方法判断一个数据是否在其中，这里的例子使用折半法判断一个数据是否在一个数组中。折半法的思想非常简单，对于从小到大排序的数据，只要判断数据是否和数组中间的值相等，如果不相等，当该数据小于数组中间元素的值，就在数组的前一半数据中继续折半找，否则就在数组的后一半数据中继续折半找，如此这般，就可以比较快地判断该数据是否在数组中。

例子 5 能判断用户输入的一个整数是否在已知的数组中。程序效果如图 2.8 所示。

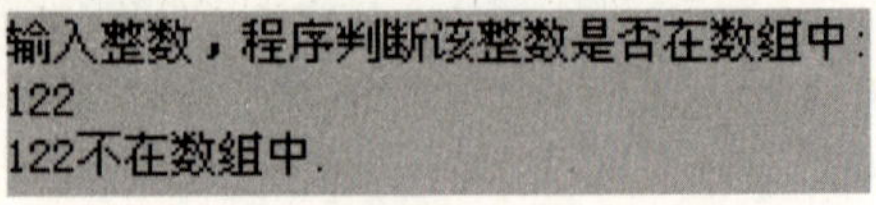

图 2.8　折半法

例子 5

Example2_5.java

```
import java.util.*;
class Example2_5 {
   public static void main(String args[]) {
      int start = 0,end,middle;
      int a[] = {12,45,67,89,123,-45,67};
      int N = a.length;
```

```
        for(int i=0; i<N; i++) {      //选择法排序数组
        for(int j = i+1; j < N;j++){
            if(a[j] < a[i]){
              int t = a[j];
              a[j] = a[i];
              a[i] = t;
            }
          }
        }
        Scanner scanner = new Scanner(System.in);
        System.out.println("输入整数，程序判断该整数是否在数组中:");
        int number = scanner.nextInt();
        int count = 0 ;
        end = N;
        middle=(start+end)/2;
        while(number!=a[middle]){
            if(number>a[middle])
               start = middle;
            else if(number<a[middle])
               end = middle;
            middle = (start+end)/2;
            count++;
           if(count>N/2)
              break;
        }
        if(count>N/2)
          System.out.printf("%d 不在数组中.\n",number);
        else
          System.out.printf("%d 在数组中.\n",number);
    }
}
```

2.7 小　　结

（1）标识符由字母、下划线、美元符号和数字组成，并且第一个字符不能是数字字符。

（2）Java 语言有 8 种基本数据类型：boolean、byte、short、int、long、float、double、char。

（3）数组是相同类型的数据元素按顺序组成的一种复合数据类型，数组属于引用型变量，因此两个相同类型的数组如果具有相同的引用，它们就有完全相同的元素。

习　题　2

1．问答题

（1）什么叫标识符？标识符的规则是什么？false 是否可以作为标识符？

（2）什么叫关键字？true 和 false 是否是关键字？请说出 6 个关键字。

（3）Java 的基本数据类型都是什么？

（4）float 型常量和 double 型常量在表示上有什么区别？

（5）怎样获取一维数组的长度，怎样获取二维数组中一维数组的个数？

2．选择题

（1）下列哪项字符序列可以作为标识符？

A．true　　B．default　　C．_int　　D．good-class

（2）下列哪三项是正确的 float 变量的声明？

A．float foo = –1;

B．float foo = 1.0;

C．float foo = 42e1;

D．float foo = 2.02f;

E．float foo = 3.03d;

F．float foo = 0x0123;

（3）下列哪一项叙述是正确的？

A．char 型字符在 Unicode 表中的位置范围是 0 至 32767

B．char 型字符在 Unicode 表中的位置范围是 0 至 65535

C．char 型字符在 Unicode 表中的位置范围是 0 至 65536

D．char 型字符在 Unicode 表中的位置范围是–32768 至 32767

（4）以下哪两项是正确的 char 型变量的声明？

A．char ch = "R";　　B．char ch = '\\'

C．char ch = 'ABCD';　　D．char ch = "ABCD";

E．char ch = '\ucafe';　　F．char ch = '\u10100'

（5）下列程序中哪些【代码】是错误的？

```
public class E {
   public static void main(String args[]) {
      int x = 8;
      byte b = 127;        //【代码 1】
      b = x;               //【代码 2】
      x = 12L;             //【代码 3】
      long y=8.0;          //【代码 4】
      float z=6.89 ;       //【代码 5】
   }
}
```

（6）对于 int a[] = new int[3];下列哪个叙述是错误的？

A．a.length 的值是 3。　　B．a[1]的值是 1。

C．a[0]的值是 0。　　D．a[a.length–1]的值等于 a[2]的值。

3．阅读或调试程序

（1）上机运行下列程序，注意观察输出的结果。

```
public class E {
```

```
 public static void main (String args[ ]) {
     for(int i=20302;i<=20322;i++) {
        System.out.println((char)i);
     }
   }
}
```

（2）上机调试下列程序，注意 System.out.print()和 System.out.println()的区别。

```
public class OutputData {
    public static void main(String args[]) {
      int x=234,y=432;
      System.out.println(x+"<"+(2*x));
      System.out.print("我输出结果后不回车");
      System.out.println("我输出结果后自动回车到下一行");
      System.out.println("x+y= "+(x+y));
   }
}
```

（3）上机调试下列程序，了解基本数据类型数据的取值范围。

```
public class E {
  public static void main(String args[]) {
     System.out.println("byte 取值范围:"+Byte.MIN_VALUE+"至"+Byte.MAX_VALUE);
     System.out.println("short 取值范围:"+Short.MIN_VALUE+"至"+Short.MAX_
     VALUE);
     System.out.println("int 取值范围:"+Integer.MIN_VALUE+"至"+Integer.MAX_
     VALUE);
     System.out.println("long 取值范围:"+Long.MIN_VALUE+"至"+Long.MAX_VALUE);
     System.out.println("float 取值范围:"+Float.MIN_VALUE+"至"+Float.MAX_
     VALUE);
     System.out.println("double 取值范围:"+Double.MIN_VALUE+"至"+Double.MAX_
     VALUE);
  }
}
```

（4）下列程序标注的【代码 1】和【代码 2】的输出结果是什么？

```
public class E {
    public static void main (String args[ ]){
       long[] a = {1,2,3,4};
       long[] b = {100,200,300,400,500};
       b = a;
       System.out.println("数组 b 的长度:"+b.length);   //【代码 1】
       System.out.println("b[0]="+b[0]);              //【代码 2】
   }
}
```

（5）下列程序标注的【代码1】和【代码2】的输出结果是什么？

```
public class E {
   public static void main(String args[]) {
     int [] a={10,20,30,40},b[]={{1,2},{4,5,6,7}};
     b[0] = a;
     b[0][1] = b[1][3];
     System.out.println(b[0][3]);                    //【代码1】
     System.out.println(a[1]);                       //【代码2】
   }
}
```

4．编写程序

（1）编写一个应用程序，给出汉字“你”、“我”、“他”在 Unicode 表中的位置。

（2）编写一个 Java 应用程序，输出全部的希腊字母。

第3章 运算符、表达式和语句

主要内容

- 运算符与表达式
- 语句概述
- if 条件分支语句
- switch 开关语句
- 循环语句
- break 和 continue 语句
- 数组与 for 语句

3.1 运算符与表达式

Java 提供了丰富的运算符，如算术运算符、关系运算符、逻辑运算符、位运算符等。Java 语言中的绝大多数运算符和 C 语言相同，基本语句如条件分支语句、循环语句等也和 C 语言类似，因此，本章就主要知识点给予简单的介绍。

3.1.1 算术运算符与算术表达式

1．加减运算符

加减运算符+，–是二目运算符，即连接两个操作元的运算符。加减运算符的结合方向是从左到右。例如：2+3–8，先计算 2+3，然后再将得到的结果减 8。加减运算符的操作元是整型或浮点型数据，加减运算符的优先级是 4 级。

2．乘，除和求余运算符

乘，除和求余运算符*，/，%是二目运算符，结合方向是从左到右，例如：2*3/8，先计算 2*3，然后再将得到的结果除以 8。乘，除和求余运算符的操作元是整型或浮点型数据，*，/，%运算符的优先级是 3 级。

用算术运算符和括号连接起来的符合 Java 语法规则的式子，称为算术表达式。如 x+2*y–30+3*(y+5)。

3.1.2 自增，自减运算符

自增、自减运算符++，– –是单目运算符，可以放在操作元之前，也可以放在操作元之后。操作元必须是一个整型或浮点型变量，作用是使变量的值增 1 或减 1，如：

++x（--x）表示在使用 x 之前，先使 x 的值增（减）1。

x++（x--）表示在使用 x 之后，使 x 的值增（减）1。

粗略地看，++x 和 x++的作用相当于 x = x+1。但++x 和 x++的不同之处在于，++x 是先执行 x = x+1 再使用 x 的值，而 x++是先使用 x 的值再执行 x = x+1。如果 x 的原值是 5，则对于 y = ++x;y 的值为 6，对于 y = x++;y 的值为 5。

3.1.3 算术混合运算的精度

精度从“低”到“高”排列的顺序是：

byte short char int long float double。

Java 在计算算术表达式的值时，使用下列运算精度规则：

（1）如果表达式中有双精度浮点数（double 型数据），则按双精度进行运算。例如，表达式 5.0/2+10 的结果 12.5 是 double 型数据。

（2）如果表达式中最高精度是单精度浮点数（float 型数据），则按单精度进行运算。例如，表达式 5.0F/2+10 的结果 12.5 是 float 型数据。

（3）如果表达式中最高精度是 long 型整数，则按 long 精度进行运算。例如，表达式 12L+100+'a'的结果 209 是 long 型数据。

（4）如果表达式中最高精度低于 int 型整数，则按 int 精度进行运算。例如，表达式 (byte)10+'a'和 5/2 的结果分别为 107 和 2，都是 int 型数据。

Java 允许把不超出 byte，short 和 char 的取值范围的算术表达式的值赋给 byte，short 和 char 型变量。例如，(byte)30+'a'是结果为 127 的 int 型常量，

```
byte x =(byte)20+'a';
```

是正确的，但

```
byte x=(byte)30+'b';
```

却无法通过编译，编译错误是“可能损失精度，找到 int 需要 byte”，其原因是(byte)30+'b'的结果是 int 型常量，其值超出了 byte 变量的取值范围（见上面关于运算精度的讲述（4））。

3.1.4 关系运算符与关系表达式

关系运算符是二目运算符，用来比较两个值的关系。关系运算符的运算结果是 boolean 型，当运算符对应的关系成立时，运算结果是 true，否则是 false。例如，10<9 的结果是 false，5>1 的结果是 true，3!=5 的结果是 true，10>20–17 的结果为 true，因为算术运算符的级别高于关系运算符，10>20–17 相当于 10>（20–17），其结果是 true。

结果为数值型的变量或表达式可以通过关系运算符（如表 3.1 所示）形成关系表达式。例如：4>8，(x+y)>80 等。

表 3.1　关系运算符

运　算　符	优　先　级	用　　法	含　　义	结 合 方 向
>	6	op1>op2	大于	左到右
<	6	op1<op2	小于	左到右
>=	6	op1>=op2	大于等于	左到右
<=	6	op1<=op2	小于等于	左到右
==	7	op1==op2	等于	左到右
!=	7	op1!=op2	不等于	左到右

3.1.5　逻辑运算符与逻辑表达式

逻辑运算符包括&&、||、!。其中&&、||为二目运算符，实现逻辑与、逻辑或；! 为单目运算符，实现逻辑非。逻辑运算符的操作元必须是 boolean 型数据，逻辑运算符可以用来连接关系表达式。

表 3.2 给出了逻辑运算符的用法和含义。

表 3.2　逻辑运算符

<table>
<tr><th>运　算　符</th><th>优　先　级</th><th>用　　法</th><th>含　　义</th><th>结 合 方 向</th></tr>
<tr><td>&&</td><td>11</td><td>op1&&op2</td><td>逻辑与</td><td>左到右</td></tr>
<tr><td>||</td><td>12</td><td>op1||op2</td><td>逻辑或</td><td>左到右</td></tr>
<tr><td>!</td><td>2</td><td>!op</td><td>逻辑非</td><td>右到左</td></tr>
</table>

结果为 boolean 型的变量或表达式可以通过逻辑运算符形成逻辑表达式。表 3.3 给出了用逻辑运算符进行逻辑运算的结果。

表 3.3　用逻辑运算符进行逻辑运算

<table>
<tr><th>op1</th><th>op2</th><th>op1&&op2</th><th>op1||op2</th><th>!op1</th></tr>
<tr><td>true</td><td>true</td><td>true</td><td>true</td><td>false</td></tr>
<tr><td>true</td><td>false</td><td>false</td><td>true</td><td>false</td></tr>
<tr><td>false</td><td>true</td><td>false</td><td>true</td><td>true</td></tr>
<tr><td>false</td><td>false</td><td>false</td><td>false</td><td>true</td></tr>
</table>

例如，2>8&&9>2 的结果为 false，2>8||9>2 的结果为 true。由于关系运算符的级别高于&&、||的级别，2>8&&8>2 相当于（2>8）&&（9>2）。

逻辑运算符&&和||也称做短路逻辑运算符，这是因为当 op1 的值是 false 时，&&运算符在进行运算时不再去计算 op2 的值，直接就得出 op1&&op2 的结果是 false；当 op1 的值是 true 时，||运算符在进行运算时不再去计算 op2 的值，直接就得出 op1||op2 的结果是 true。

3.1.6　赋值运算符与赋值表达式

赋值运算符=是二目运算符，左面的操作元必须是变量，不能是常量或表达式。设 x 是一个整型变量，y 是一个 boolean 型变量，x = 20 和 y = true 都是正确的赋值表达式，赋值运算符的优先级较低，是 14 级，结合方向是从右到左。

赋值表达式的值就是=左面变量的值。例如，假如 a，b 是两个 int 型变量，那么表达式 b = 12 和 a = b = 100 的值分别是 12 和 100。

注意不要将赋值运算符=与等号关系运算符==混淆，比如，12 = 12 是非法的表达式，而表达式 12 == 12 的值是 true。

3.1.7 位运算符

整型数据在内存中以二进制的形式表示，比如一个 int 型变量在内存中占 4 个字节共 32 位，int 型数据 7 的二进制表示是：

```
00000000 00000000 00000000 00000111
```

左面最高位是符号位，最高位是 0 表示正数，是 1 表示负数。负数采用补码表示，比如–8 的补码表示是：

```
111111111 111111111 1111111 11111000
```

这样就可以对两个整型数据实施位运算，即对两个整型数据对应的位进行运算得到一个新的整型数据。

1．按位与运算

按位与运算符&是双目运算符，对两个整型数据 a、b 按位进行运算，运算结果是一个整型数据 c。运算法则是：如果 a、b 两个数据对应位都是 1，则 c 的该位是 1，否则是 0。如果 b 的精度高于 a，那么结果 c 的精度和 b 相同。

例如：

```
      a：00000000  00000000  00000000  00000111
&     b：10000001  10100101  11110011  10101011
-----------------------------------------------
      c：00000000  00000000  00000000  00000011
```

2．按位或运算

按位或运算符|是二目运算符，对两个整型数据 a，b 按位进行运算，运算结果是一个整型数据 c。运算法则是：如果 a，b 两个数据对应位都是 0，则 c 的该位是 0，否则是 1。如果 b 的精度高于 a，那么结果 c 的精度和 b 相同。

3．按位非运算

按位非运算符~是单目运算符，对一个整型数据 a 按位进行运算，运算结果是一个整型数据 c。运算法则是：如果 a 对应位是 0，则 c 的该位是 1，否则是 0。

4．按位异或运算

按位异或运算符^是二目运算符，对两个整型数据 a，b 按位进行运算，运算结果是一个整型数据 c。运算法则是：如果 a，b 两个数据对应位相同，则 c 的该位是 0，否则是 1。如果 b 的精度高于 a，那么结果 c 的精度和 b 相同。

由异或运算法则可知：a^a=0，a^0=a。

因此，如果 c=a^b，那么 a=c^b，也就是说，^的逆运算仍然是^，即 a^b^b 等于 a。

位运算符也可以操作逻辑型数据，法则是：

当 a，b 都是 true 时，a&b 是 true，否则 a&b 是 false。

当 a，b 都是 false 时，a|b 是 false，否则 a|b 是 true。

当 a 是 true 时，~a 是 false；当 a 是 false 时，~a 是 true。

位运算符在操作逻辑型数据时，与逻辑运算符&&、||、! 不同的是：位运算符要计算完 a 和 b 的值之后再给出运算的结果。比如，x 的初值是 1，那么经过下列逻辑比较运算后，

```
((y=1)==0))&&((x=6)==6));
```

x 的值仍然是 1，但是如果经过下列位运算之后，

```
((y=1)==0))&((x=6)==6));
```

x 的值将是 6。

在下面的例子 1 中，利用异或运算的性质，对几个字符进行加密并输出密文，然后再解密，运行效果如图 3.1 所示。

例子 1

图 3.1　异或运算

Example3_1.java

```
public class Example3_1 {
   public static void main(String args[]) {
      char a1 = '十',a2 = '点',a3 = '进',a4 = '攻';
      char secret = 'A';
      a1 = (char)(a1^secret);
      a2 = (char)(a2^secret);
      a3 = (char)(a3^secret);
      a4 = (char)(a4^secret);
      System.out.println("密文:"+a1+a2+a3+a4);
      a1 = (char)(a1^secret);
      a2 = (char)(a2^secret);
      a3 = (char)(a3^secret);
      a4 = (char)(a4^secret);
      System.out.println("原文:"+a1+a2+a3+a4);
   }
}
```

3.1.8　instanceof 运算符

该运算符是二目运算符，左面的操作元是一个对象，右面是一个类。当左面的对象是右面的类或子类创建的对象时，该运算符运算的结果是 true，否则是 false（有关细节详见 5.3.2 节）。

3.1.9　运算符综述

Java 表达式就是用运算符连接起来的符合 Java 规则的式子。运算符的优先级决定了表达式中运算执行的先后顺序。例如，x<y&&!z 相当于(x<y)&&(!z)。没有必要去记忆运算符的优先级别，在编写程序时尽量地使用括号()运算符号来实现想要的运算次序，以免产

生难以阅读或含糊不清的计算顺序。运算符的结合性决定了并列的相同级别运算符的先后顺序，例如，加减的结合性是从左到右，8–5+3 相当于（8–5）+3；逻辑否运算符！的结合性是从右到左，!!x 相当于!(!x)。表 3.4 是 Java 所有运算符的优先级和结合性，有些运算符和 C 语言类同，不再赘述。

表 3.4 运算符的优先级和结合性

优先级	描 述	运 算 符	结 合 性
1	分隔符	[] () . , ;	
2	对象归类，自增自减运算，逻辑非	instanceof ++ -- !	右到左
3	算术乘除运算	* / %	左到右
4	算术加减运算	+ –	左到右
5	移位运算	>> << >>>	左到右
6	大小关系运算	< <= > >=	左到右
7	相等关系运算	== !=	左到右
8	按位与运算	&	左到右
9	按位异或运算	^	左到右
10	按位或	|	左到右
11	逻辑与运算	&&	左到右
12	逻辑或运算	||	左到右
13	三目条件运算	? :	左到右
14	赋值运算	=	右到左

3.2 语 句 概 述

Java 里的语句可分为以下 6 类。

1. 方法调用语句

如：

```
System.out.println("Hello");
```

2. 表达式语句

由一个表达式构成一个语句，即表达式尾加上分号。比如赋值语句：

```
x = 23;
```

3. 复合语句

可以用{ }把一些语句括起来构成复合语句，如：

```
{   z = 123+x;
    System.out.println("How are you");
}
```

4. 空语句

一个分号也是一条语句，称做空语句。

5．控制语句

控制语句分为条件分支语句、开关语句和循环语句，将在后面的3.3～3.5节介绍。

6．package 语句和 import 语句

package 语句和 import 语句与类、对象有关，将在第4章讲解。

3.3　if 条件分支语句

条件分支语句按语法格式可细分为三种形式，以下是这三种形式的详细讲解。

3.3.1　if 语句

if 语句是单条件单分支语句，即根据一个条件来控制程序执行的流程。

if 语句的语法格式：

```
if(表达式){
  若干语句
}
```

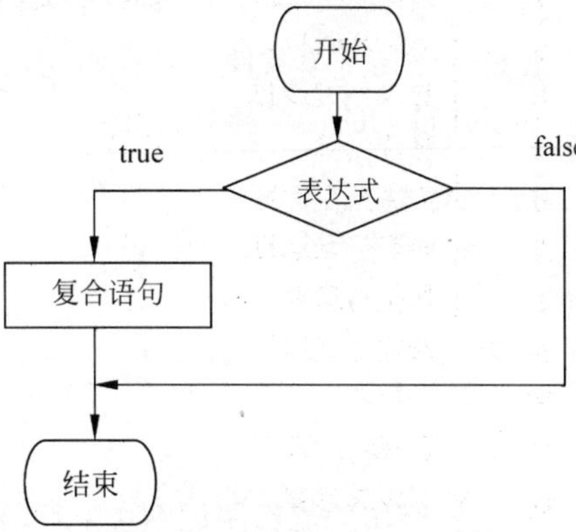

图 3.2　if 单条件、单分支语句

if 语句的流程图如图3.2所示。在 if 语句中，关键字 if 后面的一对小括号()内的表达式的值必须是 boolean 类型，当值为 true 时，则执行紧跟着的复合语句，结束当前 if 语句的执行；如果表达式的值为 false，结束当前 if 语句的执行。

需要注意的是，在 if 语句中，其中的复合语句中如果只有一条语句，{}可以省略不写，但为了增强程序的可读性最好不要省略（这是一个很好的编程风格）。

在下面的例子2中，将变量 a，b，c 中的数值按大小顺序进行互换（从小到大排列）。

例子 2

Example3_2.java

```
public class Example3_2 {
   public static void main(String args[]) {
      int a = 9,b = 5,c = 7,t=0;
      if(b<a) {
        t = a;
        a = b;
        b = t;
      }
      if(c<a) {
        t = a;
        a = c;
        c = t;
      }
```

```
      if(c<b) {
        t = b;
        b = c;
        c = t;
      }
      System.out.println("a="+a+",b="+b+",c="+c);
    }
}
```

3.3.2 if-else 语句

if-else 语句是单条件双分支语句，即根据一个条件来控制程序执行的流程。

if-else 语句的语法格式：

```
if(表达式) {
    若干语句
 }
else {
    若干语句
 }
```

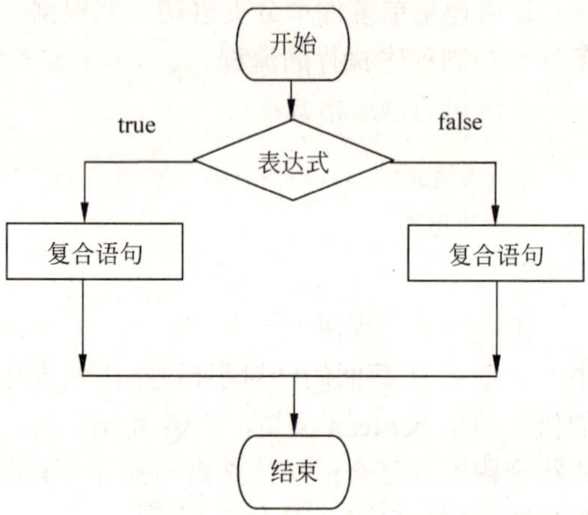

图 3.3 if-else 单条件、双分支语句

if-else 语句的流程图如图 3.3 所示。在 if-else 语句中，关键字 if 后面的一对小括号()内的表达式的值必须是 boolean 类型，当值为 true 时，则执行紧跟着的复合语句，结束当前 if-else 语句的执行；如果表达式的值为 false，则执行关键字 else 后面的复合语句，结束当前 if-else 语句的执行。

下列是有语法错误的 if-else 语句。

```
if(x>0)
  y=10;
  z=20;
else
  y=-100;
```

正确的写法是：

```
if(x>0){
  y=10;
   z=20;
}
else
  y=100;
```

需要注意的是，在 if-else 语句中，其中的复合语句中如果只有一条语句，{}可以省略不写，但为了增强程序的可读性最好不要省略（这是一个很好的编程风格）。

例子 3 中有两条 if-else 语句，其作用是根据成绩输出相应的信息，运行效果如图 3.4 所示。

例子 3

图 3.4　使用 if-else 语句

Example3_3.java

```
public class Example3_3 {
   public static void main(String args[]) {
      int math = 65 ,English = 85;
      if(math>60) {
         System.out.println("数学及格了");
      }
      else {
         System.out.println("数学不及格");
      }
      if(english>90) {
         System.out.println("英语是优");
      }
      else {
         System.out.println("英语不是优");
      }
      System.out.println("我在学习 if-else 语句");
   }
}
```

3.3.3　if-else if-else 语句

if-else if-else 语句是多条件分支语句，即根据多个条件来控制程序执行的流程。

if-else if-else 语句的语法格式：

```
if(表达式) {
    若干语句
}
else if(表达式) {
    若干语句
}
⋮
else {
    若干语句
}
```

if-else if-else 语句的流程图如图 3.5 所示。在 if-else if-else 语句中，if 以及多个 else if 后面的一对小括号()内的表达式的值必须是 boolean 类型。程序执行 if-else if-else 时，按着该语句中表达式的顺序，首先计算第 1 个表达式的值，如果计算结果为 true，则执行紧跟着的复合语句，结束当前 if-else if-else 语句的执行，如果计算结果为 false，则继续计算第 2 个表达式的值，依次类推，假设计算第 m 个表达式的值为 true，则执行紧跟着的复合语句，结束当前 if-else if-else 语句的执行，否则继续计算第 m+1 个表达式的值，如果所有表达式的值都为 false，则执行关键字 else 后面的复合语句，结束当前 if-else if-else 语句的执行。

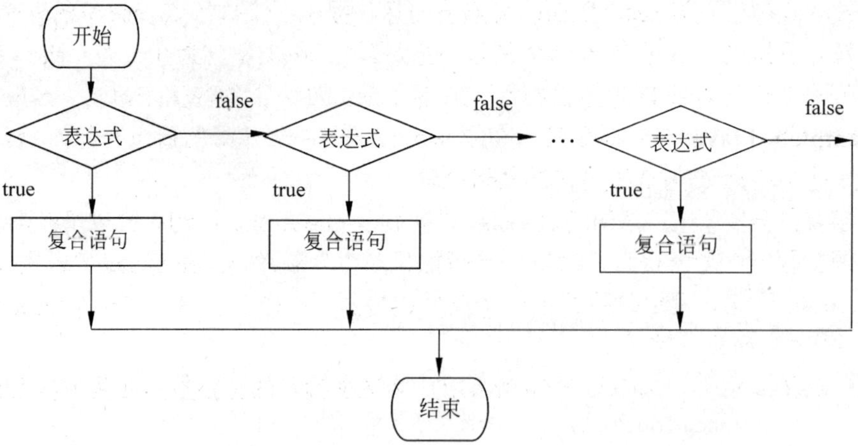

图 3.5　if-else if-else 多条件、多分支语句

if-else if-else 语句中的 else 部分是可选项，如果没有 else 部分，当所有表达式的值都为 false 时，结束当前 if-else if-else 语句的执行（该语句什么都没有做）。

需要注意的是，在 if-else if-else 语句中，其中的复合语句中如果只有一条语句，{}可以省略不写，但为了增强程序的可读性最好不要省略。

3.4　switch 开关语句

switch 语句是单条件多分支的开关语句，它的一般格式定义如下（其中 break 语句是可选的）。

```
switch(表达式)
{
   case 常量值1:
             若干个语句
             break;
   case  常量值2:
             若干个语句
             break;
    ⋮
   case  常量值n:
            若干个语句
            break;
   default:
         若干语句
}
```

switch 语句中“表达式”的值可以为 byte、short、int、char 型；“常量值 1”到“常量值 n”也是 byte、short、int、char 型，而且要互不相同。

switch 语句首先计算表达式的值，如果表达式的值和某个 case 后面的常量值相等，就执行该 case 里的若干个语句直到碰到 break 语句为止。如果某个 case 中没有使用 break 语句，一旦表达式的值和该 case 后面的常量值相等，程序不仅执行该 case 里的若干个语句，而且继续执行后继的 case 里的若干个语句，直到碰到 break 语句为止。若 switch 语句中的表达式的值不与任何 case 的常量值相等，则执行 default 后面的若干个语句。switch 语句中的 default 是可选的，如果它不存在，并且 switch 语句中表达式的值不与任何 case 的常量值相等，那么 switch 语句就不会进行任何处理。

前面学习的分支语句（if 语句、if-else 语句和 if-else if-else 语句）的共同特点是根据一个条件选择执行一个分支操作，而不是选择执行多个分支操作。在 switch 语句中，通过合理地使用 break 语句，可以达到根据一个条件选择执行一个分支操作（一个 case）或多个分支操作（多个 case）的结果。

下面的例子 4 使用了 switch 语句判断用户从键盘输入的正整数是否为中奖号码。

例子 4

Example3_4.java

```
import java.util.Scanner;
public class Example3_4{
   public static void main(String args[]) {
      int number = 0;
      System.out.println("输入正整数(回车确定)");
      Scanner reader = new Scanner(System.in);
      number = reader.nextInt();
      switch(number) {
         case 9 :
         case 131 :
         case 12 :    System.out.println(number+"是三等奖");
                      break;
         case 209 :
         case 596 :
         case 27 :    System.out.println(number+"是二等奖");
                      break;
         case 875 :
         case 316 :
         case 59 :    System.out.println(number+"是一等奖");
                      break;
         default:     System.out.println(number+"未中奖");
      }
   }
}
```

需要强调的是，switch 语句中表达式的值可以是 byte、short、int、char 型，但不可以是 long 型数据。如果将例子 4 中的

```
int number = 0;
```

更改为

```
long number = 0;
```

将导致编译错误。

3.5 循环语句

循环语句是根据条件，要求程序反复执行某些操作，直到程序“满意”为止。

3.5.1 for 循环语句

for 语句的语法格式：

```
for (表达式 1; 表达式 2; 表达式 3) {
    若干语句
}
```

for 语句由关键字 for、一对小括号（）中用分号分割的三个表达式，以及一个复合语句组成，其中的表达式 2 必须是一个求值为 boolean 型数据的表达式，而复合语句称做循环体。循环体只有一条语句时，大括号{}可以省略，但最好不要省略，以便增加程序的可读性。表达式 1 负责完成变量的初始化；表达式 2 是值为 boolean 型的表达式，称为循环条件；表达式 3 用来修整变量，改变循环条件。for 语句的执行规则是：

（1）计算表达式 1，完成必要的初始化工作。

（2）判断表达式 2 的值，若表达式 2 的值为 true，则进行（3），否则进行（4）。

（3）执行循环体，然后计算表达式 3，以便改变循环条件，进行（2）。

（4）结束 for 语句的执行。

for 语句执行流程如图 3.6 所示。

下面的例子 5 计算 8+88+888+8888+…的前 12 项和。

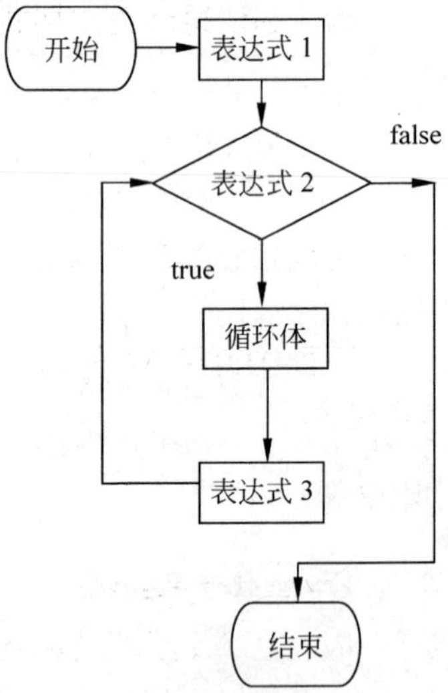

图 3.6　for 循环语句

例子 5

Example3_5.java

```
public class Example3_5 {
   public static void main(String args[]) {
      long sum = 0,a = 8,item = a,n = 12,i = 1;
      for(i=1;i<=n;i++) {
          sum = sum+item;
          item = item*10+a;
      }
      System.out.println(sum);
   }
}
```

3.5.2 while 循环

while 语句的语法格式：

```
while(表达式) {
    若干语句
}
```

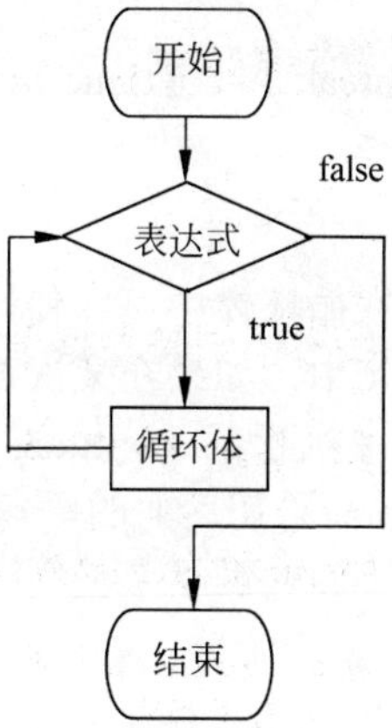

图 3.7 while 循环语句

while 语句由关键字 while、一对括号()中的一个求值为 boolean 类型数据的表达式和一个复合语句组成，其中的复合语句称为循环体，循环体只有一条语句时，大括号{}可以省略，但最好不要省略，以便增加程序的可读性。表达式称为循环条件。while 语句的执行规则是：

（1）计算表达式的值，如果该值是 true 时，就进行（2），否则执行（3）。

（2）执行循环体，再进行（1）。

（3）结束 while 语句的执行。

while 语句执行流程如图 3.7 所示。

3.5.3 do-while 循环

do-while 循环语法格式如下：

```
do{
    若干语句
}while(表达式);
```

do-while 循环和 while 循环的区别是 do-while 的循环体至少被执行一次，执行流程如图 3.8 所示。

下面的例子 6 用 while 语句计算 1+1/2!+1/3!+1/4!+⋯ 的前 20 项和。

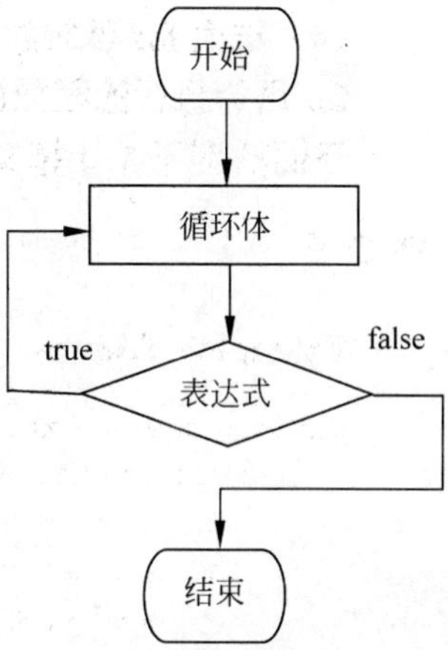

图 3.8 do-while 循环语句

例子 6

Example3_6.java

```
public class Example3_6 {
   public static void main(String args[]) {
      double sum = 0,item = 1;
      int i = 1,n = 20;
      while(i<=n) {
         sum = sum+item;
         i = i+1;
         item = item*(1.0/i);
      }
      System.out.println("sum="+sum);
   }
}
```

3.6 break 和 continue 语句

break 和 continue 语句是用关键字 break 或 continue 加上分号构成的语句，例如：

```
break;
```

在循环体中可以使用 break 语句和 continue 语句。在一个循环中，比如循环 50 次的循环语句中，如果在某次循环中执行了 break 语句，那么整个循环语句就结束。如果在某次循环中执行了 continue 语句，那么本次循环就结束，即不再执行本次循环中循环体中 continue 语句后面的语句，而转入进行下一次循环。

下面的例子 7 使用了 break 和 continue 语句。

例子 7

Example3_7.java

```
public class Example3_7 {
   public static void main(String args[]) {
      int sum=0,i,j;
      for( i=1;i<=10;i++) {
        if(i%2==0) {              //计算 1+3+5+7+9
           continue;
        }
        sum=sum+i;
      }
      System.out.println("sum="+sum);
      for(j=2;j<=100;j++) {       //求 100 以内的素数
        for( i=2;i<=j/2;i++) {
           if(j%i==0)
              break;
        }
        if(i>j/2) {
           System.out.println(""+j+"是素数");
        }
      }
   }
}
```

3.7 for 语句与数组

JDK 1.5 对 for 语句的功能给予扩充、增强，以便更好地遍历数组。语法格式如下：

```
for(声明循环变量: 数组的名字) {
   …
}
```

其中，声明的循环变量的类型必须和数组的类型相同。这种形式的 for 语句类似自然语言中的“for each”语句，为了便于理解上述 for 语句，可以将这种形式的 for 语句翻译成“对于循环变量依次取数组的每一个元素的值”。

下面的例子 8 分别使用 for 语句的传统方式和改进方式遍历数组。

例子 8

Example3_8.java

```
public class Example3_8 {
   public static void main(String args[]) {
     int a[] = {1,2,3,4};
     char b[] = {'a','b','c','d'};
     for(int n=0;n<a.length;n++) { //传统方式
        System.out.println(a[n]);
     }
     for(int n=0;n<b.length;n++) { //传统方式
        System.out.println(b[n]);
     }
     for(int i:a) {              //循环变量 i 依次取数组 a 的每一个元素的值（改进方式）
        System.out.println(i);
     }
     for(char ch:b) {            //循环变量 ch 依次取数组 b 的每一个元素的值（改进方式）
       System.out.println(ch);
     }
   }
}
```

需要特别注意的是：for(声明循环变量:数组的名字)中的“声明循环变量”必须是变量声明，不可以使用已经声明过的变量。例如，上述例子 8 中的第三个 for 语句不可以如下分开写成一条变量声明和一条 for 语句：

```
int i = 0;  //变量声明
for(i:a) {  //for 语句
  System.out.println(i);
}
```

3.8 应用举例

在 2.4 节介绍了 Scanner 类，可以使用该类创建一个对象，

```
Scanner reader=new Scanner(System.in);
```

然后 reader 对象调用下列方法，读取用户在命令行输入的各种基本类型的数据。

```
nextBoolean(),nextByte(),nextShort(),nextInt(),nextLong(),nextFloat(),
nextDouble().
```

上述方法执行时都会阻塞，等待用户在命令行输入数据回车确认。例如，如果用户在键盘输入一个 byte 取值范围内的整数 89，那么 reader 对象调用 hasNextByte()、hasNextInt()、hasNextLong()以及 hasNextDouble()返回的值都是 true，但是，需要注意的是，如果用户在键盘输入带小数点的数字，比如 12.34，那么 reader 对象调用 hasNextDouble()返回的值是 true，而调用 hasNextByte()、hasNextInt()以及 hasNextLong()返回的值都是 false。

在从键盘输入数据时，经常让 reader 对象先调用 hasNextXXX()方法等待用户在键盘输入数据，然后再调用 nextXXX()方法获取用户输入的数据。

在下面的例子 9 中，用户在键盘依次输入若干个数字，每输入一个数字都需要按回车键确认，最后在键盘输入一个非数字字符串结束整个输入操作过程。程序将计算出这些数的和以及平均值。效果如图 3.9 所示。

例子 9

Example3_9.java

```
import java.util.*;
public class Example3_9 {
   public static void main (String args[ ]){
      Scanner reader = new Scanner(System.in);
      double sum = 0;
      int m = 0;
      while(reader.hasNextDouble()){
         double x = reader.nextDouble();
         m = m+1;
         sum = sum+x;
      }
      System.out.printf("%d 个数的和为%f\n",m,sum);
      System.out.printf("%d 个数的平均值是%f\n",m,sum/m);
   }
}
```

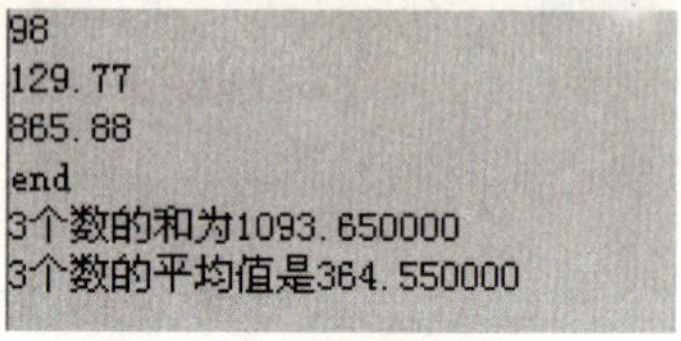

图 3.9　计算平均值

3.9　小　　结

（1）Java 提供了丰富的运算符，如算术运算符、关系运算符、逻辑运算符、位运算符等。

（2）Java 语言常用的控制语句和 C 语言的很类似。

（3）Java 提供了遍历数组的循环语句。

习　题　3

1．问答题

（1）关系运算符的运算结果是怎样的数据类型？ boolean

（2）if 语句中的条件表达式的值是否可以是 int 型？

（3）while 语句中的条件表达式的值是什么类型？

（4）switch 语句中必须有 default 选项吗？

（5）在 while 语句的循环体中，执行 break 语句的效果是什么？

（6）可以用 for 语句代替 while 语句的作用吗？

2．选择题

（1）下列哪个叙述是正确的？

A．5.0/2+10 的结果是 double 型数据。

B．(int)5.8+1.0 的结果是 int 型数据。

C．'苹'+ '果'的结果是 char 型数据。

D．(short)10+'a'的结果是 short 型数据。

（2）用下列哪个代码替换程序标注的【代码】会导致编译错误？

A．m-->0　　B．m++>0　　C．m = 0　　D．m>100&&true

```
public class E {
    public static void main (String args[ ]) {
      int m=10,n=0;
      while(【代码】) {
         n++;
      }
    }
}
```

（3）假设有 int x=1;以下哪个代码导致“可能损失精度，找到 int 需要 char”这样的编译错误？

A．short t=12+'a';　　B．char c ='a'+1;

C．char m ='a'+x;　　D．byte n ='a'+1;

3．阅读程序

（1）下列程序的输出结果是什么？

```
public class E {
public static void main (String args[ ])   {
 char x='你',y='e',z='吃';
      if(x>'A'){
          y='苹';
          z='果';
       }
      else
         y='酸';
      z='甜';
      System.out.println(x+","+y+","+z);
   }
}
```

（2）下列程序的输出结果是什么？

```
public class E {
  public static void main (String args[ ]) {
      char c = '\0';
      for(int i=1;i<=4;i++) {
        switch(i) {
           case 1:  c = 'J';
                    System.out.print(c);
           case 2:  c = 'e';
                    System.out.print(c);
                    break;
           case 3:  c = 'p';
                    System.out.print(c);
           default: System.out.print("好");
        }
      }
  }
}
```

（3）下列程序的输出结果是什么？

```
public class E {
   public static void main (String []args)   {
      int x = 1,y = 6;
      while (y-->0) {
         x--;
      }
      System.out.print("x="+x+",y="+y);
   }
}
```

4．编程序题

（1）编写应用程序求 1!+2!+…+10!。

（2）编写一个应用程序求 100 以内的全部素数。

（3）分别用 do-while 和 for 循环计算 1+1/2!+1/3!+1/4!+…的前 20 项和。

（4）一个数如果恰好等于它的因子之和，这个数就称为完数。编写应用程序求 1000 之内的所有完数。

（5）编写应用程序，使用 for 循环语句计算 8+88+888+…前 10 项之和。

（6）编写应用程序，输出满足 1+2+3+…+n<8888 的最大正整数 n。

第4章　类与对象

主要内容

- 类
- 构造方法与对象的创建
- 类与程序的基本结构
- 参数传值
- 对象的组合
- 实例成员与类成员
- 方法重载
- this 关键字
- 包
- import 语句
- 对象数组

4.1　编程语言的几个发展阶段

4.1.1　面向机器语言

每种计算机都有自己独特的机器指令，比如，某种型号的计算机用 8 位二进制信息 10001010 表示加法指令，以 00010011 表示减法指令等等。这些指令的执行由计算机的线路来保证，计算机在设计之初，事先就要确定好每一条指令对应线路的逻辑操作。计算机处理信息的早期语言是所谓的机器语言，使用机器语言进行程序设计需要面向机器来编写代码，即需要针对不同的机器编写诸如 01011100 这样的指令序列。用机器语言进行程序设计是一项累人的工作，代码难以阅读和理解，一个简单的任务往往要编写大量的代码，而且同样的任务，需要针对不同型号的计算机分别编写指令，因为一种型号的计算机用 10001010 表示加法指令，而另一种型号的计算机可能用 11110000 来表示加法指令。因此，使用机器语言编程也称为面向机器编程。20 世纪 50 年代出现了汇编语言，在编写指令时，用一些简单的容易记忆的符号来代替二进制指令，但汇编语言仍是面向机器语言，需针对不同的机器来编写不同的代码。习惯上称机器语言、汇编语言是低级语言。

4.1.2　面向过程语言

随着计算机硬件功能的提高，在 20 世纪 60 年代出现了过程设计语言，如 C 语言、Fortran 语言等。用这些语言编程也称为面向过程编程，语言把代码组成叫做过程或函数的块。每个块的目标是完成某个任务，例如，一个 C 的源程序就是由若干个书写形式互相独立的函数组成。使用这些语言编写代码指令时，不必再去考虑机器指令的细节，只要按着具体语言的语法要求去编写源文件。所谓源文件，就是按着编程语言的语法编写具有一定扩展名的文本文件，比如 C 语言编写的源文件的扩展名是.c，Fortran 语言编写的源文件的扩展名是.for 等。过程语言的源文件的一个特点是更接近人的自然语言，比如，C 语言源程序中的一个函数：

```
int max(int a,int b) {
    if(a>b)
       return a;
    else
      return b;
}
```

该函数负责计算两个整数的最大值。过程语言的语法更接近人们的自然语言，人们只需按着自己的意图来编写各个函数，习惯上称过程语言为高级语言。

随着软件规模的扩大，过程语言在解决实际问题时渐渐力不从心。对于许多应用型问题，人们希望编写出易维护、易扩展和易复用的程序代码，而使用过程语言很难做到这一点。面向过程语言的核心是编写解决某个问题的代码块，比如 C 语言中的函数，代码块是程序执行时产生的一种行为，但是面向过程语言却没有为这种行为指定“主体”，即在程序运行期间，无法说明到底是“谁”具有这个行为、并负责执行了这个行为。比如，C 语言编写了一个“刹车”函数，却无法指定是哪个“实体”具有这样的行为。也就是说，面向过程语言缺少了一个最本质的概念，那就是“对象”。现实生活中，“行为”往往为某个具体的“主体”所拥有，即某个对象所拥有，并且该对象负责产生这样的行为。和面向过程语言不同的是，在面向对象语言中，最核心的内容就是“对象”，一切围绕着对象，比如，编写一个“刹车”方法（面向过程称之为函数），那么一定会指定该方法的“主体”，比如，某个汽车拥有这样的“刹车”方法，则该汽车负责执行“刹车”方法产生相应的行为。

4.1.3 面向对象语言

随着计算机硬件设备功能的进一步提高，使得基于对象的编程成为可能（面向对象语言编写的程序需要消耗更多的内存，需要更快的 CPU 来保证其运行速度）。基于对象的编程更加符合人的思维模式，使得编程人员更容易编写出易维护、易扩展和易复用的程序代码，更重要的是，面向对象编程鼓励创造性的程序设计。

面向对象编程主要体现下列三个特性。

1．封装性

面向对象编程的核心思想之一就是将数据和对数据的操作封装在一起。通过抽象，即从具体的实例中抽取出共同的性质形成一般的概念，比如类的概念（本章将详细讲述类和对象）。

在实际生活中，我们每时每刻都与具体的实物在打交道，如用的钢笔，骑的自行车，乘的公共汽车等。而我们经常见到的卡车、公共汽车、轿车等都会涉及以下几个重要的属性：可乘载的人数、运行速度、发动机的功率、耗油量、自重、轮子数目等，另外，还有几个重要的行为（功能）：加速、减速、刹车、转弯等。可以把这些行为称做是它们具有的方法，而属性是它们的状态描述，仅仅用属性或行为不能很好地描述它们。在现实生活中，用这些共有的属性和行为给出一个概念：机动车类。也就是说，人们经常谈到的机动车类就是从具体的实例中抽取共同的属性和行为形成的一个概念，那么一个具体的轿车就是机动车类的一个实例，即对象。一个对象将自己的数据和对这些数据的操作合理有效地封装在一起，例如，每辆轿车调用“减速”行为改变的都是自己的运行速度。

2．继承

继承体现了一种先进的编程模式（第 5 章将详细讲述子类和继承）。子类可以继承父类的属性和行为，即继承了父类所具有的数据和数据上的操作，同时又可以增添子类独有的数据和数据上的操作。比如，“人类”自然继承了“哺乳类”的属性和行为，同时又增添了人类独有的属性和行为。

3．多态

多态是面向对象编程的又一重要特征（第 5 章将详细讲述多态）。有两种意义的多态，一种是操作名称的多态，即有多个操作具有相同的名字，但这些操作所接收的消息类型必须不同。例如，让一个人执行“求面积”操作时，他可能会问你求什么面积？所谓操作名称的多态性是指可以向操作传递不同消息，以便让对象根据相应的消息来产生相应的行为。另一种多态是和继承有关的多态，是指同一个操作被不同类型对象调用时可能产生不同的行为。例如，狗和猫都具有哺乳类的行为“喊叫”。但是，狗操作“喊叫”产生的声音是“汪汪……”；而猫操作“喊叫”产生的声音是“喵喵……”。

Java 语言与其他面向对象语言一样，引入了类的概念，类是用来创建对象的模板，它包含被创建的对象的状态描述和行为的定义。Java 是面向对象语言，它的源文件是由若干个类组成，源文件是扩展名为.java 的文本文件。

因此，要学习 Java 编程就必须学会怎样去写类，即怎样用 Java 的语法去描述一类事物共有的属性和行为。属性通过变量来刻画，行为通过方法来体现，即方法操作属性形成一定的算法来实现一个具体的行为。类把数据和对数据的操作封装成一个整体。

4.2 类

类是组成 Java 程序的基本要素，一个 Java 应用程序就是由若干个类所构成（见后面的 4.4 节）。类是 Java 语言中最重要的“数据类型”，类声明的变量被称做对象（见后面的 4.3 节），即类是用来创建对象的模板。

类的定义包括两部分：类声明和类体。基本格式为：

```
class 类名 {
  类体的内容
}
```

class 是关键字，用来定义类。“class　类名”是类的声明部分，类名必须是合法的 Java 标识符。两个大括号及其之间的内容是类体。

4.2.1 类声明

以下是两个类声明的例子。

```
class People {
   ⋮
}
class 植物 {
   ⋮
}
```

“class People”和“class 植物”称为类声明，“People”和“植物”分别是类名。类的名字要符合标识符规定（这是语法所要求的）。给类命名时，遵守下列编程风格（这不是语法要求的，但应当遵守）：

（1）如果类名使用拉丁字母，那么名字的首字母使用大写字母，如 Hello，Time 等。

（2）类名最好容易识别、见名知意。当类名由几个“单词”复合而成时，每个单词的首字母应大写，如 ChinaMade，AmericanVehicle，WaterLake 等。

4.2.2 类体

类的目的是抽象出一类事物共有的属性和行为，并用一定的语法格式来描述所抽象出的属性和行为。也就是说，类是一种用于创建具体实例（对象）的数据类型。类使用类体来描述所抽象出的属性和行为，类声明之后的一对大括号“{”，“}”以及它们之间的内容称做类体，大括号之间的内容称做类体的内容。

抽象的关键是抓住事物的两个方面：属性和行为，即数据以及在数据上所进行的操作，因此类体的内容由如下所述的两部分构成。

- 变量的声明：用来存储属性的值（体现对象的属性）。
- 方法的定义：方法可以对类中声明的变量进行操作，即给出算法（体现对象所具有的行为）。

下面是一个类名为 Lader 的类(用来描述梯形)，类体中的声明变量部分声明了 4 个 float 类型变量：above、bottom、height 和 area；方法定义部分定义了两个方法：float computerArea() 和 void setHeight(float h)。

```
class Lader {
   float above;      //梯形的上底(变量声明)
   float bottom;     //梯形的下底(变量声明)
   float height;     //梯形的高(变量声明)
   float area;       //梯形的面积(变量声明)
   float computerArea() {             //计算面积(方法)
      area = (above+bottom)*height/2.0f;
      return area;
   }
   void setHeight(float h) {          //修改高(方法)
```

```
        height = h;
    }
}
```

4.2.3 成员变量

类体中的内容可分为两部分：一部分是变量的声明，另一部分是方法的定义。声明变量部分所声明的变量被称为成员变量或域变量。

1. 成员变量的类型

成员变量的类型可以是 Java 中的任何一种数据类型，包括基本类型：整型、浮点型、字符型、逻辑类型；引用类型：数组、对象和接口（对象和接口见第 5 章和第 6 章）。例如：

```
class Factory {
   float a[];
   Workman zhang;
}
class Workman {
  double x;
}
```

Factory 类的成员变量 a 是 float 类型数组，zhang 是 Workman 类声明的变量，即对象。

2. 成员变量的有效范围

成员变量在整个类内都有效，其有效性与它在类体中书写的先后位置无关，例如，前述的 Lader 类也可以等价地写成：

```
class Lader {
    float above;                        //梯形的上底(变量声明)
    float area ;                        //梯形的面积(变量声明)
    float computerArea() {              //计算面积(方法)
       area = (above+bottom)*height/2.0f;
       return area;
    }
    float bottom ;                      //梯形的下底(变量声明)
    void setHeight(float h) {           //修改高(定义)
       height = h;
    }
    float height;                       //梯形的高(变量声明)
}
```

不提倡把成员变量的声明分散地写在方法之间，人们习惯先介绍属性再介绍行为。

3. 编程风格

（1）一行只声明一个变量。我们已经知道，尽管可以使用一种数据类型、用逗号分隔来声明若干个变量，比如：

```
float above,bottom;
```

但是在编码时却不提倡这样做（本书中某些代码可能没有严格遵守这个风格，其原因是为了减少代码行数，降低书的成本），其原因是不利于给代码增添注释内容，提倡的风格是：

```
float above;     //梯形上底
float bottom;    //梯形下底
```

（2）变量的名字除了符合标识符规定外，名字的首单词的首字母使用小写，如果变量的名字由多个单词组成，从第 2 个单词开始的其他单词的首字母使用大写。

（3）变量名字见名知意，避免使用诸如 m1，n1 等作为变量的名字，尤其是名字中不要将小写的英文字母 l 和数字 1 相邻，人们很难区分“l1”和“ll”。

4.2.4　方法

我们已经知道一个类的类体由两部分组成：变量的声明和方法的定义。方法的定义包括两部分：方法头和方法体。一般格式为：

```
方法头 {
    方法体的内容
}
```

1．方法头

方法头由方法的类型、名称和名称之后的一对小括号以及其中的参数列表所构成。无参数方法定义的方法头中没有参数列表，即方法名称之后一对小括号中无任何内容，例如：

```
int speak()                          //无参数的方法头
{   return 23;
}
int add(int x,int y,int z)           //有参数的方法头
{   return x+y+z;
}
```

根据程序的需要，方法返回的数据的类型可以是 Java 中的任何一种数据类型，当一个方法不需要返回数据时，返回类型必须是 void。很多方法声明中都给出方法的参数，参数是用逗号隔开的一些变量声明。方法的参数可以是任意的 Java 数据类型。

方法的名字必须符合标识符规定，给方法命名的习惯和给变量命名的习惯相同。

2．方法体

方法声明之后的一对大括号{，}以及它们之间的内容称为方法的方法体。方法体的内容包括局部变量的声明和 Java 语句，即在方法体内可以对成员变量和方法体中声明的局部变量进行操作。在方法体中声明的变量和方法的参数被称做局部变量，如：

```
int getSum(int n) {              //参数变量 n 是局部变量
   int sum=0;                    // 声明局部变量 sum
    for(int i=1;i<=n;i++) {  // for 循环语句
        sum=sum+i;
    }
    return sum;                  // return 语句
}
```

和类的成员变量不同的是，局部变量只在方法内有效，而且与其声明的位置有关。方法的参数在整个方法内有效，方法内的局部变量从声明它的位置之后开始有效。如果局部变量的声明是在一个复合语句中，那么该局部变量的有效范围是该复合语句；如果局部变量的声明是在一个循环语句中，那么该局部变量的有效范围是该循环语句。例如：

```
public class A {
   int m = 10,sum = 0;              //成员变量，在整个类中有效
   void f() {
      if(m>9) {
         int z = 10;                //z 仅仅在该复合语句中有效
         z = 2*m+z;
      }
      for(int i=0;i<m;i++) {
          sum = sum+i;              //i 仅仅在该循环语句中有效
      }
      m = sum;                      //合法，因为 m 和 sum 有效
      z = i+sum;                    //非法，因为 i 和 z 已无效
   }
}
```

写一个方法和 C 语言中写一个函数完全类似，只不过在面向对象语言中称为方法，因此如果有比较好的 C 语言基础，编写方法的方法体已不再是难点。

3．区分成员变量和局部变量

如果局部变量的名字与成员变量的名字相同，则成员变量被隐藏，即该成员变量在这个方法内暂时失效。例如：

```
class Tom {
   int x = 10,y;
   void f() {
      int x = 5;
      y = x+x;//y 得到的值是 10，不是 20。如果方法 f 中没有"int x=5;"，y 的值将是 20
   }
}
```

方法中的局部变量的名字如果与成员变量的名字相同，那么方法就隐藏了成员变量，如果想在该方法中使用被隐藏的成员变量，必须使用关键字 this（在 4.9 节还会详细讲解 this 关键字），例如：

```
class Tom {
   int x = 10,y;
   void f() {
      int x = 5;
      y = x+this.x;      //y 得到的值是 15
   }
}
```

4．局部变量没有默认值

成员变量有默认值（见后面的 4.3 节），但局部变量没有默认值，因此在使用局部变量之前，必须保证局部变量有具体的值。例如，下列 InitError 类无法通过编译，其原因是，类中的方法 f 在使用局部变量 m 之前，没有为局部变量 m 指定一个值。

```
class InitError {
    int x = 10,y;              //y 的默认值是 0
    void f() {
       int m;                  //m 没有默认值，但编译无错误
       x = y+m;                //无法通过编译，因为在使用 m 之前未指定 m 的值
    }
}
```

4.2.5 需要注意的问题

如前所述，类体的内容由两部分构成：一部分是变量的声明，另一部分是方法的定义。对成员变量的操作只能放在方法中，方法使用各种语句对成员变量和方法体中声明的局部变量进行操作，如图 4.1 所示。声明成员变量时可赋予初值，如：

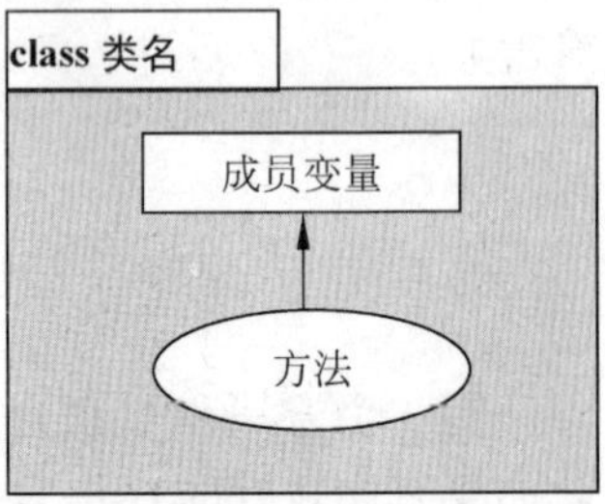

图 4.1 类的基本结构

```
class A {
    int a = 12;  //声明的同时赋予初值 12
    float b = 12.56f;
}
```

但是不可以这样做：

```
class A {
   int a;
   float b;
   a = 12;         //非法，这是赋值语句（语句不是变量的声明，只能出现在方法体中）
   b = 12.56f;     //非法
}
```

4.2.6 类的 UML 图

UML（Unified Modeling Language Diagram，UML）图属于结构图，常被用于描述一个系统的静态结构。一个 UML 中通常包含有类（Class）的 UML 图，接口（Interface）的 UML 图以及泛化关系（Generalization）的 UML 图、关联关系（Association）的 UML 图、依赖关系（Dependency）的 UML 图和实现关系（Realization）的 UML 图。

本节介绍类的 UML 图，后续章节会结合相应的内容介绍其余的 UML 图。图 4.2 是前面 4.2.2 节中 Lader 类的 UML 图。

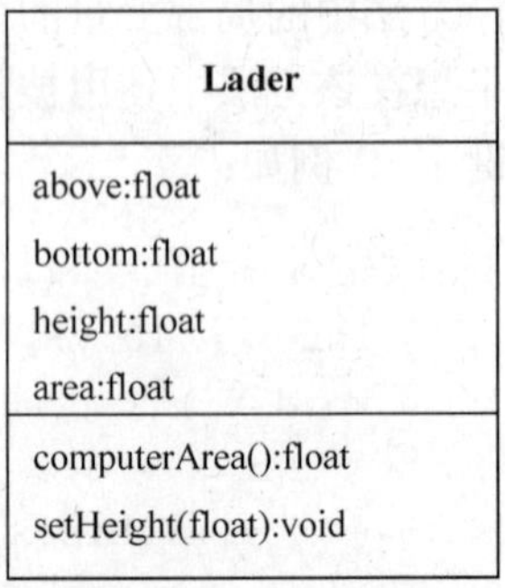

图 4.2 Lader 类的 UML 图

在类的 UML 图中，使用一个长方形描述一个类的主要构成，将长方形垂直地分为三层。

顶部第 1 层是名字层，如果类的名字是常规字形，表明该类是具体类，如果类的名字是斜体字形，表明该类是抽象类（抽象类在第 5 章讲述）。

第 2 层是变量层，也称属性层，列出类的成员变量及类型，格式是“变量名字：类型”。在用 UML 表示类时，可以根据设计的需要只列出最重要的成员变量的名字。

第 3 层是方法层，也称操作层，列出类中的方法，格式是“方法名字（参数列表）：类型”。在用 UML 表示类时，可以根据设计的需要只列出最重要的方法。

4.3 构造方法与对象的创建

类是面向对象语言中最重要的一种数据类型，可以用类来声明变量。在面向对象语言中，用类声明的变量被称为对象。和基本数据类型不同，在用类声明对象后，还必须要创建对象，即为声明的对象分配所拥有的变量（确定对象所具有的属性），当使用一个类创建一个对象时，也称给出了这个类的一个实例。通俗地讲，类是创建对象的模板，没有类就没有对象。

构造方法和对象的创建密切相关，以下将详细讲解构造方法和对象的创建。

4.3.1 构造方法

构造方法是类中的一种特殊方法，当程序用类创建对象时需使用它的构造方法。类中的构造方法的名字必须与它所在的类的名字完全相同，而且没有类型。允许一个类中编写若干个构造方法，但必须保证他们的参数不同，参数不同是指：参数的个数不同，或参数个数相同，但参数列表中对应的某个参数的类型不同。

需要注意的是，如果类中没有编写构造方法，系统会默认该类只有一个构造方法，该默认的构造方法是无参数的，且方法体中没有语句，例如，4.2.2 节中的 Lader 类就有一个默认的构造方法。

```
Lader() {
}
```

1．默认构造方法与自定义构造方法

如果类里定义了一个或多个构造方法，那么 Java 不提供默认的构造方法，例如，下列 Point 类有两个构造方法。

```
class Point {
   int x,y;
   Point() {
      x=1;
      y=1;
   }
   Point(int a,int b) {
     x=a;
```

```
        y=b;
    }
}
```


2．构造方法没有类型

需要特别注意的是，构造方法没有类型，下列 Point 类中只有一个构造方法，其中的 void Point(int a,int b)和 int Point()都不是构造方法。

```
class Point {
    int x,y;
    Point() {                          //是构造方法
        x = 1;
        y = 1;
    }
    void Point(int a,int b) {          //不是构造方法（该方法的类型是 void）
        x = a;
        y = b;
    }
    int Point() {                      //不是构造方法（该方法的类型是 int）
        return 12;
    }
}
```

4.3.2 创建对象

创建一个对象包括对象的声明和为对象分配变量两个步骤。

1．对象的声明

一般格式为：

```
类的名字 对象名字;
```

如：

```
Lader lader;
```

2．为声明的对象分配变量

使用 new 运算符和类的构造方法为声明的对象分配变量，即创建对象。如果类中没有构造方法，系统会调用默认的构造方法，默认的构造方法是无参数的，且方法体中没有语句。以下是两个详细的例子。

例子 1

Example4_1.java

```
class XiyoujiRenwu {
    float height,weight;
    String head, ear;
```

```
    void speak(String s) {
        System.out.println(s);
    }
}
public class Example4_1 {
    public static void main(String args[]) {
        XiyoujiRenwu zhubajie;          //声明对象
        zhubajie = new XiyoujiRenwu();//为对象分配变量(使用 new 和默认的构造方法)
    }
}
```

各种数据类型的默认值为
1. 数值型 0
2. boolean false
3. char '\0'
4. 对象 null

例子 2

Example4_2.java

```
class Point {
    int x,y;
    Point(int a,int b) {
        x = a;
        y = b;
    }
}
public class Example4_2 {
    public static void main(String args[]) {
        Point p1,p2;                    //声明对象 p1 和 p2
        p1 = new Point(10,10);          //为对象分配变量(使用 new 和类中的构造方法)
        p2 = new Point(23,35);          //为对象分配变量(使用 new 和类中的构造方法)
    }
}
```

注：如果类中定义了一个或多个构造方法，那么 Java 不提供默认的构造方法。上述例子 2 提供了构造方法，因此下列方式创建对象是非法的。

```
p1 = new Point();
```

3．对象的内存模型

我们使用前面的例子 1 来说明对象的内存模型。

1）声明对象时的内存模型

当用 XiyoujiRenwu 类声明一个变量 zhubajie，即对象 zhubajie 时，如例子 1 中：

```
XiyoujiRenwu zhubajie;
```

内存模型如图 4.3 所示。

声明对象变量 zhubajie 后，zhubajie 的内存中还没有任何数据，称这时的 zhubajie 是一个空对象，空对象不能使用，因为它还没有得到任何“实体”，必须再进行为对象分配变量的步骤，即为对象分配实体。

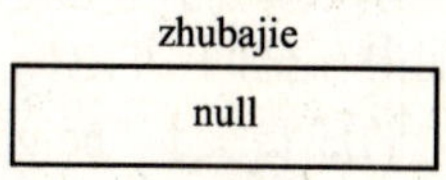

图 4.3　未分配变量的对象

2）对象分配变量后的内存模型

当系统见到：

```
zhubajie = new XiyoujiRenwu();
```

时，就会做下列两件事。

（1）为 height，weight，head，ear 各个变量分配内存，即 XiyoujiRenwu 类的成员变量被分配内存空间，然后执行构造方法中的语句。如果成员变量在声明时没有指定初值，所使用的构造方法也没有对成员变量进行初始化操作，那么，对于整型的成员变量，默认初值是 0；对于浮点型，默认初值是 0.0；对于 boolean 型，默认初值是 false；对于引用型，默认初值是 null。

（2）给出一个信息，以确保这些变量是属于对象 zhubajie 的，即这些内存单元将由 zhubajie 操作管理。为了做到这一点，new 运算符在为变量 height，weight，head，ear 分配内存后，将返回一个引用给对象变量 zhubajie。也就是返回一个“号码”（该号码包含着代表这些成员变量内存位置及相关的重要信息）给 zhubajie，不妨就认为这个引用就是 zhubajie 在内存里的名字，而且这个名字（引用）确保 Java 系统分配给 height，weight，head，ear 的内存单元将由 zhubajie 操作管理。称 height，weight，head，ear 分配的内存单元是属于对象 zhubajie 的实体，即这些变量是属于 zhubajie 的。所谓为对象分配内存就是指为它分配变量，并获得一个引用，以确保这些变量由对象来“操作管理”。

为对象分配变量后，内存模型由声明对象时的模型图 4.3 变成图 4.4，箭头示意对象可以操作这些属于它的变量。

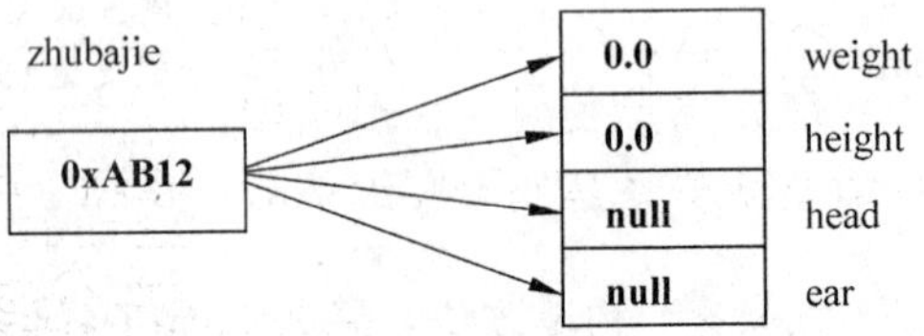

图 4.4　分配变量（实体）后的对象

3）创建多个不同的对象

一个类通过使用 new 运算符可以创建多个不同的对象，这些对象将被分配不同的内存空间，因此，改变其中一个对象的状态不会影响其他对象的状态。例如，可以在上述例子 1 中创建两个对象：zhubajie 和 sunwukong。

```
zhubajie = new XiyoujiRenwu();
sunwukong = new XiyoujiRenwu();
```

当创建对象 zhubajie 时，XiyoujiRenwu 类中的成员变量 height，weight，head，ear 被分配内存空间，并返回一个引用给 zhubajie；当再创建一个对象 sunwukong 时，XiyoujiRenwu 类中的成员变量 height，weight，head，ear 再一次被分配内存空间，并返回一个引用给 sunwukong。sunwukong 的变量所占据的内存空间和 zhubajie 的变量所占据的内存空间是互不相同的位置。内存模型如图 4.5 所示。

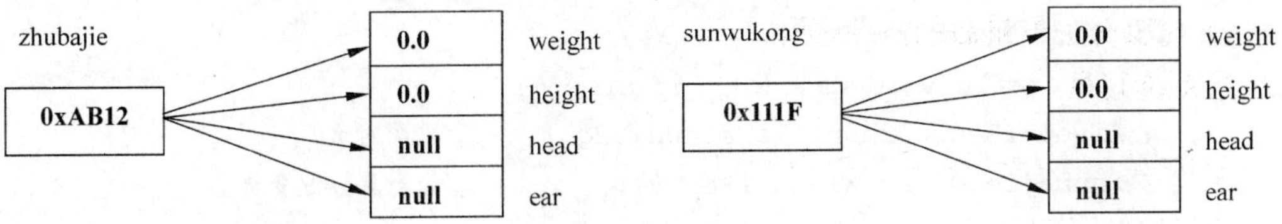

图 4.5　创建多个对象

4.3.3　使用对象

抽象的目的是产生类，而类的目的是创建具有属性和行为的对象。对象不仅可以操作自己的变量改变状态，而且能调用类中的方法产生一定的行为。

通过使用运算符“.”，对象可以实现对自己的变量的访问和方法的调用。

1．对象操作自己的变量（体现对象的属性）

对象创建之后，就有了自己的变量，即对象的实体。对象通过使用点运算符“.”（点运算符也称引用运算符或访问运算符）访问自己的变量，访问格式为：

```
对象.变量;
```

2．对象调用类中的方法（体现对象的行为）

对象创建之后，可以使用点运算符“.”调用创建它的类中的方法，从而产生一定的行为（功能），调用格式为：

```
对象.方法;
```

3．体现封装

当对象调用方法时，方法中出现的成员变量就是指分配给该对象的变量。在讲述类的时候讲过：类中的方法可以操作成员变量。当对象调用方法时，方法中出现的成员变量就是指分配给该对象的变量。

下面的例子 3 中，主类的 main 方法中使用 XiyoujiRenwu 创建两个对象：zhubajie 和 sunwukong，运行效果如图 4.6 所示。

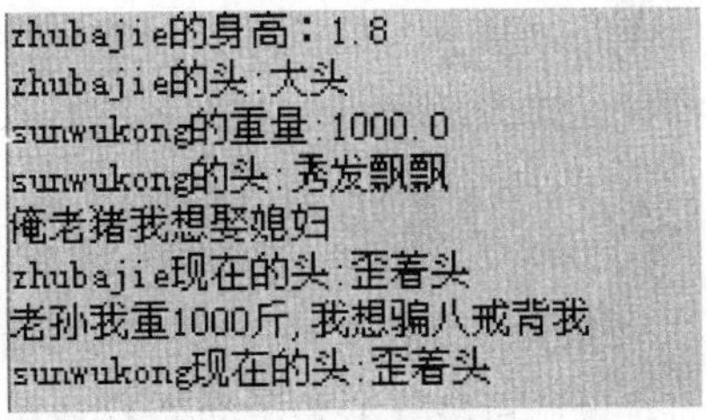

图 4.6　使用对象

例子 3

Example4_3.java

```
class XiyoujiRenwu {
   float height,weight;
   String head, ear;
   void speak(String s) {
      head = "歪着头";
      System.out.println(s);
   }
}
```

```
public class Example4_3 {
   public static void main(String args[]) {
      XiyoujiRenwu zhubajie,sunwukong;         //声明对象
      zhubajie = new XiyoujiRenwu();           //为对象分配变量
      sunwukong = new XiyoujiRenwu();
      zhubajie.height = 1.80f;                 //对象给自己的变量赋值
      zhubajie.head = "大头";
      zhubajie.ear = "一双大耳朵";
      sunwukong.height = 1.62f;                //对象给自己的变量赋值
      sunwukong.weight = 1000f;
      sunwukong.head = "秀发飘飘";
      System.out.println("zhubajie的身高: "+zhubajie.height);
      System.out.println("zhubajie的头:"+zhubajie.head);
      System.out.println("sunwukong的重量:"+sunwukong.weight);
      System.out.println("sunwukong的头:"+sunwukong.head);
      zhubajie.speak("俺老猪我想娶媳妇");                        //对象调用方法
      System.out.println("zhubajie现在的头:"+zhubajie.head);
      sunwukong.speak("老孙我重1000斤,我想骗八戒背我");          //对象调用方法
      System.out.println("sunwukong现在的头:"+sunwukong.head);
   }
}
```

类中的方法可以操作成员变量，当对象调用该方法时，方法中出现的成员变量就是指该对象的成员变量。在上述例子3中，当对象zhubajie调用方法speak之后，就将自己的头（head变量）修改成：“歪着头”。同样，对象sunwukong调用方法speak之后，也就将自己的头（head变量）修改成：“歪着头”。

4.3.4 对象的引用和实体

通过前面的学习我们已经知道，类是体现封装的一种数据类型，类所声明的变量被称为对象，对象（变量）负责存放引用，以确保对象可以操作分配给该对象的变量以及调用类中的方法。分配给对象的变量被习惯地称做对象的实体。

1．避免使用空对象

没有实体的对象称做空对象，空对象不能使用，即不能让一个空对象去调用方法产生行为。假如程序中使用了空对象，程序在运行时会出现异常NullPointerException。由于对象可以动态地被分配实体，所以Java编译器对空对象不做检查。因此，在编写程序时要避免使用空对象。

2．重要结论

一个类声明的两个对象如果具有相同的引用，二者就具有完全相同的变量（实体）。当程序用一个类创建两个对象object1和object2后，二者的引用是不同的，如图4.7所示。

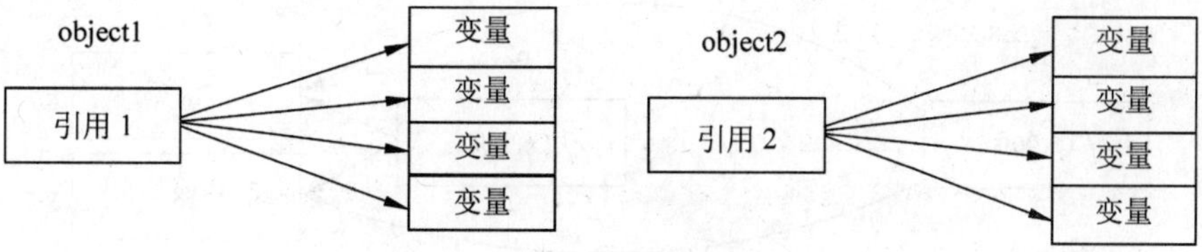

图 4.7　具有不同“引用”的对象

在 Java 中，对于同一个类的两个对象 object1 和 object2，允许进行如下的赋值操作。

```
object2 = object1;
```

这样 object2 中存放的将是 object1 的值，即 object1 的引用，因此，object2 所拥有的变量（实体），就和 object1 完全一样了，如图 4.8 所示。

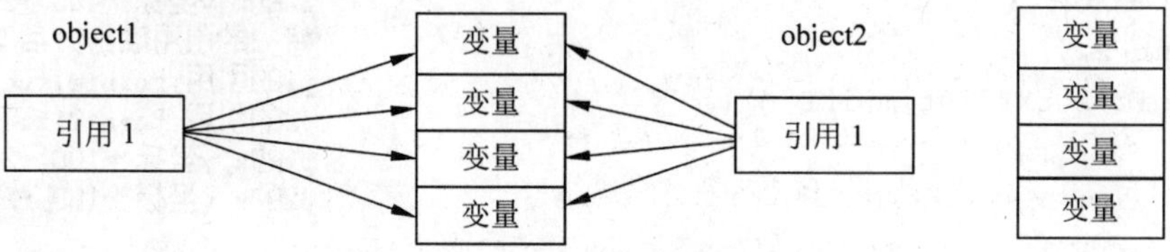

图 4.8　具有相同“引用”的对象

3．垃圾收集

一个类声明的两个对象如果具有相同的引用，那么二者就具有完全相同的实体，而且 Java 有所谓的“垃圾收集”机制，这种机制周期地检测某个实体是否已不再被任何对象所拥有（引用），如果发现这样的实体，就释放实体占有的内存。

以例 2 中的 Point 类为例，假如某个应用中，使用 Point 类分别创建了两个对象 p1，p2，

```
Point p1  =  new Point (5,15);
Point p2  =  new Point(8,18);
```

那么内存模型如图 4.9 所示。

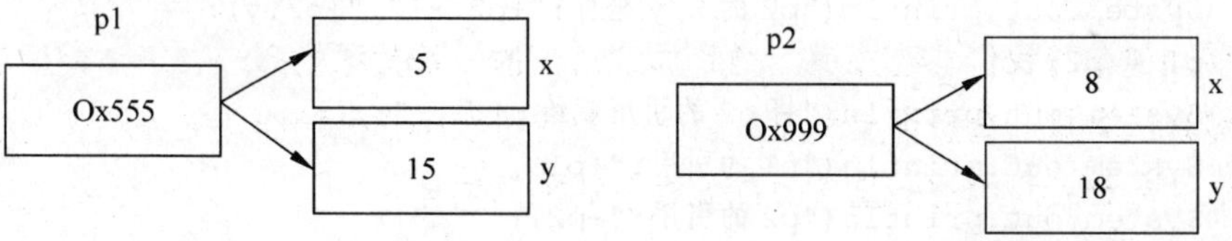

图 4.9　p1 和 p2 的引用不同

假如在程序中使用了如下的赋值语句：

```
p1 = p2;
```

即把 p2 中的引用赋给了 p1，因此 p1 和 p2 本质上是一样的了。虽然在源程序中 p1 和 p2 是两个名字，但在系统看来它们的名字是一个：0x999，系统将取消原来分配给 p1 的变量（如果这些变量没有其他对象继续引用）。这时如果输出 p1.x 的结果将是 8，而不是 5，即 p1 和 p2 有相同的变量（实体）。内存模型由图 4.9 变成图 4.10。

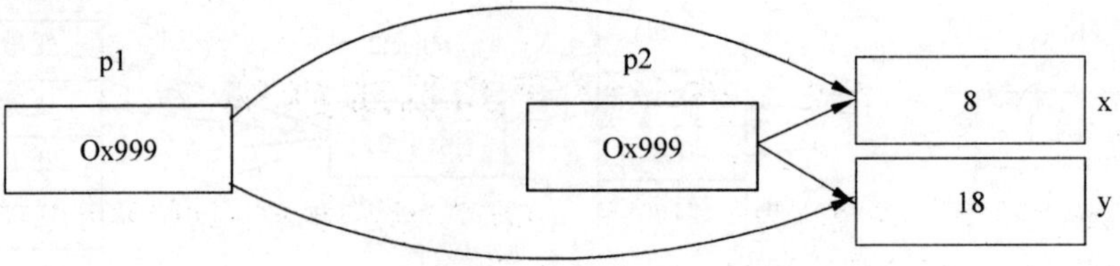

图 4.10　p1 和 p2 的引用相同

下面的例子 4 将对象 p2 的引用赋给了对象 p1，运行效果如图 4.11 所示。

例子 4

Example4_4.java

```
class Point {
   int x,y;
   void setXY(int m,int n){
      x = m;
      y = n;
   }
}
public class Example4_4 {
  public static void main(String args[]) {
     Point p1,p2;
     p1 = new Point();
     p2 = new Point();
     System.out.println("p1 的引用:"+p1);
     System.out.println("p2 的引用:"+p2);
     p1.setXY(1111,2222);
     p2.setXY(-100,-200);
     System.out.println("p1 的 x,y 坐标:"+p1.x+","+p1.y);
     System.out.println("p2 的 x,y 坐标:"+p2.x+","+p2.y);
     p1 = p2;
     System.out.println("将 p2 的引用赋给 p1 后: ");
     System.out.println("p1 的引用:"+p1);
     System.out.println("p2 的引用:"+p2);
     System.out.println("p1 的 x,y 坐标:"+p1.x+","+p1.y);
     System.out.println("p2 的 x,y 坐标:"+p2.x+","+p2.y);
  }
}
```

```
p1的引用:Point@c17164
p2的引用:Point@1fb8ee3
p1的x,y坐标:1111,2222
p2的x,y坐标:-100,-200
将p2的引用赋给p1后：
p1的引用:Point@1fb8ee3
p2的引用:Point@1fb8ee3
p1的x,y坐标:-100,-200
p2的x,y坐标:-100,-200
```

图 4.11　对象的引用和实体

和 C++不同的是，在 Java 语言中，类有构造方法，但没有析构方法，Java 运行环境有“垃圾收集”机制，因此不必像 C++程序员那样，要时刻自己检查哪些对象应该使用析构方法释放内存。因此 Java 很少出现“内存泄露”，即由于程序忘记释放内存所导致的内存溢出。

注：如果希望 Java 虚拟机立刻进行“垃圾收集”操作，可以让 System 类调用 gc() 方法。

4.4　类与程序的基本结构

一个 Java 应用程序（也称为一个工程）由若干个类所构成，这些类可以在一个源文件中，也可以分布在若干个源文件中，如图 4.12 所示。

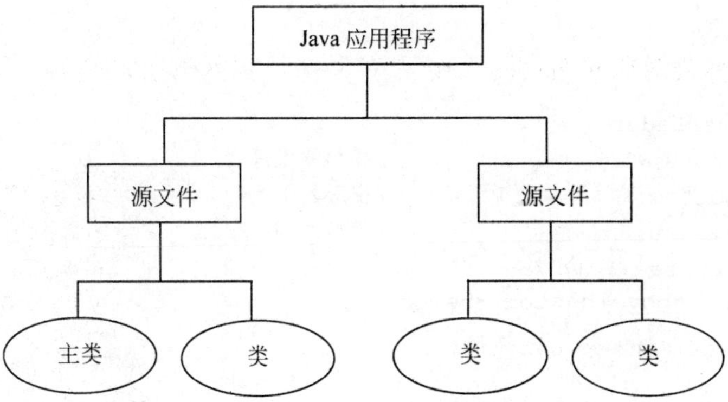

图 4.12　程序的结构

Java 应用程序有一个主类，即含有 main 方法的类，Java 应用程序从主类的 main 方法开始执行。在编写一个 Java 应用程序时，可以编写若干个 Java 源文件，每个源文件编译后产生若干个类的字节码文件。因此，经常需要进行如下的操作。

- 将应用程序涉及的 Java 源文件保存在相同的目录中，分别编译通过，得到 Java 应用程序所需要的字节码文件。
- 运行主类。

当使用解释器运行一个 Java 应用程序时，Java 虚拟机将 Java 应用程序需要的字节码文件加载到内存，然后再由 Java 的虚拟机解释执行。因此，可以事先单独编译一个 Java 应用程序所需要的其他源文件，并将得到的字节码文件和主类的字节码文件存放在同一目录中（有关细节在 4.10 节讨论）。如果应用程序的主类的源文件和其他的源文件在同一目录中，也可以只编译主类的源文件，Java 系统会自动地先编译主类需要的其他源文件。

Java 程序以类为“基本单位”，即一个 Java 程序由若干个类构成。一个 Java 程序可以将它使用的各个类分别存放在不同的源文件中，也可以将它使用的类存放在一个源文件中。一个源文件中的类可以被多个 Java 程序使用，从编译角度看，每个源文件都是一个独立的编译单位，当程序需要修改某个类时，只需要重新编译该类所在的源文件即可，不必重新编译其他类所在的源文件，这非常有利于系统的维护。从软件设计角度看，Java 语言中的类是可复用代码，编写具有一定功能的可复用代码是软件设计中非常重要的工作。

在下面的例子 5 中，一共有三个 Java 源文件（需要打开记事本三次，分别编辑、保存这三个 Java 源文件），其中 Example4_5.java 是含有主类的 Java 源文件。

例子 5

Rect.java

```
public class Rect {
```

```
   double width;                    //矩形的宽
   double height;                   //矩形的高
   double getArea()  {
      double area = width*height;
      return area;
   }
}
```

Lader.java

```
public class Lader {
   double above;                    //梯形的上底
   double bottom;                   //梯形的下底
   double height;                   //梯形的高
   double getArea() {
      return (above+bottom)*height/2;
   }
}
```

Example4_5.java

```
public class Example4_5 {
   public static void main(String args[]) {
      Rect ractangle = new Rect();
      ractangle.width = 109.87;
      ractangle.height = 25.18;
      double area=ractangle.getArea();
      System.out.println("矩形的面积:"+area);
      Lader lader = new Lader();
      lader.above = 10.798;
      lader.bottom = 156.65;
      lader.height = 18.12;
      area = lader.getArea();
      System.out.println("梯形的面积:"+area);
   }
}
```

假设上述三个源文件都保存在 C:\chapter4 中，在命令行窗口进入上述目录，并编译 Example4_5.java，C:\chapter4> javac Example4_5.java。

编译 Example4_5.java 的过程中，Java 系统会自动地编译 Rect.java 和 Lader.java，这是因为应用程序要使用 Rect.java 和 Lader.java 源文件产生的字节码文件。编译通过后，C:\chapter4 目录中将会有 Rect.class、Lader.class 和 Example4_5.class 三个字节码文件。

运行主类，程序的输出结果是：

```
矩形的面积:2766.5266
梯形的面积:1517.07888。
```

注：Lader 和 Rect 就是可复用的代码，应用程序的主类只需让 Lader 和 Rect 对象分别计算面积即可，主类不必知道计算矩形面积和梯形面积的算法。

注：如果需要编译某个目录下的全部 Java 源文件，比如 C:\chapter4 目录下的全部 Java 源文件，可以进入该目录，使用通配符*代表各个源文件的名字来编译全部的源文件，如下所示。

```
C:\chapter4> javac *.java
```

注：尽管一个 Java 源文件中可以有多个类，但仍然提倡在一个 Java 源文件只编写一个类。

4.5 参数传值

方法中最重要的部分之一就是方法的参数，参数属于局部变量，当对象调用方法时，参数被分配内存空间，并要求调用者向参数传递值，即方法被调用时，参数变量必须有具体的值。

4.5.1 传值机制

在 Java 中，方法的所有参数都是"传值"的，也就是说，方法中参数变量的值是调用者指定的值的拷贝。例如，如果向方法的 int 型参数 x 传递一个 int 值，那么参数 x 得到的值是传递的值的拷贝。因此，方法如果改变参数的值，不会影响向参数"传值"的变量的值，反之亦然。参数得到的值类似生活中的"原件"的"复印件"，那么改变"复印件"不影响"原件"，反之亦然。

4.5.2 基本数据类型参数的传值

对于基本数据类型的参数，向该参数传递的值的级别不可以高于该参数的级别，比如，不可以向 int 型参数传递一个 float 值，但可以向 double 型参数传递一个 float 值。

在下面的例子 6 中有一个源文件 Example4_6.java，Example4_6.java 在主类的 main 方法中使用 Computer 类来创建对象，该对象可以调用 add(int x,int y)计算两个整数之和，因此，Computer 类的对象在调用 add(int x,int y)方法时，必须向方法的参数传递值。

例子 6

Example4_6.java

```
class Computer{
   int add(int x,int y){
      return x+y;
   }
}
public class Example4_6 {
   public static void main(String args[]){
      Computer com = new Computer();
      int m = 100;
      int n = 200;
      int result = com.add(m,n);       //将 m,n 的值“传值”给参数 x,y
```

```
        System.out.println(result);
        result = com.add(120+m,n*10+8);
                                    //将表达式 120+m 和 n*10+8 的值“传值”给参数 x,y
        System.out.println(result);
    }
}
```

4.5.3 引用类型参数的传值

Java 的引用型数据包括前面学习的数组、刚刚学习的对象以及后面要学习的接口。当参数是引用类型时，“传值”传递的是变量中存放的“引用”，而不是变量所引用的实体。

需要注意的是，对于两个相同类型的引用型变量，如果具有同样的引用，就会用同样的实体，因此，如果改变参数变量所引用的实体，就会导致原变量的实体发生同样的变化；但是，改变参数中存放的“引用”不会影响向其传值的变量中存放的“引用”，反之亦然，如图 4.13 所示。

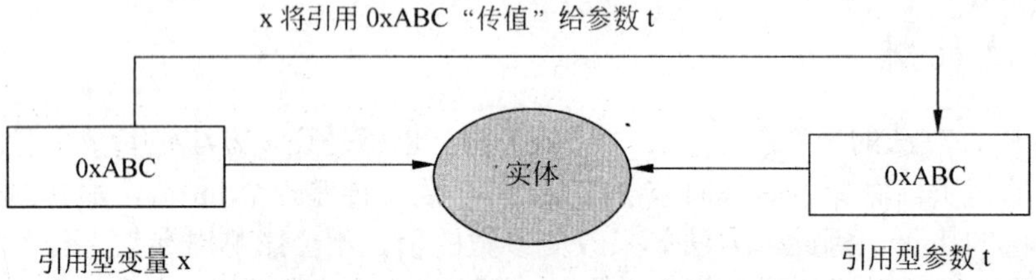

图 4.13　引用类型参数的“传值”

下面的例子 7 模拟收音机使用电池。例子 7 中使用的主要类如下。

- Radio 类负责创建一个“收音机”对象（Radio 类在 Radio.java 中）。
- Battery 类负责创建“电池”对象（Battery 类在 Battery.java 中）。
- Radio 类创建的“收音机”对象调用 openRadio(Battery battery)方法时，需要将一个 Battery 类创建的“电池”对象传递给该方法的参数 battery，即模拟收音机使用电池。
- 在主类中将 Battery 类创建的“电池”对象 nanfu 传递给 openRadio(Battery battery)方法的参数 battery，该方法消耗了 battery 的储电量（打开收音机会消耗电池的储电量），那么 nanfu 的储电量就发生了同样的变化。

例子 7 中收音机使用电池的示意图以及程序的运行效果如图 4.14 所示。

（a）收音机使用电池　　（b）收音机消耗电池的电量

图 4.14　收音机模拟

例子 7

Battery.java

```
public class Battery {
```

```
    int electricityAmount;
    Battery(int amount){
        electricityAmount = amount;
    }
}
```

Radio.java

```
public class Radio {
    void openRadio(Battery battery){
        battery.electricityAmount = battery.electricityAmount - 10;
                                                         //消耗了电量
    }
}
```

Example4_7.java

```
public class Example4_7 {
   public static void main(String args[]) {
      Battery nanfu = new Battery(100);      //创建电池对象
      System.out.println("南孚电池的储电量是:"+nanfu.electricityAmount);
      Radio radio = new Radio();             //创建收音机对象
      System.out.println("收音机开始使用南孚电池");
      radio.openRadio(nanfu);                //打开收音机
      System.out.println("目前南孚电池的储电量是:"+nanfu.electricityAmount);
   }
}
```

下面例子 8 中（运行效果如图 4.15 所示）模拟圆锥用圆作为底，涉及的类如下。

- Circle 类负责创建圆对象。
- Circular 类负责创建圆锥对象，Circular 类创建圆锥对象时，需要将 Circle 类的实例即“圆”对象的引用传递给圆锥对象的 Circle 类型的成员变量。

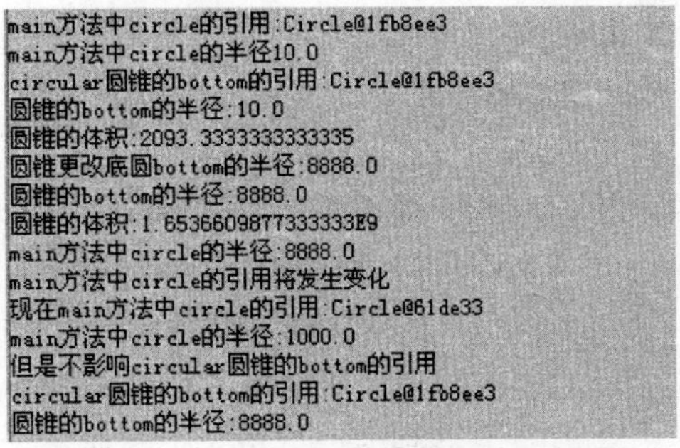

图 4.15　向圆锥的底传递圆对象的引用

例子 8

Circle.java

```
public class Circle {
    double radius,area;
    Circle(double r) {
       radius = r;
    }
    void setRadius(double r) {
        radius = r;
    }
    double getRadius(){
```

```
        return radius;
    }
    double getArea(){
        area = 3.14*radius*radius;
        return area;
    }
}
```

Circular.java

```
public class Circular {
    Circle bottom;                    //圆锥的底 bottom 是 Circle 类型的对象
    double height;
    Circular(Circle c,double h) { //构造方法,将 Circle 类的实例的引用传递给 bottom
       bottom = c;
       height = h;
    }
    double getVolme() {
       return bottom.getArea()*height/3.0;
    }
    double getBottomRadius() {
       return bottom.getRadius();
    }
    public void setBottomRadius(double r){
       bottom.setRadius(r);
    }
}
```

Example4_8.java

```
public class Example4_8 {
   public static void main(String args[]) {
       Circle circle = new Circle(10);                               //【代码 1】
       System.out.println("main 方法中 circle 的引用:"+circle);
       System.out.println("main 方法中 circle 的半径"+circle.getRadius());
       Circular circular = new Circular(circle,20);                  //【代码 2】
       System.out.println("circular 圆锥的 bottom 的引用:"+circular.bottom);
       System.out.println("圆锥的 bottom 的半径:"+circular.getBottomRadius());
       System.out.println("圆锥的体积:"+circular.getVolme());
       double r = 8888;
       System.out.println("圆锥更改底圆 bottom 的半径:"+r);
       circular.setBottomRadius(r);                                  //【代码 3】
       System.out.println("圆锥的 bottom 的半径:"+circular.getBottomRadius());
       System.out.println("圆锥的体积:"+circular.getVolme());
       System.out.println("main 方法中 circle 的半径:"+circle.getRadius());
       System.out.println("main 方法中 circle 的引用将发生变化");
       circle = new Circle(1000); //重新创建 circle 【代码 4】
       System.out.println("现在 main 方法中 circle 的引用:"+circle);
       System.out.println("main 方法中 circle 的半径:"+circle.getRadius());
       System.out.println("但是不影响 circular 圆锥的 bottom 的引用");
       System.out.println("circular 圆锥的 bottom 的引用:"+circular.bottom);
```

```
        System.out.println("圆锥的bottom的半径:"+circular.getBottomRadius());
    }
}
```

下面结合程序运行的效果（图 4.15）对重要的代码（见上述例子 8 中源文件中注释的【代码 1】～【代码 4】）进行分析讲解。

（1）执行【代码 1】后内存中的对象模型：

执行【代码 1】

```
Circle circle = new Circle(10);
```

后，内存中诞生了一个 circle 对象（圆），circle 的 radius（半径）是 10。内存中的对象模型如图 4.16 所示。

（2）执行【代码 2】后内存中的对象模型：

执行【代码 2】

```
Circular circular = new Circular(circle,20);
```

后，内存中又诞生了一个 circular 对象（圆锥）。执行【代码 2】将 circle 对象的引用以“传值”方式传递给 circular 对象的 bottom（底），因此，bottom 对象和 circle 对象就有同样的实体（radius）。内存中的对象模型如图 4.17 所示。

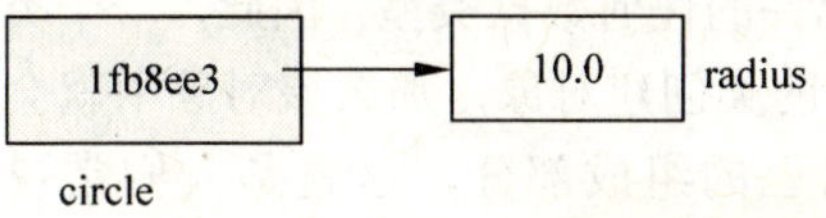

图 4.16　执行【代码 1】后内存中的对象模型

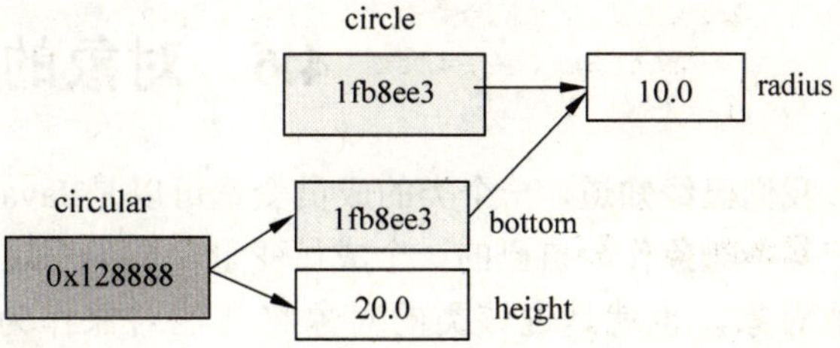

图 4.17　执行【代码 2】后内存中的对象模型

（3）执行【代码 3】后内存中的对象模型：

对于同一个类的两个对象，如果二者具有同样的引用，就会用同样的实体，因此，改变其中一个对象的实体，就会导致另一个对象的实体发生同样的变化。执行【代码 3】

```
circular.setBottomRadius(r);
```

就使得 bottom 对象（圆锥的底）和 circle 对象的实体（radius）发生了同样的变化，如图 4.18 所示。

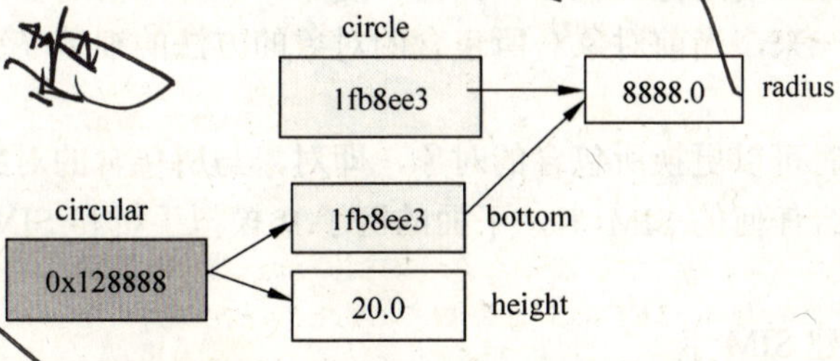

图 4.18　执行【代码 3】后内存中的对象模型

（4）执行【代码 4】后内存中的对象模型：

执行【代码 4】

```
circle = new Circle(1000);
```

使得 circle 的引用发生变化，即重新创建了 circle 对象，使得 circle 对象将获得了新的实体（此时 circle 对象的 radius 的值是 1000），但 circle 对象先前的实体（radius）不被释放，因为该实体还被 circluar（圆锥）的 bottom（底）所拥有（引用）。最初 circle 对象的引用是以“传值”方式传递给 circular 对象的 bottom 的，所以，circle 的引用发生变化并不影响 circluar 的 bottom 的引用（bottom 对象的 radius 的值仍然是 8888）。对象模型如图 4.19 所示。

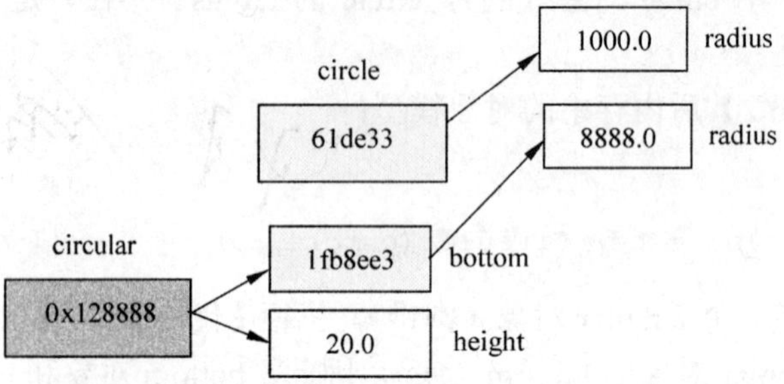

图 4.19　执行【代码 4】后内存中的对象模型

4.6　对象的组合

我们已经知道，一个类的成员变量可以是 Java 允许的任何数据类型，因此，一个类可以把某个对象作为自己的一个成员变量，如果用这样的类创建对象，那么该对象中就会有其他对象，也就是说该类的对象将其他对象作为自己的组成部分，这就是人们常说的 Has-A。例如，前面 4.5 节中例子 8 中的圆锥对象就将一个圆对象作为自己的成员，即圆锥有一个圆形的底。

4.6.1　组合与复用

如果一个对象 a 组合了对象 b，那么对象 a 就可以委托对象 b 调用其方法，即对象 a 以组合的方式复用对象 b 的方法。例如，圆锥对象在计算体积时，首先委托圆锥的底（一个 Circle 对象）bottom 调用 getArea()方法计算底的面积，然后圆锥对象再计算出自身的体积。

通过组合对象来复用方法有以下特点。

（1）通过组合对象来复用方法也称“黑盒”复用，因为当前对象只能委托所包含的对象调用其方法，这样一来，当前对象对所包含的对象的方法的细节（算法的细节）是一无所知的。

（2）当前对象随时可以更换所包含的对象，即对象与所包含的对象属于弱耦合关系。

一个手机可以组合任何的 SIM 卡，下面的例子 9 模拟手机和 SIM 卡的组合关系。涉及的类如下。

- SIM 类负责创建 SIM 卡。
- MobileTelephone 类负责创建手机，手机可以组合一个 SIM 卡，并可以调用 setSIM

(SIM card)方法更改其中的 SIM 卡。

程序运行效果如图 4.20 所示。

例子 9

图 4.20　手机组合 SIM 卡

SIM.java

```
public class SIM {
    long number;
    SIM(long number){
        this.number = number;
    }
    long getNumber() {
        return number;
    }
}
```

MobileTelephone.java

```
public class MobileTelephone {
    SIM sim;
    void setSIM(SIM card) {
        sim = card;
    }
    long lookNumber(){
        return sim.getNumber();
    }
}
```

Example4_9.java

```
public class Example4_9 {
   public static void main(String args[]) {
       SIM simOne = new SIM(13889776509L);
       MobileTelephone mobile = new MobileTelephone();
       mobile.setSIM(simOne);
       System.out.println("手机号码:"+mobile.lookNumber());
       SIM simTwo = new SIM(15967563567L);
       mobile.setSIM(simTwo);  //更换 SIM 卡
       System.out.println("手机号码:"+mobile.lookNumber());
    }
}
```

4.6.2　类的关联关系和依赖关系的 UML 图

1．关联关系

如果 A 类中成员变量是用 B 类声明的对象，那么 A 和 B 的关系是关联关系，称 A 类的对象关联于 B 类的对象或 A 类的对象组合了 B 类的对象。如果 A 关联于 B，那么 UML 通过使用一个实线连 A 和 B 的 UML 图，实线的起始端是 A 的 UML 图，终点端是 B 的

UML 图，但终点端使用一个指向 B 的 UML 图的方向箭头表示实线的结束。图 4.21 是 Circular 类（见前面的例子 8 中的 Circular 类）关联于 Circle 类的 UML 图。

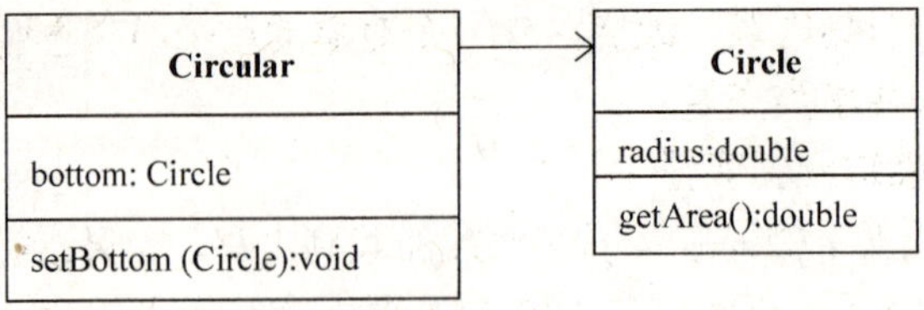

图 4.21　关联关系的 UML 图

2. 依赖关系

如果 A 类中某个方法的参数是用 B 类声明的对象或某个方法返回的数据类型是 B 类对象，那么 A 和 B 的关系是依赖关系，称 A 依赖于 B。如果 A 依赖于 B，那么 UML 通过使用一个虚线连 A 和 B 的 UML 图，虚线的起始端是 A 的 UML 图，终点端是 B 的 UML 图，但终点端使用一个指向 B 的 UML 图的方向箭头表示虚线的结束。

图 4.22 是 Radio 类（见前面例子 7 中的 Radio 类）依赖于 Battery 的 UML 图。

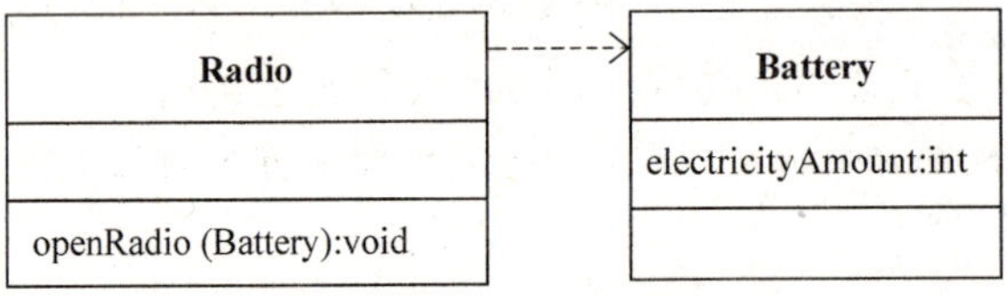

图 4.22　依赖关系的 UML 图

4.7　实例成员与类成员

4.7.1　实例变量和类变量的声明

在讲述类的时候我们讲过：类体中包括成员变量的声明和方法的定义，而成员变量又可细分为实例变量和类变量。在声明成员变量时，用关键字 static 给予修饰的称做类变量，否则称做实例变量（类变量也称为 static 变量，静态变量），例如：

```
class Dog {
   float x;            //实例变量
   static int y;       //类变量
}
```

上述 Dog 类中，x 是实例变量，而 y 是类变量。需要注意的是 static 需放在变量的类型的前面，以下讲解实例变量和类变量的区别。

4.7.2　实例变量和类变量的区别

1. 不同对象的实例变量互不相同

我们已经知道：一个类通过使用 new 运算符可以创建多个不同的对象，这些对象将被分配不同的（成员）变量。说得准确些就是：分配给不同的对象的实例变量占有不同的内存空间，改变其中一个对象的实例变量不会影响其他对象的实例变量。

2．所有对象共享类变量

如果类中有类变量，当使用 new 运算符创建多个不同的对象时，分配给这些对象的这个类变量占有相同的一处内存，改变其中一个对象的这个类变量会影响其他对象的这个类变量，也就是说对象共享类变量。

3．通过类名直接访问类变量

当 Java 程序执行时，类的字节码文件被加载到内存，如果该类没有创建对象，类中的实例变量不会被分配内存。但是，类中的类变量，在该类被加载到内存时，就分配了相应的内存空间。如果该类创建对象，那么不同对象的实例变量互不相同，即分配不同的内存空间，而类变量不再重新分配内存，所有的对象共享类变量，即所有的对象的类变量是相同的一处内存空间，类变量的内存空间直到程序退出运行，才释放所占有的内存。

类变量是与类相关联的变量，也就是说，类变量是和该类创建的所有对象相关联的变量，改变其中一个对象的这个类变量就同时改变了其他对象的这个类变量。因此，类变量不仅可以通过某个对象访问，也可以直接通过类名访问。

实例变量仅仅是和相应的对象关联的变量，也就是说，不同对象的实例变量互不相同，即分配不同的内存空间，改变其中一个对象的实例变量不会影响其他对象的这个实例变量。对象的实例变量可以通过该对象访问，但不能使用类名访问。

下面例子 10 中的 Lader.java 中的 Lader 类创建的梯形对象共享一个下底。程序运行效果如图 4.23 所示。

例子 10

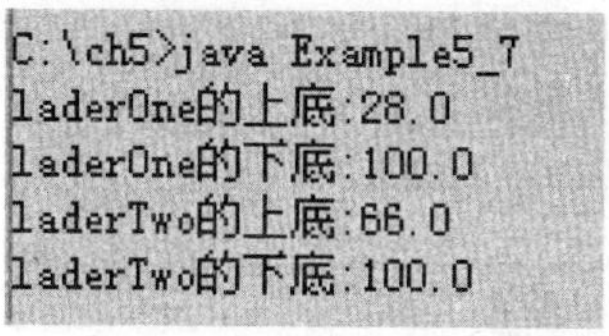

图 4.23　梯形共享下底

Lader.java

```
public class Lader {
    double 上底,高;              //实例变量
    static double 下底;         //类变量
    void 设置上底(double a) {
        上底 = a;
    }
    void 设置下底(double b) {
        下底 = b;
    }
    double 获取上底() {
       return 上底;
    }
    double 获取下底() {
       return 下底;
    }
}
```

Example4_10.java

```
public class Example4_10 {
   public static void main(String args[]) {
      Lader.下底 = 100;     //Lader的字节码被加载到内存,通过类名操作类变量
```

```
        Lader laderOne = new Lader();
        Lader laderTwo = new Lader();
        laderOne.设置上底(28);
        laderTwo.设置上底(66);
        System.out.println("laderOne 的上底:"+laderOne.获取上底());
        System.out.println("laderOne 的下底:"+laderOne.获取下底());
        System.out.println("laderTwo 的上底:"+laderTwo.获取上底());
        System.out.println("laderTwo 的下底:"+laderTwo.获取下底());
    }
}
```

例子 10 从 Example4_10.java 中的主类的 main 方法开始运行，当执行

```
Lader.下底 = 100;
```

时，Java 虚拟机首先将 Lader 的字节码加载到内存，同时为类变量“下底”分配了内存空间，并赋值 100，如图 4.24 所示。

当执行

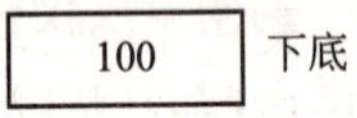

图 4.24 下底分配内存

```
Lader laderOne = new Lader();
Lader laderTwo = new Lader();
```

时，实例变量“上底”和“高”都两次被分配内存空间，分别被对象 laderOne 和 laderTwo 所引用，而类变量“下底”不再分配内存，直接被对象 laderOne 和 laderTwo 引用、共享，如图 4.25 所示。

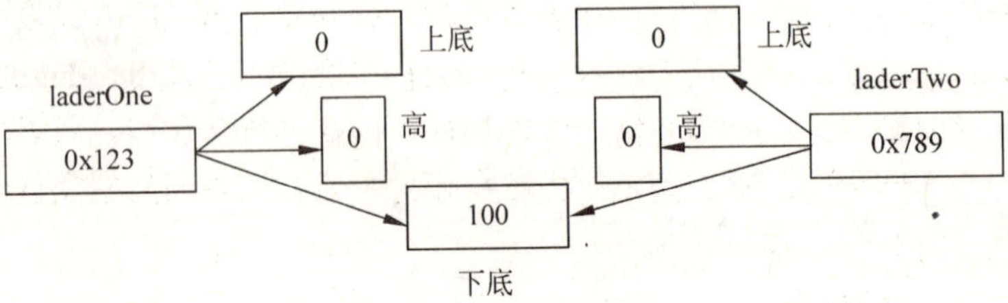

图 4.25 对象共享类变量

注：类变量似乎破坏了封装性，其实不然，当对象调用实例方法时，该方法中出现的类变量也是该对象的变量，只不过这个变量和所有的其他对象共享而已。

4.7.3 实例方法和类方法的定义

类中的方法也可分为实例方法和类方法。方法声明时，方法类型前面不加关键字 static 修饰的是实例方法，加 static 关键字修饰的是类方法（静态方法）。如：

```
class A {
  int a;
   float max(float x,float y) {       //实例方法
     …
   }
```

```
    static float jerry() {              //类方法
      …
    }
    static void speak(String s) {       //类方法
      …
    }
}
```

A 类中的 jerry 方法和 speak 方法是类方法，max 方法是实例方法。需要注意的是 static 需放在方法的类型的前面。以下讲解实例方法和类方法的区别。

4.7.4 实例方法和类方法的区别

1．对象调用实例方法

当类的字节码文件被加载到内存时，类的实例方法不会被分配入口地址，只有该类创建对象后，类中的实例方法才分配入口地址，从而实例方法可以被类创建的任何对象调用执行。需要注意的是，当我们创建第一个对象时，类中的实例方法就分配了入口地址，当再创建对象时，不再分配入口地址，也就是说，方法的入口地址被所有的对象共享，当所有的对象都不存在时，方法的入口地址才被取消。

实例方法中不仅可以操作实例变量，也可以操作类变量。当对象调用实例方法时，该方法中出现的实例变量就是分配给该对象的实例变量，该方法中出现的类变量也是分配给该对象的变量，只不过这个变量和所有的其他对象共享而已。

2．类名调用类方法

对于类中的类方法，在该类被加载到内存时，就分配了相应的入口地址，从而类方法不仅可以被类创建的任何对象调用执行，也可以直接通过类名调用。类方法的入口地址直到程序退出才被取消。需要注意的是，实例方法不能通过类名调用，只能由对象来调用。

和实例方法不同的是，类方法不可以操作实例变量，这是因为在类创建对象之前，实例成员变量还没有分配内存。

3．设计类方法的原则

对于 static 方法，不必创建对象就可以用类名直接调用它（创建对象会导致类中的实例变量被分配内存空间）。如果一个方法不需要操作类中的任何实例变量，就可以满足程序的需要，就可以考虑将这样的方法设计为一个 static 方法。比如，Java 类库提供的 Array 类，（该类在 java.util 包中，只需使用 import 语句引入该类即可，见稍后的 4.11 节），该类中的许多方法都是 static 方法，Array 类调用 public static void sort(double a[])方法可以把参数 a 指定的 double 类型数组按升序排序。Array 类调用 public static void sort(double a[],int start,int end)方法可以把参数 a 指定的 double 类型数组中索引 star 至 end–1 的元素的值按升序排序。Array 类调用（二分法）public static int binarySearch(double[] a, double number)方法判断参数 number 指定的数值是否在参数 a 指定的数组中，即 number 是否和数组 a 的某个元素的值相同，其中数组 a 必须是事先已排序的数组。如果 number 和数组 a 中某个元素的值相同，int binarySearch(double[] a, double number)方法返回（得到）该元素的索引，否则返回一个负数。

再比如，Java 类库提供的 Math 类，该类中的所有方法都是 static 方法，例如 Math.max(40,399)得到的值是 399。

在下面的例子 11 中，首先将一个数组排序，然后使用二分法判断用户从键盘输入的整数是否和数组中某个元素的值相同，即是否在数组中。

例子 11

Example4_11.java

```
import java.util.*;
public class Example4_11 {
   public static void main(String args[]) {
      Scanner scanner = new Scanner(System.in);
      int [] a = {12,34,9,23,45,6,45,90,123,19,34};
      Arrays.sort(a);
      System.out.println(Arrays.toString(a));
      System.out.println("输入整数，程序判断该整数是否在数组中:");
      int number = scanner.nextInt();
      int index=Arrays.binarySearch(a,number);
      if(index>=0)
         System.out.println(number+"和数组中索引为"+index+"的元素值相同");
      else
         System.out.println(number+"不与数组中任何元素值相同");
   }
}
```

4.8 方 法 重 载

Java 中存在两种多态：重载（Overload）和重写（Override），重写是与继承有关的多态，将在第 5 章讨论。

方法重载是两种多态的一种，例如，你让一个人执行“求面积”操作时，他可能会问你求什么面积？所谓功能多态性是指可以向功能传递不同的消息，以便让对象根据相应的消息来产生相应的行为。对象的行为通过类中的方法来体现，那么行为的多态性就是方法的重载。

4.8.1 方法重载的语法规则

方法重载的意思是：一个类中可以有多个方法具有相同的名字，但这些方法的参数必须不同。两个方法的参数不同是指满足下列之一：

- 参数的个数不同。
- 参数个数相同，但参数列表中对应的某个参数的类型不同。

下面例子 12 中的 People 类中 hello 方法是重载方法，运行效果如图 4.26 所示。

图 4.26　hello 方法是重载方法

例子 12

```
class People {
```

```
    float hello(int a,int b) {
       return a+b;
    }
    float hello(long a,int b) {
       return a-b;
    }
    double hello(double a,int b) {
       return a*b;
    }
}
public class Example4_12 {
     public static void main(String args[]) {
        People tom = new People();
        System.out.println(tom.hello(10,20));
        System.out.println(tom.hello(10L,20));
        System.out.println(tom.hello(10.0,20));
    }
}
```

注：方法的返回类型和参数的名字不参与比较，也就是说如果两个方法的名字相同，即使返回类型不同，也必须保证参数不同。

下面例子 13 中 Student 类中的 computerArea 方法是重载方法。程序运行效果如图 4.27 所示。

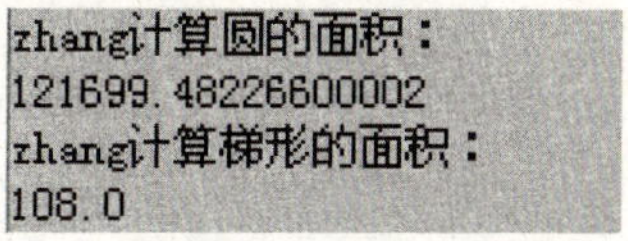

图 4.27　computerArea 方法是重载方法

例子 13

Circle.java

```
public class Circle {
    double radius,area;
    void setRadius(double r) {
       radius = r;
    }
    double getArea(){
       area = 3.14*radius*radius;
       return area;
    }
}
```

Tixing.java

```
public class Tixing {
   double above,bottom,height;
   Tixing(double a,double b,double h) {
      above = a;
      bottom = b;
      height = h;
   }
```

```
    double getArea() {
        return (above+bottom)*height/2;
    }
}
```

Student.java

```
public class Student {
    double computerArea(Circle c) {  //是重载方法
        double area = c.getArea();
        return area;
    }
    double computerArea(Tixing t) {  //是重载方法
        double area = t.getArea();
        return area;
    }
}
```

Example4_13.java

```
public class Example4_13 {
   public static void main(String args[]) {
       Circle circle = new Circle();
       circle.setRadius(196.87);
       Tixing lader = new Tixing(3,21,9);
       Student zhang = new Student();
       System.out.println("zhang计算圆的面积: ");
       double result = zhang.computerArea(circle);
       System.out.println(result);
       System.out.println("zhang计算梯形的面积: ");
       result = zhang.computerArea(lader);
       System.out.println(result);
   }
}
```

4.8.2 避免重载出现歧义

重载方法之间必须保证相互的参数不同，但需要小心的是，重载方法在被调用时可能出现歧义调用。例如，下列 Dog 类中的 cry 方法就是容易引发歧义的重载方法（Dog 类没有语法错误）。

```
class Dog {
    static void cry(double m,int n){
        System.out.println("小狗");
    }
    static void cry(int m,double n){
        System.out.println("small dog");
    }
}
```

对于上述 Dog 类，代码：

```
Dog.cry(10.0,10);
```

输出的信息是“小狗”；代码：

```
Dog.cry(10,10.0);
```

输出的信息是“small dog”；但是，代码：

```
Dog.cry(10,10);
```

却无法通过编译（提示信息：对 cry 的引用不明确），因为 Dog.cry(10,10)不清楚应当执行重载方法中的哪一个（出现歧义调用）。

4.9 this 关键字

this 是 Java 的一个关键字，表示某个对象。this 可以出现在实例方法和构造方法中，但不可以出现在类方法中。

4.9.1 在构造方法中使用 this

this 关键字出现在类的构造方法中时，代表使用该构造方法所创建的对象。

下面的例子 14 中，People 类的构造方法中使用了 this。

例子 14

People.java

```
public class People{
    int leg,hand;
    String name;
    People(String s){
        name = s;
        this.init();   //可以省略this，即将this.init();写成init();
    }
    void init(){
       leg = 2;
       hand = 2;
       System.out.println(name+"有"+hand+"只手"+leg+"条腿");
    }
    public static void main(String args[]){
      People boshi = new People("布什"); //创建boshi时，构造方法中的this就是
                                          //对象boshi
    }
}
```

4.9.2 在实例方法中使用 this

实例方法只能通过对象来调用，不能用类名来调用。当 this 关键字出现在实例方法中时，this 就代表正在调用该方法的当前对象。

实例方法可以操作类的成员变量，当实例成员变量在实例方法中出现时，默认的格式是：

```
this.成员变量;
```

当 static 成员变量在实例方法中出现时，默认的格式是：

```
类名.成员变量;
```

如：

```
class A {
    int x;
    static int y;
    void f() {
       this.x = 100;
       A.y = 200;
    }
}
```

上述 A 类中的实例方法 f 中出现了 this，this 就代表使用 f 的当前对象。所以，“this.x”就表示当前对象的变量 x，当对象调用方法 f 时，将 100 赋给该对象的变量 x。因此，当一个对象调用方法时，方法中的实例成员变量就是指分配给该对象的实例成员变量，而 static 变量和其他对象共享。因此，通常情况下，可以省略实例成员变量名字前面的“this.”以及 static 变量前面的“类名.”。

如：

```
class A {
    int x;
    static int y;
    void f() {
       x = 100;
       y = 200;
    }
}
```

但是，当实例成员变量的名字和局部变量的名字相同时，成员变量前面的“this.”或“类名.”就不可以省略。

我们知道类的实例方法可以调用类的其他方法，对于实例方法调用的默认格式是：

```
this.方法;
```

对于类方法调用的默认格式是：

```
类名.方法;
```

如：

```
class B {
    void f() {
      this.g();
       B.h();
    }
    void g() {
        System.out.println("ok");
    }
    static void h() {
        System.out.println("hello");
    }
}
```

在上述B类中的方法f中出现了this，this代表调用方法f的当前对象，所以，方法f的方法体中this.g()就是当前对象调用方法g，也就是说，在某个对象调用方法f的过程中，又调用了方法 g。由于这种逻辑关系非常明确，一个实例方法调用另一个方法时可以省略方法名字前面的“this.”或“类名.”。

如：

```
class B {
  void f() {
       g();    //省略this
       h();   //省略类名
    }
    void g() {
        System.out.println("ok");
    }
    static void h() {
        System.out.println("hello");
    }
}
```

注： this 不能出现在类方法中，这是因为，类方法可以通过类名直接调用，这时，可能还没有任何对象诞生。

4.10 包

包是Java语言有效地管理类的一个机制。不同Java源文件中可能出现名字相同的类，如果想区分这些类，就需要使用包名。包名的目的是有效地区分名字相同的类，不同Java源文件中的两个类名字相同时，它们可以通过隶属于不同的包来相互区分。

4.10.1 包语句

通过关键字 package 声明包语句。package 语句作为 Java 源文件的第一条语句，指明该源文件定义的类所在的包，即为该源文件中声明的类指定包名。package 语句的一般格式为：

```
package 包名;
```

如果源程序中省略了 package 语句，源文件中所定义命名的类被隐含地认为是无名包的一部分，只要这些类的字节码被存放在相同的目录中，那么它们就属于同一个包，但没有包名。

包名可以是一个合法的标识符，也可以是若干个标识符加“.”分割而成，如：

```
package sunrise;
package sun.com.cn;
```

4.10.2 有包名的类的存储目录

如果一个类有包名，那么就不能在任意位置存放它，否则虚拟机将无法加载这样的类。

程序如果使用了包语句，例如：

```
package tom.jiafei;
```

那么存储文件的目录结构中必须包含有如下的结构…\tom\jiafei，比如 C:\1000\tom\ jiafei，并且要将源文件编译得到的类的字节码文件保存在目录 C:\1000\tom\jiafci 中（源文件可以任意存放）。

当然，可以将源文件保存在 C:\1000\tom\jiafei 中，然后进入到 tom\jiafei 的上一层目录 1000 中编译源文件

```
C:\1000> javac tom\jiafei\源文件
```

那么得到的字节码文件默认地保存在当前目录 C:\1000\tom\jiafei 中。

4.10.3 运行有包名的主类

如果主类的包名是 tom.jiafei，那么主类的字节码一定存放在…\tom\jiafei 目录中，那么必须到 tom\jiafei 的上一层（即 tom 的父目录）目录中去运行主类。假设 tom\jiafei 的上一层目录是 1000，那么，必须用如下格式来运行：

```
C:\1000> java tom.jiafei.主类名
```

即运行时，必须写主类的全名。因为使用了包名，主类全名是“包名.主类名”（就好比大连的全名是“中国.辽宁.大连”）。

下面的例子 15 中的 Student.java 和 Example4_15.java 使用了包语句。

例子 15

Student.java

```
package tom.jiafei;
```

```
public class Student{
   int number;
   Student(int n){
      number = n;
   }
   void speak(){
      System.out.println("Student类的包名是tom.jiafei,我的学号: "+number);
   }
}
```

Example4_15.java

```
package tom.jiafei;
public class Example4_15 {
   public static void main(String args[]){
      Student stu = new Student(10201);
      stu.speak();
      System.out.println("主类的包名也是tom.jiafei");
   }
}
```

由于 Example4_15.java 用到了同一包中的 Student 类，所以在编译 Example4_15.java 时，需在包的上一层目录使用 javac 来编译 Example4_15.java。

以下说明怎样编译和运行例子 15。

1. 编译

保存上述两个源文件到 C:\1000\tom\jiafei 中，然后进入到 tom\jiafei 的上一层目录 1000 中编译两个源文件。

```
C:\1000> javac tom\jiafei\Student.java
C:\1000> javac tom\jiafei\Example4_15.java
```

编译通过后，C:\1000\tom\jiafei 目录中就会有相应的字节码文件：Student.class 和 Example4_15.class。

也可以进入到 C:\1000\tom\jiafei 目录中，使用通配符“*”编译全部的源文件：

```
C:\1000\tom\jiafei> javac *.java
```

2. 运行

运行程序时必须到 tom\jiafei 的上一层目录 1000 中来运行，如：

```
C:\1000> java tom.jiafei.Example4_15
```

例子 15 的编译、运行效果如图 4.28 所示。

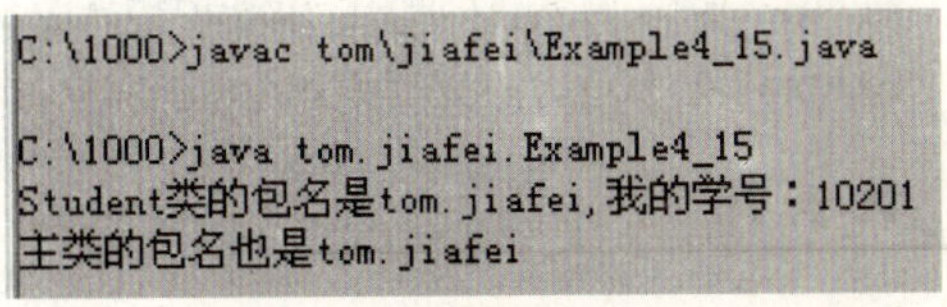

图 4.28　运行有包名的主类

注： Java 语言不允许用户程序使用 java 作为包名的第一部分，比如 java.bird 是非法的包名（发生运行异常）。

4.11 import 语句

一个类可能需要另一个类声明的对象作为自己的成员或方法中的局部变量，如果这两个类在同一个包中，当然没有问题，比如，前面的许多例子中涉及的类都是无名包，只要存放在相同的目录中，它们就是在同一包中；对于包名相同的类，如前面的例子 15，它们必然按着包名的结构存放在相应的目录中。但是，如果一个类想要使用的类和它不在一个包中，它怎样才能使用这样的类呢？这正是 import 语句要帮助完成的使命。下面详细讲解 import 语句。

4.11.1 引入类库中的类

用户编写的类肯定和类库中的类不在一个包中。如果用户需要类库中的类就必须使用 import 语句。使用 import 语句可以引入包中的类。在编写源文件时，除了自己编写类外，经常需要使用 Java 提供的许多类，这些类可能在不同的包中。在学习 Java 语言时，使用已经存在的类，避免一切从头做起，这是面向对象编程的一个重要方面。

为了能使用 Java 提供的类，可以使用 import 语句引入包中的类。在一个 Java 源程序中可以有多个 import 语句，它们必须写在 package 语句（假如有 package 语句的话）和源文件中类的定义之间。Java 提供了大约 130 多个包（在后续的章节我们将需要一些重要包中的类），比如：

java.lang	包含所有的基本语言类（见第 8 章，第 12 章）
javax.swing	包含抽象窗口工具集中的图形、文本、窗口 GUI 类（见第 9 章）
java.io	包含所有的输入输出类（见第 10 章）
java.util	包含实用类（见第 8 章）
java.sql	包含操作数据库的类（见第 11 章）
java.net	包含所有实现网络功能的类（见第 13 章）

如果要引入一个包中的全部类，则可以用通配符号星号（*）来代替，如：

```
import java.util.*;
```

表示引入 java.util 包中所有的类，而

```
import java.util.Date;
```

只是引入 java.util 包中的 Date 类。

例如，如果用户编写一个程序，并想使用 java.util 中的 Date 类创建对象来显示本地的时间，那么就可以使用 import 语句引入 java.util 中的 Date 类。下面的例子 16 中的 Example4_16.java 使用了 import 语句，运行效果如图 4.29 所示。

例子 16

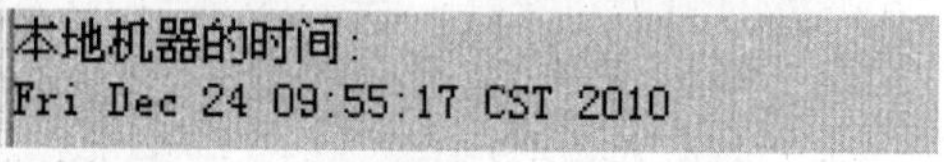

图 4.29 引入类库中的类

Example4_16.java

```
import java.util.Date;
```

```
public class Example4_16 {
    public static void main(String args[]) {
        Date date = new Date();
        System.out.println("本地机器的时间:");
        System.out.println(date.toString());
    }
}
```

注：① java.lang 包是 Java 语言的核心类库，它包含了运行 Java 程序必不可少的系统类，系统自动为程序引入 java.lang 包中的类(比如 System 类,Math 类等)，因此不需要再使用 import 语句引入该包中的类。

② 如果使用 import 语句引入了整个包中的类，那么可能会增加编译时间，但绝对不会影响程序运行的性能。因为当程序执行时，只是将程序真正使用的类的字节码文件加载到内存。

4.11.2 引入自定义包中的类

用户程序也可以使用 import 语句引入非类库中有包名的类，如：

```
import tom.jiafei.*;
```

用户为了使自己的程序能使用 tom.jiafei 包中的类，可以在 classpath 中指明 tom.jiafei 包的位置，假设包 tom.jiafei 的位置是 C:\1000，即包名为 tom.jiafei 的类的字节码存放在 C:\1000\tom\jiafei 目录中。用户可以更新 classpath 的设置，比如，在命令行执行如下命令，

```
set classpath=C:\jdk1.6\jre\lib\rt.jar;.;C:\1000
```

其中的“C:\1000”就表示可以加载 C:\1000 目录中的无名包类，而且 C:\1000 目录下的子孙目录可以作为包的名字来使用。也可以将上述命令添加到 classpath 值中。对于 Windows 2000/Windows XP，用鼠标右击“我的电脑”，弹出菜单，然后选择“属性”，弹出“系统特性”对话框，再单击该对话框中的“高级”选项，然后点击按钮“环境变量”。

如果用户不希望更新 classpath 的值，一个简单、常用的办法是，在用户程序所在目录下建立和包相对应的子目录结构，比如用户程序中某个类所在目录是 C:\ch4，该类想使用 import 语句引入 tom.jiafei 包中的类，那么根据包名建立如下的目录结构 C:\ch4\tom\jiafei，那么，就不必去修改 classpath 的值，因为默认的 classpath 的值是：

```
C:\jdk1.6\jre\lib\rt.jar;.;
```

其中的“.;”就表示可以加载应用程序当前目录中的无名包类，而且当前目录下的子孙目录可以作为包的名字来使用。

编写一个有价值的类是令人高兴的事情，可以将这样的类打包（自定义包），形成有价值的“软件产品”，供其他软件开发者使用。

下面的例子 17 中的 Triangle.java 含有一个 Triangle 类，该类可以创建“三角形”对象。一个需要三角形的用户，可以使用 import 语句引入 Triangle 类。将例子 17 中的 Triangle.java 源文件保存到 C:\ch4\sohu\com 中，并编译通过，以使得 ch4 目录下的类能使用 import 语句

sohu.com

引入 Triangle 类。

例子 17

Triangle.java

```
package sohu.com;
public class Triangle {
   double sideA,sideB,sideC;
   public double getArea() {
      double p = (sideA+sideB+sideC)/2.0;
      double area = Math.sqrt(p*(p-sideA)*(p-sideB)*(p-sideC)) ;
      return area;
   }
   public void setSides(double a,double b,double c) {
       sideA = a;
       sideB = b;
       sideC = c;
   }
}
```

下面例子 18 中的 Example4_18.java 中的主类（无包名）使用 import 语句引入 sohu.com 包中的 Triangle 类，以便创建三角形，并计算三角形的面积。将 Example4_18.java 保存在 C:\ch4 目录中（因为 ch4 下有 sohu\com 子目录）。程序运行效果如图 4.30 所示。

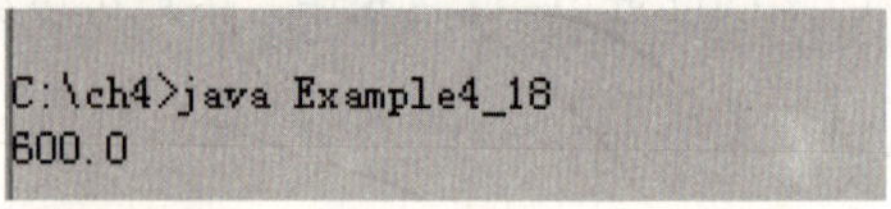

图 4.30　引入自定义包中的类

例子 18

Example4_18.java

```
import sohu.com.Triangle;
public class Example4_18 {
    public static void main(String args[]) {
        Triangle tri = new Triangle();
        tri.setSides(30,40,50);
        System.out.println(tri.getArea());
    }
}
```

4.12　访 问 权 限

我们已经知道：当用一个类创建了一个对象之后，该对象可以通过“.”运算符操作自己的变量，使用类中的方法，但对象操作自己的变量和使用类中的方法是有一定限制的。

4.12.1　何谓访问权限

所谓访问权限是指对象是否可以通过“.”运算符操作自己的变量或通过“.”运算符

调用类中的方法。访问限制修饰符有 private、protected 和 public，它们都是 Java 的关键字，用来修饰成员变量或方法。下面来说明这些修饰符的具体作用。

需要特别注意的是，在编写类的时候，类中的实例方法总是可以操作该类中的实例变量和类变量；类方法总是可以操作该类中的类变量，与访问限制符没有关系。

4.12.2 私有变量和私有方法

用关键字 private 修饰的成员变量和方法称为私有变量和私有方法。例如，下列 Tom 类中的 weight 是私有成员变量，f 是私有方法。

```
class Tom {
   private float weight;                       //weight是private的float型变量
    private float f(float a,float b) {   //方法f是private方法
      return a+b;
    }
}
```

当在另外一个类中用类 Tom 创建了一个对象后，该对象不能访问自己的私有变量，调用类中的私有方法。如：

```
class Jerry {
   void g() {
       Tom cat = new Tom();
       cat.weight = 23f;          //非法
       float sum = cat.f(3,4);    //非法
    }
}
```

如果 Tom 类中的某个成员是私有类变量（静态成员变量），那么在另外一个类中，也不能通过类名 Tom 来操作这个私有类变量。如果 Tom 类中的某个方法是私有的类方法，那么在另外一个类中，也不能通过类名 Tom 来调用这个私有的类方法。

当我们用某个类在另外一个类中创建对象后，如果不希望该对象直接访问自己的变量，即通过“.”运算符来操作自己的成员变量，就应当将该成员变量访问权限设置为 private。面向对象编程提倡对象应当调用方法来改变自己的属性，类应当提供操作数据的方法，这些方法经过精心的设计，使得对数据的操作更加合理，如下面的例子 19 所示。

例子 19

Student.java

```
public class Student {
   private int age;
   public void setAge(int age) {
      if(age>=7&&age<=28) {
         this.age = age;
      }
```

```
    }
    public int getAge() {
       return age;
    }
}
```

Example4_19.java

```
public class Example4_19 {
   public static void main(String args[]) {
      Student zhang = new Student();
      Student geng = new Student();
      zhang.setAge(23);
      System.out.println("zhang的年龄: "+zhang.getAge());
      geng.setAge(25);
      //zhang.age = 23;或geng.age = 25;都是非法的，因为zhang和geng已经不在
      //Student类中
      System.out.println("geng的年龄: "+geng.getAge());
   }
}
```

4.12.3 共有变量和共有方法

用 public 修饰的成员变量和方法被称为共有变量和共有方法，如：

```
class Tom {
   public float weight;                        //weight是public的float型变量
   public float f(float a,float b) {     //方法f是public方法
      return a+b;
   }
}
```

当我们在任何一个类中用类 Tom 创建了一个对象后，该对象能访问自己的 public 变量和类中的 public 方法。如：

```
class Jerry {
   void g() {
      Tom cat = new Tom();
      cat.weight = 23f;          //合法
      float sum = cat.f(3,4); //合法
   }
}
```

如果 Tom 类中的某个成员是 public 类变量，那么在另外一个类中，也可以通过类名 Tom 来操作 Tom 的这个类成员变量。如果 Tom 类中的某个方法是 public 类方法，那么我们在另外一个类中，也可以通过类名 Tom 来调用 Tom 类中的这个 public 类方法。

4.12.4 友好变量和友好方法

不用 private、public、protected 修饰符修饰的成员变量和方法被称为友好变量和友好方法，如：

```
class Tom {
   float weight;                          //weight是友好的float型变量
     float f(float a,float b) {           //方法f是友好方法
        return a+b;
     }
}
```

当在另外一个类中用类 Tom 创建了一个对象后，如果这个类与 Tom 类在同一个包中，那么该对象能访问自己的友好变量和友好方法。在任何一个与 Tom 同包的类中，也可以通过 Tom 类的类名访问 Tom 类的类友好成员变量和类友好方法。

假如 Jerry 与 Tom 是同包中的类，那么，下述 Jerry 类中的 cat.weight、cat.f(3,4)都是合法的，例如：

```
class Jerry {
   void g() {
       Tom cat = new Tom();
       cat.weight = 23f;          //合法
       float sum = cat.f(3,4);  //合法
   }
}
```

注：在一个源文件中编写命名的类总是在同一包中的。如果源文件使用 import 语句引入了另外一个包中的类，并用该类创建了一个对象，那么该类的这个对象将不能访问自己的友好变量和友好方法。

4.12.5 受保护的成员变量和方法

用 protected 修饰的成员变量和方法被称为受保护的成员变量和受保护的方法，如：

```
class Tom {
    protected float weight;                    //weight是protected的float型变量
    protected float f(float a,float b) {  //方法f是protected方法
       return a+b;
    }
}
```

当在另外一个类中用类 Tom 创建了一个对象后，如果这个类与类 Tom 在同一个包中，那么该对象能访问自己的 protected 变量和 protected 方法。任何一个与 Tom 在同一包中的类也可以通过 Tom 类的类名访问 Tom 类的 protected 类变量和 protected 类方法。

假如 Jerry 与 Tom 是同一个包中的类，那么，Jerry 类中的 cat.weight、cat.f(3,4)都是合法的，例如：

```
class Jerry {
   void g() {
       Tom cat = new Tom();
       cat.weight = 23f;           //合法
       float sum = cat.f(3,4);     //合法
   }
}
```

注：后面在讲述子类时，将讲述“受保护（protected）”和“友好”之间的区别。

4.12.6 public 类与友好类

类声明时，如果在关键字 class 前面加上 public 关键字，就称这样的类是一个 public 类，如：

```
public class A { …
}
```

可以在任何另外一个类中，使用 public 类创建对象。如果一个类不加 public 修饰，如：

```
class A  {…
}
```

这样的类被称做友好类，那么另外一个类中使用友好类创建对象时，要保证它们是在同一包中。

注：① 不能用 protected 和 private 修饰类。

② 访问限制修饰符按访问权限从高到低的排列顺序是：public、protected、友好的、private。

4.13 基本类型的类封装

Java 的基本数据类型包括：boolean、byte、short、char、int、long、float 和 double。Java 同时也提供了与基本数据类型相关的类，实现了对基本数据类型的封装。这些类在 java.lang 包中，分别是：Byte、Integer、Short、Long、Float、Double 和 Character 类。

4.13.1 Double 和 Float 类

Double 类和 Float 类实现了对 double 和 float 基本类型数据的类包装。可以使用 Double 类的构造方法 Double(double num)创建一个 Double 类型的对象；使用 Float 类的构造方法 Float(float num)创建一个 Float 类型的对象。Double 对象调用 doubleValue()方法可以返回该对象含有的 double 型数据；Float 对象调用 floatValue()方法可以返回该对象含有的 float 型数据。

4.13.2 Byte、Short、Integer、Long 类

Byte、Integer、Short 和 Long 类的构造方法分别为 Byte(byte num)、Short(short num)、

Integer(int num)和 Long(long num)。Byte、Short、Integer 和 Long 对象分别调用 byteValue()、shortValue()、intValue()和 longValue ()方法返回该对象含有的基本类型数据。

4.13.3 Character 类

可以使用 Character 类的构造方法 Character(char c)创建一个 Character 类型的对象。Character 对象调用 charValue()方法可以返回该对象含有的 char 型数据。Character 类还包括一些类方法，这些方法可以直接通过类名调用，用来进行字符分类，比如，判断一个字符是否是数字字符或改变一个字符的大小写等。

例子 20 将一个字符数组中的小写字母变成大写字母，并将其中的大写字母变成小写字母。

例子 20

```
public class Example4_20 {
   public static void main(String args[ ]) {
      char a[] = {'a','b','c','D','E','F'};
      for(int i =0;i<a.length;i++) {
         if(Character.isLowerCase(a[i]))
            a[i] = Character.toUpperCase(a[i]);
         else if(Character.isUpperCase(a[i]))
            a[i] = Character.toLowerCase(a[i]);
      }
      for(int i=0;i<a.length;i++)
         System.out.print(" "+a[i]);
   }
}
```

4.14 对象数组

我们曾在第 2 章学习了数组，数组是相同类型变量按顺序组成的集合。如果程序需要某个类的若干个对象，比如 Student 类的 10 个对象，显然如下声明 10 个 Student 对象是不可取的。

```
Student stu1,stu2, stu3,stu4,stu5,stu6,stu7,stu8, stu9,stu10;
```

正确的做法是使用对象数组，即数组的元素是对象，例如：

```
Student [] stu;
stu = new Student[10];
```

需要注意的是，上述代码仅仅定义了数组 stu 有 10 个元素，并且每个元素都是一个 Student 类型的对象，但这些对象目前都是空对象，因此在使用数组 stu 中的对象之前，应当创建数组所包含的对象，如：

```
stu[0] = new Student();
```

下面的例子 21 中使用了对象数组。

例子 21

```
class Student{
   int number;
}
public class Example4_21 {
   public static void main(String args[ ]) {
      Student stu[] = new Student[10];   //创建对象数组stu
      for(int i=0;i<stu.length;i++) {
        stu[i] = new Student();              //创建Student对象stu[i]
        stu[i].number = 101+i;
      }
      for(int i=0;i<stu.length;i++) {
         System.out.println(stu[i].number);
      }
   }
}
```

4.15 反编译和文档生成器

使用 JDK 提供的反编译器 javap.exe 可以将字节码反编译为源码，以便查看源码类中的 public 方法名字和 public 成员变量的名字，例如：

```
javap java.awt.Button
```

将列出 Button 中的 public 方法和 public 成员变量。下列命令

```
javap -private java.awt.Button
```

将列出 Button 中的全部方法和成员变量。

使用 JDK 提供的 javadoc.exe 可以制作源文件类结构的 html 格式文档。

假设 D:\test 目录中有源文件 Example.java，那么在命令行进入 D:\test 目录，然后用 javadoc 生成 Example.java 的 html 格式文档，

```
D:\test> javadoc Example.java
```

这时在文件夹 test 中将生成若干个 html 文档，查看这些文档可以知道源文件中类的组成结构，如类中的方法和成员变量。

使用 javadoc 时，也可以使用参数-d 指定生成文档所在的目录，例如，

```
javadoc -d F:\gxy\book Example.java
```

将产生的 Example.java 的 html 格式的文档保存在 F:\gxy\book 目录中。

4.16 jar 文件

Java 应用程序在运行时，需要将使用到的类的字节加载到内存，因此，对字节码文件所在的位置就有着特殊的要求。以下分四种情形，其中前三种情形已在 4.11 节讲述过，本节主要介绍第四种情形。

1．使用当前应用程序所在目录中没有包名的类

对于当前应用程序所在目录中没有包名的类，可直接加载使用。

2．使用 Java 运行环境中类库中的类

Java 运行环境所提供的类库中的类都是有包名的，应用程序必须使用 import 语句引入相应包中的类。

3．使用应用程序当前目录的子孙目录中的类

应用程序当前目录下的子孙目录可以作为用户自定义包的包名，具有该包名的类必须存放在这些子孙目录中，应用程序就可以使用 import 语句引入用户自定义包中的类了。

4．使用 Java 运行环境扩展中的类

本节将介绍怎样使用 Java 运行环境扩展中的类。

我们可以使用 jar.exe 命令把一些类的字节码文件压缩成一个 jar 文件，然后将这个 jar 文件存放到 Java 运行环境的扩展中，即将该 jar 文件存放在 JDK 安装目录的 jre\lib\ext 文件夹中。这样，Java 应用程序就可以使用这个 jar 文件中的类来创建对象了。

1）有包名的类

下列 TestOne 和 TestTwo 类的包名为 moon.star。

TestOne.java

```
package moon.star;    //包语句
public class TestOne {
   public void fTestOne() {
      System.out.println("I am a method In TestOne class");
   }
}
```

TestTwo.java

```
package moon.star;   //包语句
public class TestTwo {
   public void fTestTwo() {
      System.out.println("I am a method In TestTwo class");
   }
}
```

将上述 TestOne.java 和 TestTwo.java 保存到某个\moon\star 目录中，比如 C:\1000\moon\star 目录中，然后进入该目录分别编译这两个源文件。

现在，我们就将 C:\1000\moon\star 目录中的 TestOne.class 和 TestTwo.class 压缩成一个 jar 文件：Jerry.jar。

首先编写一个清单文件：hello.mf（Manifestfiles）。

hello.mf

```
Manifest-Version: 1.0
Class: moon.start.TestOne moon.star.TestTwo
Created-By: 1.6
```

需要注意的是，在编写清单文件 hello.mf 时，在“Manifest-Version:”和 “1.0”之间、“Class:”和类之间，以及“Created-By:”和“1.6”之间必须有且只有一个空格。

将 hello.mf 保存到 C:\1000 目录中（不可以保存到 C:\1000\moon\star 中）。

为了使用 jar 命令来生成一个 jar 的文件，首先需要进入到 C:\1000 目录（不可以进入到 C:\1000\moon\star），即进入包名的上一层目录，然后使用 jar 命令来生成一个名字为 Jerry.jar 的文件，如下所示。

```
C:\1000> jar cfm Jerry.jar hello.mf moon\star\TestOne.class moon\star\
TestTwo.class
```

如果 C:\1000\moon\star 只有 TestOne.class 和 TestTwo.class 两个字节码文件，也可如下使用 jar 命令。

```
C:\1000> jar cfm Jerry.jar hello.mf moon\star\*.class
```

最后，将 jar 命令在 C:\1000 目录中生成的 Jerry.jar 文件复制到 Java 运行环境的扩展中，即将该 Jerry.jar 文件存放在 JDK 安装目录的 jre\lib\ext 文件夹中。

下面的 Use 类中使用 import 语句引入了 Jerry.jar 中的 TestOne 和 TestTwo 类。

```
import moon.star.*;
public class Use {
   public static void main(String args[]){
      TestOne a=new TestOne();
      a.fTestOne();
      TestTwo b=new TestTwo();
      b.fTestTwo();
   }
}
```

2）无包名的类

如果 TestOne 和 TestTwo 类没有包名，只需将 TestOne.java 和 TestTwo 保存到 C:\1000 中，编译得到字节码文件。将 1）中清单文件中类的包名去掉后保存到 C:\1000 中，进入到 C:\1000 目录，使用 jar 命令。

```
C:\1000> jar cfm Jerry.jar hello.mf TestOne.class TestTwo.class
```

如果 C:\1000 只有 TestOne.class 和 TestTwo.class 两个字节码文件，也可如下使用 jar 命令。

```
C:\1000> jar cfm Jerry.jar hello.mf *.class
```

最后，将jar命令在C:\1000目录中生成的Jerry.jar文件复制到JDK安装目录的jre\lib\ext文件夹中，应用程序就可以直接使用（无须import语句）Jerry.jar文件中的TestOne.class和TestTwo.class。

4.17 应 用 举 例

本章重点讲解了面向对象编程的核心思想之一：将数据和对数据的操作封装在类中，即通过抽象从具体的实例中抽取出共同的性质形成类的概念，再由类创建具体的对象，然后对象调用方法产生行为以达到程序所要实现的目的。

本节对熟悉的有理数进行类封装，以便巩固本章的重要知识点。通过搭建简单的流水线巩固对象组合的知识点（更完善的流水线可参见配套实验书第15章的实验1）。

1. 有理数的类封装

1）Rational 类

分数也称做有理数，是我们很熟悉的一种数。有时希望程序能对分数进行四则运算，而且两个分数四则运算的结果仍然是分数（不希望看到 1/6+1/6 的结果是分数的近似值 0.333 而是 1/3）。

有理数有两个重要的成员：分子和分母，另外还有重要的四则运算。我们用 Rational 类实现对有理数的封装，Rational 类的 UML 图如图 4.31 所示。

Rational
numerator:int denominator:int
setNumeratorAndDenominator(int ,int):void add(Rational): Rational sub(Rational): Rational muti(Rational r): Rational div(Rational r): Rational

图 4.31 Rational 类的 UML 图

以下是 Rational 类的详细说明。

- numerator 和 denominator 表示有理数的分子和分母。
- Rational add(Rational r)方法能与参数 r 指定的有理数做加法运算，并返回一个 Rational 对象。
- Rational sub(Rational r)方法与参数 r 指定的有理数做减法运算，并返回一个 Rational 对象。
- Rational muti(Rational r)方法与参数 r 指定的有理数做乘法运算，并返回一个 Rational 对象。
- Rational div(Rational r)方法与参数 r 指定的有理数做除法运算，并返回一个 Rational 对象。

下面的例子 22 给出了 Rational 类的代码。Rational 类使用了 java.lang 包（不用使用 import 语句引入 java.lang 包中的类，见 4.10 节）中的 Math 类，Math 类的 static double abs(double x)方法返回参数 x 指定的 double 数的绝对值。

例子 22

Rational.java

```
public class Rational {
   int numerator = 1 ;   //分子
   int denominator = 1; //分母
   void setNumerator(int a) {              //设置分子
      int c=f(Math.abs(a),denominator); //计算最大公约数
      numerator = a/c;
      denominator = denominator/c;
      if(numerator<0&&denominator<0) {
          numerator = -numerator;
          denominator = -denominator;
      }
   }
   void setDenominator(int b) {            //设置分母
      int c=f(numerator,Math.abs(b));    //计算最大公约数
      numerator = numerator/c;
      denominator = b/c;
      if(numerator<0&&denominator<0) {
          numerator = -numerator;
          denominator = -denominator;
      }
   }
   int getNumerator() {
      return numerator;
   }
   int getDenominator() {
     return denominator;
   }
   int f(int a,int b) { //求a和b的最大公约数
      if(a==0) return 1;
      if(a<b) {
         int c = a;
         a = b;
         b = c;
      }
      int r=a%b;
      while(r!=0) {
         a = b;
```

```
      b = r;
      r = a%b;
    }
    return b;
  }
  Rational add(Rational r) {  //加法运算
    int a = r.getNumerator()        //返回有理数r的分子
    int b = r.getDenominator();   //返回有理数r的分母
    int newNumerator = numerator*b+denominator*a; //计算出新分子
    int newDenominator = denominator*b;            //计算出新分母
    Rational result = new Rational();
    result.setNumerator(newNumerator);
    result.setDenominator(newDenominator);
    return result;
  }
  Rational sub(Rational r) {  //减法运算
    int a = r.getNumerator();
    int b = r.getDenominator();
    int newNumerator = numerator*b-denominator*a;
    int newDenominator = denominator*b;
    Rational result = new Rational();
    result.setNumerator(newNumerator);
    result.setDenominator(newDenominator);
    return result;
  }
  Rational muti(Rational r) { //乘法运算
    int a = r.getNumerator();
    int b = r.getDenominator();
    int newNumerator = numerator*a;
    int newDenominator = denominator*b;
    Rational result = new Rational();
    result.setNumerator(newNumerator);
    result.setDenominator(newDenominator);
    return result;
  }
  Rational div(Rational r)  { //除法运算
    int a = r.getNumerator();
    int b = r.getDenominator();
    int newNumerator = numerator*b;
    int newDenominator = denominator*a;
    Rational result = new Rational();
    result.setNumerator(newNumerator);
    result.setDenominator(newDenominator);
    return result;
  }
}
```

2）用 Rational 对象做运算

既然已经有了 Rational 类，那么就可以让该类创建若干个对象，进行四则运算来完成程序要达到的目的。下面例子 23 中的 Example4_23.java 的主类使用 Rational 对象进行两个分数的四则运算，并计算了 2/1+3/2+5/3+…的前 10 项和。

例子 23

Example4_23.java

```
public class Example4_23 {
   public static void main(String args[]) {
      Rational r1=new Rational();
      r1.setNumerator(1);
      r1.setDenominator(5);
      Rational r2=new Rational();
      r2.setNumerator(3);
      r2.setDenominator(2);
      Rational result=r1.add(r2);
      int a=result.getNumerator();
      int b=result.getDenominator();
      System.out.println("1/5+3/2 = "+a+"/"+b);
      result=r1.sub(r2);
      a=result.getNumerator();
      b=result.getDenominator();
      System.out.println("1/5-3/2 = "+a+"/"+b);
      result=r1.muti(r2);
      a=result.getNumerator();
      b=result.getDenominator();
      System.out.println("1/5×3/2 = "+a+"/"+b);
      result=r1.div(r2);
      a=result.getNumerator();
      b=result.getDenominator();
      System.out.println("1/5÷3/2 = "+a+"/"+b);
      int n=10,k=1;
      System.out.println("计算2/1+3/2+5/3+8/5+13/8+…的前"+n+"项和.");
      Rational sum=new Rational();
      sum.setNumerator(0);
      Rational item=new Rational();
      item.setNumerator(2);
      item.setDenominator(1);
      while(k<=n) {
         sum=sum.add(item);
         k++;
         int fenzi=item.getNumerator();
         int fenmu=item.getDenominator();
```

```
            item.setNumerator(fenzi+fenmu);
            item.setDenominator(fenzi);
         }
         a=sum.getNumerator();
         b=sum.getDenominator();
         System.out.println("用分数表示:");
         System.out.println(a+"/"+b);
         double doubleResult=(a*1.0)/b;
         System.out.println("用小数表示:");
         System.out.println(doubleResult);
      }
   }
```

上述程序的运行结果如下。

```
1/5+3/2 = 17/10
1/5-3/2 = -13/10
1/5×3/2 = 3/10
1/5÷3/2 = 2/15
计算2/1+3/2+5/3+8/5+13/8+…的前10项和
用分数表示:
998361233/60580520
用小数表示:
16.479905306194137
```

2．搭建流水线

如果对象 a 含有对象 b 的引用，对象 b 含有对象 c 的引用，那么就可以使用 a，b，c 搭建流水线，即建立一个类，该类同时组合 a，b，c 三个对象。流水线的作用是，用户只需将要处理的数据交给流水线，流水线会依次让流水线上的对象来处理数据，即流水线上首先由对象 a 处理数据，a 处理数据后，自动将处理的数据交给 b，b 处理数据后，自动将处理的数据交给 c。比如，在歌手比赛时，只需将评委给出的分数交给设计好的流水线，就可以得到选手的最后得分，流水线上的第一个对象负责录入裁判给选手的分数，第二个对象负责去掉一个最高分和一个最低分，最后一个对象负责计算出平均成绩。

例子 24 用流水线完成分数评定，其中 InputScore 类的对象负责录入分数，InputScore 类组合了 DelScore 类的对象。DelScore 类的对象负责去掉一个最高分和一个最低分，DelScore 类组合了 ComputerAver 类的对象。ComputerAver 类的对象负责计算平均值。Line 类组合了 InputScore、DelScoren 和 ComputerAver 三个类的实例。程序运行效果如图 4.32 所示。

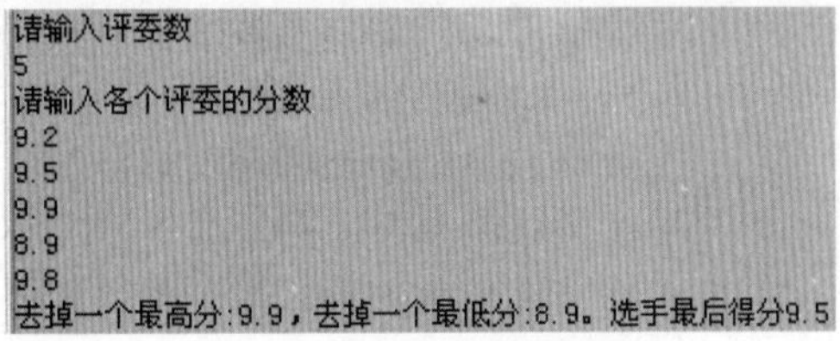

图 4.32　打分流水线

例子 24

SingGame.java

```
public class SingGame {
  public static void main(String args[]){
```

```
        Line line=new Line();
        line.givePersonScore();
    }
}
```

InputScore.java

```
import java.util.Scanner;
public class InputScore {
   DelScore del ;
   InputScore(DelScore del) {
       this.del = del;
   }
   public void inputScore() {
      System.out.println("请输入评委数");
      Scanner read=new Scanner(System.in);
      int count = read.nextInt();
      System.out.println("请输入各个评委的分数");
      double []a = new double[count];
      for(int i=0;i<count;i++) {
          a[i]=read.nextDouble();
      }
      del.doDelete(a);
   }
}
```

DelScore.java

```
public class DelScore {
   ComputerAver computer ;
   DelScore(ComputerAver computer) {
       this.computer = computer;
   }
   public void doDelete(double [] a) {
      java.util.Arrays.sort(a);  //数组a从小到大排序（见例子11）
      System.out.print("去掉一个最高分:"+a[a.length-1]+", ");
      System.out.print("去掉一个最低分:"+a[0]+"。");
      double b[] =new double[a.length-2];
      for(int i=1;i<a.length-1;i++) { //去掉最高分和最低分
        b[i-1] = a[i];
      }
      computer.giveAver(b);
   }
}
```

ComputerAver.java

```
public class ComputerAver {
```

```
   public void giveAver(double [] b) {
      double sum=0;
      for(int i =0;i<b.length;i++) {
         sum = sum+ b[i];
      }
      double aver=sum/b.length;
      System.out.println("选手最后得分"+aver);
   }
}
```

Line.java

```
public class Line {
    InputScore one;
    DelScore two;
    ComputerAver three;
    Line(){
       three=new ComputerAver();
       two=new DelScore(three);
       one=new InputScore(two);
    }
    public void givePersonScore(){
       one.inputScore();
    }
}
```

4.18 小 结

（1）类是组成 Java 源文件的基本元素，一个源文件是由若干个类组成的。

（2）类体可以有两种重要的成员：成员变量和方法。

（3）成员变量分为实例变量和类变量。类变量被该类的所有对象共享，不同对象的实例变量互不相同。

（4）除构造方法外，其他方法分为实例方法和类方法。类方法不仅可以由该类的对象调用，也可以用类名调用；而实例方法必须由对象来调用。

（5）实例方法既可以操作实例变量也可以操作类变量，当对象调用实例方法时，方法中的成员变量就是指分配给该对象的成员变量，其中的实例变量和其他对象的不相同，即占有不同的内存空间；而类变量和其他对象的相同，即占有相同的内存空间。类方法只能操作类变量，当对象调用类方法时，方法中的成员变量一定都是类变量，也就是说该对象和所有的对象共享类变量。

（6）通过对象的组合可以实现方法复用。

（7）在编写 Java 源文件时，可以使用 import 语句引入有包名的类。

（8）对象访问自己的变量以及调用方法受访问权限的限制。

习　题　4

1．问答题

（1）面向对象语言有哪三个特性？

（2）类名应当遵守怎样的编程风格？

（3）变量和方法的名字应当遵守怎样的编程风格？

（4）类体内容中声明成员变量是为了体现对象的属性还是行为？

（5）类体内容中定义的非构造方法是为了体现对象的属性还是行为？

（6）什么时候使用构造方法？构造方法有类型吗？

（7）类中的实例变量在什么时候会被分配内存空间？

（8）什么叫方法的重载？构造方法可以重载吗？

（9）类中的实例方法可以操作类变量（static 变量）吗？类方法（static 方法）可以操作实例变量吗？

（10）类中的实例方法可以用类名直接调用吗？

（11）简述类变量和实例变量的区别。

（12）this 关键字代表什么？this 可以出现在类方法中吗？

2．选择题

（1）下列哪个叙述是正确的？

A．Java 应用程序由若干个类所构成，这些类必须在一个源文件中。

B．Java 应用程序由若干个类所构成，这些类可以在一个源文件中，也可以分布在若干个源文件中，其中必须有一个源文件含有主类。

C．Java 源文件必须含有主类。

D．Java 源文件如果含有主类，主类必须是 public 类。

（2）下列哪个叙述是正确的？

A．成员变量的名字不可以和局部变量的名字相同。

B．方法的参数的名字可以和方法中声明的局部变量的名字相同。

C．成员变量没有默认值。

D．局部变量没有默认值。

（3）对于下列 Hello 类，哪个叙述是正确的？

A．Hello 类有 2 个构造方法。

B．Hello 类的 int Hello()方法是错误的方法。

C．Hello 类没有构造方法。

D．Hello 无法通过编译，因为其中的 hello 方法的方法头是错误的（没有类型）。

```
class Hello {
    Hello(int m){
    }
    int Hello() {
        return 20;
```

```
    }
    hello() {
    }
}
```

（4）对于下列 Dog 类，哪个叙述是错误的？

A．Dog(int m)与 Dog(double m)是互为重载的构造方法。

B．int Dog(int m)与 void Dog(double m)是互为重载的非构造方法。

C．Dog 类只有两个构造方法，而且没有无参数的构造方法。

D．Dog 类有 3 个构造方法。

```
class Dog {
    Dog(int m){
    }
    Dog(double  m){
    }
    int Dog(int m){
      return 23;
    }
    void Dog(double m){
    }
}
```

（5）下列哪些类声明是错误的？

A．class A

B．public class A

C．protected class A

D．private class A

（6）下列 A 类中【代码 1】~【代码 5】哪些是错误的？

```
class Tom {
  private int x = 120;
  protected int y = 20;
  int z = 11;
  private void f() {
     x = 200;
     System.out.println(x);
  }
  void g() {
     x = 200;
     System.out.println(x);
  }
}
public class A {
  public static void main(String args[]) {
```

```
        Tom tom = new Tom();
        tom.x = 22;    //【代码1】
        tom.y = 33;    //【代码2】
        tom.z = 55;    //【代码3】
        tom.f();       //【代码4】
        tom.g();       //【代码5】
    }
}
```

（7）下列 E 类的类体中哪些【代码】是错误的。

```
class E {
   int x;                //【代码1】
   long y = x;           //【代码2】
   public void f(int n) {
      int m;             //【代码3】
      int t = n+m;       //【代码4】
   }
}
```

3. 阅读程序

（1）说出下列 E 类中【代码 1】~【代码 3】的输出结果。

```
class Fish {
   int weight = 1;
}
class Lake {
   Fish fish;
   void setFish(Fish s){
      fish = s;
   }
   void foodFish(int m) {
      fish.weight=fish.weight+m;
   }
}
public class E {
   public static void main(String args[]) {
       Fish  redFish = new Fish();
       System.out.println(redFish.weight);  //【代码1】
       Lake lake = new Lake();
       lake.setFish(redFish);
       lake.foodFish(120);
       System.out.println(redFish.weight);  //【代码2】
       System.out.println(lake.fish.weight);  //【代码3】
   }
}
```

（2）请说出 A 类中 System.out.println 的输出结果。

```
class B {
   int x = 100,y = 200;
   public void setX(int x) {
      x = x;
   }
   public void setY(int y) {
      this.y = y;
   }
   public int getXYSum() {
      return x+y;
   }
}
public class A {
   public static void main(String args[]) {
      B b = new B();
      b.setX(-100);
      b.setY(-200);
      System.out.println("sum="+b.getXYSum());
   }
}
```

（3）请说出 A 类中 System.out.println 的输出结果。

```
class B {
  int n;
   static int sum=0;
   void setN(int n) {
     this.n=n;
   }
   int getSum() {
     for(int i=1;i<=n;i++)
        sum=sum+i;
      return sum;
   }
}
public class A {
   public static void main(String args[]) {
      B b1=new B(),b2=new B();
      b1.setN(3);
      b2.setN(5);
      int s1=b1.getSum();
      int s2=b2.getSum();
      System.out.println(s1+s2);
   }
}
```

（4）请说出E类中【代码1】和【代码2】的输出结果。

```
class A {
   double f(int x,double y) {
      return x+y;
   }
   int f(int x,int y) {
      return x*y;
   }
}
public class E {
   public static void main(String args[]) {
      A a=new A();
      System.out.println(a.f(10,10)); //【代码1】
      System.out.println(a.f(10,10.0)); //【代码2】
   }
}
```

（5）上机执行下列程序，了解可变参数。

```
public class E {
   public static void main(String args[]) {
        f(1,2);
        f(-1,-2,-3,-4); //给参数传值时，实参的个数很灵活
        f(9,7,6) ;
   }
   public static void f(int ... x){      //x是可变参数的代表，代表若干个int型参数
      for(int i=0;i<x.length;i++) {      //x.length是x代表的参数的个数
          System.out.println(x[i]);      //x[i]是x代表的第i个参数(类似数组)
      }
   }
}
```

（6）类的字节码进入内存时，类中的静态块会立刻被执行。执行下列程序，了解静态块。

```
class AAA {
   static { //静态块
      System.out.println("我是AAA中的静态块!");
   }
}
public class E {
   static { //静态块
      System.out.println("我是最先被执行的静态块!");
   }
   public static void main(String args[]) {
      AAA a= new AAA();  //AAA的字节码进入内存
      System.out.println("我在了解静态(static)块");
```

```
    }
}
```

4. 编程题（参考例子 7～9）

用类描述计算机中 CPU 的速度和硬盘的容量。要求 Java 应用程序有 4 个类，名字分别是 PC、CPU、HardDisk 和 Test，其中 Test 是主类。

- PC 类与 CPU 和 HardDisk 类关联的 UML 图（见图 4.33）

其中，CPU 类要求 getSpeed()返回 speed 的值，要求 setSpeed(int m)方法将参数 m 的值赋值给 speed。HardDisk 类要求 getAmount()返回 amount 的值，要求 setAmount(int m)方法将参数 m 的值赋值给 amount。PC 类要求 setCPU(CPU c) 将参数 c 的值赋值给 cpu，要求 setHardDisk (HardDisk h)方法将参数 h 的值赋值给 HD，要求 show()方法能显示 cpu 的速度和硬盘的容量。

- 主类 Test 的要求

（1）main 方法中创建一个 CPU 对象 cpu，cpu 将自己的 speed 设置为 2200；
（2）main 方法中创建一个 HardDisk 对象 disk，disk 将自己的 amount 设置为 200；
（3）main 方法中创建一个 PC 对象 pc；
（4）pc 调用 setCPU(CPU c)方法，调用时实参是 cpu；
（5）pc 调用 setHardDisk (HardDisk h)方法，调用时实参是 disk；
（6）pc 调用 show()方法。

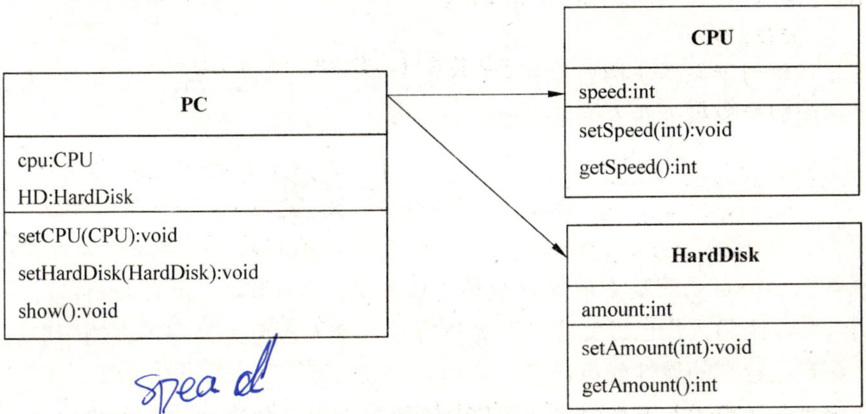

图 4.33　PC 与 CPU 和 HardDisk 关联 UML 图

第 5 章　子类与继承

主要内容

- 子类与父类
- 子类的继承性
- 子类与对象
- 成员变量的隐藏和方法重写
- super 关键字
- final 关键字
- 对象的上转型对象
- 继承与多态
- abstract 类与 abstract 方法
- 面向抽象编程
- 开-闭原则

在第 4 章学习了怎样从抽象得到类，体现了面向对象最重要的一个方面：数据的封装。本章将讲述面向对象另外两方面的重要内容：继承与多态。

5.1　子类与父类

求职者在介绍自己的基本情况时不必“从头说起”，比如，不必介绍自己所具有的人的一般属性等，因为人们已经知道求职者肯定是一个人，已经具有了人的一般属性，求职者只要介绍自己独有的属性就可以了。

当我们准备编写一个类的时候，发现某个类有我们所需要的成员变量和方法，如果我们想复用这个类中的成员变量和方法，即在所编写的类中不用声明成员变量就相当于有了这个成员变量，不用定义方法就相当于有了这个方法，那么我们可以将编写的类定义为这个类的子类，子类可以让我们不必一切“从头做起”。

继承是一种由已有的类创建新类的机制。利用继承，可以先定义一个共有属性的一般类，根据该一般类再定义具有特殊属性的子类，子类继承一般类的属性和行为，并根据需要增加它自己的新的属性和行为。

由继承而得到的类称为子类，被继承的类称为父类（超类）。需要读者特别注意的是（尤其是学习过 C++的读者）Java 不支持多重继承，即子类只能有一个父类。人们习惯地称子类与父类的关系是“is-a”关系。

5.1.1　声明子类

在类的声明中，通过使用关键字 extends 来定义一个类的子类，格式如下。

```
class 子类名 extends 父类名 {
…
}
```

例如：

```
class Student extends People {
…
}
```

把 Student 类定义为 People 类的子类，People 类是 Student 类的父类（超类）。

5.1.2　类的树形结构

如果 C 是 B 的子类，B 又是 A 的子类，习惯上称 C 是 A 的子孙类。Java 的类按继承关系形成树形结构（将类看做树上的结点），在这个树形结构中，根结点是 Object 类（Object 是 java.lang 包中的类），即 Object 是所有类的祖先类。任何类都是 Object 类的子孙类，每个类（除了 Object 类）有且仅有一个父类，一个类可以有多个或零个子类。如果一个类（除了 Object 类）的声明中没有使用 extends 关键字，这个类被系统默认为是 Object 的子类，即类声明“class A”与“class A extends Object”是等同的。

5.2　子类的继承性

类可以有两种重要的成员：成员变量和方法。子类的成员中有一部分是子类自己声明、定义的，另一部分是从它的父类继承的。那么，什么叫继承呢？所谓子类继承父类的成员变量作为自己的一个成员变量，就好像它们是在子类中直接声明一样，可以被子类中自己定义的任何实例方法操作，也就是说，一个子类继承的成员应当是这个类的完全意义的成员，如果子类中定义的实例方法不能操作父类的某个成员变量，该成员变量就没有被子类继承；所谓子类继承父类的方法作为子类中的一个方法，就像它们是在子类中直接定义了一样，可以被子类中自己定义的任何实例方法调用。

5.2.1　子类和父类在同一包中的继承性

如果子类和父类在同一个包中，那么，子类自然地继承了其父类中不是 private 的成员变量作为自己的成员变量，并且也自然地继承了父类中不是 private 的方法作为自己的方法，继承的成员变量或方法的访问权限保持不变。

下面的例子 1 中有 4 个类：People、Student.java、UniverStudent.java 和 Example5_1，这些类都没有包名（需要分别打开文本编辑器编写、保存这些类的源文件，比如保存到 C:\ch5 目录中），其中 UniverStudent 类是 Student 的子类，Student 是 People 的子类。程序运行效果如图 5.1 所示。

```
17岁，2只脚,2只手        学号:100101        会做加法:9+29=38
21岁，2只脚,2只手        学号:6609          会做加法:9+29=38          会做乘法:9×29=261
```

图 5.1　子类的继承性

例子 1

People.java

```
public class People {
    int age,leg = 2,hand = 2;
    protected void showPeopleMess() {
       System.out.printf("%d岁,%d只脚,%d只手\t",age,leg,hand);
    }
}
```

Student.java

```
public class Student extends People {
   int number;
   void tellNumber() {
      System.out.printf("学号:%d\t",number);
   }
   int add(int x,int y) {
     return x+y;
   }
}
```

UniverStudent.java

```
public class UniverStudent extends Student {
   int multi(int x,int y) {
     return x*y;
   }
}
```

Example5_1.java

```
public class Example5_1 {
   public static void main(String args[]) {
      Student zhang = new Student();
      zhang.age = 17;             //访问继承的成员变量
      zhang.number=100101;
      zhang.showPeopleMess();     //调用继承的方法
      zhang.tellNumber();
      int x=9,y=29;
      System.out.print("会做加法:");
      int result=zhang.add(x,y);
      System.out.printf("%d+%d=%d\n",x,y,result);
```

```
        UniverStudent geng = new UniverStudent();
        geng.age = 21;                //访问继承的成员变量
        geng.number=6609;             //访问继承的成员变量
        geng.showPeopleMess();        //调用继承的方法
        geng.tellNumber();            //调用继承的方法
        System.out.print("会做加法:");
        result=geng.add(x,y);         //调用继承的方法
        System.out.printf("%d+%d=%d\t",x,y,result);
        System.out.print("会做乘法:");
        result=geng.multi(x,y);
        System.out.printf("%d×%d=%d\n",x,y,result);
    }
}
```

5.2.2 子类和父类不在同一包中的继承性

当子类和父类不在同一个包中时，父类中的 private 和友好访问权限的成员变量不会被子类继承，也就是说，子类只继承父类中的 protected 和 public 访问权限的成员变量作为子类的成员变量；同样，子类只继承父类中的 protected 和 public 访问权限的方法作为子类的方法。

5.2.3 继承关系（Generalization）的 UML 图

如果一个类是另一个类的子类，那么 UML 通过使用一个实线连接两个类的 UML 图来表示二者之间的继承关系，实线的起始端是子类的 UML 图，终点端是父类的 UML 图，但终点端使用一个空心的三角形表示实线的结束。人们习惯地称子类与父类的关系是“is-a”关系。

图 5.2 是例子 1 中 Student 类和 People 类之间的继承关系的 UML 图。

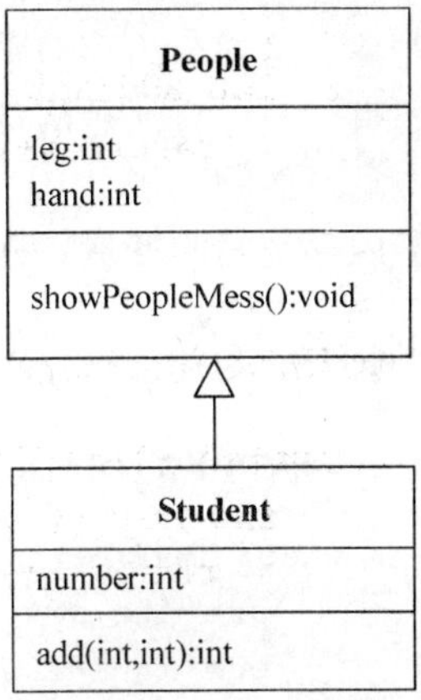

图 5.2　继承关系的 UML 图

5.2.4 protected 的进一步说明

一个类 A 中的 protected 成员变量和方法可以被它的子孙类继承，比如 B 是 A 的子类，C 是 B 的子类，D 又是 C 的子类，那么 B、C 和 D 类都继承了 A 类的 protected 成员变量和方法。在没有讲述子类之前，我们曾对访问修饰符 protected 进行了讲解，现在需要对 protected 总结得更全面些。如果用 D 类在 D 本身中创建了一个对象，那么该对象总是可以通过“.”运算符访问继承的或自己定义的 protected 变量和 protected 方法的，但是，如果在另外一个类中，比如在 Other 类中用 D 类创建了一个对象 object，该对象通过“.”运算符访问 protected 变量和 protected 方法的权限如下所述。

（1）对于子类 D 自己声明的 protected 成员变量和方法，只要 Other 类和 D 类在同一个包中，object 对象就可以访问这些 protected 成员变量和方法。

（2）对于子类 D 从父类继承的 protected 成员变量或 protected 方法，需要追溯到这些

protected 成员变量或方法所在的“祖先”类，比如可能是 A 类，只要 Other 类和 A 类在同一个包中，object 对象能访问继承的 protected 变量和 protected 方法。

5.3 子类与对象

5.3.1 子类对象的特点

当用子类的构造方法创建一个子类的对象时，不仅子类中声明的成员变量被分配了内存，而且父类的成员变量也都分配了内存空间（技术细节见后面的 5.5 节），但只将其中一部分，即子类继承的那部分成员变量，作为分配给子类对象的变量。也就是说，父类中的 private 成员变量尽管分配了内存空间，也不作为子类对象的变量，即子类不继承父类的私有成员变量。同样，如果子类和父类不在同一包中，尽管父类的友好成员变量分配了内存空间，但也不作为子类对象的变量，即如果子类和父类不在同一包中，子类不继承父类的友好成员变量。

通过上面的讨论，我们有这样的感觉：子类创建对象时似乎浪费了一些内存，因为当用子类创建对象时，父类的成员变量也都分配了内存空间，但只将其中一部分作为分配给子类对象的变量，比如，父类中的 private 成员变量尽管分配了内存空间，也不作为子类对象的变量，当然他们也不是父类某个对象的变量，因为我们根本就没有使用父类创建任何对象。这部分内存似乎成了垃圾一样。但是，实际情况并非如此，我们需注意到，子类中还有一部分方法是从父类继承的，这部分方法却可以操作这部分未继承的变量。

下面的例子 2 中，子类 ChinaPeople 的对象调用继承的方法操作未被子类继承却分配了内存空间的变量。程序运行效果如图 5.3 所示。

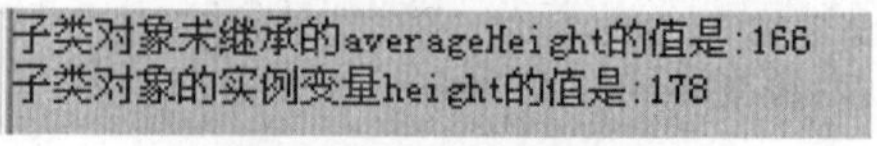

图 5.3 子类对象调用方法

例子 2

Example5_2.java

```
class People {
   private int averHeight = 166;
   public int getAverHeight() {
     return averHeight;
   }
}
class ChinaPeople extends People {
    int height;
    public void setHeight(int h) {
        //height = h+averHeight; // 非法，子类没有继承 averHeight
        height = h;
    }
    public int getHeight() {
       return height;
    }
}
```

```
public class Example5_2 {
  public static void main(String args[]) {
      ChinaPeople zhangSan = new ChinaPeople();
      System.out.println("子类对象未继承的averageHeight的值是:"+zhangSan.
      getAverHeight());
      zhangSan.setHeight(178);
      System.out.println("子类对象的实例变量height的值是:"+zhangSan.getHeight());
  }
}
```

5.3.2 关于 instanceof 运算符

在第 2 章曾简单提到 instanceof 运算符，但未做任何讨论，因为掌握该运算符号需要类和子类的知识。instanceof 运算符是 Java 独有的双目运算符，其左面的操作元是对象，右面的操作元是类，当左面的操作元是右面的类或其子类所创建的对象时，instanceof 运算的结果是 true，否则是 false。例如，对于例子 1 中的 People、Student 和 UniverStudent 类，如果 zhang 和 geng 分别是 Student 和 UniverStudent 创建的对象，那么 zhang instanceof Student、zhang instanceof People、geng instanceof People 和 geng instanceof UniverStudent 4 个表达式的结果都是 true，而 zhang instanceof UniverStudent 表达式的结果是 false（zhang 不是大学生）。

5.4 成员变量的隐藏和方法重写

5.4.1 成员变量的隐藏

在编写子类时，我们仍然可以声明成员变量，一种特殊的情况就是，所声明的成员变量的名字和从父类继承来的成员变量的名字相同（声明的类型可以不同），在这种情况下，子类就会隐藏所继承的成员变量。

子类隐藏继承的成员变量的特点如下：

- 子类对象以及子类自己定义的方法操作与父类同名的成员变量是指子类重新声明的这个成员变量。
- 子类对象仍然可以调用从父类继承的方法操作被子类隐藏的成员变量，也就是说，子类继承的方法所操作的成员变量一定是被子类继承或隐藏的成员变量。

下面的例子 3 演示货物价格的计算。假设一般货物按重量计算价格，但重量计算的精度是 double 型，对客户的优惠程度较小。打折货物决定重量不计小数，按整数值计算价格，给用户更多的优惠。例子 3 中，Goods 类有一个名字为 weight 的 double 型成员变量，本来子类 CheapGoods 可以继承这个成员变量，但是子类 CheapGoods 又重新声明了一个 int 型的名字为 weight 的成员变量，这样就隐藏了继承的 double 型的名字为 weight 的成员变量。但是，子类对象可以调用从父类继承的方法操作隐藏的 double 型成员变量，按着 double 型重量计算价格，子类新定义的方法将按 int 型重量计算价格。程序运行效果如图 5.4 所示。

```
int型的weight=198
对象cheapGoods的weight的值是:198
cheapGoods用子类新增的优惠方法计算价格：1980.0
double型的weight=198.987
cheapGoods使用继承的方法（无优惠）计算价格：1989.87
```

图 5.4　子类隐藏继承的成员变量

例子 3

Goods.java

```
public class Goods {
   public double weight;
   public void oldSetWeight(double w) {
      weight = w;
      System.out.println("double型的weight="+weight);
   }
   public double oldGetPrice() {
       double price = weight*10;
       return price;
   }
}
```

CheapGoods.java

```
public class CheapGoods extends Goods {
   public int weight;
   public void newSetWeight(int w) {
      weight = w;
      System.out.println("int 型的 weight="+weight);
   }
   public double newGetPrice() {
       double price = weight*10;
       return price;
   }
}
```

Example5_3.java

```
public class Example5_3 {
  public static void main(String args[]) {
     CheapGoods cheapGoods = new CheapGoods();
     //cheapGoods.weight=198.98; 是非法的，因为子类对象的weight变量已经是int型
     cheapGoods.newSetWeight(198);
     System.out.println("对象cheapGoods的weight的值是:"+cheapGoods.weight);
     System.out.println("cheapGoods用子类新增的优惠方法计算价格: "+
                                cheapGoods.newGetPrice());
```

```
        cheapGoods.oldSetWeight(198.987); //子类对象调用继承的方法操作隐藏的double
                                          //型变量weight
        System.out.println("cheapGoods使用继承的方法（无优惠）计算价格："+
                           cheapGoods.oldGetPrice());
    }
}
```

注：子类继承的方法只能操作子类继承和隐藏的成员变量。子类新定义的方法可以操作子类继承和子类新声明的成员变量，但无法操作子类隐藏的成员变量（需使用 super 关键字操作子类隐藏的成员变量，见后面的 5.5 节）。

5.4.2 方法重写（Override）

子类通过重写可以隐藏已继承的方法（方法重写称为方法覆盖 method overriding）。

1. 重写的语法规则

如果子类可以继承父类的某个方法，那么子类就有权利重写这个方法。方法重写是指，子类中定义一个方法，这个方法的类型和父类的方法的类型一致或者是父类的方法的类型的子类型（所谓子类型是指，如果父类的方法的类型是"类"，那么允许子类的重写方法的类型是"子类"），并且这个方法的名字、参数个数、参数的类型和父类的方法完全相同。子类如此定义的方法称做子类重写的方法（不属于新增的方法）。

2. 重写的目的

子类通过方法的重写可以隐藏继承的方法，子类通过方法的重写可以把父类的状态和行为改变为自身的状态和行为。如果父类的方法 f()可以被子类继承，子类就有权利重写 f()，一旦子类重写了父类的方法 f()，就隐藏了继承的方法 f()，那么子类对象调用方法 f()一定调用的是重写方法 f()；如果子类没有重写，而是继承了父类的方法 f()，那么子类创建的对象当然可以调用 f()方法，只不过方法 f()产生的行为和父类的相同而已。

重写方法既可以操作继承的成员变量、调用继承的方法，也可以操作子类新声明的成员变量、调用新定义的其他方法，但无法操作被子类隐藏的成员变量和方法。如果子类想使用被隐藏的方法或成员变量，必须使用关键字 super（稍后的 5.5 节讲述 super 的用法）。

高考入学考试课程为三门，每门满分为 100。在高考招生时，大学录取规则为录取最低分数线是 180 分，而重点大学重写录取规则为录取最低分数线是 220 分。

在下面的例子 4 中，ImportantUniversity 是 University 类的子类，子类重写了父类的 enterRule()方法，运行效果如图 5.5 所示。

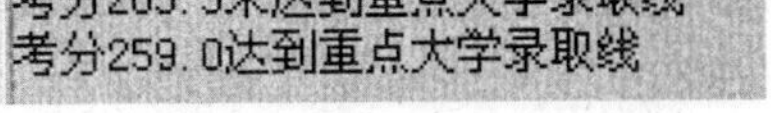

图 5.5 重写录取规则

例子 4

University.java

```
public class University {
    void enterRule(double math,double english,double chinese) {
        double total = math+english+chinese;
        if(total >= 180)
            System.out.println(total+"分达到大学录取线");
```

```
        else
           System.out.println(total+"分未达到大学录取线");
    }
}
```

ImportantUniversity.java

```
public class ImportantUniversity extends University{
   void enterRule(double math,double english,double chinese) {
      double total = math+english+chinese;
      if(total >= 220)
         System.out.println(total+"分达到重点大学录取线");
      else
         System.out.println(total+"分未达到重点大学录取线");
   }
}
```

Example5_4.java

```
public class Example5_4 {
   public static void main(String args[]) {
      double math = 62,english = 76.5,chinese = 67;
      ImportantUniversity univer = new ImportantUniversity();
      univer.enterRule(math,english,chinese); //调用重写的方法
      math = 91;
      english = 82;
      chinese = 86;
      univer.enterRule(math,english,chinese); //调用重写的方法
   }
}
```

以下我们再看一个简单的重写的例子，并就该例子讨论一些重写的注意事项。在下面的例子 5 中，子类 B 重写了父类的 computer()方法，运行效果如图 5.6 所示。

图 5.6　方法重写

例子 5

Example5_5.java

```
class A {
   float computer(float x,float y) {
      return x+y;
   }
   public int g(int x,int y) {
      return x+y;
   }
}
```

```
class B extends A {
    float computer(float x,float y) {
       return x*y;
    }
}
public class Example5_5 {
    public static void main(String args[]) {
      B b=new B();
      double result=b.computer(8,9);     //b调用重写的方法
      System.out.println(result);
      int m=b.g(12,8);                   //b调用继承的方法
      System.out.println(m);
    }
}
```

在上面的例子 5 中，如果子类如下定义 computer 方法将产生编译错误。

```
double computer(float x,float y) {
       return x*y;
}
```

其原因是，父类的方法 computer 的类型是 float，子类定义的方法 computer 没有和父类的方法 computer 保持类型一致，如此定义的 computer 方法不是重写（覆盖）继承的 computer 方法，这样子类就无法隐藏继承的方法（没有覆盖继承的 computer 方法），导致子类出现两个方法的名字相同（名字都是 computer），并且参数也相同，这是不允许的（见 4.8 节，方法重载 overload 的语法规则）。

请读者思考，如果子类如下定义 computer 方法，是否属于重写继承的 computer 方法呢？编译可以通过吗？运行结果怎样？

```
float computer (float x,float y,double z) {
    return x-y;
}
```

答案是不属于重写 computer 方法，编译无错误（子类没有覆盖继承的 computer 方法，使得子类出现了方法重载，有两个方法的名字都是 computer，但二者的参数不同），运行结果是：

```
17.0
20
```

3．重写的注意事项

重写父类的方法时，不允许降低方法的访问权限，但可以提高访问权限（访问限制修饰符按访问权限从高到低的排列顺序是：public、protected、友好的、private。）。下面的代码中，子类重写父类的方法 f，该方法在父类中的访问权限是 protected 级别，子类重写时不允许级别低于 protected，如：

```
class A {
   protected  float f(float x,float y) {
      return x-y;
   }
}
class B extends A {
   float f(float x,float y) {          //非法，因为降低了访问权限
      return x+y ;
   }
}
class C extends A {
  public float f(float x,float y) {  //合法，提高了访问权限
      return x*y ;
   }
}
```

4. JDK 1.5 对重写的改进

子类在重写可以继承的方法时，可以完全按着自己的意图编写新的方法体，以便体现重写方法的独特的行为（学习后面的 5.7 节之后，会更深刻理解重写方法在面向对象程序设计上的意义）。在 JDK 1.5 版本之后，允许重写方法的类型可以是父类方法类型的子类型，即不必完全一致（JDK 1.5 版本之前要求必须一致），比如父类的方法的类型是 People（People 是类，类是面向对象语言中最重要的一种数据类型，类声明的变量称做对象，见 4.2 节、4.3 节），重写方法的类型可以是 Student（假设 Student 是 People 的子类）。

在下面的例子 6 中，父类的方法是 Object 类型，子类重写方法的类型是 Integer 类型（Object 类是所有类的祖先类，见 5.1.2 节）。

例子 6

Example5_6.java

```
class A {
   Object get() {
      return null; //返回一个空对象
   }
}
class B extends A {
   Integer get() {                //Integer是Object的子类
      return new Integer(100);  //返回一个Integer对象
   }
}
public class Example5_6 {
   public static void main(String args[]) {
      B b = new B();
```

```
        Integer t = b.get();
        System.out.println(t.intValue());
    }
}
```

5.5 super 关键字

5.5.1 用 super 操作被隐藏的成员变量和方法

子类一旦隐藏了继承的成员变量，那么子类创建的对象就不再拥有该变量，该变量将归关键字 super 所拥有，同样子类一旦隐藏了继承的方法，那么子类创建的对象就不能调用被隐藏的方法，该方法的调用由关键字 super 负责。因此，如果在子类中想使用被子类隐藏的成员变量或方法就需要使用关键字 super。比如 super.x、super.play()就是访问和调用被子类隐藏的成员变量 x 和方法 play()。

下面例子 7 中，子类使用 super 访问和调用被子类隐藏的成员变量和方法，运行效果如图 5.7 所示。

图 5.7 super 调用隐藏的方法

例子 7

Example5_7.java

```
class Sum {
    int n;
    float f() {
        float sum = 0;
        for(int i=1;i<=n;i++)
            sum = sum+i;
        return sum;
    }
}
class Average extends Sum {
    int n;
    float f() {
      float c;
      super.n = n;
      c = super.f();
      return c/n;
    }
   float g() {
      float c;
      c = super.f();
      return c/2;
   }
}
```

```
public class Example5_7 {
   public static void main(String args[]) {
      Average aver = new Average();
      aver.n = 100;
      float resultOne = aver.f();
      float resultTwo = aver.g();
      System.out.println("resultOne="+resultOne);
      System.out.println("resultTwo="+resultTwo);
   }
}
```

请读者思考，如果将例子 7 中 Example5_7 类中的代码

```
float resultOne = aver.f();
float resultTwo = aver.g();
```

颠倒次序，即更改为：

```
float resultTwo = aver.g();
float resultOne = aver.f();
```

程序的输出结果是什么？答案是：

```
resultOne = 50.5
resultTwo = 0.0
```

注：当 super 调用被隐藏的方法时，该方法中出现的成员变量是被子类隐藏的成员变量或继承的成员变量。

5.5.2 使用 super 调用父类的构造方法

当用子类的构造方法创建一个子类的对象时，子类的构造方法总是先调用父类的某个构造方法，也就是说，如果子类的构造方法没有明显地指明使用父类的哪个构造方法，子类就调用父类的不带参数的构造方法。

由于子类不继承父类的构造方法，因此，子类在其构造方法中需使用 super 来调用父类的构造方法，而且 super 必须是子类构造方法中的头一条语句，即如果在子类的构造方法中，没有明显地写出 super 关键字来调用父类的某个构造方法，那么默认地有：

```
super();
```

在下面的例子 8 中，UniverStudent 是 Student 的子类，UniverStudent 子类在构造方法中使用了 super 关键字，运行效果如图 5.8 所示。

图 5.8　super 调用父类构造方法

例子 8

Example5_8.java

```
class Student {
   int number;String name;
```

```
   Student() {
   }
   Student(int number,String name) {
      this.number = number;
      this.name = name;
      System.out.println("我的名字是:"+name+ "学号是:"+number);
   }
 }
class UniverStudent extends Student {
   boolean 婚否;
   UniverStudent(int number,String name,boolean b) {
      super(number,name);
      婚否 = b;
      System.out.println("婚否="+婚否);
   }
}
public class Example5_8 {
   public static void main(String args[]) {
      UniverStudent zhang = new UniverStudent(9901,"何晓林",false);
   }
}
```

调用父类构造方法

我们已经知道，如果类里定义了一个或多个构造方法，那么 Java 不提供默认的构造方法（不带参数的构造方法），因此，当在父类中定义多个构造方法时，应当包括一个不带参数的构造方法（如上述例子 8 中的 Student 类），以防子类省略 super 时出现错误。

请读者思考，如果上述例子 8 中 UniverStudent 子类的构造方法中省略 super，程序的运行效果是怎样的？

5.6 final 关键字

final 关键字可以修饰类、成员变量和方法中的局部变量。

5.6.1 final 类

可以使用 final 将类声明为 final 类。final 类不能被继承，即不能有子类。如：

```
final class A {
…
}
```

A 就是一个 final 类，将不允许任何类声明成 A 的子类。有时候是出于安全性的考虑，将一些类修饰为 final 类。例如，Java 在 java.lang 包中提供的 String 类（见第 8 章）对于编译器和解释器的正常运行有很重要的作用，Java 不允许用户程序扩展 String 类，为此 Java 将它修饰为 final 类。

5.6.2 final 方法

如果用 final 修饰父类中的一个方法，那么这个方法不允许子类重写，也就是说，不允许子类隐藏可以继承的 final 方法（老老实实继承，不许做任何篡改）。

5.6.3 常量

如果成员变量或局部变量被修饰为 final，那它就是常量。由于常量在运行期间不允许再发生变化，所以常量在声明时没有默认值，这就要求程序在声明常量时必须指定该常量的值。下面的例子 9 使用了 final 关键字。

例子 9

Example5_9.java

```
class A {
  final double PI=3.1415926;// PI是常量
  public double getArea(final double r) {
     //r = r+1; //非法，不允许对final变量进行更新操作
     return PI*r*r;
  }
  public final void speak() {
     System.out.println("您好，How's everything here ?");
  }
}
public class Example5_9 {
   public static void main(String args[]) {
      A a=new A();
      System.out.println("面积: "+a.getArea(100));
      a.speak();
   }
}
```

5.7 对象的上转型对象

我们经常说“老虎是动物”、“狗是动物”等。若动物类是老虎类的父类，这样说当然正确，因为人们习惯地称子类与父类的关系是“is-a”关系。但需要注意的是，当说老虎是动物时，老虎将失掉老虎独有的属性和功能。从人的思维方式上看，说“老虎是动物”属于上溯思维方式，下面讲解和这种思维方式很类似的 Java 语言中的上转型对象。

假设 Animal 类是 Tiger 类的父类，当用子类创建一个对象，并把这个对象的引用放到父类的对象中时，比如：

```
Animal a;
a = new Tiger();
```

或

```
Animal a;
Tiger b=new Tiger();
a = b;
```

这时，称对象 a 是对象 b 的上转型对象（好比说“老虎是动物”）。

对象的上转型对象的实体是子类负责创建的，但上转型对象会失去原对象的一些属性和功能（上转型对象相当于子类对象的一个“简化”对象）。上转型对象具有如下特点（如图 5.9 所示）。

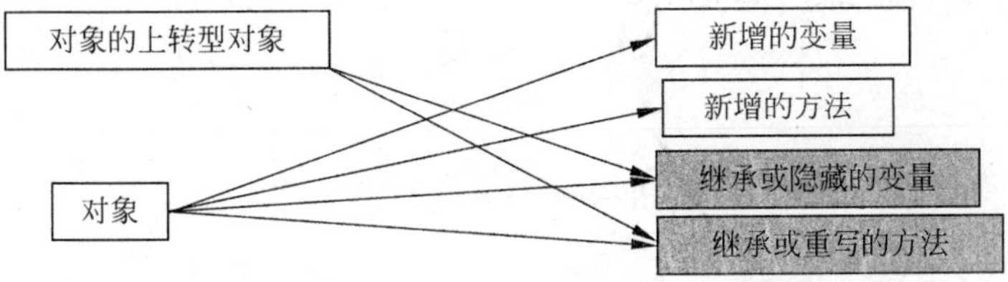

图 5.9　上转型对象示意图

（1）上转型对象不能操作子类新增的成员变量（失掉了这部分属性），不能调用子类新增的方法（失掉了一些行为）。

（2）上转型对象可以访问子类继承或隐藏的成员变量，也可以调用子类继承的方法或子类重写的实例方法。上转型对象操作子类继承的方法或子类重写的实例方法，其作用等价于子类对象去调用这些方法。因此，如果子类重写了父类的某个实例方法后，当对象的上转型对象调用这个实例方法时一定是调用了子类重写的实例方法。

注：① 不要将父类创建的对象和子类对象的上转型对象混淆。

② 可以将对象的上转型对象再强制转换到一个子类对象，这时，该子类对象又具备了子类所有的属性和功能。

③ 不可以将父类创建的对象的引用赋值给子类声明的对象（不能说“人是美国人”）。

下面的例子 10 中，monkey 是 People 类型对象的上转型对象，运行效果如图 5.10 所示。

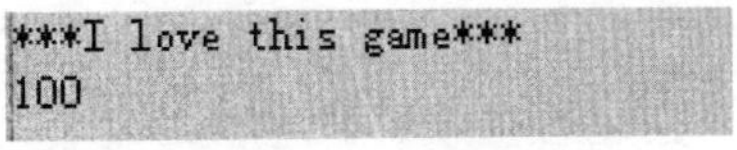

图 5.10　使用上转型对象

例子 10

Example5_10.java

```
class  类人猿 {
   void crySpeak(String s) {
      System.out.println(s);
   }
}
class People extends 类人猿 {
   void computer(int a,int b) {
      int c=a*b;
      System.out.println(c);
```

```
    }
    void crySpeak(String s) {
       System.out.println("***"+s+"***");
    }
}
public class Example5_10 {
    public static void main(String args[]) {
       类人猿 monkey=new People();   //monkey是People对象的上转型对象
       monkey.crySpeak("I love this game");
       People people=(People)monkey; //把上转型对象强制转化为子类的对象
       people.computer(10,10);
    }
}
```

在上述例子 10 中，上转型对象 monkey 调用方法

```
monkey.crySpeak("I love this game");
```

得到的结果是“***I love this game***”，而不是“I love this game”。因为 monkey 调用的是子类重写的方法 crySpeak。需要注意的是：

```
monkey.computer(10,10);
```

是错误的，因为 computer 方法是子类新增的方法。

注：如果子类重写了父类的静态方法，那么子类对象的上转型对象不能调用子类重写的静态方法，只能调用父类的静态方法。

5.8 继承与多态

我们经常说“哺乳动物有很多种叫声”，比如，“吼”“嚎”“汪汪”“喵喵”等，这就是叫声的多态。

当一个类有很多子类时，并且这些子类都重写了父类中的某个方法。那么当我们把子类创建的对象的引用放到一个父类的对象中时，就得到了该对象的一个上转型对象，那么这个上转型对象在调用这个方法时就可能具有多种形态，因为不同的子类在重写父类的方法时可能产生不同的行为，比如，狗类的上转型对象调用“叫声”方法时产生的行为是“汪汪”，而猫类的上转型对象调用“叫声”方法时，产生的行为是“喵喵”等等。

多态性就是指父类的某个方法被其子类重写时，可以各自产生自己的功能行为，下面的例子 11 展示了多态，运行效果如图 5.11 所示。

图 5.11 多态

例子 11

Example5_11.java

```
class 动物 {
    void cry() {
```

```
    }
}
class 狗 extends 动物 {
    void cry() {
        System.out.println("汪汪.....");
    }
}
class 猫 extends 动物  {
    void cry() {
        System.out.println("喵喵.....");
    }
}
public class Example5_11 {
    public static void main(String args[]) {
        动物 animal;
        animal = new 狗();
        animal.cry();
        animal=new 猫();
        animal.cry();
    }
}
```

5.9 abstract 类和 abstract 方法

用关键字 abstract 修饰的类称为 abstract 类（抽象类）。如：

```
abstract class A {
  …
}
```

用关键字 abstract 修饰的方法称为 abstract 方法（抽象方法），如：

```
abstract int min(int x,int y);
```

对于 abstract 方法，只允许声明，不允许实现（没有方法体），而且不允许使用 final 和 abstract 同时修饰一个方法或类，也不允许使用 static 修饰 abstract 方法，即 abstract 方法必须是实例方法。

1．abstract 类中可以有 abstract 方法

和普通类（非 abstract 类）相比，abstract 类中可以有 abstract 方法（非 abstract 类中不可以有 abstract 方法），也可以有非 abstract 方法。

下面的 A 类中的 min()方法是 abstract 方法，max()方法是普通方法（非 abstract 方法）。

```
abstract class A {
  abstract int min(int x,int y);
   int max(int x,int y) {
      return x>y?x:y;
```

```
    }
}
```

2．abstract 类不能用 new 运算符创建对象

对于 abstract 类，我们不能使用 new 运算符创建该类的对象。如果一个非抽象类是某个抽象类的子类，那么它必须重写父类的抽象方法，给出方法体，这就是为什么不允许使用 final 和 abstract 同时修饰一个方法或类的原因。

3．abstract 类的对象作上转型对象

可以使用 abstract 类声明对象，尽管不能使用 new 运算符创建该对象，但该对象可以成为其子类对象的上转型对象，那么该对象就可以调用子类重写的方法。

注：abstract 类也可以没有 abstract 方法。

注：如果一个 abstract 类是 abstract 类的子类，它可以重写父类的 abstract 方法，也可以继承父类的 abstract 方法。

下面的例子 12 使用了 abstract 类。

例子 12

Example5_12.java

```
abstract class A {
   abstract int add(int x,int y);
   int sub(int x,int y) {
      return x-y;
   }
}
class B extends A {
   int add(int x,int y) {                    //子类必须重写父类的add方法
      return x+y;
   }
}
public class Example5_12 {
   public static void main(String args[]) {
      B b = new B();
      int sum = b.add(30,20);              //调用子类重写的add方法
      int sub = b.sub(30,20);              //调用子类继承的sub方法
      System.out.println("sum="+sum);      //输出结果为sum=50
      System.out.println("sum="+sub);      //输出结果为sum=10
      A a;                                 //抽象类声明对象
      a = b;                               //a是b的上转型对象
      sum = a.add(30,20);                  //调用子类重写的方法
      sub = a.sub(30,20);                  //调用子类继承的方法
      System.out.println("sum="+sum);      //输出结果为sum=50
      System.out.println("sum="+sub);      //输出结果为sum=10
   }
}
```

5.10 面向抽象编程

在设计程序时，经常会使用 abstract 类，其原因是，abstract 类只关心操作，但不关心这些操作具体的实现细节，可以使程序的设计者把主要精力放在程序的设计上，而不必拘泥于细节的实现（将这些细节留给子类的设计者），即避免设计者把大量的时间和精力花费在具体的算法上。比如，在设计地图时，首先考虑地图最重要的轮廓，不必去考虑诸如城市中的街道牌号等细节，细节应当由抽象类的非抽象子类去实现，这些子类可以给出具体的实例，来完成程序功能的具体实现。在设计一个程序时，可以通过在 abstract 类中声明若干个 abstract 方法，表明这些方法在整个系统设计中的重要性，方法体的内容细节由它的非 abstract 子类去完成。

使用多态进行程序设计的核心技术之一是使用上转型对象，即将 abstract 类声明的对象作为其子类对象的上转型对象，那么这个上转型对象就可以调用子类重写的方法。

所谓面向抽象编程，是指当设计某种重要的类时，不让该类面向具体的类，而是面向抽象类，即所设计类中的重要数据是抽象类声明的对象，而不是具体类声明的对象。

以下通过一个简单的问题来说明面向抽象编程的思想。

比如，我们已经有了一个 Circle 类（圆类），该类创建的对象 circle 调用 getArea()方法可以计算圆的面积，Circle 类的代码如下。

Circle.java

```
public class Circle {
   double r;
   Circle(double r){
      this.r = r;
   }
   public double getArea() {
      return(3.14*r*r);
   }
}
```

现在要设计一个 Pillar 类（柱类），该类的对象调用 getVolume()方法可以计算柱体的体积，Pillar 类的代码如下。

Pillar.java

```
public class Pillar {
   Circle bottom;    //bottom是用具体类Circle声明的对象
   double height;
   Pillar (Circle bottom,double height) {
      this.bottom = bottom;this.height=height;
   }
   public double getVolume() {
      return bottom.getArea()*height;
   }
}
```

上述 Pillar 类中，bottom 是用具体类 Circle 声明的对象，如果不涉及用户需求的变化，上面 Pillar 类的设计没有什么不妥，但是在某个时候，用户希望 Pillar 类能创建出底是三角形的柱体。显然上述 Pillar 类无法创建出这样的柱体，即上述设计的 Pillar 类不能应对用户的这种需求（软件设计面临的最大问题是用户需求的变化）。

现在我们来重新设计 Pillar 类。首先，我们注意到柱体计算体积的关键是计算出底面积，一个柱体在计算底体积时不应该关心它的底是什么形状的具体图形，应该只关心这种图形是否具有计算面积的方法。因此，在设计 Pillar 类时不应当让它的底是某个具体类声明的对象，一旦这样做，Pillar 类就依赖该具体类，缺乏弹性，难以应对需求的变化。

下面我们将面向抽象重新设计 Pillar 类。首先编写一个抽象类 Geometry，该抽象类中定义了一个抽象的 getArea()方法，Geometry 类如下。

Geometry.java

```
public abstract class Geometry  {
     public abstract double getArea();
}
```

上述抽象类将所有计算面积的算法抽象为一个标识：getArea()，即抽象方法，不再考虑算法的细节（即将用户的各种需求抽象为一个标识）。

现在 Pillar 类的设计者可以面向 Geometry 类编写代码，即 Pillar 类应当把 Geometry 对象作为自己的成员，该成员可以调用 Geometry 的子类重写的 getArea()方法。这样一来，Pillar 类就可以将计算底面积的任务指派给 Geometry 类的子类的实例（对象）。

以下 Pillar 类的设计不再依赖具体类，而是面向 Geometry 类，即 Pillar 类中的 bottom 是用抽象类 Geometry 声明的对象，而不是具体类声明的对象。重新设计的 Pillar 类的代码如下。

Pillar.java

```
public class Pillar {
    Geometry bottom;   //bottom是抽象类Geometry声明的对象
    double height;
    Pillar (Geometry bottom,double height) {
       this.bottom = bottom; this.height=height;
    }
    public double getVolume() {
       return bottom.getArea()*height; //bottom可以调用子类重写的getArea方法
    }
}
```

下列 Circle 和 Rectangle 类都是 Geometry 的子类，二者都必须重写 Geometry 类的 getArea()方法来计算各自的面积。

Circle.java

```
public class Circle extends Geometry {
    double r;
```

```java
    Circle(double r) {
        this.r = r;
    }
    public double getArea() {
        return(3.14*r*r);
    }
}
```

Rectangle.java

```java
public class Rectangle extends Geometry {
    double a,b;
    Rectangle(double a,double b) {
        this.a = a;
        this.b = b;
    }
    public double getArea() {
        return a*b;
    }
}
```

现在，我们就可以用 Pillar 类创建出具有矩形底或圆形底的柱体了，如下列 Application.java 所示，程序运行效果如图 5.12 所示。

```
矩形底的柱体的体积15312.0
圆形底的柱体的体积18212.0
```

图 5.12　计算柱体体积

Application.java

```java
public class Application{
    public static void main(String args[]){
        Pillar pillar;
        Geometry bottom;
        bottom = new Rectangle(12,22);
        pillar = new Pillar (bottom,58);  //pillar是具有矩形底的柱体
        System.out.println("矩形底的柱体的体积"+pillar.getVolume());
        bottom = new Circle(10);
        pillar = new Pillar (bottom,58); //pillar是具有圆形底的柱体
        System.out.println("圆形底的柱体的体积"+pillar.getVolume());
    }
}
```

通过面向抽象来设计 Pillar 类，使得该 Pillar 类不再依赖具体类，因此每当系统增加新的 Geometry 的子类时，比如增加一个 Triangle 子类，那么我们不需要修改 Pillar 类的任何代码，就可以使用 Pillar 创建出具有三角形底的柱体。

通过前面的讨论我们可以做出如下总结：

面向抽象编程目的是为了应对用户需求的变化，将某个类中经常因需求变化而需要改

动的代码从该类中分离出去。面向抽象编程的核心是让类中每种可能的变化对应地交给抽象类的一个子类去负责，从而让该类的设计者不去关心具体实现，避免所设计的类依赖于具体的实现。面向抽象编程使设计的类容易应对用户需求的变化。

注：如果读者进一步学习设计模式，会更深刻地理解面向抽象的重要性，可参见作者在清华大学出版社出版的《Java 设计模式》一书。

5.11 开-闭原则

所谓“开-闭原则”（Open-Closed Principle）就是让设计的系统应当对扩展开放，对修改关闭。怎么理解对扩展开放，对修改关闭呢？实际上，这句话的本质是指当系统中增加新的模块时，不需要修改现有的模块。在设计系统时，应当首先考虑到用户需求的变化，将应对用户变化的部分设计为对扩展开放，而设计的核心部分是经过精心考虑之后确定下来的基本结构，这部分应当是对修改关闭的，即不能因为用户的需求变化而再发生变化，因为这部分不是用来应对需求变化的。如果系统的设计遵守了“开-闭原则”，那么这个系统一定是易维护的，因为在系统中增加新的模块时，不必去修改系统中的核心模块。

以下结合 5.10 节中的类来说明“开-闭原则”，5.10 节给出的 4 个类的 UML 类图如图 5.13 所示。

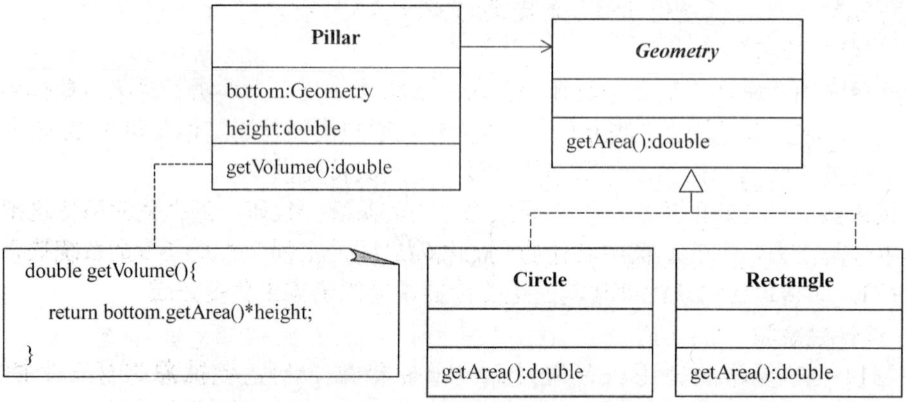

图 5.13　UML 类图

在 5.10 节中，如果再增加一个 Java 源文件（对扩展开放），该源文件有一个 Geometry 的子类 Triangle（负责计算三角形的面积），那么 Pillar 类不需要做任何修改（对 Pillar 类的修改关闭），应用程序就可以使用 Pillar 创建出具有 Geometry 的新子类指定的底的柱体。

如果将 5.10 节中的 Pillar 类、Geometry 类、Circle 和 Rectangle 类看做是一个小的开发框架，将 Application.java 看做是使用该框架进行应用开发的用户程序，那么框架满足“开-闭原则”，该框架相对用户的需求就比较容易维护，因为，当用户程序需要使用 Pillar 创建出具有三角形底的柱体时，系统只需简单地扩展框架，即在框架中增加一个 Geometry 的 Triangle 子类，而无需修改框架中的其他类，如图 5.14 所示。

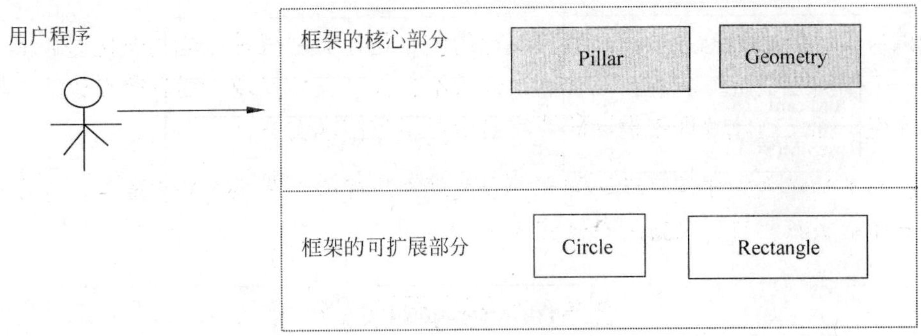

图 5.14　满足开-闭原则的框架

通常我们无法让设计的每个部分都遵守“开-闭原则”，甚至不应当这样去做，应当把主要精力集中应对设计中最有可能因需求变化而需要改变的地方，然后想办法应用“开-闭原则”。

5.12　应用举例

本章重点讲解了面向对象两个特点：继承与多态，并结合多态给出了面向抽象编程的核心思想。下面结合一个问题巩固本章的主要知识点。

用类封装手机的基本属性和功能，要求手机既可以使用移动公司的 SIM 卡也可以使用联通公司 SIM 卡（可以使用任何公司提供的 SIM 卡）。

1．问题的分析

如果设计的手机类中用某个具体的公司，比如移动公司，声明了对象，那么手机就缺少弹性，无法使用其他公司的 SIM 卡，因为一旦用户需要使用其他公司的 SIM 卡，就需要修改手机类的代码，比如增加用其他公司声明的成员变量。

如果每当用户有新的需求，就会导致修改类的某部分代码，那么就应当将这部分代码从该类中分割出去，使它和类中其他稳定的代码之间是松耦合关系（否则系统缺乏弹性，难以维护），即将每种可能的变化对应地交给抽象类的子类去负责完成。

2．设计抽象类

根据以上对问题的分析，首先设计一个抽象类 SIM，该抽象类有三个抽象方法 giveNumber()、setNumber()和 giveCorpName()，那么 SIM 的子类必须实现 giveNumber()、setNumber()和 giveCorpName()方法。

3．设计手机类

设计 MobileTelephone 类（模拟手机），该类有一个 useSIM(SIM card)方法，该方法的参数是 SIM 类型。显然，参数 card 可以是抽象类 SIM 的任何一个子类对象的上转型对象，即参数 card 可以调用 SIM 的子类重写的 giveNumber()方法显示手机所使用的号码，调用子类重写的 giveCorpName()方法显示该号码所归属的公司。

例子 13 中除了主类外，还有 SIM 类及其子类：SIMOfChinaMobile（模拟移动公司提供的卡）、SIMOfChinaUnicom（模拟联通公司提供的卡）和 MobileTelephone 类。

图 5.15 是 MobileTelephone、SIM、SIMOfChinaMobile 和 SIMOfChinaUnicom 类的 UML 图，程序运行效果如图 5.16 所示。

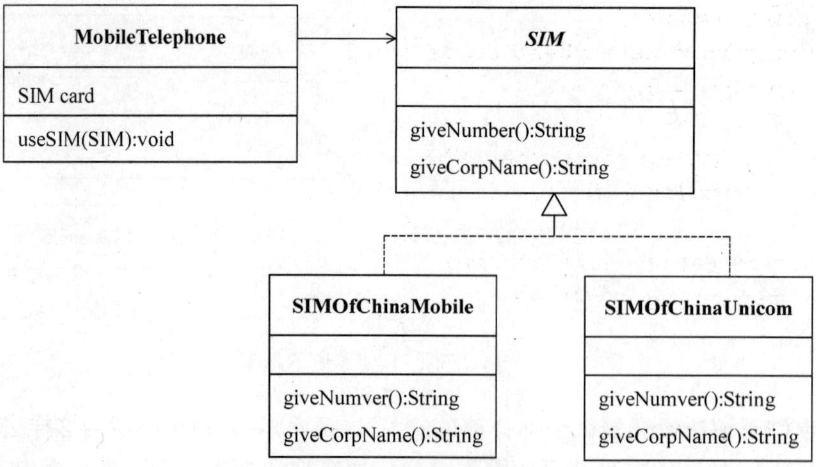

图 5.15　UML 类图

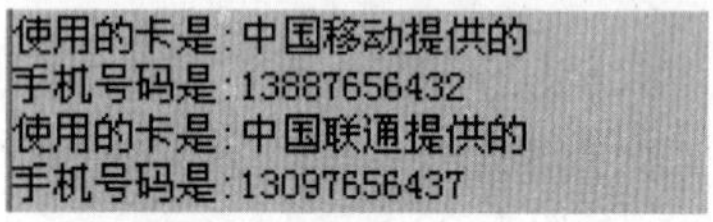

图 5.16　手机使用 SIM 卡

例子 13

SIM.java

```
public abstract class SIM {
   public abstract void setNumber(String n);
   public abstract String giveNumber();
   public abstract String giveCorpName();
}
```

MobileTelephone.java

```
public class MobileTelephone {
   SIM card;
   public void useSIM(SIM card) {
      this.card=card;
   }
   public void showMess() {
      System.out.println("使用的卡是:"+card.giveCorpName()+"提供的");
      System.out.println("手机号码是:"+card.giveNumber());
   }
}
```

SIMOfChinaMobile.java

```
public class SIMOfChinaMobile extends SIM {
```

```
    String number;
    public void setNumber(String n) {
        number = n;
    }
    public String giveNumber() {
        return number;
    }
     public String giveCorpName() {
        return "中国移动";
    }
}
```

SIMOfChinaUnicom.java

```
public class SIMOfChinaUnicom extends SIM {
    String number;
    public void setNumber(String n) {
        number = n;
    }
    public String giveNumber() {
        return number;
    }
    public String giveCorpName() {
        return "中国联通";
    }
}
```

Application.java

```
public class Application {
   public static void main(String args[]) {
      MobileTelephone telephone = new MobileTelephone ();
      SIM sim = new SIMOfChinaMobile();
      sim.setNumber("13887656432");
      telephone.useSIM(sim);
      telephone.showMess();
      sim = new SIMOfChinaUnicom();
      sim.setNumber("13097656437");
      telephone.useSIM(sim);
      telephone.showMess();
   }
}
```

例子 13 中的类满足 5.11 节提到的“开-闭原则”，如果再增加一个 Java 源文件（对扩展开放），该源文件有一个 SIM 的子类，比如 ChinaFeiTong 子类，那么 MobileTelephone 类不需要做任何修改（对 MobileTelephone 类的修改关闭），应用程序中就可以让 telephone 对象使用 ChinaFeiTong 类提供的 SIM 卡。

5.13 小　结

（1）继承是一种由已有的类创建新类的机制。利用继承，我们可以先创建一个共有属性的一般类，根据该一般类再创建具有特殊属性的新类。

（2）所谓子类继承父类的成员变量作为自己的一个成员变量，就好像它们是在子类中直接声明一样，可以被子类中自己声明的任何实例方法操作。

（3）所谓子类继承父类的方法作为子类中的一个方法，就像它们是在子类中直接声明一样，可以被子类中自己声明的任何实例方法调用。

（4）子类继承的方法只能操作子类继承和隐藏的成员变量。

（5）子类重写或新增的方法能操作子类继承和新声明的成员变量，但不能直接操作隐藏的成员的变量（需使用关键字 super 操作隐藏的成员变量）。

（6）多态是面向对象编程的又一重要特性。子类可以体现多态，即子类可以根据各自的需要重写父类的某个方法，子类通过方法的重写可以把父类的状态和行为改变为自身的状态和行为。

（7）在使用多态设计程序时，要熟练使用上转型对象以及面向抽象编程的思想，以便体现程序设计所提倡的“开-闭原则”。

习　题　5

1．问答题

（1）子类可以有多个父类吗？

（2）java.lang 包中的 Object 类是所有其他类的祖先类吗？

（3）如果子类和父类不在同一个包中，子类是否继承父类的友好成员？

（4）子类怎样隐藏继承的成员变量？

（5）子类重写方法的规则是怎样的？重写方法的目的是什么？

（6）父类的 final 方法可以被子类重写吗？

（7）什么类中可以有 abstract 方法？

（8）对象的上转型对象有怎样的特点？

（9）一个类的各个子类是怎样体现多态的？

（10）面向抽象编程的目的和核心是什么？

2．选择题

（1）下列哪个叙述是正确的？

　　A．子类继承父类的构造方法

　　B．abstract 类的子类必须是非 abstract 类

　　C．子类继承的方法只能操作子类继承和隐藏的成员变量

　　D．子类重写或新增的方法也能直接操作被子类隐藏的成员变量

（2）下列哪个叙述是正确的？

　　A．final 类可以有子类

B．abstract 类中只可以有 abstract 方法

C．abstract 类中可以有非 abstract 方法，但该方法不可以用 final 修饰

D．不可以同时用 final 和 abstract 修饰同一个方法

E．允许使用 static 修饰 abstract 方法

（3）下列程序中注释的哪两个代码（A，B，C，D）是错误的（无法通过编译）？

```
class Father {
   private int money =12;
   float height;
   int seeMoney(){
      return money ;          //A
   }
}
class Son extends Father {
   int height;
   int lookMoney() {
      int m = seeMoney();     //B
      return m;
   }
}
class E {
   public static void main(String args[]) {
      Son erzi = new Son();
      erzi.money = 300;       //C
      erzi.height = 1.78F;    //D
   }
}
```

（4）假设 C 是 B 的子类，B 是 A 的子类，cat 是 C 类的一个对象，bird 是 B 类的一个对象，下列哪个叙述是错误的？

A．cat instanceof B 的值是 true

B．bird instanceof A 的值是 true

C．cat instanceof A 的值是 true

D．bird instanceof C 的值是 true

（5）下列程序中注释的哪个代码（A，B，C，D）是错误的（无法通过编译）？

```
class A {
   static int m;
   static void f(){
      m = 20 ;          //A
   }
}
class B extends A {
   void f()             //B
   {  m = 222 ;         //C
```

```
    }
}
class E {
   public static void main(String args[]) {
      A.f();          // D
   }
}
```

（6）下列代码中标注的（A，B，C，D）中，哪一个是错误的？

```
abstract class Takecare {
    protected void speakHello() {}       //A
    public abstract static void cry();   //B
    static int f(){ return 0 ;}          //C
    abstract float g();                  //D
}
```

（7）下列程序中注释的哪个代码（A，B，C，D）是错误的（无法通过编译）？

```
abstract class A {
   abstract float getFloat ();  //A
   void f()                     //B
   { }
}
public class B extends A {
   private float m = 1.0f;      //C
   private float getFloat ()    //D
   {  return m;
   }
}
```

（8）将下列哪个代码（A，B，C，D）放入程序中标注的【代码】处将导致编译错误？

A．public float getNum(){return 4.0f;}

B．public void getNum(){ }

C．public void getNum(double d){ }

D．public double getNum(float d){return 4.0d;}

```
class A {
   public float getNum() {
      return 3.0f;
   }
}
public class B extends A {
      【代码】
}
```

（9）对于下列代码，下列哪个叙述是正确的？

A．程序提示编译错误（原因是A类没有不带参数的构造方法）。

B．编译无错误，【代码】输出结果是0。

C．编译无错误，【代码】输出结果是1。

D．编译无错误，【代码】输出结果是2。

```
class A {
   public int i=0;
   A(int m) {
     i = 1;
   }
}
public class B extends A {
    B(int m) {
       i = 2;
    }
    public static void main(String args[]){
       B b = new B(100);
       System.out.println(b.i); //【代码】
    }
}
```

3．阅读程序

（1）请说出E类中【代码1】和【代码2】的输出结果。

```
class A {
   double f(double x,double y) {
     return x+y;
   }
}
class B extends A {
   double f(int x,int y) {
     return x*y;
   }
}
public class E {
public static void main(String args[]) {
      B b=new B();
      System.out.println(b.f(3,5));       //【代码1】
      System.out.println(b.f(3.0,5.0)); //【代码2】
  }
}
```

（2）说出下列B类中【代码1】和【代码2】的输出结果。

```
class A {
   public int getNumber(int a) {
```

```
      return a+1;
   }
}
class B extends A {
   public int getNumber (int a) {
      return a+100;
   }
   public static void main (String args[])  {
      A a =new A();
      System.out.println(a.getNumber(10));  //【代码1】
      a = new B();
      System.out.println(a.getNumber(10));  //【代码2】
   }
}
```

（3）请说出 E 类中【代码 1】～【代码 4】的输出结果。

```
class A {
double f(double x,double y) {
      return x+y;
   }
   static int g(int n) {
      return n*n;
   }
}
class B extends A {
   double f(double x,double y) {
      double m = super.f(x,y);
      return m+x*y;
   }
   static int g(int n) {
      int m = A.g(n);
      return m+n;
   }
}
public class E {
   public static void main(String args[]) {
     B b = new B();
     System.out.println(b.f(10.0,8.0));  //【代码1】
     System.out.println(b.g(3));          //【代码2】
     A a = new B();
     System.out.println(a.f(10.0,8.0));  //【代码3】
     System.out.println(a.g(3));          //【代码4】
   }
}
```

（4）请说出 E 类中【代码 1】~【代码 3】的输出结果。

```
class A {
   int m;
   int getM() {
      return m;
   }
   int seeM() {
       return m;
   }
}
class B extends A {
     int m ;
     int getM() {
        return m+100;
     }
}
public class E {
public static void main(String args[]) {
     B b = new B();
     b.m = 20;
     System.out.println(b.getM());  //【代码1】
     A a = b;
     a.m = -100;                    // 上转型对象访问的是被隐藏的m
     System.out.println(a.getM());  //【代码2】上转型对象调用的一定是子类重写的
                                    // getM()方法
     System.out.println(b.seeM());  //【代码3】子类继承的seeM()方法操作的m是被
                                    // 子类隐藏的m
  }
}
```

4．编程题（参考例子 13）

设计一个动物声音“模拟器”，希望模拟器可以模拟许多动物的叫声，要求如下。

- 编写抽象类 Animal

Animal 抽象类有 2 个抽象方法 cry()和 getAnimaName()，即要求各种具体的动物给出自己的叫声和种类名称。

- 编写模拟器类 Simulator

该类有一个 playSound(Animal animal)方法，该方法的参数是 Animal 类型。即参数 animal 可以调用 Animal 的子类重写的 cry()方法播放具体动物的声音，调用子类重写的 getAnimalName()方法显示动物种类的名称。

- 编写 Animal 类的子类：Dog 和 Cat 类

图 5.17 是 Simulator、Animal、Dog、Cat 的 UML 图。

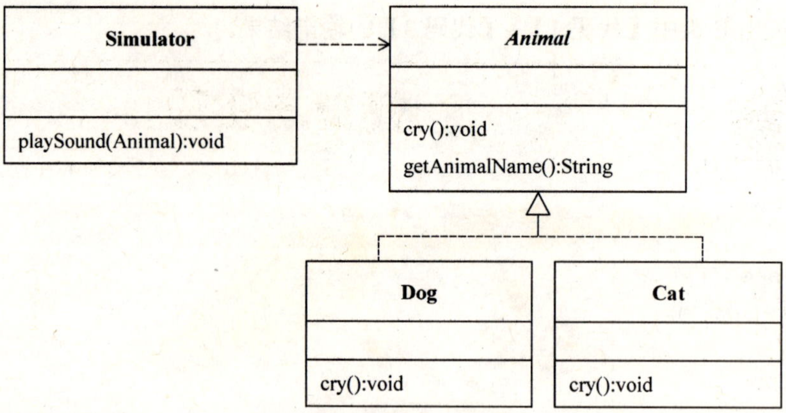

图 5.17　UML 类图

- 编写主类 Application（用户程序）

在主类 Application 的 main 方法中至少包含如下代码。

```
Simulator simulator = new Simulator();
simulator.playSound(new Dog());
simulator.playSound(new Cat());
```

第6章 接口与实现

主要内容

- 接口
- 实现接口
- 理解接口
- 接口回调
- 接口与多态
- 接口参数
- 面向接口编程

第5章学习了子类，其重点是方法重写、对象的上转型对象和多态，尤其强调了面向抽象编程的思想。本章将介绍Java语言中另一种重要的数据类型——接口，以及和接口有关的多态。由于接口是Java和C#语言（C#是和Java类似的语言，属于.net系列）所使用的一种数据类型（C++没有接口类型），读者学习过的其他语言不会涉及和接口类似的数据类型，因此在学习本章时，读者首先要准确地掌握接口的语法，然后再通过学习接口回调、接口与多态以及面向接口编程来深刻地理解接口。

6.1 接　　口

使用关键字interface来定义一个接口。接口的定义和类的定义很相似，分为接口声明和接口体，例如：

```
interface Printable {
  final int MAX=100;
   void add();
   float sum(float x ,float y);
}
```

1．接口声明

接口包含有接口声明和接口体，和类不同的是，接口使用关键字interface来声明自己是一个接口，格式如下：

```
interface 接口的名字
```

2．接口体

接口体中包含常量的声明（没有变量）和抽象方法两部分。接口体中只有抽象方法，没有普通的方法，而且接口体中所有的常量的访问权限一定都是public，而且是static常量

（允许省略 public、final 和 static 修饰符），所有的抽象方法的访问权限一定都是 public（允许省略 public abstract 修饰符），如

```
interface Printable {
   public final static int MAX = 100;  //等价写法: int MAX = 100;
   public abstract void add();   //等价写法: void add();
   public abstract float sum(float x ,float y); //等价写法: float sum(float
                                                //x , float y);
}
```

6.2 实 现 接 口

1．类实现接口

在 Java 语言中，接口由类来实现以便使用接口中的方法。一个类需要在类声明中使用关键字 implements 声明该类实现一个或多个接口。如果实现多个接口，用逗号隔开接口名，如 A 类实现 Printable 和 Addable 接口。

```
class A implements Printable,Addable
```

再比如 Animal 的 Dog 子类实现 Eatable 和 Sleepable 接口。

```
class Dog extends Animal implements Eatable,Sleepable
```

2．重写接口中的方法

如果一个非抽象类实现了某个接口，那么这个类必须重写这个接口中的所有方法。需要注意的是，由于接口中的方法一定是 public abstract 方法，所以类在重写接口方法时不仅要去掉 abstract 修饰符、给出方法体，而且方法的访问权限一定要明显地用 public 来修饰（否则就降低了访问权限，这是不允许的）。实现接口的非抽象类实现了该接口中的方法，即给出了方法的具体行为功能。

用户也可以自定义接口，一个 Java 源文件可以由类和接口组成。

下面的例子 1 中包含有 China 类、Japan 类和 Computable 接口，而且 China 和 Japan 类都实现了 Computable 接口。运行效果如图 6.1 所示。

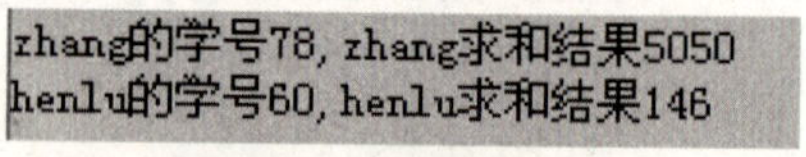

图 6.1　类实现接口

例子 1

Computable.java

```
public interface Computable {
   int MAX = 46;
   int f(int x);
}
```

China.java

```
public class China implements Computable {  //China类实现Computable接口
   int number;
```

```
    public int f(int x) { //不要忘记public关键字
        int sum = 0;
        for(int i=1;i<=x;i++) {
            sum = sum+i;
        }
        return sum;
    }
}
```

Japan.java

```
public class Japan implements Computable { //Japan类实现Computable接口
    int number;
    public int f(int x) {
        return MAX+x;  //直接使用接口中的常量
    }
}
```

Example6_1.java

```
public class Example6_1 {
    public static void main(String args[]) {
        China zhang;
        Japan henlu;
        zhang = new China();
        henlu = new Japan();
        zhang.number = 32+Computable.MAX;  //用接口名访问接口的常量
        henlu.number = 14+Computable.MAX;
        System.out.println("zhang的学号"+zhang.number+",zhang求和结果"+zhang.
        f(100));
        System.out.println("henlu的学号"+henlu.number+",henlu求和结果"+henlu.
        f(100));
    }
}
```

如果一个类声明实现一个接口，但没有重写接口中的所有方法，那么这个类必须是抽象类，也就是说抽象类既可以重写接口中的方法也可以直接拥有接口中的方法，例如：

```
interface Computable {
    final int MAX = 100;
    void speak(String s);
    int f(int x);
    float g(float x,float y);
}
abstract class A implements Computable {
    public int f(int x) {
        int sum = 0;
```

```
        for(int i=1;i<=x;i++) {
          sum = sum+i;
        }
      return sum;
    }
}
```

3. 接口的细节说明

程序可以用接口名访问接口中的常量，但是如果一个类实现了接口，那么该类可以直接在类体中使用该接口中的常量。

定义接口时，如果关键字 interface 前面加上 public 关键字，就称这样的接口是一个 public 接口。public 接口可以被任何一个类实现。如果一个接口不加 public 修饰，就称做友好接口，友好接口可以被与该接口在同一包中的类实现。

如果父类实现了某个接口，那么子类也就自然实现了该接口，子类不必再显式地使用关键字 implements 声明实现这个接口。

接口也可以被继承，即可以通过关键字 extends 声明一个接口是另一个接口的子接口。由于接口中的方法和常量都是 public 的，子接口将继承父接口中的全部方法和常量。

注：Java 提供的接口都在相应的包中，通过 import 语句不仅可以引入包中的类，也可以引入包中的接口，例如，

```
import java.io.*;
```

不仅引入了 java.io 包中的类，同时也引入了该包中的接口。

6.3 理解接口

接口的语法规则很容易记住，但真正理解接口更重要。读者可能注意到，在上述例子 1 中如果去掉接口，把程序中的使用 MAX 常量的代码替换为字面常量 46，上述程序的运行没有任何问题。那为什么要用接口呢？

假如轿车、卡车、拖拉机、摩托车和客车都是机动车的子类，其中机动车是一个抽象类。机动车中有诸如“刹车”、“转向”等方法是合理的，即要求轿车、卡车、拖拉机、摩托车、客车都必须具体实现“刹车”、“转向”等功能，但是如果机动车类包含有两个抽象方法“收取费用”和“调节温度”，那么所有的子类都要重写这两个方法，即给出方法体，产生各自的收费或控制温度的行为。这显然不符合人们的思维逻辑，因为拖拉机可能不需要有“收取费用”或“调节温度”的功能，而其他的一些类，比如飞机、轮船等可能也需要具体实现“收取费用”、“调节温度”。

接口的思想在于它可以要求某些类有相同名称的方法，但方法的具体内容（方法体的内容）可以不同，即要求这些类实现接口，以保证这些类一定有接口中所声明的方法（即所谓的方法绑定）。接口在要求一些类有相同名称的方法的同时，并不强迫这些类具有相同的父类。比如，各式各样的电器产品，它们可能归属不同的种类，但国家标准要求电器产品都必须提供一个名称为 on 的功能（为达到此目的，只需要求它们实现同一接口，该接口

中有名字为 on 的方法)，但名称为 on 的功能的具体行为由各个电器产品去实现。

再比如，你是一个项目主管，你需要管理许多部门，这些部门要开发一些软件所需要的类，你可能要求某个类实现一个接口，也就是说你对一些类是否具有这个功能非常关心，但不关心功能的具体体现，比如，这个功能是 speakLove，但你不关心是用汉语实现功能 speakLove 还是用英语实现 speakLove。在某些时候，你也许打一个电话就可以了，告诉远方的一个开发部门实现你所规定的接口，并建议他们用汉语来实现 speakLove。如果没有这个接口，你可能要花很多的口舌来让你的部门找到那个表达爱的方法，也许他们给表达爱的那个方法起的名字是完全不同的名字。

在下面的例子中，我们要求 MotorVehicles 类（机动车）的子类 Taxi（出租车）和 Bus（公共汽车）必须有名称为 brake 的方法（有刹车功能），但额外要求 Taxi 类有名字为 controlAirTemperature 和 charge 的方法（有空调和收费功能），即要求 Taxi 实现两个接口，要求客车类有名字为 charge 的方法（有收费功能），即要求 Bus 只实现一个接口。运行效果如图 6.2 所示。

```
公共汽车使用毂式刹车技术
公共汽车:一元/张,不计算公里数
出租车使用盘式刹车技术
出租车:2元/公里,起价3公里
出租车安装了Hair空调
电影院:门票,十元/张
电影院安装了中央空调
```

图 6.2　理解接口

例子 2

Example6_2.java

```
abstract class MotorVehicles {
   abstract void brake();
}
interface MoneyFare {
   void charge();
}
interface ControlTemperature {
   void controlAirTemperature();
}
class Bus extends MotorVehicles implements MoneyFare {    //Bus实现MoneyFare
                                                          //一个接口
    void brake() {
        System.out.println("公共汽车使用毂式刹车技术");
    }
    public  void charge() {
        System.out.println("公共汽车:一元/张,不计算公里数");
    }
}
class Taxi extends MotorVehicles implements MoneyFare,ControlTemperature
{ //Taxi实现两个接口
    void brake() {
        System.out.println("出租车使用盘式刹车技术");
    }
    public  void charge() {
        System.out.println("出租车:2元/公里,起价3公里");
    }
```

```
        public void  controlAirTemperature() {
            System.out.println("出租车安装了Hair空调");
        }
    }
    class Cinema implements MoneyFare,ControlTemperature {
        public  void charge() {
            System.out.println("电影院:门票,十元/张");
        }
        public void controlAirTemperature() {
            System.out.println("电影院安装了中央空调");
        }
    }
    public class Example6_2 {
      public static void main(String args[]) {
          Bus bus101 = new Bus();
          Taxi buleTaxi = new Taxi();
          Cinema redStarCinema = new Cinema();
          bus101.brake();
          bus101.charge();
          buleTaxi.brake();
          buleTaxi.charge();
          buleTaxi.controlAirTemperature();
          redStarCinema.charge();
          redStarCinema.controlAirTemperature();
      }
    }
```

6.4 接口的 UML 图

表示接口的 UML 图和表示类的 UML 图类似，使用一个长方形描述一个接口的主要构成，将长方形垂直地分为三层。

顶部第 1 层是名字层，接口的名字必须是斜体字形，而且需要用<<interface>>修饰名字，并且该修饰和名字分列在两行。

第 2 层是常量层，列出接口中的常量及类型，格式是“常量名字：类型”。

第 3 层是方法层，也称操作层，列出接口中的方法及返回类型，格式是“方法名字（参数列表）：类型”。

图 6.3 是接口 Computable 的 UML 图。

如果一个类实现了一个接口，那么类和接口的关系是实现关系，称类实现接口。UML 通过使用虚线连接类和它所实现的接口，虚线起始端是类，虚线的终点端是它实现的接口，但终点端使用一个空心的三角形表示虚线的结束。

图 6.4 是 China 和 Japan 类实现 Computable 接口的 UML 图。

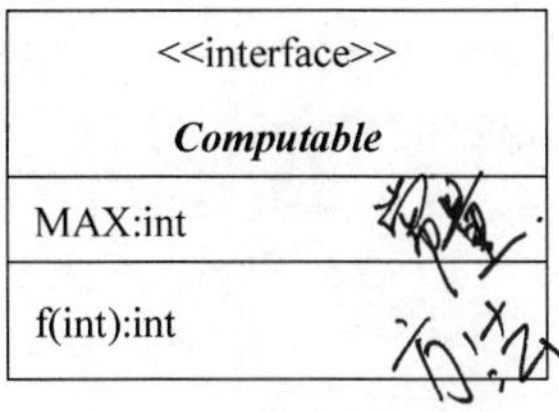

图 6.3　接口 UML 图

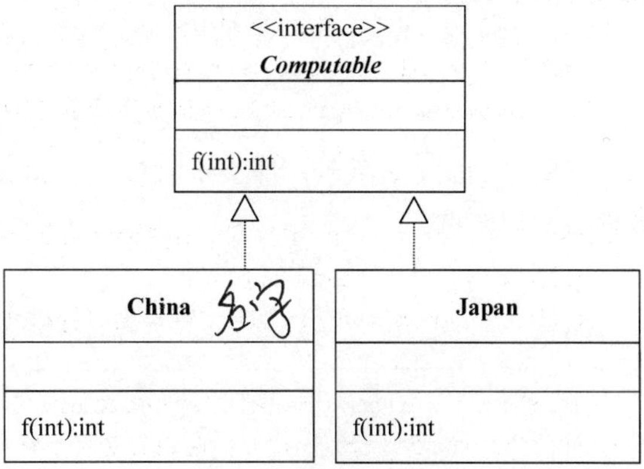

图 6.4　实现关系的 UML 图

6.5　接口回调

和类一样，接口也是 Java 中一种重要数据类型，用接口声明的变量称做接口变量。那么接口变量中可以存放怎样的数据呢？

接口属于引用型变量，接口变量中可以存放实现该接口的类的实例的引用，即存放对象的引用。比如，假设 Com 是一个接口，那么就可以用 Com 声明一个变量：

```
Com com;
```

内存模型如图 6.5 所示，称此时的 com 是一个空接口，因为 com 变量中还没有存放实现该接口的类的实例（对象）的引用。

假设 ImpleCom 类是实现 Com 接口的类，用 ImpleCom 创建名字为 object 的对象，那么 object 对象不仅可以调用 ImpleCom 类中原有的方法，而且也可以调用 ImpleCom 类实现的接口方法，如图 6.6 所示。

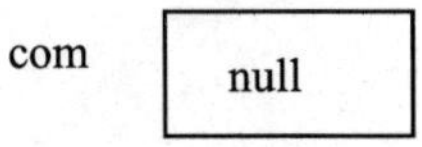

图 6.5　空接口

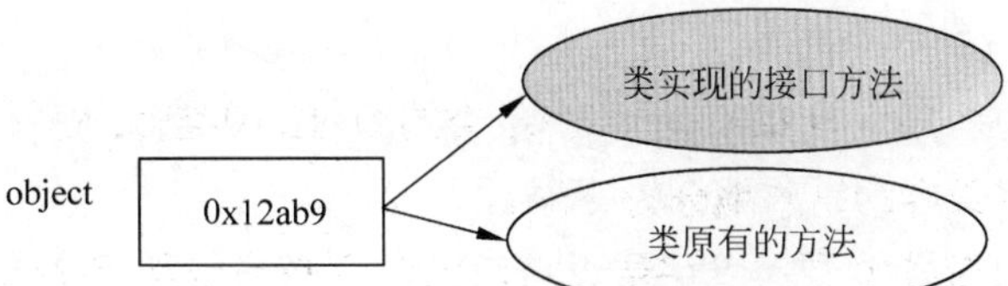

图 6.6　对象调用方法的内存模型

```
ImpleCom object = new ImpleCom();
```

“接口回调”一词是借用了 C 语言中指针回调的术语，表示一个变量的地址在某一个时刻存放在一个指针变量中，那么指针变量就可以间接操作该变量中存放的数据。

在 Java 语言中，接口回调是指：可以把实现某一接口的类创建的对象的引用赋值给该接口声明的接口变量，那么该接口变量就可以调用被类实现的接口方法。实际上，当接口变量调用被类实现的接口方法时，就是通知相应的对象调用这个方法。

比如，将上述 object 的对象的引用赋值给 com 接口：

```
com = object;
```

那么内存模型如图 6.7 所示，箭头示意接口 com 变量可以调用类实现的接口方法（这一过程被称为接口回调）。

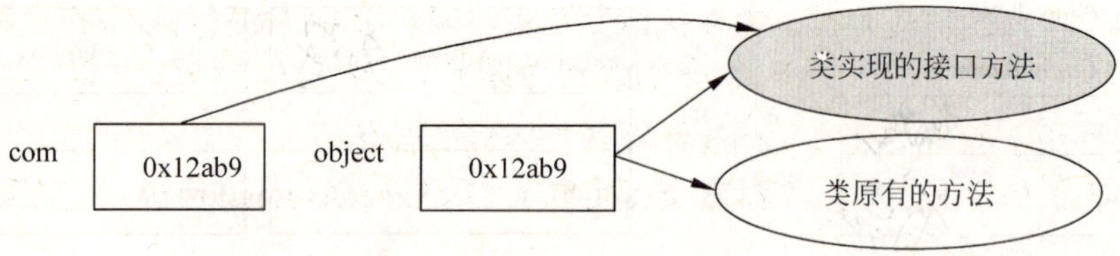

图 6.7　接口回调的内存模型

接口回调非常类似在第 5 章中 5.7 节介绍的上转型对象调用子类重写的方法。

注：接口无法调用类中的其他的非接口方法。

下面的例子 3 使用了接口的回调技术，程序运行效果如图 6.8 所示。

图 6.8　接口回调

例子 3

Example6_3.java

```
interface  ShowMessage {
   void 显示商标(String s);
}
class TV implements ShowMessage {
   public void 显示商标(String s) {
      System.out.println(s);
   }
}
class PC implements ShowMessage {
   public void 显示商标(String s) {
     System.out.println(s);
   }
}
public class Example6_3 {
   public static void main(String args[]) {
      ShowMessage sm;                      //声明接口变量
      sm = new TV();                       //接口变量中存放对象的引用
      sm.显示商标("长城牌电视机");          //接口回调
      sm = new PC();                       //接口变量中存放对象的引用
      sm.显示商标("联想奔月5008PC机");      //接口回调
   }
}
```

6.6　接口与多态

上一节学习了接口回调，即把实现接口的类的实例的引用赋值给接口变量后，该接口变量就可以回调类重写的接口方法。由接口产生的多态就是指不同的类在实现同一个接口时可能具有不同的实现方式，那么接口变量在回调接口方法时就可能具有多种形态。

例如，对于两个正数 a 和 b，有的人使用算术平均公式 $(a+b)/2$ 计算（算术）平均值，而有的人使用几何平均公式 $\sqrt{a\times b}$ 计算（几何）平均值。

在下面的例子 4 中，A 类和 B 类都实现了 ComputerAverage 接口，但实现的方式不同。程序运行效果如图 6.9 所示。

```
11.23和22.78的算术平均值:17.01
11.23和22.78的几何平均值:15.99
```

图 6.9　接口与多态

例子 4

Example6_4.java

```
interface CompurerAverage {
  public double average(double a,double b);
}
class A implements CompurerAverage {
  public double average(double a,double b) {
    double aver = 0;
    aver = (a+b)/2;
    return aver;
  }
}
class B implements CompurerAverage {
  public double average(double a,double b) {
    double aver = 0;
    aver = Math.sqrt(a*b);
    return aver;
  }
}
public class Example6_4 {
  public static void main(String args[]) {
    CompurerAverage computer;
    double a = 11.23,b = 22.78;
    computer = new A();
    double result = computer.average(a,b);
    System.out.printf("%5.2f和%5.2f的算术平均值:%5.2f\n",a,b,result);
    computer = new B();
    result = computer.average(a,b);
    System.out.printf("%5.2f和%5.2f的几何平均值:%5.2f",a,b,result);
  }
}
```

6.7 接口参数

如果准备给一个方法的参数传递一个数值，你可能希望该方法的参数的类型是 double 类型，这样一来就可以向该参数传递 byte、int、long、float 和 double 类型的数据。

如果一个方法的参数是接口类型，我们就可以将任何实现该接口的类的实例的引用传递给该接口参数，那么接口参数就可以回调类实现的接口方法。下面的例子 5 中 KindHello 中的 lookHello 方法的参数是接口类型，程序运行效果如图 6.10 所示。

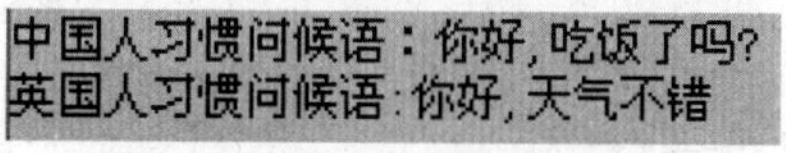

图 6.10　接口与参数

例子 5

Example6_5.java

```
interface SpeakHello {
    void speakHello();
}
class Chinese implements SpeakHello {
   public void speakHello() {
       System.out.println("中国人习惯问候语: 你好,吃饭了吗? ");
   }
}
class English implements SpeakHello {
    public void speakHello() {
       System.out.println("英国人习惯问候语:你好,天气不错 ");
    }
}
class KindHello {
   public void lookHello(SpeakHello hello) { //接口类型参数
       hello.speakHello();                  //接口回调
   }
}
public class Example6_5 {
   public static void main(String args[]) {
       KindHello kindHello=new KindHello();
       kindHello.lookHello(new Chinese());
       kindHello.lookHello(new English());
   }
}
```

注：如果源文件再增加若干个类似 Chinese 和 English 的类，KindHello 类不需要做任何修改。

6.8 abstract 类与接口的比较

接口和 abstract 类的比较如下：

- abstract 类和接口都可以有 abstract 方法。
- 接口中只可以有常量，不能有变量；而 abstract 类中既可以有常量也可以有变量。
- abstract 类中也可以有非 abstract 方法，接口不可以。

在设计程序时应当根据具体的分析来确定是使用抽象类还是接口。abstract 类除了提供重要的需要子类重写的 abstract 方法外，也提供了子类可以继承的变量和非 abstract 方法。如果某个问题需要使用继承才能更好地解决，比如，子类除了需要重写父类的 abstract 方法，还需要从父类继承一些变量或继承一些重要的非 abstract 方法，就可以考虑用 abstract 类。如果某个问题不需要继承，只是需要若干个类给出某些重要的 abstract 方法的实现细节，就可以考虑使用接口。

6.9 面向接口编程

在上一章（第 5 章）的 5.10 节曾介绍了面向抽象编程的思想，主要是涉及怎样面向抽象类去思考问题。由于抽象类最本质的特性就是可以包含抽象方法，这一点和接口类似，只不过接口中只有抽象方法而已。抽象类将其抽象方法的实现交给其子类，而接口将其抽象方法的实现交给实现该接口的类。本节的思想和 5.10 节中的类似，在设计程序时，学习怎样面向接口去设计程序。接口只关心操作，但不关心这些操作的具体实现细节，可以使我们把主要精力放在程序的设计上，而不必拘泥于细节的实现。也就是说，可以通过在接口中声明若干个 abstract 方法，表明这些方法的重要性，方法体的内容细节由实现接口的类去完成。使用接口进行程序设计的核心思想是使用接口回调，即接口变量存放实现该接口的类的对象的引用，从而接口变量就可以回调类实现的接口方法。利用接口也可以体现程序设计的“开-闭原则”（见 5.11 节），即对扩展开放，对修改关闭。比如，程序的主要设计者可以设计出如图 6.11 所示的一种结构关系。

从图 6.11 可以看出，当程序再增加实现接口的类（由其他设计者去实现），接口变量 variable 所在的类不需要做任何修改，就可以回调类重写的接口方法。

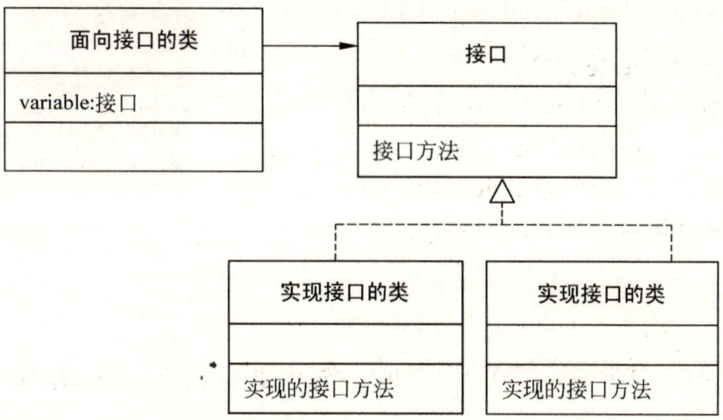

图 6.11　UML 类图

当然，在程序设计好后，首先应当对接口的修改“关闭”，否则，一旦修改接口，比如，为它再增加一个 abstract 方法，那么实现该接口的类都需要做出修改。但是，程序设计好后，应当对增加实现接口的类“开放”，即在程序中再增加实现接口的类时，不需要修改其他重要的类。

6.10 应 用 举 例

为了进一步地理解面向接口编程，我们给出下列问题。

设计一个广告牌，希望所设计的广告牌可以展示许多公司的广告词。

1．问题的分析

如果我们设计的创建广告牌的类中用某个具体公司类（例如联想公司类）声明了对象，那么我们的广告牌就缺少弹性，因为一旦用户需要广告牌展示其他公司的广告词，就需要修改广告牌类的代码，比如用长虹公司声明成员变量。

如果每当用户有新的需求，就会导致修改类的某部分代码，那么就应当将这部分代码从该类中分割出去，使它和类中其他稳定的代码之间是松耦合关系（否则系统缺乏弹性，难以维护），即将每种可能的变化对应地交给实现接口的类（或抽象类的子类，见 5.10 节）去负责完成。

2．设计接口

根据以上对问题的分析，首先设计一个接口 Advertisement，该接口有 2 个方法 showAdvertisement()和 getCorpName()，那么实现 Advertisement 接口的类必须重写 showAdvertisement()和 getCorpName()方法，即要求各个公司给出具体的广告词和公司的名称。

3．设计广告牌类

然后我们设计 AdvertisementBoard 类（广告牌），该类有一个 show(Advertisement adver)方法，该方法的参数 adver 是 Advertisement 接口类型（就像人们常说的，广告牌对外留有接口）。显然，该参数 adver 可以存放任何实现 Advertisement 接口的类的对象的引用，并回调类重写的接口方法 showAdvertisement()来显示公司的广告词，回调类重写的接口方法 getCorpName()来显示公司的名称。

下面的例子 6 中除了主类外，还有 Advertisement 接口及实现该接口的 WhiteCloudCorp（白云公司）和 BlackLandCorp（黑土公司），以及面向接口的 AdvertisementBoard 类（广告牌），程序运行效果如图 6.12 所示。

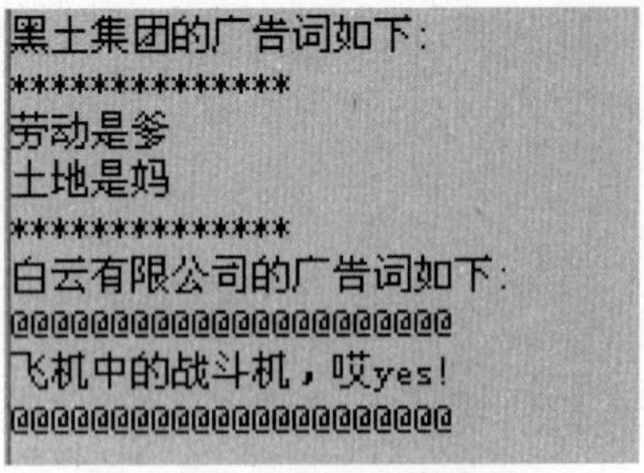

图 6.12　体现“开-闭原则”

例子 6

Advertisement.java

```
public interface Advertisement { //接口
     public void showAdvertisement();
     public String getCorpName();
}
```

AdvertisementBoard.java

```
public class AdvertisementBoard { //负责创建广告牌
   public void show(Advertisement adver) {
       System.out.println(adver.getCorpName()+"的广告词如下:");
       adver.showAdvertisement(); //接口回调
   }
}
```

WhiteCloudCorp.java

```
public class WhiteCloudCorp implements Advertisement { //PhilipsCorp实现
                                                          //Advertisement接口
   public void showAdvertisement(){
      System.out.println("@@@@@@@@@@@@@@@@@@@@@@");
      System.out.printf("飞机中的战斗机，哎yes!\n");
      System.out.println("@@@@@@@@@@@@@@@@@@@@@@");
   }
   public String getCorpName() {
      return "白云有限公司" ;
   }
}
```

BlackLandCorp.java

```
public class BlackLandCorp implements Advertisement {
   public void showAdvertisement(){
      System.out.println("**************");
      System.out.printf("劳动是爹\n土地是妈\n");
      System.out.println("**************");
   }
   public String getCorpName() {
      return "黑土集团" ;
   }
}
```

Example6_6.java

```
public class Example6_6 {
   public static void main(String args[]) {
      AdvertisementBoard board = new AdvertisementBoard();
      board.show(new BlackLandCorp());
      board.show(new WhiteCloudCorp());
   }
}
```

例子 6 中涉及的主要类的 UML 图如图 6.13 所示。

从 UML 图可以看出 AdvertisementBoard 类是面向接口 Advertisement 设计的，因此如果再增加一个 Java 源文件，该源文件有一个实现 Advertisement 接口的类 PhilipsCorp，那么 AdvertisementBoard 类不需要做任何修改，应用程序就可以使用代码：

```
board.show(new PhilipsCorp ());
```

显示 Philips 公司的广告词。

如果将例子 6 中的 Advertisement 接口、AdvertisementBoard 类、WhiteCloudCorp 和 BlackLandCorp 类看做是一个小的开发框架，将 Example6-6 看做是使用该框架的用户程序，那么框架满足“开-闭原则”，该框架相对用户的需求就比较容易维护。因为，当用户程序需要使用广告牌显示 Philips 公司的广告词时，只需简单地扩展框架，即在框架中增加一个实现 Advertisement 接口的 PhilipsCorp 类，而无须修改框架中的其他类。

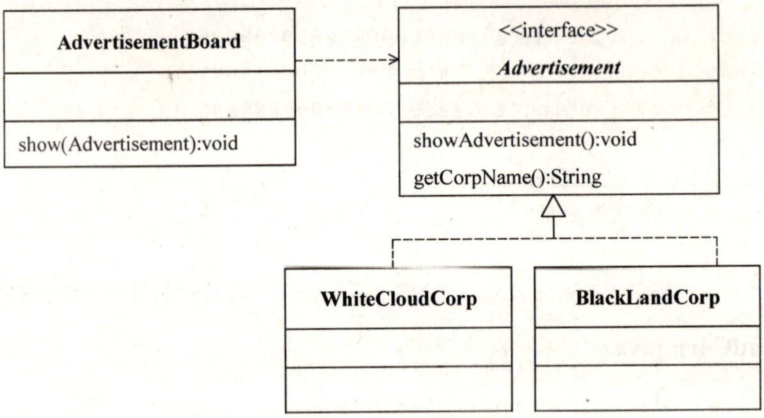

图 6.13 UML 类图

6.11 小　结

（1）接口的接口体中只可以有常量和 abstract 方法。

（2）和类一样，接口也是 Java 中一种重要的引用型数据类型，接口变量中只能存放实现该接口的类的实例（对象）的引用。

（3）当接口变量中存放了实现接口的类的对象的引用后，接口变量就可以调用类实现的接口方法，这一过程被称为接口回调。

（4）和子类体现多态类似，由接口产生的多态就是指不同的类在实现同一个接口时可能具有不同的实现方式。

（5）在使用多态设计程序时，要熟练使用接口回调技术以及面向接口编程的思想，以便体现程序设计所提倡的“开-闭原则”。

习　题　6

1．问答题

（1）接口中能声明变量吗？

（2）接口中能定义非抽象方法吗？

（3）什么叫接口的回调？

（4）接口中的常量可以不指定初值吗？

（5）可以在接口中只声明常量，不声明抽象方法吗？

2. 选择题

（1）下列哪个叙述是正确的？

A. 一个类最多可以实现两个接口。

B. 如果一个抽象类实现某个接口，那么它必须要重写接口中的全部方法。

C. 如果一个非抽象类实现某个接口，那么它可以只重写接口中的部分方法。

D. 允许接口中只有一个抽象方法。

（2）下列接口中标注的（A，B，C，D）中，哪两个是错误的？

```
interface Takecare {
   protected void speakHello();              //A
   public abstract static void cry();        //B
   int f();                                  //C
   abstract float g();                       //D
}
```

（3）将下列（A,B,C,D）哪个代码替换下列程序中的【代码】不会导致编译错误。

A. public int f(){return 100+M;}

B. int f(){return 100;}

C. public double f(){return 2.6;}。

D. public abstract int f();

```
interface Com {
   int M = 200;
   int f();
}
class ImpCom implements Com {
   【代码】
}
```

3. 阅读程序

（1）请说出 E 类中【代码 1】和【代码 2】的输出结果。

```
interface A {
  double f(double x,double y);
}
class B implements A {
  public double f(double x,double y) {
     return x*y;
  }
  int g(int a,int b) {
```

```
        return a+b;
    }
}
public class E {
public static void main(String args[]) {
      A a = new B();
      System.out.println(a.f(3,5)); //【代码1】
      B b = (B)a;
      System.out.println(b.g(3,5)); //【代码2】
  }
}
```

（2）请说出 E 类中【代码 1】和【代码 2】的输出结果。

```
interface Com {
   int add(int a,int b);
}
abstract class A {
   abstract int add(int a,int b);
}
class B extends A implements Com{
   public int add(int a,int b) {
      return a+b;
   }
}
public class E {
public static void main(String args[]) {
     B b = new B();
     Com com = b;
     System.out.println(com.add(12,6)); //【代码1】
     A a = b;
     System.out.println(a.add(10,5));   //【代码2】
  }
}
```

4．编程题（参考例子 6）

该题目和第 5 章习题 5 的编程题类似，只不过这里要求使用接口而已。

设计一个动物声音“模拟器”，希望模拟器可以模拟许多动物的叫声，要求如下。

- 编写接口 Animal

Animal 接口有 2 个抽象方法 cry()和 getAnimalName()，即要求实现该接口的各种具体动物类给出自己的叫声和种类名称。

- 编写模拟器类 Simulator

该类有一个 playSound(Animal animal)方法，该方法的参数是 Animal 类型。即参数 animal 可以调用实现 Animal 接口类重写的 cry()方法播放具体动物的声音，调用重写的

getAnimalName()方法显示动物种类的名称。

- 编写实现 Animal 接口的 Dog 类和 Cat 类

图 6.14 是 Simulator、Animal、Dog、Cat 的 UML 图。

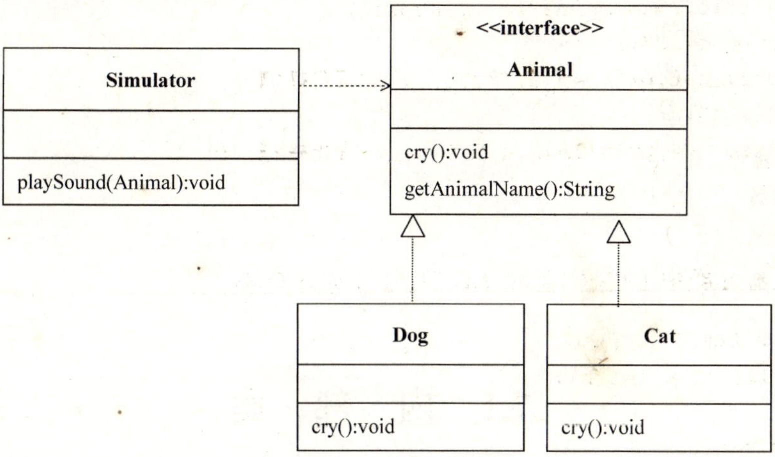

图 6.14　UML 类图

- 编写主类 Application（用户程序）

在主类 Application 的 main 方法中至少包含如下代码。

```
Simulator simulator = new Simulator();
simulator.playSound(new Dog());
simulator.playSound(new Cat());
```

第7章 内部类与异常类

主要内容

- 内部类
- 匿名类
- 异常类
- 断言

7.1 内 部 类

我们已经知道，类可以有两种重要的成员：成员变量和方法，实际上 Java 还允许类可以有一种成员：内部类。

Java 支持在一个类中定义另一个类，这样的类称做内部类，而包含内部类的类称为内部类的外嵌类。

内部类和外嵌类之间的重要关系如下。

- 内部类的外嵌类的成员变量在内部类中仍然有效，内部类中的方法也可以调用外嵌类中的方法。
- 内部类的类体中不可以声明类变量和类方法。外嵌类的类体中可以用内部类声明对象，作为外嵌类的成员。
- 内部类仅供它的外嵌类使用，其他类不可以用某个类的内部类声明对象。

内部类的外嵌类的成员变量在内部类中有效，使得内部类和外嵌类的交互更加方便。

某种类型的农场饲养了一种特殊种类的牛，但不希望其他农场饲养这种特殊种类的牛，那么这种类型的农场就可以将创建这种特殊种类的牛的类作为自己的内部类。

下面的例子 1 中有一个 RedCowForm（红牛农场）类，该类中有一个名字为 RedCow（红牛）的内部类。程序运行效果如图 7.1 所示。

例子 1

```
偶是红牛,身高:150cm 体重:112kg,生活在红牛农场
偶是红牛,身高:150cm 体重:112kg,生活在红牛农场
```

图 7.1　使用内部类

RedCowForm.java

```
public class RedCowForm {
   static String formName;
   RedCow cow;  //内部类声明对象
   RedCowForm() {
   }
   RedCowForm(String s) {
```

```
        cow = new RedCow(150,112,5000);
        formName = s;
    }
    public void showCowMess() {
        cow.speak();
    }
    class RedCow {  //内部类的声明
        String cowName = "红牛";
        int height,weight,price;
        RedCow(int h,int w,int p){
            height = h;
            weight = w;
            price = p;
        }
        void speak() {
            System.out.println("偶是"+cowName+",身高:"+height+"cm 体重:"+
                              weight+"kg,生活在"+formName);
        }
    }   //内部类结束
}                   //外嵌类结束
```

Example7_1.java

```
public class Example7_1 {
    public static void main(String args[]) {
        RedCowForm form = new RedCowForm("红牛农场");
        form.showCowMess();
        form.cow.speak();
    }
}
```

需要特别注意的是，Java 编译器生成的内部类的字节码文件的名字和通常的类不同，内部类对应的字节码文件的名字格式是“外嵌类名$内部类名”，例如，例子 1 中内部类的字节码文件是 RedCowForm$RedCow.class。因此，当需要把字节码文件复制给其他开发人员时，不要忘记了内部类的字节码文件。

内部类可以被修饰为 static 内部类，例如，例子 1 中的内部类声明可以是 static class RedCow。类是一种数据类型，那么 static 内部类就是外嵌类中的一种静态数据类型，这样一来，程序就可以在其他类中使用 static 内部类来创建对象了。但需要注意的是，static 内部类不能操作外嵌类中的实例成员变量。

假如将例子 1 中的内部类 RedCow 更改成 static 内部类，就可以在例子 1 的 Example7_1 主类的 main 方法中增加如下的代码。

```
RedCowForm.RedCow redCow = new RedCowForm.RedCow(180,119,6000);
redCow.speak();
```

注：非内部类不可以是 static 类。

7.2 匿名类

7.2.1 和子类有关的匿名类

假如没有显式地声明一个类的子类，而又想用子类创建一个对象，那么该如何实现这一目的呢？Java 允许我们直接使用一个类的子类的类体创建一个子类对象，也就是说，创建子类对象时，除了使用父类的构造方法外还有类体，此类体被认为是一个子类去掉类声明后的类体，称做匿名类。匿名类就是一个子类，由于无名可用，所以不可能用匿名类声明对象，但却可以直接用匿名类创建一个对象。

假设 Bank 是类，那么下列代码就是用 Bank 的一个子类（匿名类）创建对象。

```
new Bank() {
        匿名类的类体
};
```

匿名类有如下特点。

- 匿名类可以继承父类的方法也可以重写父类的方法。
- 使用匿名类时，必然是在某个类中直接用匿名类创建对象，因此匿名类一定是内部类。
- 匿名类可以访问外嵌类中的成员变量和方法，匿名类的类体中不可以声明 static 成员变量和 static 方法。
- 由于匿名类是一个子类，但没有类名，所以在用匿名类创建对象时，要直接使用父类的构造方法。

尽管匿名类创建的对象没有经过类声明步骤，但匿名对象的引用可以传递给一个匹配的参数。

比如，用户程序中有如下方法：

```
void f(A a){
}
```

该方法的参数类型是 A 类，用户希望向方法传递 A 的子类对象，但系统没有提供符合要求的子类，那么用户在编写代码时就可以考虑使用匿名类。

下面的例子 2 中，抽象类 OutputAlphabet 有 output()方法，而且该类有一个 OutputEnglish 子类，这个子类重写的 output()方法可以输出英文字母表。

例子 2 中的 ShowBoard 类的 showMess(OutputAlphabet show)方法的参数是 OutputAlphabet 类型的对象，用户在编写程序时，希望使用 ShowBoard 类的对象调用 showMess(OutputAlphabet show)输出英文字母表和希腊字母表，但系统没有提供输出希腊字母表的子类（只提供了输出英文字母表的子类），因此用户在主类的 main 方法中，向 showMess 方法的参数传递了一个匿名类的对象，该匿名类的对象负责输出希腊字母表。运行效果如图 7.2 所示。

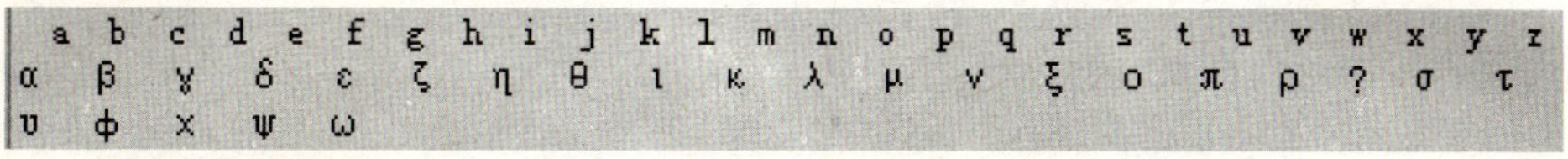

图 7.2　和子类有关的匿名类

例子 2

OutputAlphabet.java

```
abstract class OutputAlphabet {
   public abstract void output();
}
```

OutputEnglish.java

```
public class OutputEnglish extends OutputAlphabet {  //输出英文字母的子类
   public void output() {
      for(char c='a';c<='z';c++) {
         System.out.printf("%3c",c);
      }
   }
}
```

ShowBoard.java

```
public class ShowBoard {
   void showMess(OutputAlphabet show) { //参数show是OutputAlphabet类型的对象
     show.output();
   }
}
```

Example7_2.java

```
public class Example7_2 {
   public static void main(String args[]) {
       ShowBoard board = new ShowBoard();
       board.showMess(new OutputEnglish());//向参数传递OutputAlphabet的子类
                                           //OutputEnglish的对象
       board.showMess(new OutputAlphabet()//向参数传递OutputAlphabet的匿名子
                                          //类的对象
                      {  public void output()
                         {  for(char c='α';c<='ω';c++)  //输出希腊字母
                               System.out.printf("%3c",c);
                         }
                      }
                     );              //请注意分号在这里
   }
}
```

7.2.2 和接口有关的匿名类

假设 Computable 是一个接口，那么，Java 允许直接用接口名和一个类体创建一个匿名对象，此类体被认为是实现了 Computable 接口的类去掉类声明后的类体，称做匿名类。下列代码就是用实现了 Computable 接口的类（匿名类）创建对象。

```
new Computable() {
    实现接口的匿名类的类体
};
```

如果某个方法的参数是接口类型，那么可以使用接口名和类体组合创建一个匿名对象传递给方法的参数，类体必须要重写接口中的全部方法。例如，对于 void f(Computable x)，其中的参数 x 是接口，那么在调用 f 时，可以向 f 的参数 x 传递一个匿名对象，如：f(new Computable() { 实现接口的匿名类的类体})。

在下面的例子 3 中，演示了和接口有关的匿名类的用法，运行效果如图 7.3 所示。

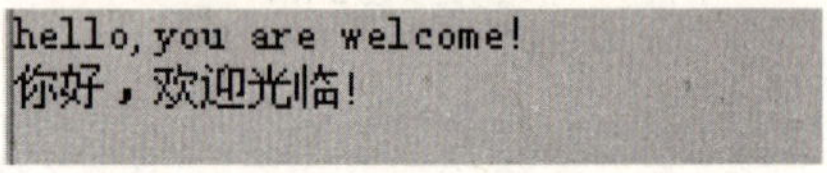

图 7.3　和接口有关的匿名类

例子 3

Example7_3.java

```
interface SpeakHello {
    void speak();
}
class  HelloMachine {
   public void turnOn(SpeakHello hello) {
      hello.speak();
   }
}
public class Example7_3 {
   public static void main(String args[]) {
      HelloMachine machine = new HelloMachine();
      machine.turnOn( new SpeakHello() {   //和接口SpeakHello有关的匿名类
                         public void speak() {
                            System.out.println("hello,you are welcome!");
                         }
                      }
                    );
      machine.turnOn( new SpeakHello() {   //和接口SpeakHello有关的匿名类
                         public void speak() {
                            System.out.println("你好，欢迎光临!");
                         }
                      }
                    );
   }
}
```

7.3 异 常 类

所谓异常就是程序运行时可能出现的一些错误，比如试图打开一个根本不存在的文件等，异常处理将会改变程序的控制流程，让程序有机会对错误做出处理。这一节将对异常给出初步的介绍，而 Java 程序中出现的具体异常问题在相应的章节中还将讲述。

Java 使用 throw 关键字抛出一个 Exception 子类的实例表示异常发生。例如，java.lang 包中的 Integer 类调用其类方法 public static int parseInt(String s)可以将“数字”格式的字符串，如"6789"，转化为 int 型数据，但是当试图将字符串"ab89"转换成数字时，例如：

```
int number = Integer.parseInt("ab89");
```

方法 parseInt()在执行过程中就会抛出 NumberFormatException 对象（使用 throw 关键字抛出一个 NumberFormatException 对象），即程序运行出现 NumberFormatException 异常。

Java 允许定义方法时声明该方法调用过程中可能出现的异常，即允许方法调用过程中抛出异常对象，终止当前方法的继续执行。例如，流对象在调用 read 方法读取一个不存在的文件时，就会抛出 IOException 异常对象（见第 10 章）。

异常对象可以调用如下方法得到或输出有关异常的信息。

```
public String getMessage();
public void printStackTrace();
public String toString();
```

7.3.1 try-catch 语句

Java 使用 try-catch 语句来处理异常，将可能出现的异常操作放在 try-catch 语句的 try 部分，一旦 try 部分抛出异常对象，或调用某个可能抛出异常对象的方法，并且该方法抛出了异常对象，那么 try 部分将立刻结束执行，转向执行相应的 catch 部分。所以程序可以将发生异常后的处理放在 catch 部分。try-catch 语句可以由几个 catch 组成，分别处理发生的相应异常。

try-catch 语句的格式如下：

```
try {
  包含可能发生异常的语句
}
catch(ExceptionSubClass1  e) {
   …
}
catch(ExceptionSubClass2  e) {
   …
}
```

各个 catch 参数中的异常类都是 Exception 的某个子类，表明 try 部分可能发生的异常，这些子类之间不能有父子关系，否则保留一个含有父类参数的 catch 即可。

下面的例子 4 给出了 try-catch 语句的用法，程序运行效果如图 7.4 所示。

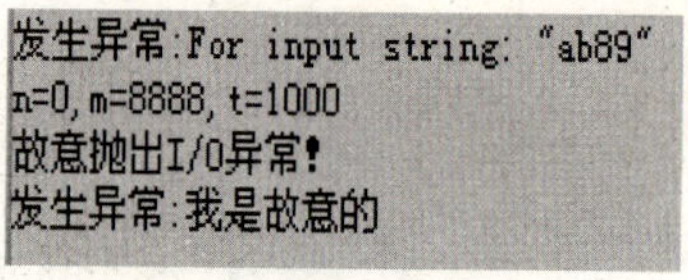

图 7.4　处理异常

例子 4

Example7_4.java

```
public class Example7_4 {
   public static void main(String args[ ]) {
      int n = 0,m = 0,t = 1000;
      try{  m = Integer.parseInt("8888");
            n = Integer.parseInt("ab89"); //发生异常,转向catch
            t = 7777;  //t没有机会被赋值
      }
      catch(NumberFormatException e) {
            System.out.println("发生异常:"+e.getMessage());
      }
      System.out.println("n="+n+",m="+m+",t="+t);
      try{  System.out.println("故意抛出I/O异常! ");
            throw new java.io.IOException("我是故意的"); //故意抛出异常
            //System.out.println("这个输出语句肯定没有机会执行,必须注释,否则编译
                                 出错");
      }
      catch(java.io.IOException e) {
            System.out.println("发生异常:"+e.getMessage());
      }
   }
}
```

7.3.2　自定义异常类

在编写程序时可以扩展 Exception 类定义自己的异常类，然后根据程序的需要来规定哪些方法产生这样的异常。一个方法在声明时可以使用 throws 关键字声明要产生的若干个异常，并在该方法的方法体中具体给出产生异常的操作，即用相应的异常类创建对象，并使用 throw 关键字抛出该异常对象，导致该方法结束执行。程序必须在 try-catch 块语句中调用可能发生异常的方法，其中 catch 的作用就是捕获 throw 关键字抛出的异常对象。

注：throw 是 Java 的关键字，该关键字的作用就是抛出异常。throw 和 throws 是两个不同的关键字。

通常情况下，计算两个整数之和的方法不应当有任何异常发生，但是，对某些特殊应用程序，可能不允许同号的整数做求和运算，比如当一个整数代表收入，一个整数代表支出时，这两个整数就不能是同号。下面的例子 5 中，Bank 类中有一个 income(int in,int out) 方法，对象调用该方法时，必须向参数 in 传递正整数，向参数 out 传递负数，并且 int+out 必须大于等于 0，否则该方法就抛出异常。因此，Bank 类在声明 income(int in,int out)方法

时，使用 throws 关键字声明要产生的异常。程序运行效果如图 7.5 所示。

```
本次计算出的纯收入是:100元
本次计算出的纯收入是:200元
本次计算出的纯收入是:300元
银行目前有600元
计算收益的过程出现如下问题:
入账资金200是负数或支出100是正数，不符合系统要求.
银行目前有600元
```

图 7.5　自定义异常

例子 5

BankException.java

```
public class BankException extends Exception {
   String message;
   public BankException(int m,int n) {
      message = "入账资金"+m+"是负数或支出"+n+"是正数，不符合系统要求.";
   }
   public String warnMess() {
      return message;
   }
}
```

Bank.java

```
public class Bank {
    private int money;
    public void income(int in,int out) throws BankException {
       if(in<=0||out>=0||in+out<=0) {
          throw new BankException(in,out); //方法抛出异常,导致方法结束
       }
       int netIncome = in+out;
       System.out.printf("本次计算出的纯收入是:%d元\n",netIncome);
       money = money+netIncome;
    }
    public int getMoney() {
       return money;
    }
}
```

Example7_5.java

```
public class Example7_5 {
   public static void main(String args[]) {
      Bank bank = new Bank();
      try{  bank.income(200,-100);
```

```
            bank.income(300,-100);
            bank.income(400,-100);
            System.out.printf("银行目前有%d元\n",bank.getMoney());
            bank.income(200, 100);
            bank.income(99999,-100);
        }
        catch(BankException e) {
            System.out.println("计算收益的过程出现如下问题:");
            System.out.println(e.warnMess());
        }
        System.out.printf("银行目前有%d元\n",bank.getMoney());
    }
}
```

7.4 断　　言

断言语句在调试代码阶段非常有用，断言语句一般用于程序不准备通过捕获异常来处理的错误，例如，当发生某个错误时，要求程序必须立即停止执行。在调试代码阶段让断言语句发挥作用，这样就可以发现一些致命的错误，当程序正式运行时就可以关闭断言语句，但仍把断言语句保留在源代码中，如果以后应用程序又需要调试，可以重新启用断言语句。

1. 断言语句的语法格式

使用关键字 assert 声明一条断言语句，断言语句有以下两种格式：

```
assert booleanExpression;
assert booleanExpression:messageException;
```

例如，对于断言语句：

```
assert number >= 0;
```

如果表达式 number>=0 的值为 true ，程序继续执行，否则程序立刻结束执行。

在上述断言语句的语法格式中，booleanExpression 必须是求值为 boolean 型的表达式，messageException 可以是求值为字符串的表达式。

如果使用

```
assert booleanExpression;
```

形式的断言语句，当 booleanExpression 的值是 true 时，程序从断言语句处继续执行；值是 false 时，程序从断言语句处停止执行。

如果使用

```
assert booleanExpression:messageException;
```

形式的断言语句，当 booleanExpression 的值是 true 时，程序从断言语句处继续执行；值是 false 时，程序从断言语句处停止执行，并输出 messageException 表达式的值，提示用户出现了怎样的问题。

2．启用与关闭断言语句

当使用 Java 解释器直接运行应用程序时，默认地关闭断言语句，在调试程序时可以使用-ea 启用断言语句，例如

```
java -ea mainClass
```

下面的例子 6 中，使用一个数组存放着某学生 5 门课程的成绩，程序准备计算学生成绩的总和。在调试程序时使用了断言语句，如果发现成绩有负数，程序立刻结束执行。程序调试开启断言语句运行效果如图 7.6 所示，关闭断言语句运行效果如图 7.7 所示。

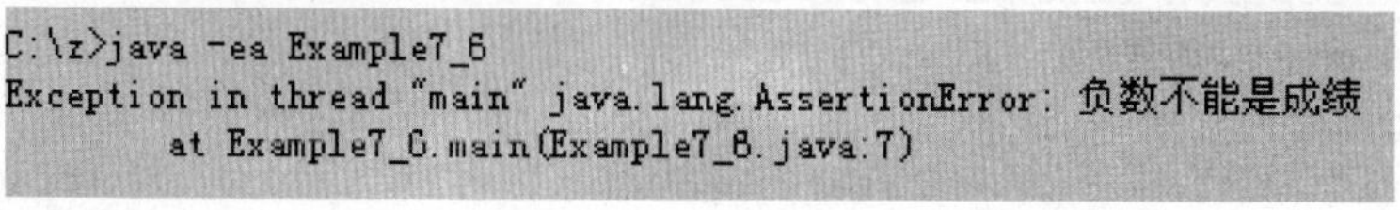

图 7.6　开启断言语句

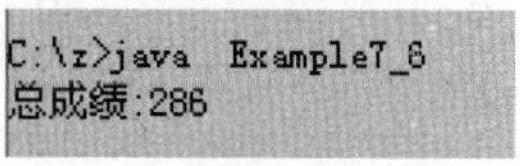

图 7.7　关闭断言语句

例子 6

Example7_6.java

```
import java.util.Scanner;
public class Example7_6 {
  public static void main (String args[ ]) {
       int [] score = {-120,98,89,120,99};
       int sum = 0;
       for(int number:score) {
          assert number>=0:"负数不能是成绩";
          sum = sum+number;
       }
       System.out.println("总成绩:"+sum);
   }
}
```

7.5 应 用 举 例

本节通过一个例子熟悉带 finally 子语句的 try-catch 语句，语法格式如下。

```
try{}
catch(ExceptionSubClass e){ }
finally{}
```

其执行机制是：在执行 try-catch 语句后，执行 finally 子语句，也就是说，无论在 try 部分是否发生过异常，finally 子语句都会被执行。

但需要注意以下两种特殊情况：

- 如果在 try-catch 语句中执行了 return 语句，那么 finally 子语句仍然会被执行。

- try-catch 语句中执行了程序退出代码，即执行 System.exit(0);，则不执行 finally 子语句（当然包括其后的所有语句）。

下面的例子 7 中模拟向货船上装载集装箱，如果货船超重，那么货船认为这是一个异常，将拒绝装载集装箱，但无论是否发生异常，货船都需要正点启航。运行效果如图 7.8 所示。

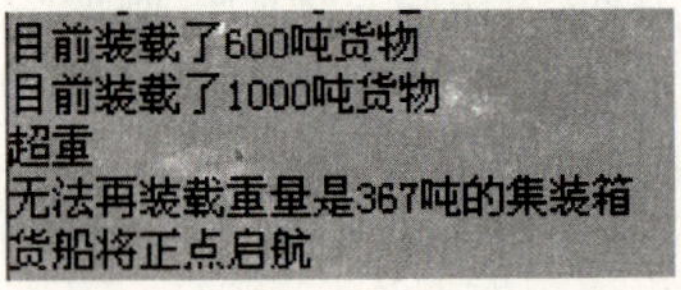

图 7.8　货船装载集装箱

例子 7

DangerException.java

```
public class DangerException extends Exception {
   final String message = "超重";
   public String warnMess() {
      return message;
   }
}
```

CargoBoat.java

```
public class CargoBoat {
     int realContent;  //装载的重量
     int maxContent;   //最大装载量
     public void setMaxContent(int c) {
        maxContent = c;
     }
     public void loading(int m) throws DangerException {
       realContent += m;
       if(realContent>maxContent) {
          realContent-=m;
          throw new DangerException();
       }
       System.out.println("目前装载了"+realContent+"吨货物");
     }
}
```

Example7_7.java

```
public class Example7_7 {
   public static void main(String args[]) {
      CargoBoat ship = new CargoBoat();
      ship.setMaxContent(1000);
      int m = 600;
      try{
           ship.loading(m);
           m = 400;
           ship.loading(m);
           m = 367;
           ship.loading(m);
```

```
            m = 555;
            ship.loading(m);
        }
        catch(DangerException e) {
            System.out.println(e.warnMess());
            System.out.println("无法再装载重量是"+m+"吨的集装箱");
        }
        finally {
          System.out.printf("货船将正点启航");
        }
    }
}
```

7.6 小　　结

（1）Java 支持在一个类中声明另一个类，这样的类称做内部类，而包含内部类的类称为内部类的外嵌类。

（2）和某类有关的匿名类就是该类的一个子类，该子类没有明显地用类声明来定义，所以称做匿名类。

（3）和某接口有关的匿名类就是实现该接口的一个类，该子类没有明显地用类声明来定义，所以称做匿名类。

（4）Java 的异常可以出现在方法调用过程中，即在方法调用过程中抛出异常对象，导致程序运行出现异常，并等待处理。Java 使用 try-catch 语句来处理异常，将可能出现的异常操作放在 try-catch 语句的 try 部分，当 try 部分中的某个方法调用发生异常后，try 部分将立刻结束执行，转向执行相应的 catch 部分。

习　题　7

1．问答题

（1）内部类的外嵌类的成员变量在内部类中仍然有效吗？

（2）内部类中的方法也可以调用外嵌类中的方法吗？

（3）内部类的类体中可以声明类变量和类方法吗？

（4）匿名类一定是内部类吗？

2．选择题

（1）下列代码标注（A,B,C,D）中哪一个是错误的？ C

```
class OutClass {
    int m = 1;
    static float x;                 //A
    class InnerClass {
       int m =12;                   //B
       static float n =20.89f;      //C
```

```
      InnerClass(){
      }
      void f() {
         m = 100;
      }
   }
   void cry() {
     InnerClass tom = new InnerClass(); //D
   }
}
```

（2）下列哪一个叙述是正确的？ C

A．和接口有关的匿名类可以是抽象类。

B．和类有关的匿名类还可以额外地实现某个指定的接口。

C．和类有关的匿名类一定是该类的一个非抽象子类。

D．和接口有关的匿名类的类体中可以有 static 成员变量。

3．阅读程序

（1）请说出下列程序的输出结果。

```
class Cry {
  public void cry() {
       System.out.println("大家好");
   }
}
public class E {
  public static void main(String args[]) {
       Cry hello=new Cry() {
                    public void  cry() {
                       System.out.println("大家好，祝工作顺利！");
                     }
                 };
         hello.cry();
   }
}
```

（2）请说出下列程序的输出结果。

```
interface Com{
   public void speak();
}
public class E {
   public static void main(String args[]) {
      Com p=new Com() {
               public void speak() {
                  System.out.println("p是接口变量");
```

```
            }
        };
        p.speak();
    }
}
```

（3）请说出下列程序的输出结果。

```
import java.io.IOException;
public class E {
   public static void main(String args[]){
      try {  methodA();
      }
      catch(IOException e){
         System.out.print("你好");
         return;
      }
      finally {
        System.out.println(" fine thanks");
      }
   }
   public static void methodA() throws IOException{
      throw new IOException();
   }
}
```

（4）执行下列程序，了解静态内部类。

```
class RedCowForm {
     static class RedCow {   //静态内部类是外嵌类中的一种静态数据类型
        void speak() {
          System.out.println("我是红牛");
        }
     }
}
class BlackCowForm {
   public static void main(String args[]) {
      RedCowForm.RedCow red =
new RedCowForm.RedCow();  //如果RedCom不是静态内部类，此代码非法
      red.speak();
   }
}
```

4．编写程序

第 3 章中例子 9 的程序允许用户在键盘依次输入若干个数字（每输入一个数字都需要按回车键确认），程序将计算出这些数的和以及平均值。请在第 3 章的例子 9 中增加断言语句，当用户输入的数字大于 100 或小于 0 时，程序立刻终止执行，并提示这是一个非法的成绩数据。

第 8 章 常用实用类

主要内容

- String 类
- StringTokenizer 类
- Scanner 类
- Date 与 Calendar 类
- 日期格式化
- Math、BigInteger 与 Random 类
- 数字格式化
- StringBuffer 类
- Pattern 与 Match 类
- Class 类

8.1 String 类

由于在程序设计中经常涉及处理和字符序列有关的算法，为此 Java 专门提供了用来处理字符序列的 String 类。String 类在 java.lang 包中，由于 java.lang 包中的类被默认引入，因此程序可以直接使用 String 类。需要注意的是 Java 把 String 类声明为 final 类，因此用户不能扩展 String 类，即 String 类不可以有子类。

8.1.1 构造字符串对象

可以使用 String 类来创建一个字符串变量，字符串变量是对象。

1．常量对象

字符串常量对象是用双引号（英文输入法输入的双引号）括起的字符序列，例如："你好"、"12.97"、"boy"等。

2．字符串对象

可以使用 String 类声明字符串对象，例如：

```
String s;
```

由于字符串是对象，那么就必须要创建字符串对象，如：

```
s = new String("we are students");
```

也可以用一个已创建的字符串创建另一个字符串，如：

```
String tom = new String(s);
```

String 类还有两个较常用的构造方法。

（1）String (char a[])用一个字符数组 a 创建一个字符串对象，如：

```
char a[] = {'J','a','v','a'};
String s = new String(a);
```

上述过程相当于

```
String s = new String("Java");
```

（2）String(char a[],int startIndex,int count) 提取字符数组 a 中的一部分字符创建一个字符串对象，参数 startIndex 和 count 分别指定在 a 中提取字符的起始位置和从该位置开始截取的字符个数，如：

```
char a[] = {'零','壹','贰','叁','肆','伍','陆','柒','捌','玖'};
String s = new String(a,2,4);
```

相当于

```
String s = new String("贰叁肆伍");
```

3．引用字符串常量对象

字符串常量是对象，因此可以把字符串常量的引用赋值给一个字符串变量，例如

```
String s1,s2;
s1 = "how are you";
s2 = "how are you";
```

这样，s1,s2 具有相同的引用，因而具有相同的实体。s1、s2 内存示意如图 8.1 所示。

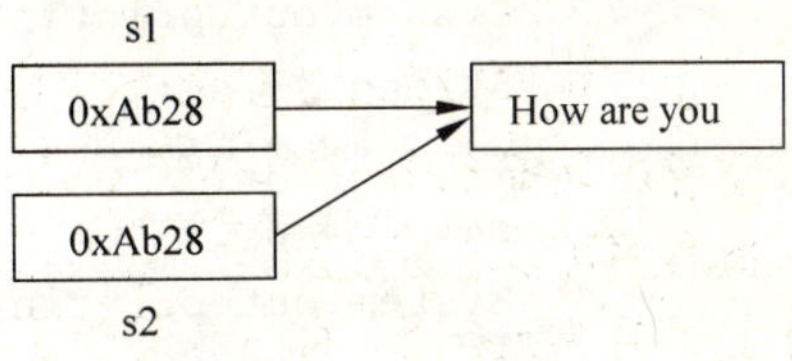

图 8.1　内存示意图

8.1.2　String 类的常用方法

1．public int length()

使用 String 类中的 length()方法可以获取一个字符串的长度，如：

```
String china = "1945年抗战胜利";
int n1,n2;
n1 = china.length();
n2 = "小鸟fly".length();
```

那么 n1 的值是 9，n2 的值是 5。

2．public boolean equals(String s)

字符串对象调用 equals(String s)方法比较当前字符串对象的实体是否与参数 s 指定的字符串的实体相同，如：

```
String tom = new String("天道酬勤");
```

```
String boy = new String( "知心朋友");
String jerry = new String("天道酬勤");
```


那么，tom.equals(boy)的值是 false，tom.equals(jerry)的值是 true。

注：关系表达式 tom == jerry 的值是 false。因为字符串是对象，tom、jerry 中存放的是引用，内存示意如图 8.2 所示。

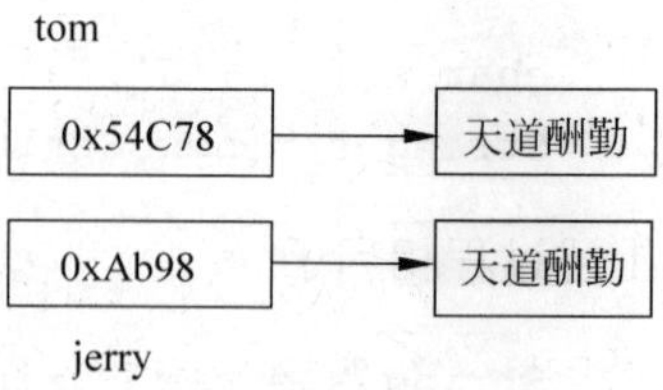

图 8.2　内存示意图

注：字符串对象调用 public boolean equalsIgnoreCase(String s) 比较当前字符串对象与参数 s 指定的字符串是否相同，比较时忽略大小写。

下面的例子 1 说明了 equals 的用法。

例子 1

Example8_1.java

```
public class Example8_1 {
  public static void main(String args[]) {
      String s1,s2;
      s1 = new String("天道酬勤");
      s2 = new String("天道酬勤");
      System.out.println(s1.equals(s2));            //输出结果是: true
      System.out.println(s1==s2);                   //输出结果是: false
      String s3,s4;
      s3 = "勇者无敌";
      s4 = "勇者无敌";
      System.out.println(s3.equals(s4));            //输出结果是: true
      System.out.println(s3==s4);                   //输出结果是: true
   }
}
```

3．public boolean startsWith(String s)、public boolean endsWith(String s)方法

字符串对象调用 startsWith(String s)方法，判断当前字符串对象的前缀是否是参数 s 指定的字符串，如：

```
String tom = "天气预报，阴有小雨",jerry = "比赛结果，中国队赢得胜利";
```

那么，tom.startsWith("天气")的值是 true，jerry.startsWith("天气")的值是 false。

使用 endsWith(String s)方法，判断一个字符串的后缀是否是字符串 s，如：tom.endsWith("大雨")的值是 false，jerry.endsWith("胜利")的值是 true。

4．public int compareTo(String s)方法

字符串对象可以使用 String 类中的 compareTo(String s)方法，按字典序与参数 s 指定的字符串比较大小。如果当前字符串与 s 相同，该方法返回值 0；如果当前字符串对象大于 s，该方法返回正值；如果小于 s，该方法返回负值。例如，字符 a 在 Unicode 表中的排序位置是 97，字符 b 是 98，那么对于

```
String str = "abcde";
```

str.compareTo("boy")小于 0，str.compareTo("aba")大于 0，str.compareTo("abcde")等于 0。

按字典序比较两个字符串还可以使用 public int compareToIgnoreCase(String s)方法，该方法忽略大小写。

下面的例子 2 中我们使用 java.util 包中的 Arrays 调用 sort 方法和自己编写 SortString 类中的 sort 方法将一个字符串数组按字典序排列，程序运行效果如图 8.3 所示。

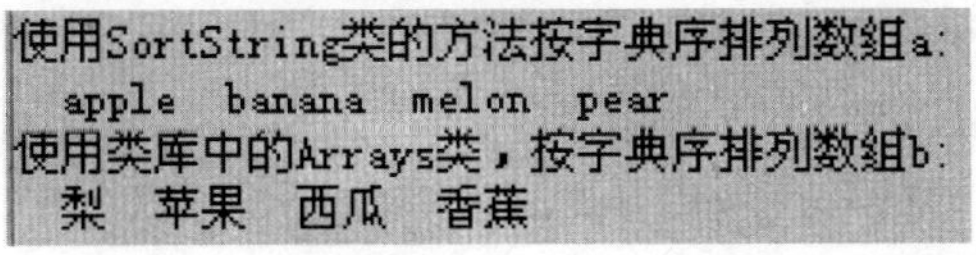

图 8.3　按字典序排序

例子 2

SortString.java

```
public class SortString {
   public static void sort(String a[]) {
      int count = 0;
      for(int i=0;i<a.length-1;i++) {
         for(int j=i+1;j<a.length;j++) {
            if(a[j].compareTo(a[i])<0) {
               String temp = a[i];
               a[i] = a[j];
               a[j] = temp;
            }
         }
      }
   }
}
```

Example8_2.java

```
import java.util.*;
public class Example8_2 {
   public static void main(String args[]) {
      String [] a = {"melon","apple","pear","banana"};
      String [] b = {"西瓜","苹果","梨","香蕉"};
      System.out.println("使用SortString类的方法按字典序排列数组a:");
      SortString.sort(a);
      for(int i=0;i<a.length;i++) {
```

```
            System.out.print("  "+a[i]);
        }
        System.out.println("");
        System.out.println("使用类库中的Arrays类，按字典序排列数组b:");
        Arrays.sort(b);
        for(int i=0;i<b.length;i++) {
            System.out.print("  "+b[i]);
        }
    }
}
```

5．public boolean contains(String s)

字符串对象调用 contains 方法判断当前字符串对象是否含有参数指定的字符串 s，例如，tom="student"，那么 tom.contains("stu")的值就是 true，而 tom.contains("ok")的值是 false。

6．public int indexOf (String s)

字符串的索引位置从 0 开始，比如，对于 String tom="ABCD"，索引位置 0、1、2 和 3 位置上的字符分别是字符 A、B、C 和 D。字符串调用方法 indexOf(String s)从当前字符串的头开始检索字符串 s，并返回首次出现 s 的索引位置。如果没有检索到字符串 s，该方法返回的值是–1。字符串调用 indexOf(String s,int startpoint)方法从当前字符串的 startpoint 位置处开始检索字符串 s，并返回首次出现 s 的索引位置。如果没有检索到字符串 s，该方法返回的值是–1。字符串调用 lastIndexOf (String s)方法从当前字符串的头开始检索字符串 s，并返回最后出现 s 的索引位置。如果没有检索到字符串 s，该方法返回的值是–1。

例如：

```
String tom = "I am a good cat";
tom.indexOf("a");               //值是2
tom.indexOf("good",2);          //值是7
tom.indexOf("a",7);             //值是13
tom.indexOf("w",2);             //值是-1
```

7．public String substring(int startpoint)

字符串对象调用该方法获得一个当前字符串的子串，该子串是从当前字符串的 startpoint 处截取到最后所得到的字符串。字符串对象调用 substring(int start ,int end)方法获得一个当前字符串的子串，该子串是通过复制当前字符串 start 索引位置至 end–1 索引位置上的字符所得到的字符串。例如：

```
String tom = "我喜欢篮球";
String s = tom.substring(1,3);
```

那么 s 是"喜欢"（注意，不是"喜欢篮"）。

8．public String trim()

一个字符串 s 通过调用方法 trim()得到一个字符串对象，该字符串对象是 s 去掉前后空格后的字符串。

下面的例子 3 使用了字符串的常用方法，比如截取出文件路径中的文件名（注意，在字符串中，需使用转义运算“\\”来表示“\”）。

例子 3

Example8_3.java

```
public class Example8_3 {
   public static void main(String args[]) {
      String path = "c:\\book\\javabook\\Java Programmer.doc";
      int index = path.indexOf("\\");
      index = path.indexOf("\\",index);
      String sub = path.substring(index);
      System.out.println(sub);
                          //输出结果是:\book\javabook\Java Programmer.doc
      index = path.lastIndexOf("\\");
      sub = path.substring(index+1);
      System.out.println(sub);        //输出结果是:Java Programmer.doc
      System.out.println(sub.contains("Programmer"));//输出结果是:true
   }
}
```

8.1.3 字符串与基本数据的相互转化

java.lang 包中的 Integer 类调用其类方法 public static int parseInt(String s)可以将由“数字”字符组成的字符串，如"876"，转化为 int 型数据，例如：

```
int x;
String s = "876";
x = Integer.parseInt(s);
```

类似地，使用 java.lang 包中的 Byte、Short、Long、Float、Double 类调用相应的类方法

```
public static byte parseByte(String s) throws NumberFormatException
public static short parseShort(String s) throws NumberFormatException
public static long parseLong(String s) throws NumberFormatException
public static float parseFloat(String s) throws NumberFormatException
public static double parseDouble(String s) throws NumberFormatException
```

可以将由“数字”字符组成的字符串转化为相应的基本数据类型。

可以使用 String 类的下列类方法

```
public static String valueOf(byte n)
public static String valueOf(int n)
public static String valueOf(long n)
public static String valueOf(float n)
public static String valueOf(double n)
```

将形如 123、1232.98 等数值转化为字符串，如：

```
String str = String.valueOf(12313.9876);
```

现在举一个求若干个数之和的例子，若干个数从键盘输入。程序运行效果如图 8.4 所示。

例子 4

Example8_4.java

```
public class Example8_4 {
   public static void main(String args[]) {
      double aver=0,sum=0,item=0;
      boolean computable=true;
      for(String s:args) {
         try{ item=Double.parseDouble(s);
              sum=sum+item;
         }
         catch(NumberFormatException e) {
              System.out.println("您输入了非数字字符:"+e);
              computable=false;
         }
      }
      if(computable)
         System.out.println("sum="+sum);
   }
}
```

在以前的应用程序中，未曾使用过 main 方法的参数。实际上应用程序中的 main 方法中的参数 args 能接受用户从键盘输入的字符串。比如，如下使用解释器 java.exe 来执行主类（在主类的后面是空格分隔的若干个字符串）：

```
C:\ch8\>java Example8_4  78.86  12  25  125  98
```

这时，程序中的 args[0]、arg[1]、arg[2]、arg[3]和 args[4]分别得到字符串“78.86”、“12”、“25”、“125”和“98”。程序输出结果如图 8.4 所示。

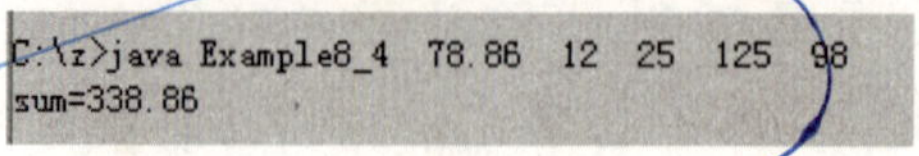

图 8.4　使用 main 方法的参数

8.1.4　对象的字符串表示

在子类中我们讲过，所有的类都默认是 java.lang 包中 Object 类的子类或间接子类。Object 类有一个 public String toString()方法，一个对象通过调用该方法可以获得该对象的字符串表示。一个对象调用 toString()方法返回的字符串的一般形式为：

创建对象的类的名字@对象的引用的字符串表示

当然，Object 类的子类或间接子类也可以重写 toString()方法，比如，java.util 包中的 Date 类就重写了 toString 方法，重写的方法返回时间的字符串表示。

下面例子 5 中的 TV 类重写了 toString()方法，并使用 super 调用隐藏的 toString()方法，程序运行效果如图 8.5 所示。

图 8.5　重写 toString()方法

例子 5

TV.java

```
public class TV {
   String name;
   public TV() {
   }
   public TV(String s) {
      name = s;
   }
   public String toString() {
      String oldStr = super.toString();
      return oldStr+"\n这是电视机，品牌是:"+name;
   }
}
```

Example8_5.java

```
import java.util.Date;
public class Example9_5 {
   public static void main(String args[]) {
       Date date = new Date();
       System.out.println(date.toString());
       TV tv = new TV("长虹电视");
       System.out.println(tv.toString());
   }
}
```

8.1.5　字符串与字符、字节数组

1．字符串与字符数组

我们已经知道 String 类的构造方法 String(char a[])和 String(char a[], int offset, int length)分别用数组 a 中的全部字符和部分字符创建字符串对象。String 类也提供了将字符串存放到数组中的方法：public void getChars(int start,int end,char c[],int offset)。

字符串调用 getChars()方法将当前字符串中的一部分字符复制到参数 c 指定的数组中，将字符串中从位置 start 到 end–1 位置上的字符复制到数组 c 中，并从数组 c 的 offset 处开

始存放这些字符。需要注意的是，必须保证数组 c 能容纳下要被复制的字符。

另外，还有一个简练地将字符串中的全部字符存放在一个字符数组中的方法：public char[] toCharArray()。

字符串对象调用该方法返回一个字符数组，该数组的长度与字符串的长度相等，第 i 单元中的字符刚好为当前字符串中的第 i 个字符。

下面的例子 6 具体地说明了 getChars()和 toCharArray()方法的使用，运行效果如图 8.6 所示。

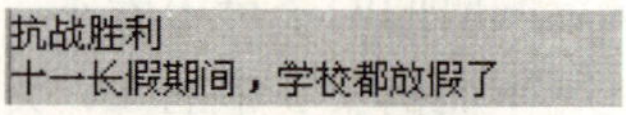

图 8.6　字符串与字符数组

例子 6

Example8_6.java

```
public class Example8_6{
   public static void main(String args[]) {
      char [] a,b,c;
      String s="1945年8月15日是抗战胜利日";
      a = new char[4];
      s.getChars(11,15,a,0);
      System.out.println(a);
      c = "十一长假期间，学校都放假了".toCharArray();
      for(int i=0;i<c.length;i++)
         System.out.print(c[i]);
   }
}
```

2．字符串与字节数组

String 类的构造方法 String(byte[])用指定的字节数组构造一个字符串对象。String(byte[]，int offset，int length)构造方法用指定的字节数组的一部分，即从数组起始位置 offset 开始取 length 个字节构造一个字符串对象。

public byte[] getBytes() 方法使用平台默认的字符编码，将当前字符串转化为一个字节数组。

public byte[] getBytes(String charsetName) 使用参数指定字符编码，将当前字符串转化为一个字节数组。

如果平台默认的字符编码是 GB_2312（国标，简体中文），那么调用 getBytes()方法等同于调用 getBytes("GB2312")，但需要注意的是，带参数的 getBytes(String charsetName)抛出 UnsupportedEncodingException 异常，因此，必须在 try-catch 语句中调用 getBytes(String charsetName)。

在下面的例子 7 中，假设机器的默认编码是 GB2312。字符串"Java 你好"调用 getBytes()返回一个字节数组 d，其长度为 8，该字节数组的 d[0]、d[1]、d[2]和 d[3]单元分别是字符 J、a、v 和 a 的编码，第 d[4]和 d[5]单元存放的是字符'你'的编码（GB2312 编码中，一个汉字占 2 个字节），第 d[6]和 d[7]单元存放的是字符'好'的编码。程序运行效果如图 8.7 所示。

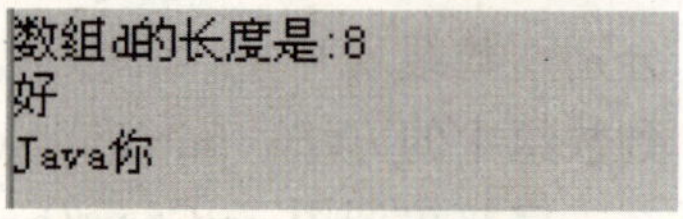

图 8.7　字符串与字节数组

例子 7

Example8_7.java

```
public class Example8_7 {
   public static void main(String args[]) {
      byte d[]="Java你好".getBytes();
      System.out.println("数组d的长度是:"+d.length);
      String s=new String(d,6,2); //输出: 好
      System.out.println(s);
      s=new String(d,0,6);
      System.out.println(s);   //输出: Java你
   }
}
```

3．字符串的加密算法

利用前面学习的字符串和数组的关系，使用一个字符串 password 作为密码对另一个字符串 sourceString 进行加密，操作过程如下。

将密码 password 存放到一个字符数组中，

```
char [] p = password.toCharArray();
```

假设数组 p 的长度为 n，那么就将待加密的字符串 sourceString 按顺序以 n 个字符为一组（最后一组中的字符个数可小于 n），对每一组中的字符用数组 a 的对应字符做加法运算。比如，某组中的 n 个字符是 $a_0a_1\cdots a_{n-1}$，那么按如下方式得到对该组字符的加密结果 $c_0c_1\cdots c_{n-1}$：

$c_0=(\text{char})(a_0+p[0])$， $c_1=(\text{char})(a_1+p[1])$， …， $c_{n-1}=(\text{char})(a_{n-1}+p[n-1])$。

最后，将字符数组 c 转化为字符串得到 sourceString 的密文。

上述加密算法的解密算法是对密文做减法运算。

在下面的例子 8 中，用户输入密码来加密“今晚十点进攻”，运行效果如图 8.8 所示。

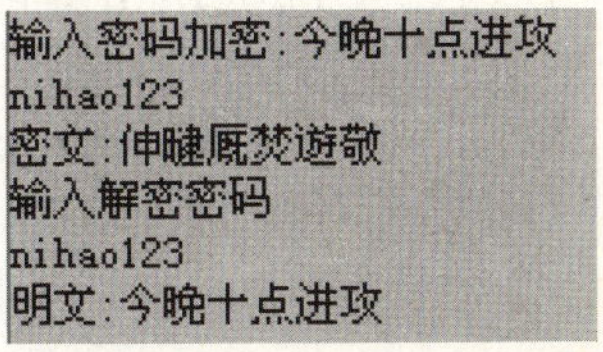

图 8.8　加密字符串

例子 8

EncryptAndDecrypt.java

```
public class EncryptAndDecrypt {
  String encrypt(String sourceString,String password) {    //加密算法
     char [] p = password.toCharArray();
     int n = p.length;
     char [] c = sourceString.toCharArray();
     int m = c.length;
     for(int k=0;k<m;k++){
         int mima = c[k]+p[k%n];                          //加密
         c[k] = (char)mima;
```

```
        }
        return new String(c);                                    //返回密文
    }
    String decrypt(String sourceString,String password) {    //解密算法
        char [] p = password.toCharArray();
        int n = p.length;
        char [] c = sourceString.toCharArray();
        int m = c.length;
        for(int k=0;k<m;k++){
            int mima = c[k]-p[k%n];                              //解密
            c[k] = (char)mima;
        }
        return new String(c);                                    //返回明文
    }
}
```

Example8_8.java

```
import java.util.Scanner;
public class Example8_8 {
    public static void main(String args[]) {
        String sourceString = "今晚十点进攻";
        EncryptAndDecrypt person = new EncryptAndDecrypt();
        System.out.println("输入密码加密:"+sourceString);
        Scanner scanner = new Scanner(System.in);
        String password = scanner.nextLine();
        String secret = person.encrypt(sourceString,password);
        System.out.println("密文:"+secret);
        System.out.println("输入解密密码");
        password = scanner.nextLine();
        String source = person.decrypt(secret,password);
        System.out.println("明文:"+source);
    }
}
```

8.1.6 正则表达式及字符串的替换与分解

1．正则表达式

一个正则表达式含有一些具有特殊意义字符的字符串，这些特殊字符称做正则表达式中的元字符。比如，"\\dcat"中的\\d 就是有特殊意义的元字符，代表 0 到 9 中的任何一个。字符串"0cat"，"1cat"，"2cat"，…，"9cat"都是和正则表达式"\\dcat"匹配的字符串。

字符串对象调用 public boolean matches(String regex)方法可以判断当前字符串对象是否和参数 regex 指定的正则表达式匹配。

表 8.1 列出了常用的元字符及其意义。

表 8.1 元字符

元 字 符	在正则表达式中的写法	意 义
.	.	代表任何一个字符
\d	\\d	代表 0 至 9 的任何一个数字
\D	\\D	代表任何一个非数字字符
\s	\\s	代表空格类字符，'\t'、'\n'、'\x0B'、'\f'、'\r'
\S	\\S	代表非空格类字符
\w	\\w	代表可用于标识符的字符(不包括美元符号)
\W	\\W	代表不能用于标识符的字符
\p{Lower}	\\p{Lower}	小写字母[a～z]
\p{Upper}	\\p{Upper}	大写字母[A～Z]
\p{ASCII}	\\p{ASCII}	ASCII 字符
\p{Alpha}	\\p{Alpha}	字母
\p{Digit}	\\p{Digit}	数字字符，即[0～9]
\p{Alnum}	\\p{Alnum}	字母或数字
\p{Punct}	\\p{Punct}	标点符号：!"#$%&'()*+,–./:;<=>?@[\]^_`{|}~
\p{Graph}	\\p{Graph}	可视字符：\p{Alnum}\p{Punct}
\p{Print}	\\p{Print }	可打印字符：\p{Print }
\p{Blank}	\\p{Blank}	空格或制表符[\t]
\p{Cntrl}	\\p{Cntrl}	控制字符：[\x00-\x1F\x7F]

在正则表达式中可以用方括号括起若干个字符来表示一个元字符，该元字符代表方括号中的任何一个字符。例如 regex = "[159]ABC"，那么"1ABC"、"5ABC"和"9ABC"都是和正则表达式 regex 匹配的字符串。例如，

[abc]：代表 a、b、c 中的任何一个；

[^abc]：代表除了 a、b、c 以外的任何字符；

[a-zA-Z]：代表英文字母（包括大写和小写）中的任何一个；

[a-d]：代表 a 至 d 中的任何一个。

另外，中括号里允许嵌套中括号，可以进行并、交、差运算，例如，

[a-d[m-p]]：代表 a～d，或 m～p 中的任何字符（并）；

[a-z&&[def]]：代表 d、e、或 f 中的任何一个（交）；

[a-f&&[^bc]]：代表 a、d、e、f（差）。

注：由于“. ”代表任何一个字符，所以在正则表达式中如果想使用普通意义的点字符，必须使用[.]或用\56 表示普通意义的点字符。

在正则表达式中可以使用限定修饰符。比如，对于限定修饰符？，如果 X 代表正则表达式中的一个元字符或普通字符，那么 X?就表示 X 出现 0 次或 1 次，例如：

```
regex = "hello[2468]?";
```

那么"hello"，"hello2"，"hello4"，"hello6"和"hello8"都是与正则表达式 regex 匹配的字符串。

表 8.2 给出了常用的限定修饰符的用法。

表 8.2　限定符

带限定修饰符的模式	意　义
X?	X 出现 0 次或 1 次
X*	X 出现 0 次或多次
X+	X 出现 1 次或多次
X{n}	X 恰好出现 n 次
X{n,}	X 至少出现 n 次
X{n,m}	X 出现 n 次至 m 次
XY	X 的后缀是 Y
X|Y	X 或 Y

比如，regex = "@\\w{4}"，那么"@abcd"，"@天道酬勤"，"@Java"和"@bird"都是与正则表达式 regex 匹配的字符串。

注：有关正则表达式的细节可查阅 java.util.regex 包中的 Pattern 类。

在下面的例子 9 中，程序判断用户从键盘输入的字符序列是否全部由英文字母所组成。

例子 9

Example8_9.java

```
import java.util.Scanner;
public class Example8_9 {
   public static void main (String args[ ]) {
      String regex = "[a-zA-Z]+";
      Scanner scanner = new Scanner(System.in);
      String str = scanner.nextLine();
      if(str.matches(regex)) {
         System.out.println(str+"中的字符都是英文字母");
      }
   }
}
```

2．字符串的替换

JDK 1.4 之后，字符串对象调用 public String replaceAll(String regex,String replacement) 方法返回一个字符串，该字符串是将当前字符串中所有和参数 regex 指定的正则表达式匹配的子字符串用参数 replacement 指定的字符串替换后的字符串，例如：

```
String s ="12hello567bird".replaceAll("[a-zA-Z]+","你好");
```

那么 s 就是将"12hello567bird"中所有英文子串替换为"你好"后得到的字符串，即 s 是"12 你好 567 你好"。

注：当前字符串调用 replaceAll()方法返回一个字符串，但不改变当前字符串。

在下面的例子 10 中，字符串 str 调用 replaceAll()方法返回一个字符串，该字符串是 str 中的网站链接地址被替换为"******"后的字符串。例子 10 中字符串"89,235,678￥"调用 replaceAll()方法返回一个字符串，该字符串是"89,235,678￥"中去掉逗号和货币符号￥后的字符串。运行效果如图 8.9 所示。

图 8.9　正则表达与字符串的替换

例子 10

Example8_10.java

```
public class Example8_10 {
   public static void main (String args[ ]) {
      String str = "欢迎大家访问http://www.xiaojiang.cn了解、参观公司";
      String regex = "(http://|www)\56?\\w+\56{1}\\w+\56{1}\\p{Alpha}+";
      System.out.printf("替换\n\"%s\"\n中的网站链接信息后得到的字符串:
      \n",str);
      str = str.replaceAll(regex,"******");
      System.out.println(str);
      String money = "89,235,678￥";
      System.out.print(money+"转化成数字:");
      String s = money.replaceAll("[,\\p{Sc}]","") ; //"\\p{Sc}"可匹配任何
      货币符号
      long  number = Long.parseLong(s);
      System.out.println(number);
   }
}
```

3. 字符串的分解

JDK 1.4 之后，String 类提供了一个实用的方法 public String[] split(String regex)，字符串调用该方法时，使用参数指定的正则表达式 regex 作为分隔标记分解出其中的单词，并将分解出的单词存放在字符串数组中。例如，对于字符串 str，

```
String str = "1949年10月1日是中华人民共和国成立的日子";
```

如果准备分解出全部由数字字符组成的单词，就必须用非数字字符串作为分隔标记，因此，可以使用正则表达式 String regex="\\D+"作为分隔标记分解出 str 中的单词。

```
String digitWord[]=str.split(regex);
```

那么，digitWord[0]、digitWord[1]和 digitWord[2]就分别是"1949"、"10"和"1"。

下面的例子 11 中，用户从键盘输入一行文本，程序输出其中的单词。用户从键盘输入“who are you(Caven?)”的运行效果如图 8.10 所示。

```
一行文本:
who are you(Caven?)
单词1:who
单词2:are
单词3:you
单词4:Caven
```

图 8.10　正则表达式与字符串的分解

例子 11

Example8_11.java

```
import java.util.Scanner;
public class Example8_11 {
   public static void main (String args[ ]) {
      System.out.println("一行文本:");
      Scanner reader=new Scanner(System.in);
      String str = reader.nextLine();
      //regex是由空格、数字和符号(!"#$%&'()*+,-./:;<=>?@[\]^_`{|}~)组成的正则表
      //达式
      String regex = "[\\s\\d\\p{Punct}]+";
      String words[] = str.split(regex);
      for(int i=0;i<words.length;i++){
         int m = i+1;
         System.out.println("单词"+m+":"+words[i]);
      }
   }
}
```

8.2　StringTokenizer 类

在 8.1.6 节我们学习了怎样使用 String 类的 split()方法分解字符串。本节学习怎样使用 StringTokenizer 对象分解字符串。和 split()方法不同的是，StringTokenizer 对象不使用正则表达式作分隔标记。

有时需要分析字符串并将字符串分解成可被独立使用的单词，这些单词叫做语言符号。例如，对于字符串"You are welcome"，如果把空格作为该字符串的分隔标记，那么该字符串有三个单词（语言符号）。而对于字符串"You,are,welcome"，如果把逗号作为该字符串的分隔标记，那么该字符串有三个单词（语言符号）。

当分析一个字符串并将字符串分解成可被独立使用的单词时，可以使用 java.util 包中的 StringTokenizer 类，该类有两个常用的构造方法。

- StringTokenizer(String s)：为字符串 s 构造一个分析器。使用默认的分隔标记，即空格符（若干个空格被看做一个空格）、换行符、回车符、Tab 符、进纸符做分隔标记。
- StringTokenizer(String s, String delim)：为字符串 s 构造一个分析器。参数 delim 中的字符被作为分隔标记

注：分隔标记的任意组合仍然是分隔标记。

例如：

```
StringTokenizer fenxi = new StringTokenizer("you are welcome");
StringTokenizer fenxi = new StringTokenizer("you,are ; welcome", ", ; ");
```

称一个 StringTokenizer 对象为一个字符串分析器，一个分析器可以使用 nextToken()方法逐个获取字符串中的语言符号（单词），每当调用 nextToken()时，都将在字符串中获得下一个语言符号，每当获取到一个语言符号，字符串分析器中负责计数的变量的值就自动减 1，该计数变量的初始值等于字符串中的单词数目。

通常用 while 循环来逐个获取语言符号，为了控制循环，可以使用 StringTokenizer 类中的 hasMoreTokens()方法，只要字符串中还有语言符号，即计数变量的值大于 0，该方法就返回 true，否则返回 false。另外还可以随时让分析器调用 countTokens()方法得到分析器中计数变量的值。

下面的例子 12 输出字符串中的单词，并统计出单词个数。

例子 12

Example8_12.java

```
import java.util.*;
public class Example8_12 {
   public static void main(String args[]) {
      String s = "you are welcome(thank you),nice to meet you";
      StringTokenizer fenxi = new StringTokenizer(s,"() ,");
      int number = fenxi.countTokens();
      while(fenxi.hasMoreTokens()) {
          String str = fenxi.nextToken();
          System.out.print(str+" ");
      }
      System.out.println("共有单词: "+number+"个");
   }
}
```

8.3 Scanner 类

在 8.1.6 节学习了怎样使用 String 类的 split(String regex)来分解字符串，在 8.2 节学习了怎样使用 StringTokenizer 类解析字符串中的单词。本节学习怎样使用 Scanner 类的对象

从字符串中解析出程序所需要的数据。

1．使用默认分隔标记解析字符串

创建 Scanner 对象，并将要解析的字符串传递给所构造的对象，例如，对于字符串

```
String NBA = "I Love This Game";
```

为了解析出 NBA 中的单词，可以如下构造一个 Scanner 对象。

```
Scanner scanner = new Scanner(NBA);
```

那么 scanner 将空格作为分隔标记来解析字符串中的单词，解析操作的特点如下：

- scanner 调用 next()方法依次返回 NBA 中的单词，如果 NBA 最后一个单词已被 next()方法返回，scanner 调用 hasNext()将返回 false，否则返回 true。
- 对于被解析的字符串中的数字型单词，比如 618，168.98 等，scanner 可以用 nextInt()或 nextDouble()方法来代替 next()方法，即 scanner 可以调用 nextInt()或 nextDouble()方法将数字型单词转化为 int 或 double 数据返回。
- 如果单词不是数字型单词，scanner 调用 nextInt()或 nextDouble()方法将发生 InputMismatchException 异常，在处理异常时可以调用 next()方法返回非数字化单词。

在下面的例子 13 中，使用 Scanner 对象解析字符串“TV cost 876 dollar.Computer cost 2398 dollar.telephone cost 1278 dollar”中的全部价格数字（价格数字的前后需有空格），并计算了总消费。程序运行效果如图 8.11 所示。

图 8.11　解析出价格

例子 13

Example8_13.java

```
import java.util.*;
public class Example8_13 {
  public static void main(String args[]) {
    String  cost = " TV cost 876 dollar.Computer cost 2398 dollar.telephone
    cost 1278 dollar";
    Scanner scanner = new Scanner(cost);
    double sum = 0;
    while(scanner.hasNext()){
      try{  double price=scanner.nextDouble();
            sum = sum+price;
            System.out.println(price);
      }
      catch(InputMismatchException exp){
            String t = scanner.next();
      }
    }
    System.out.println("总消费:"+sum+"元");
  }
```

```
}
```

2．使用正则表达式作为分隔标记解析字符串

在上面的例子 13 中，Scanner 对象使用默认分隔标记（空格）解析字符串中的全部价格数据，那么就要求必须使用空格将字符串中的价格数据和其他字符分隔开，否则就无法解析出价格数据。实际上，Scanner 对象可以调用方法

```
useDelimiter(正则表达式);
```

将正则表达式作为分隔标记，即 Scanner 对象在解析字符串时，把与正则表达式匹配的字符串作为分隔标记。

对于上述例子 13 中提到的字符串，如果用非数字字符串做分隔标记，那么所有的价格数字就是单词。

下面的例子 14 使用正则表达式（匹配所有非数字字符串）String regex="[^0123456789.]+"作为分隔标记解析字符串"话费清单：市话费 76.89 元，长途花费 167.38 元，短信费 12.68 元"中的全部价格数字，并计算了总的通信费用。程序运行效果如图 8.12 所示。

图 8.12　解析出通信费用

例子 14

Example8_14.java

```
import java.util.*;
public class Example8_14 {
   public static void main(String args[]) {
      String cost = "话费清单: 市话费76.89元，长途花费167.38元，短信费12.68元";
      Scanner scanner = new Scanner(cost);
      scanner.useDelimiter("[^0123456789.]+"); //scanner设置分隔标记
      double sum=0;
      while(scanner.hasNext()){
         try{  double price = scanner.nextDouble();
              sum = sum+price;
              System.out.println(price);
         }
         catch(InputMismatchException exp){
              String t = scanner.next();
         }
      }
      System.out.println("总通信费用:"+sum+"元");
   }
}
```

8.4 Date 与 Calendar 类

程序设计中可能需要日期、时间等数据，本节介绍 java.util 包中的 Date 和 Calendar 类，二者的实例可用于处理和日期、时间相关的数据。

8.4.1 Date 类

1．使用无参数构造方法

使用 Date 类的无参数构造方法创建的对象可以获取本机的当前日期和时间，例如：

```
Date nowTime = new Date();
```

那么，当前 nowTime 对象中含有的日期和时间就是创建 nowTime 对象时本地计算机的日期和时间。例如，假设当前时间是 2011 年 3 月 10 日 23:05:32（CST 时区），那么

```
System.out.println(nowTime);
```

输出结果是 Thu Mar 10 23:05:32 CST 2011。

2．使用带参数的构造方法

计算机系统将其自身的时间的“公元”设置在 1970 年 1 月 1 日 0 时（格林威治时间），可以根据这个时间使用 Date 的带参数的构造方法 Date(long time)来创建一个 Date 对象，例如：

```
Date date1=new Date(1000),
   date2=new Date(-1000);
```

其中的参数取正数表示公元后的时间，取负数表示公元前的时间，例如 1000 表示 1000 毫秒，那么，date1 含有的日期、时间就是计算机系统公元后 1 秒时刻的日期、时间。如果运行 Java 程序的本地时区是北京时区（与格林威治时间相差 8 个小时），那么上述 date1 就是 1970 年 01 月 01 日 08 时 00 分 01 秒，date2 就是 1970 年 01 月 01 日 07 时 59 分 59 秒。

还可以用 System 类的静态方法 public long currentTimeMillis()获取系统当前时间，如果运行 Java 程序的本地时区是北京时区，这个时间是从 1970 年 01 月 01 日 08 点到目前时刻所走过的毫秒数（这是一个不小的数）。

Date 对象表示时间的默认顺序是：星期、月、日、小时、分、秒、年。例如：Thu Mar 10 23:05:32 CST 2011。

8.4.2 Calendar 类

Calendar 类在 java.util 包中。使用 Calendar 类的 static 方法 getInstance()可以初始化一个日历对象，如：

```
Calendar calendar = Calendar.getInstance();
```

然后，calendar 对象可以调用方法：

```
public final void set(int year,int month,int date)
public final void set(int year,int month,int date,int hour,int minute)
public final void set(int year,int month, int date, int hour, int minute,
int second)
```

将日历翻到任何一个时间，当参数 year 取负数时表示公元前（实际世界中的公元前）。

calendar 对象调用方法 public int get(int field)可以获取有关年份、月份、小时、星期等信息，参数 field 的有效值由 Calendar 的静态常量指定，例如：

```
calendar.get(Calendar.MONTH);
```

返回一个整数，如果该整数是 0 表示当前日历是在一月，该整数是 1 表示当前日历是在二月等。例如：

```
calendar.get(Calendar.DAY_OF_WEEK);
```

返回一个整数，如果该整数是 1 表示星期日，如果是 2 表示是星期一，依次类推，如果是 7 表示星期六。

日历对象调用 public long getTimeInMillis()可以将时间表示为毫秒。

下面的例子 15 计算了 2012-9-01 和 2016-07-01 之间相隔的天数，运行效果如图 8.13 所示。

图 8.13　使用 Calendar 类

例子 15

Example8_15.java

```
import java.util.*;
public class Example8_15 {
   public static void main(String args[]) {
      Calendar calendar=Calendar.getInstance();
      calendar.setTime(new Date());
      int year = calendar.get(Calendar.YEAR),
      month = calendar.get(Calendar.MONTH)+1,
      day = calendar.get(Calendar.DAY_OF_MONTH),
      hour = calendar.get(Calendar.HOUR_OF_DAY),
      minute = calendar.get(Calendar.MINUTE),
      second = calendar.get(Calendar.SECOND);
      System.out.print("现在的时间是：");
```

```
            System.out.print(""+year+"年"+month+"月"+day+"日");
            System.out.println("  "+hour+"时"+minute+"分"+second+"秒");
            int y = 2012,m = 9,d = 1;
            calendar.set(y,m-1,d);      //将日历翻到2012年九月一日,注意8表示九月
            long time1 = calendar.getTimeInMillis();
            y = 2016;
            m = 7;
            day = 1;
            calendar.set(y,m-1,d);      //将日历翻到2016年七月一日
            long time2 = calendar.getTimeInMillis();
            long subDay = (time2-time1)/(1000*60*60*24);
            System.out.println(""+new Date(time2));
            System.out.println("与"+new Date(time1));
            System.out.println("相隔"+subDay+"天");
        }
    }
```

下面的例子 16 输出 2016 年 7 月的“日历”，效果如图 8.14 所示。

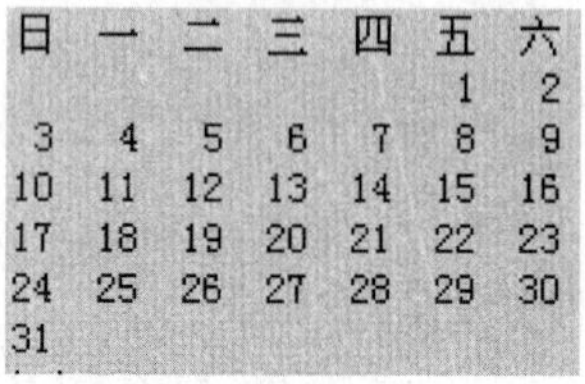

日	一	二	三	四	五	六
					1	2
3	4	5	6	7	8	9
10	11	12	13	14	15	16
17	18	19	20	21	22	23
24	25	26	27	28	29	30
31						

图 8.14　输出日历页

例子 16

Example8_16.java

```
public class Example8_16 {
   public static void main(String args[]) {
      CalendarBean cb = new CalendarBean();
      cb.setYear(2016);
      cb.setMonth(7);
      String [] a = cb.getCalendar();     //返回号码的一维数组
      char [] str = "日一二三四五六".toCharArray();
      for(char c:str) {
         System.out.printf("%3c",c);
      }
      for(int i=0;i<a.length;i++) {       //输出数组a
         if(i%7==0)
             System.out.println("");      //换行
         System.out.printf("%4s",a[i]);
      }
   }
}
```

CalendarBean.java

```
import java.util.Calendar;
public class CalendarBean {
```

```
    int year=0,month=0;
    public void setYear(int year) {
       this.year=year;
    }
    public void setMonth(int month) {
       this.month=month;
    }
    public String [] getCalendar() {
       String [] a=new String[42];
       Calendar rili=Calendar.getInstance();
       rili.set(year,month-1,1);
       int weekDay=rili.get(Calendar.DAY_OF_WEEK)-1; //计算出1号的星期
       int day=0;
       if(month==1||month==3||month==5||month==7| |month==8||month==10|
       |month==12)
           day=31;
       if(month==4||month==6||month==9||month==11)
          day=30;
       if(month==2) {
          if(((year%4==0)&&(year%100!=0))||(year%400==0))
             day=29;
          else
             day=28;
       }
      for(int i=0;i<weekDay;i++)
          a[i]=" ";
      for(int i=weekDay,n=1;i<weekDay+day;i++) {
          a[i]=String.valueOf(n) ;
          n++;
      }
      for(int i=weekDay+day;i<a.length;i++)
           a[i]=" ";
       return a;
    }
}
```

8.5 日期的格式化

我们可能希望按着某种习惯来输出时间，比如时间的顺序：年 月 星期 日或年 月 星期 日 小时 分 秒。

8.5.1 format 方法

Java 早期使用 java.text 包中的 DateFormat 的子类 SimpleDateFormat 来实现日期的格式化。JDK 1.5 版本提供了更为方便的 Formatter 类。Formatter 类的 format 方法：

```
format(格式化模式,日期列表)
```

按着“格式化模式”返回“日期列表”中所列各个日期中所含数据（年，月，日，小时等数据）的字符串表示。目前，Java 已经将 format 方法作为了 String 类的静态方法，因此，程序可以直接使用 String 类调用 format 方法对日期进行格式化。

1．格式化模式

format 方法中的“格式化模式”是一个用双引号括起的字符序列（字符串），该字符序列中的字符由时间格式符和普通字符所构成。例如："日期:%ty-%tm-%td"中的%ty，%tm 和%td 等都是时间格式符，开始的 2 个汉字（“日”和“期”）、冒号、格式符之间的连接字符“-”都是普通字符（不是时间格式符的都被认为是普通字符，可查阅 Java API 中的 java.util.Formatter 类，了解时间格式符）。比如，格式符%ty、%tm 和%td 将分别表示日期中的“年”、“月”和“日”。format 方法返回的字符串就是“格式化模式”中的时间格式符被替换为它得到的格式化结果后的字符串。例如：

```
String s = String.format("%tY年%tm月%td日",new Date(),new Date(),new
Date());
```

那么 s 就是"2011 年 02 月 10 日"，因为%tY 对 new Date()的格式化的结果是 2011，%tm 对 new Date()的格式化的结果是 02，%td 对 new Date()的格式化的结果是 10。

2．日期列表

format 方法中的“日期列表”可以是用逗号分隔的 Calendar 对象或 Date 对象。要保证 format 方法“格式化模式”中的格式符的个数与“日期列表”中列出的日期个数相同。format 方法默认按从左到右的顺序使用“格式化模式”中的格式符来格式“日期列表”中对应的日期，而“格式化模式”中的普通字符保留原样。

3．格式化同一日期

希望用几个格式符号格式“日期列表”中的同一个日期，可以在“格式化模式”中使用“<”，比如"%ty-%<tm-%<td"中的三个格式符将格式化同一日期，即含有“<”的格式符和它前面的格式符格式同一个日期，例如：

```
String s = String.format("%ty年%<tm月%<td日",new Date());
```

那么%<tm 和%<td 都格式化 new Date()，因此字符串 s 就是"11 年 02 月 10 日"。

以下是常用的日期格式符及作用。

%tY 将日期中的“年”格式化为 4 位形式，例如，1999，2002。

%ty 将日期中的“年”格式化为 2 位形式（带前导零），例如，99，02。

%tm 将日期中的“月”格式化为 2 位形式（带前导零），即 01～13，其中"01"是一年的第一个月（"13"是支持阴历所需的一个特殊值）。

%tp 将日期中的“日”格式化为当前环境下上午或下午的表示格式，例如（US 环境）"am"或"pm"。

%td 将日期中的“日”格式化为当前月中的天（带前导零），即 01～31，其中 "01"是一个月的第一天。

%tj 将日期中的“日”格式化为当年的天数（带前导零），即 001～365，001 对应于一年中的第一天。

%tB 将日期中的“月”格式化为当前环境下的月份全称，例如（US 环境）"January"和"February"。

%tb 将日期中的“月”格式化为当前环境下的月份简称，例如（US 环境）"Jan"和"Feb"。

%tA 将日期中的“日”格式化为当前环境下的星期几的全称，例如"Sunday"和"Monday"。

%ta 将日期中的“日”格式化为当前环境下的星期几的简称，例如 "Sun"和"Mon"。

%tH 将日期中的“时”格式化为 2 位形式（带前导零，24 小时制），即 00～23（00 对应午夜）。

%tI 将日期中的“时”格式化为 2 位形式（带前导零，12 小时制）即 01～12（01 对应于上午或下午的一点钟）。

%tM 将日期中的“分”格式化为 2 位形式（带前导零），即 00～60（60 是支持闰秒所需的一个特殊值）。

%tS 将日期中的“秒”格式化为 2 位形式（带前导零），即 00～60。

%tL 将日期中秒的“毫秒”格式化为 3 位形式（带前导零），即 000～999。

%tN 将日期中毫秒中的“微秒”格式化为 9 位形式（带前导零），即 000000000～999999999。

%tz 将日期与 GMT（格林威治时间）的偏移量格式化为 4 位形式，例如+0800，–0600。

%tZ 将日期所在时区的名称格式化为标准缩写，例如 CST。

另外，还有一些代表几个日期格式符组合在一起的日期格式符。

%tR 等价于%tH:%tM。

%tT 等价于%tH:%tM:%S。

%tr 等价于%tI:%tM:%tS%Tp（上午或下午标记%Tp 的位置可能与地区有关）。

%tD 等价于%tm/%td/%ty。

%tF 等价于"%tY-%tm-%td"。

%tc 等价于"%ta %tb %td %tT %tZ %tY"，例如，"星期四 二月 10 17:50:07 CST 2011"。

下面的例子 17 格式化日期，运行效果如图 8.15 所示。

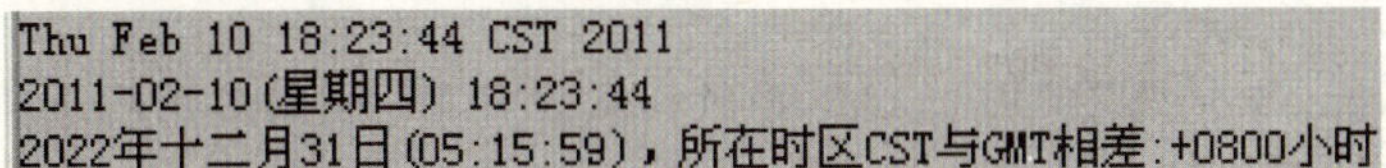

图 8.15　格式化时间

例子 17

Example8_17.java

```
import java.util.*;
public class Example8_17 {
  public static void main(String args[]) {
```

```
        Date nowTime = new Date();
        System.out.println(nowTime);
        String pattern = "%tY-%<tm-%<td(%<tA) %<tT";
        String s = String.format(pattern,nowTime);
        System.out.println(s);
        Calendar calendar = Calendar.getInstance();
        calendar.set(2022,11,31,05,15,59);
        s = String.format("%tY年%<tb%<td日(%<tT), 所在时区%<tZ与GMT相差:%<tz小
        时",calendar);
        System.out.println(s);
    }
}
```

8.5.2 不同区域的星期格式

不同国家的星期的简称或全称有很大的不同，例如，美国用 Thu（Thursday）简称（全称）星期四，日本用“木”（木曜日）简称（全称）星期四，意大利用 gio（giovedì）简称（全称）星期四等。如果想用特定地区的星期格式来表示日期中的星期，可以用 format 的重载方法：

```
format (Locale locale,格式化模式,日期列表);
```

其中的参数 locale 是一个 Locale 类的实例，用于表示地域。

Locale 类的 static 常量都是 Locale 对象，其中 US 是表示美国的 static 常量。建议读者查阅 Java API 或反编译 Locale 类了解表示不同国家的静态常量。

比如，假设当前时间是 2011-02-10，对于（%ta 表示简称的星期）

```
String s = String.format(Locale.US,"%ta(%<tF)",new Date());
```

那么 s 是"Thu(2011-02-10)"，对于（%tA 表示全称的星期）

```
String s = String.format(Locale.JAPAN,"%tA(%<tF)",new Date());
```

那么 s 是"木曜日(2011-02-10)"。

注：如果 format 方法不使用 Locale 参数格式化日期，当前应用程序所在系统的地区设置是中国，那么相当于 locale 参数取 Locale.CHINA。

8.6 Math、BigInteger 和 Random 类

8.6.1 Math 类

在编写程序时，可能需要计算一个数的平方根、绝对值或获取一个随机数等。java.lang 包中的 Math 类包含许多用来进行科学计算的类方法，这些方法可以直接通过类名调用。另外，Math 类还有两个静态常量 E 和 PI，它们的值分别是 2.7182828284590452354 和

3.14159265358979323846。

以下是 Math 类的常用类方法。

- public static long abs(double a)　返回 a 的绝对值。
- public static double max(double a,double b) 返回 a、b 的最大值。
- public static double min(double a,double b) 返回 a、b 的最小值。
- public static double random()　产生一个 0 到 1 之间的随机数(不包括 0 和 1)。
- public static double pow(double a,double b) 返回 a 的 b 次幂。
- public static double sqrt(double a) 返回 a 的平方根。
- public static double log(double a)　返回 a 的对数。
- public static double sin(double a) 返回 a 的正弦值。
- public static double asin(double a)　返回 a 的反正弦值。

8.6.2 BigInteger 类

程序有时需要处理大整数，java.math 包中的 BigInteger 类提供任意精度的整数运算。可以使用构造方法 public BigInteger(String val)构造一个十进制的 BigInteger 对象。该构造方法可以发生 NumberFormatException 异常，也就是说，字符串参数 val 中如果含有非数字字符就会发生 NumberFormatException 异常。

以下是 BigInteger 类的常用方法。

- public BigInteger add(BigInteger val) 返回当前大整数对象与参数指定的大整数对象的和。
- public BigInteger subtract(BigInteger val) 返回当前大整数对象与参数指定的大整数对象的差。
- public BigInteger multiply(BigInteger val) 返回当前大整数对象与参数指定的大整数对象的积。
- public BigInteger divide(BigInteger val) 返回当前大整数对象与参数指定的大整数对象的商。
- public BigInteger remainder(BigInteger val) 返回当前大整数对象与参数指定的大整数对象的余。
- public int compareTo(BigInteger val) 返回当前大整数对象与参数指定的大整数的比较结果，返回值是 1、–1 或 0，分别表示当前大整数对象大于、小于或等于参数指定的大整数。
- public BigInteger abs() 返回当前大整数对象的绝对值。
- public BigInteger pow(int a) 返回当前大整数对象的 a 次幂。
- public String toString() 返回当前大整数对象十进制的字符串表示。
- public String toString(int p) 返回当前大整数对象 p 进制的字符串表示。

下面的例子 18 计算 5 的平方根以及两个大整数的和与积，运行效果如图 8.16 所示。

图 8.16　Math 与 BigInteger 类

例子 18

Example8_18.java

```
import java.math.*;
public class Example8_18 {
   public static void main(String args[]) {
      double a = 5.0;
      double st = Math.sqrt(a);
      System.out.println(a+"的平方根:"+st);
      BigInteger result = new BigInteger("0"),
                 one = new BigInteger("123456789"),
                 two = new BigInteger("987654321");
       result = one.add(two);
       System.out.println("和:"+result);
       result=one.multiply(two);
       System.out.println("积:"+result);
   }
}
```

8.6.3 Random 类

尽管可以使用 Math 类调用其类方法 random()返回一个 0 至 1 之间的随机数（不包括 0 和 1），例如，下列代码得到 1 至 100 之间的一个随机整数（包括 1 和 100）：

```
(int)(Math.random()*100)+1;
```

但是，Java 提供了更为灵活的用于获得随机数的 Random 类（该类在 java.util 包中）。

使用 Random 类的如下构造方法

```
public Random();
public Random(long seed);
```

创建 Random 对象，其中第二个构造方法使用参数 seed 指定的种子创建一个 Random 对象。人们习惯地将 Random 对象称为随机数生成器。例如，下列随机数生成器 random 调用不带参数的 nextInt()方法返回一个随机整数：

```
Random random=new Random();
random.nextInt();
```

如果想让随机数生成器 random 返回一个 0 至 n 之间（包括 0，但不包括 n）的随机数，可以让 random 调用带参数的 nextInt(int m)方法（参数 m 必须取正整数值），例如，

```
random.nextInt(100);
```

返回一个 0 至 100 之间的随机整数（包括 0，但不包括 100）。

如果程序需要随机得到 true 和 false 两个表示真和假的 boolean 值，可以让 random 调

用 nextBoolean()方法，例如，

```
random.nextBoolean();
```

返回一个随机 boolean 值。

8.7 数字格式化

程序有时候需要将数字进行格式化，所谓数字格式化，就是按着指定格式得到一个字符串。例如，希望 3.141592 最多保留 2 位小数，那么得到的格式化字符串应当是"3.14"；希望整数 1234789 按“千”分组，那么得到的格式化字符串应当是"1,234,789"；数字 59.88887 的小数保留 3 位小数，整数部分至少要显示 3 位，那么得到的格式化字符串应当是"059.889"。

8.7.1 Formatter 类

在 JDK 1.5 版本之前，程序需要使用 java.text 包中的相关类（如 DecimalFormat 类）对数字型数据进行格式化。JDK 1.5 版本提供了更为方便的 Formatter 类，Formatter 类提供了一个和 C 语言 printf 函数类似的 format 方法：format(格式化模式，值列表)。该方法按着“格式化模式”返回“值列表”的字符串表示。目前，Java 已经将 format 方法作为了 String 类的静态方法，因此，程序可以直接使用 String 类调用 format 方法对数字进行格式化。

1. 格式化模式

format 方法中的“格式化模式”是一个用双引号括起的字符序列（字符串），该字符序列中的字符由格式符和普通字符所构成。例如："输出结果%d,%f,%d"中的%d 和%f 是格式符号，开始的 4 个汉字、中间的两个逗号是普通字符（不是格式符的都被认为是普通字符，建议读者查阅 Java API 中的 java.util.Formatter 类，了解更多的格式符）。format 方法返回的字符串就是“格式化模式”中的格式符被替换为它得到的格式化结果后的字符串。例如：

```
String s = String.format("%.2f",3.141592);
```

那么 s 就是"3.14"（%.2f 对 3.141592 格式化的结果是 3.14）。

2. 值列表

format 方法中的“值列表”是用逗号分隔的变量、常量或表达式。要保证 format 方法“格式化模式”中的格式符的个数与“值列表”中列出的值的个数相同。例如：

```
String s=String.format("%d元%0.3f公斤%d台",888,999.777666,123);
```

那么，s 就是"888 元 999.778 公斤 123 台"。

3. 格式化顺序

format 方法默认按从左到右的顺序使用“格式化模式”中的格式符来格式化“值列表”中对应的值，而“格式化模式”中的普通字符保留原样。例如，假设 int 型变量 x 和 double 型变量 y 的值分别是 888 和 3.1415926，那么对于

```
String s = String.format("从左向右: %d,%.3f,%d",x,y,100);
```

字符串 s 就是

```
从左向右: 888,3.142,100
```

如果不希望使用默认的顺序（从左向右）进行格式化，可以在格式符前面添加索引符号：index$，例如，1$表示“值列表”中的第 1 个，2$表示“值列表”中的第 2 个，对于

```
String s=String.format("不是从左向右: %2$.3f,%3$d,%1$d",x,y,100);
```

字符串 s 就是

```
不是从左向右: 3.142,100,888
```

注：如果准备在“格式化模式”中包含普通的%，在编写代码时需要连续输入两个%，如：

```
String s=String.format("%d%%",89);
```

输字符串 s 是"89%"。

8.7.2 格式化整数

1. %d，%o，%x 和%X

%d，%o，%x 和%X 格式符可格式化 byte、Byte、short、Short、int、Integer、long 和 Long 型数据，详细说明如下。

%d 将值格式化为十进制整数。

%o 将值格式化为八进制整数。

%x 将值格式化为小写的十六进制整数，例如 abc58。

%X 将值格式化为大写的十六进制整数，例如 ABC58。

例如，对于

```
String s = String.format("%d,%o,%x,%X",703576,703576,703576,703576);
```

字符串 s 就是

```
703576,2536130,abc58,ABC58
```

2. 修饰符

加号修饰符“+”：格式化正整数时，强制添加上正号，例如，%+d 将 123 格式化为"+123"。

逗号修饰符“，”：格式化整数时，按“千”分组，例如，对于

```
String s=String.format("按千分组:%,d。按千分组带正号%+,d",1235678,9876);
```

字符串 s 就是

```
按千分组:1,235,678。按千分组带正号+9,876
```

3. 数据的宽度

所谓数据的宽度，就是 format 方法返回的字符串的长度。规定数据宽度的一般格式为"%md"，其效果是在数字的左面增加空格；或"%-md"，其效果是在数字的右面增加空格，

例如，将数字 59 格式化为宽度为 8 的字符串：

```
String s=String.format("%8d",59);
```

字符串 s 就是"   59"，其长度（s.length()）为 8，即 s 在 59 左面添加了 6 个空格字符。对于

```
String s=String.format("%-8d",59);
```

字符串 s 就是"59   "，其长度（s.length()）为 8，即 s 在 59 右面添加了 6 个空格字符。对于

```
String s=String.format("%5d%5d%8d",59,60,90);
```

字符串 s 就是"   59   60   90"(长度为 18)。

注：如果实际数字的宽度大于格式中指定的宽度，就按数字的实际宽度进行格式化。

可以在宽度的前面增加前缀 0，表示用数字 0（不用空格）来填充宽度左面的富余部分，例如：

```
String s=String.format("%08d",12);
```

字符串 s 就是"00000012"，其长度（s.length()）为 8，即 s 在 12 的左面添加了 6 个数字 0。

8.7.3 格式化浮点数

1．float、Float、double 和 Double

%f，%e（%E），%g（%G）和%a（%A）格式符可格式化 float、Float、double 和 Double，详细说明如下：

%f 将值格式化为十进制浮点数，小数保留 6 位。

%e（%E）将值格式化为科学记数法的十进制的浮点数（%E 在格式化时将其中的指数符号大写，例如 5E10）。

例如，对于

```
String s = String.format("%f,%e",13579.98,13579.98);
```

字符串 s 就是

```
13579.980000,1.357998e+04
```

2．修饰符

加号修饰符“+”：格式化正数时，强制添加上正号，例如，%+f 将 123.78 格式化为"+123.78"，%+E 将 123.78 格式化为"+1.2378E+2"。

逗号修饰符“，”： 格式化浮点数时，将整数部分按“千”分组，例如，对于

```
String s=String.format("整数部分按千分组：%+,f",1235678.9876);
```

字符串 s 就是

```
整数部分按千分组:+1,235,678.987600
```


3．限制小数位数与数据的“宽度”

“%.nf”可以限制小数的位数，其中的 n 是保留的小数位数，例如%.3f 将 6.1256 格式化为"6.126"（保留 3 位小数）。

规定宽度的一般格式为"%mf"（在数字的左面增加空格），或"%-md"（在数字的右面增加空格）。例如，将数字 59.88 格式化为宽度为 11 的字符串：

```
String s=String.format("%11f",59.88);
```

字符串 s 就是" 59.880000"，其长度（s.length()）为 11，即 s 在 59.880000 左面添加了 2 个空格字符。对于

```
String s=String.format("%-11f",59.88);
```

字符串 s 就是"59.880000 "，其长度（s.length()）为 11，即 s 在 59.880000 右面添加了 2 个空格字符。

在指定宽度的同时也可以限制小数位数（%m.nf），对于

```
String s=String.format("%11.2f",59.88);
```

字符串 s 就是"   59.88"，即 s 在 59.88 左面添加了 6 个空格字符。

可以在宽度的前面增加前缀 0,表示用数字 0（不用空格）来填充宽度左面的富余部分，例如：

```
String s=String.format("%011f",59.88);
```

字符串 s 就是"0059.880000"，其长度（s.length()）为 11，即 s 在 59.880000 的左面添加了 2 个数字 0。

注： 如果实际数字的宽度大于格式中指定的宽度，就按数字的实际宽度进行格式化。

下面的例子 19 格式化数字，运行效果如图 8.17 所示。

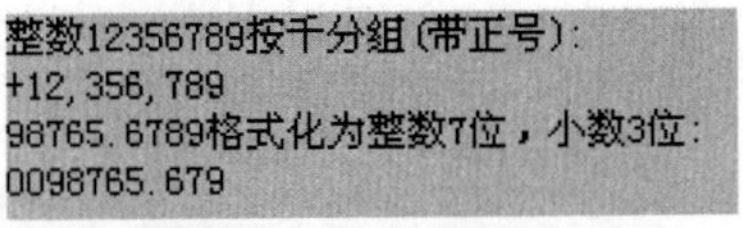

图 8.17　格式化数字

例子 19

Example8_19.java

```
import java.text.*;
public class Example8_19 {
   public static void main(String args[]){
      int n= 12356789;
      System.out.println("整数"+n+"按千分组(带正号):");
      String s=String.format("%,+d",n);
      System.out.println(s);
```

```
        double number = 98765.6789;
        System.out.println(number+"格式化为整数7位，小数3位:");
        s=String.format("%011.3f",number);
        System.out.println(s);
    }
}
```

8.8 StringBuffer 类

8.8.1 StringBuffer 对象的创建

在 8.1 节学习了 String 字符串对象，String 类创建的字符串对象是不可修改的，也就是说，String 字符串不能修改、删除或替换字符串中的某个字符，即 String 对象一旦创建，那么实体是不可以再发生变化的，如图 8.18 所示。例如：

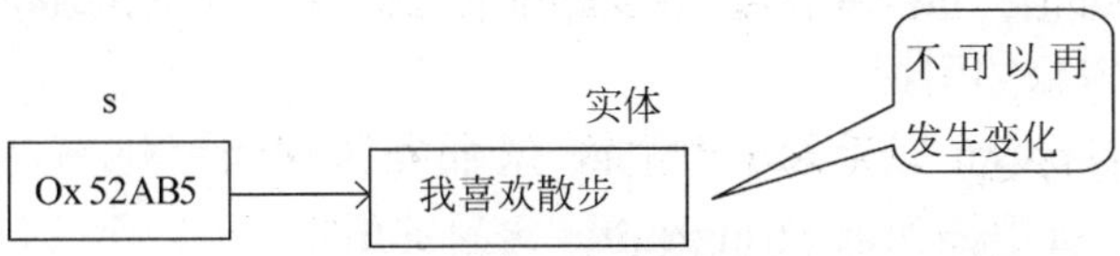

图 8.18　实体不可变

```
String s = new String("我喜欢散步");
```

在这一节，我们介绍 StringBuffer 类，该类能创建可修改的字符串序列，也就是说，该类的对象的实体的内存空间可以自动地改变大小，便于存放一个可变的字符序列。比如，一个 StringBuffer 对象调用 append 方法可以追加字符序列，例如：

```
StringBuffer s = new StringBuffer("我喜欢");
```

那么，对象 s 可调用 append 方法追加一个字符串序列，如图 8.19 所示。

```
s.append("玩篮球");
```

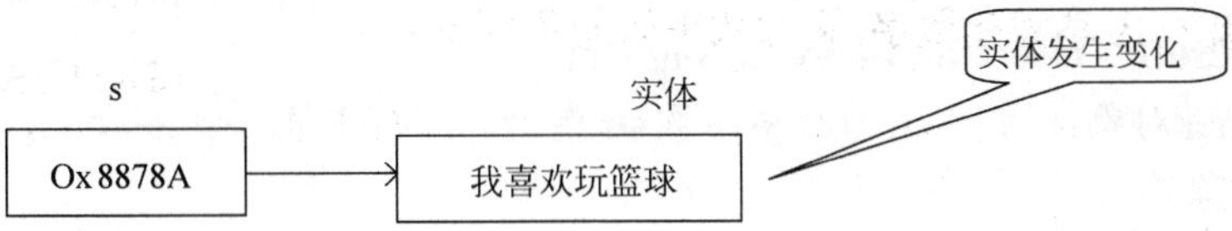

图 8.19　实体可变

StringBuffer 类有三个构造方法：

StringBuffer()

StringBuffer(int size)

StringBuffer(String s)

使用第 1 个无参数的构造方法创建一个 StringBuffer 对象，那么分配给该对象的实体的初始容量可以容纳 16 个字符，当该对象的实体存放的字符序列的长度大于 16 时，实体的容量自动地增加，以便存放所增加的字符。StringBuffer 对象可以通过 length()方法获取实体中存放的字符序列的长度，通过 capacity()方法获取当前实体的实际容量。

使用第 2 个构造方法创建一个 StringBuffer 对象，那么可以指定分配给该对象的实体的初始容量为参数 size 指定的字符个数，当该对象的实体存放的字符序列的长度大于 size 个字符时，实体的容量自动地增加，以便存放所增加的字符。

使用第 3 个构造方法创建一个 StringBuffer 对象，那么可以指定分配给该对象的实体的初始容量为参数字符串 s 的长度额外再加 16 个字符。

8.8.2 StringBuffer 类的常用方法

1．append 方法

使用 StringBuffer 类的 append 方法可以将其他 Java 类型数据转化为字符串后，再追加到 StringBuffer 对象中。

StringBuffer append(String s)：将一个字符串对象追加到当前 StringBuffer 对象中，并返回当前 StringBuffer 对象的引用。

StringBuffer append(int n)：将一个 int 型数据转化为字符串对象后再追加到当前 StringBuffer 对象中，并返回当前 StringBuffer 对象的引用。

StringBuffer append(Object o)：将一个 Object 对象 o 的字符串表示追加到当前 StringBuffer 对象中，并返回当前 StringBuffer 对象的引用。

类似的方法还有：

StringBuffer append(long n)、StringBuffer append(boolean n)、StringBuffer append(float n)、StringBuffer append(double n)和 StringBuffer append(char n)。

2．public char charAt(int n)和 public void setCharAt(int n , char ch)

char charAt(int n) 得到参数 n 指定的位置上的单个字符。当前对象实体中的字符串序列的第一个位置为 0，第二个位置为 1，依次类推。n 的值必须是非负的，并且小于当前对象实体中字符串序列的长度。

setCharAt (int n , char ch) 将当前 StringBuffer 对象实体中的字符串位置 n 处的字符用参数 ch 指定的字符替换。n 的值必须是非负的，并且小于当前对象实体中字符串序列的长度。

3．StringBuffer insert(int index, String str)

StringBuffer 对象使用 insert 方法将参数 str 指定的字符串插入到参数 index 指定的位置，并返回当前对象的引用。

4．public StringBuffer reverse()

StringBuffer 对象使用 reverse()方法将该对象实体中的字符翻转，并返回当前对象的引用。

5．StringBuffer delete(int startIndex, int endIndex)

delete(int startIndex, int endIndex)从当前 StringBuffer 对象实体中的字符串中删除一个子字符串，并返回当前对象的引用。这里 startIndex 指定了需删除的第一个字符的下标，而 endIndex 指定了需删除的最后一个字符的下一个字符的下标。因此要删除的子字符串从 startIndex 到 endIndex−1。deleteCharAt(int index)方法删除当前 StringBuffer 对象实体的字符串中 index 位置处的一个字符。

6．StringBuffer replace(int startIndex ,int endIndex, String str)

replace(int startIndex ,int endIndex, String str) 方法将当前 StringBuffer 对象实体中的字符串的一个子字符串用参数 str 指定的字符串替换。被替换的子字符串由下标 startIndex 和 endIndex 指定，即从 startIndex 到 endIndex–1 的字符串被替换。该方法返回当前 StringBuffer 对象的引用。

下面的例子 20 使用 StringBuffer 类的常用方法，运行效果如图 8.20 所示。

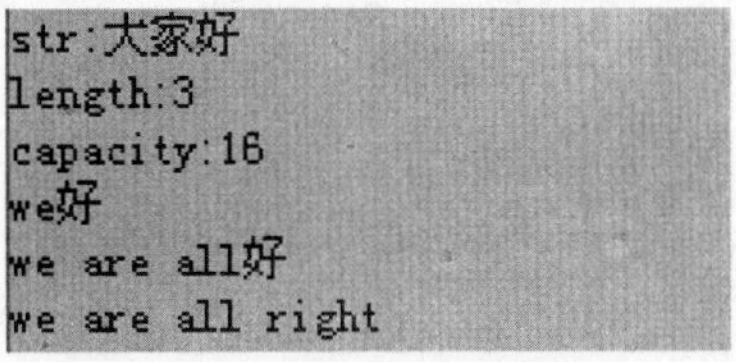

图 8.20　StringBuffer 类的常用方法

例子 20

Example8_20.java

```
public class Example8_20 {
   public static void main(String args[]) {
      StringBuffer str=new StringBuffer();
      str.append("大家好");
      System.out.println("str:"+str);
      System.out.println("length:"+str.length());
      System.out.println("capacity:"+str.capacity());
      str.setCharAt(0 ,'w');
      str.setCharAt(1 ,'e');
      System.out.println(str);
      str.insert(2, " are all");
      System.out.println(str);
      int index=str.indexOf("好");
      str.replace(index,str.length()," right");
      System.out.println(str);
   }
}
```

注：可以使用 String 类的构造方法 String (StringBuffer bufferstring)创建一个字符串对象。

8.9　Pattern 与 Matcher 类

模式匹配就是检索和指定模式匹配的字符串。Java 提供了专门用来进行模式匹配的 Pattern 类和 Matcher 类，这些类在 java.util.regex 包中。

以下结合具体问题来讲解使用 Pattern 类和 Matcher 类的步骤。假设有字符串：

```
String input = "hello,good morning,this is a good idea";
```

我们想知道 input 从哪个位置开始至哪个位置结束曾出现了字符串 good。

使用 Pattern 类和 Matcher 类检索字符串 str 中的子字符串的步骤如下。

1．建立模式对象

使用正则表达式 regex 做参数得到一个称为模式的 Pattern 类的实例 pattern。

```
Pattern pattern = Pattern.compile(regex);
```

例如：

```
String regex = "good";
pattern = Pattern.compile(regex);
```

模式对象是对正则表达式的封装。Pattern 类调用类方法 compile(String regex)返回一个模式对象，其中的参数 regex 是一个正则表达式（有关正则表达式的知识参见前面的 8.1.6 节），称为模式对象使用的模式。如果参数 regex 指定的正则表达式有错，complie 方法将抛出异常 PatternSyntaxException。Pattern 类也可以调用类方法 compile(String regex, int flags)返回一个 Pattern 对象，参数 flags 可以取下列有效值：

```
Pattern.CASE_INSENSITIVE
Pattern.MULTILINE
Pattern.DOTALL
Pattern.UNICODE_CASE
Pattern.CANON_EQ
```

例如，flags 取值 Pattern .CASE_INSENSITIVE，模式匹配时将忽略大小写。

2．得到匹配对象

得到可以检索字符串 input 的 Matcher 类的实例 matcher（称为匹配对象）。

```
Matcher matcher = pattern.matcher(input);
```

模式对象 pattern 调用 matcher(CharSequence input)方法返回一个 Matcher 对象 matcher，称为匹配对象，参数 input 用于给出 matcher 要检索的字符串。参数 input 可以是任何一个实现了 CharSequence 接口的类创建的对象，前面学习的 String 类和 StringBuffer 类都实现了 CharSequence 接口。

匹配对象 matcher 就可以调用各种方法检索字符串 input，例如，matcher 依次调用 booelan find()方法将检索到 input 中和 regex（前面，我们已设 regex="good"）匹配的子字符串，例如，首次调用 find()方法将检索到 input 中的第一个子字符串 good，即 matcher.find()检索到第一个 good 并返回 true，这时 matcher.start()返回的值是 6（第一个 good 开始的位置），matcher.end()返回的值是 10（第一个 good 结束位置），matcher.group()返回 good，即返回检索到的字符串。

Matcher 对象 matcher 可以使用下列方法寻找字符串 input 中是否有和模式 regex 匹配的子序列（regex 是创建模式对象 pattern 时使用的正则表达式）。

- public boolean find()：寻找 input 和 regex 匹配的下一子序列，如果成功该方法返回 true，否则返回 false。matcher 首次调用该方法时，寻找 input 中第 1 个和 regex 匹配的子序列，如果 find()返回 true，matcher 再调用 find()方法时，就会从上一次匹配模式成功的子序列后开始寻找下一个匹配模式的子字符串。另外，当 find 方法返回 true 时，matcher 可以调用 start()方法和 end 方法可以得到该匹配模式子序列在 input 中的开始位置和结束位置。当 find 方法返回 true 时，matcher 调用 group()可以返回 find 方法本次找到的匹配模式的子字符串。

- public boolean matches()：matcher 调用该方法判断 input 是否完全和 regex 匹配。
- public boolean lookingAt()：matcher 调用该方法判断从 input 的开始位置是否有和 regex 匹配的子序列。若 lookingAt()方法返回 true，matcher 调用 start()方法和 end 方法可以得到 lookingAt()方法找到的匹配模式的子序列在 input 中的开始位置和结束位置。若 lookingAt()方法返回 true，matcher 调用 group()可以返回 lookingAt()方法找到的匹配模式的子序列。
- public boolean find(int start)：matcher 调用该方法判断 input 从参数 start 指定位置开始是否有和 regex 匹配的子序列，参数 start 取值 0 时，该方法和 lookingAt()的功能相同。
- public String replaceAll(String replacement)：matcher 调用该方法可以返回一个字符串，该字符串是通过把 input 中与模式 regex 匹配的子字符串全部替换为参数 replacement 指定的字符串得到的（注意 input 本身没有发生变化）。
- public String replaceFirst(String replacement)：matcher 调用该方法可以返回一个字符串，该字符串是通过把 input 中第 1 个与模式 regex 匹配的子字符串替换为参数 replacement 指定的字符串得到的(注意 input 本身没有发生变化)。

下面的例子 21 查找一个字符串中的网址，然后将网址串全部剔除得到一个新字符串，运行效果如图 8.21 所示。

图 8.21　模式匹配

例子 21

Example8_21.java

```
import java.util.regex.*;
public class Example8_21 {
   public static void main(String args[ ]) {
      Pattern p;                                  //模式对象
      Matcher m;                                  //匹配对象
      String regex = "(http://|www)\56?\\w+\56{1}\\w+\56{1}\\p{Alpha}+";
      p = Pattern.compile(regex);                 //初试化模式对象
      String s = "新浪:www.sina.cn,央视:http: //www.cctv.com";
      m = p.matcher(s);                           //得到检索s的匹配对象m
      while(m.find()) {
         String str = m.group();
         System.out.println(str);
      }
      System.out.println("剔除字符串中的网站地址后得到的字符串:");
```

```
      String result = m.replaceAll("");
      System.out.println(result);
   }
}
```


8.10 Class 类

Class 是 java.lang 包中的类，该类的实例可以帮助程序创建其他类的实例或者取得其他类的对象的内部信息。

8.10.1 使用 Class 实例化一个对象

创建对象最常用的方式就是使用 new 运算符和类的构造方法，实际上也可以使用 Class 对象得到某个类的实例。步骤如下：

（1）使用 Class 的类方法得到一个和某类（参数 className 指定的类）相关的 Class 对象，

```
public static Class forName(String className) throws ClassNotFoundException
```

上述方法返回一个和参数 className 指定的类相关的 Class 对象。如果类在某个包中，className 必须带有包名，例如, className="java.util.Date"。

（2）步骤（1）中获得的 Class 对象调用

```
public Object newInstance() throws InstantiationException,
IllegalAccessException
```

方法就可以得到一个 className 类的对象。

要特别注意的是：使用 Class 对象调用 newInstance()实例化一个 className 类的对象时，className 类必须有无参数的构造方法。

在下面的例子 22 中，我们使用 Class 对象得到一个 Rect 类以及 java.util 包中 Date 类的对象。运行效果如图 8.22 所示。

```
rect的面积20000.0
Sun Jan 16 16:09:15 CST 2011
```

图 8.22 用 Class 实例化对象

例子 22

Example8_22.java

```
import java.util.Date;
class Rect {
   double width,height,area;
   public double getArea() {
      area = height*width;
      return area;
   }
}
```

```
public class Example8_22 {
  public static void main(String args[]) {
     try{   Class cs = Class.forName("Rect");
          Rect rect = (Rect)cs.newInstance();
          rect.width = 100;
          rect.height = 200;
          System.out.println("rect的面积"+rect.getArea());
          cs = Class.forName("java.util.Date");
          Date date = (Date)cs.newInstance();
          System.out.println(date.toString());
     }
     catch(Exception e){
          System.out.println(e.toString());
     }
  }
}
```

8.10.2 获取类的有关信息

当一个类被加载且创建对象时，和该类相关的一个类型为 Calss 的对象就会自动创建，任何对象调用 getClass()方法都可以获取和该对象相关的一个 Class 对象，这个 Class 对象调用如下的方法可以获取对象的有关信息，比如，创建该对象的类的名字、类中的方法名称、成员变量的名称等等，Class 对象经常调用的方法如下。

- String getName()　返回类的名字。
- Constructor[] getDeclaredConstructors()　返回类的全部构造方法。
- Field[] getDeclaredFields()　返回类的全部成员变量。
- Method[] getDeclaredMethods()　返回类的全部方法。

例子 23 中使用相应的 Class 对象列出了 java.util 包中 Date 类的全部成员变量和方法的名称。运行效果如图 8.23 所示。

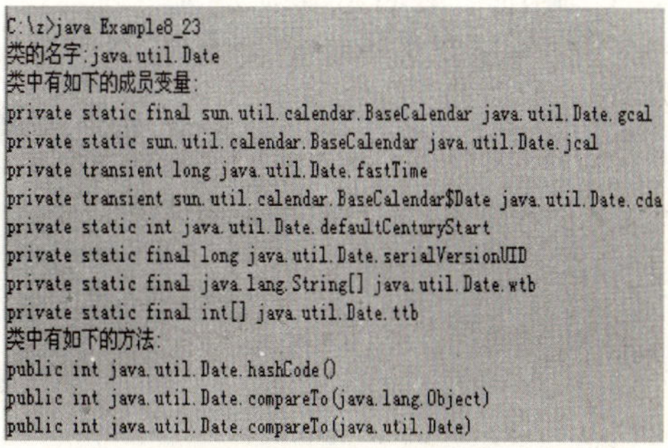
```
C:\z>java Example8_23
类的名字:java.util.Date
类中有如下的成员变量:
private static final sun.util.calendar.BaseCalendar java.util.Date.gcal
private static sun.util.calendar.BaseCalendar java.util.Date.jcal
private transient long java.util.Date.fastTime
private transient sun.util.calendar.BaseCalendar$Date java.util.Date.cda
private static int java.util.Date.defaultCenturyStart
private static final long java.util.Date.serialVersionUID
private static final java.lang.String[] java.util.Date.wtb
private static final int[] java.util.Date.ttb
类中有如下的方法:
public int java.util.Date.hashCode()
public int java.util.Date.compareTo(java.lang.Object)
public int java.util.Date.compareTo(java.util.Date)
```

图 8.23　使用 Class 类获取类的信息

例子 23

Example8_23.java

```
import java.lang.reflect.*;
import java.util.Date;
public class Example8_23 {
  public static void main(String args[]) {
     Date date = new Date();
     Class cs = date.getClass();
```

```
        String className = cs.getName();
        Constructor[] con = cs.getDeclaredConstructors();
        Field[] field = cs.getDeclaredFields() ;
        Method[] method = cs.getDeclaredMethods();
        System.out.println("类的名字:"+className);
        System.out.println("类中有如下的成员变量:");
        for(int i=0;i<field.length;i++) {
           System.out.println(field[i].toString());
        }
        System.out.println("类中有如下的方法:");
        for(int i=0;i<method.length;i++) {
           System.out.println(method[i].toString());
        }
        System.out.println("类中有如下的构造方法:");
        for(int i=0;i<con.length;i++) {
           System.out.println(con[i].toString());
        }
    }
}
```

8.11 应用举例

下面的例子统计每个学生三门考试课程的总成绩。程序运行时，用户输入学生的有关信息，程序将输出学生的总成绩，例如，

输入： 姓名 67 90 92

输出： 姓名总成绩:249

程序运行效果如图 8.24 所示。

```
输入格式:姓名 分数1 分数2 分数3
张三 98 88 78
张三总成绩:264.0          (输入end结束成绩统计)
李四  66 50 47
李四总成绩:163.0          (输入end结束成绩统计)
```

图 8.24 计算总成绩

例子 24

Example8_24.java

```
import java.util.*;
public class Example8_24 {
   public static void main(String args[]) {
      String  mess = null;
      Scanner reader = new Scanner(System.in);
      System.out.println("输入格式:姓名 分数1 分数2 分数3");
```

```
        mess = reader.nextLine();
        String name = "";
        double sum = 0;
        while(!mess.startsWith("end")) {
          Scanner scanner = new Scanner(mess);
          sum = 0;
          while(scanner.hasNext()){
             try{  double score = scanner.nextDouble();
                   sum = sum+score;
             }
             catch(InputMismatchException exp){
                  name = scanner.next();
             }
          }
          System.out.print(name+"总成绩:"+sum);
          System.out.printf("\t(输入end结束成绩统计)\n");
          mess = reader.nextLine();
        }
     }
  }
```

8.12 小　　结

（1）熟练掌握 String 类的常用方法，这些方法对于有效地处理字符序列信息是非常重要的。

（2）掌握 String 类和 StringBuffer 类的不同，以及二者之间的联系。

（3）使用 StringTokenizer，Scannner 类分析字符串，获取字符串中被分隔符分隔的单词。

（4）当程序需要处理时间时，使用 Date 类和 Calendar 类。

（5）如果需要处理特别大的整数，使用 BigInteger 类。

（6）当需要格式化日期和数字时使用 String 类的静态方法 format。

习　题　8

1．问答题

（1）"\hello"是正确的字符串常量吗？

（2）"你好 KU".length()和"\n\t\t".length()的值分别是多少？

（3）"Hello".equals("hello")和"java".equals("java")的值分别是多少？

（4）"Bird".compareTo("Bird fly")的值是正数还是负数？

（5）"I love this game".contains("love")的值是 true 吗？

（6）"RedBird".indexOf("Bird")的值是多少？"RedBird".indexOf("Cat")的值是多少？

（7）执行 Integer.parseInt("12.9");会发生异常吗？

2．选择题

（1）下列哪个叙述是正确的？

A．String 类是 final 类，不可以有子类

B．String 类在 java.util 包中

C．"abc"=="abc"的值是 false

D．"abc".equals("Abc")的值是 true

（2）下列哪个表达式是正确的（无编译错误）？

A．int m =Float.parseFloat("567");

B．int m =Short.parseShort("567")

C．byte m =Integer.parseInt("2");

D．float m =Float.parseDouble("2.9")

（3）对于如下代码，下列哪个叙述是正确的？

A．程序编译出现错误。

B．程序标注的【代码】的输出结果是 bird。

C．程序标注的【代码】的输出结果是 fly。

D．程序标注的【代码】的输出结果是 null。

```
public class E{
   public static void main(String[] args){
      String strOne="bird";
      String strTwo=strOne;
      strOne="fly";
      System.out.println(strTwo);                    //【代码】
   }
}
```

（4）对于如下代码，下列哪个叙述是正确的？

A. 程序出现编译错误

B. 无编译错误，在命令行执行程序“java E I love this game”，程序输出 this

C. 无编译错误，在命令行执行程序“java E let us go”，程序无运行异常

D. 无编译错误，在命令行执行程序“java E 0 1 2 3 4 5 6 7 8 9”，程序输出 3

```
public class E {
   public static void main (String args[]) {
     String s1 = args[1];
     String s2 = args[2];
     String s3 = args[3];
     System.out.println(s3);
   }
}
```

（5）下列哪个叙述是错误的？

A．"9dog".matches("\\ddog")的值是 true

B．"12hello567".replaceAll("[123456789]+","@")返回的字符串是@hello@

C．new Date(1000)对象含有的时间是公元后 1000 小时的时间

D．"\\hello\n"是正确的字符串常量

3．阅读程序

（1）请说出 E 类中标注的【代码】的输出结果。

```
public class E {
   public static void main (String[]args)   {
      String str = new String ("苹果");
      modify(str);
      System.out.println(str);   //【代码】
   }
   public static void modify (String s) {
       s = s + "好吃";
   }
}
```

（2）请说出 E 类中标注的【代码】的输出结果。

```
import java.util.*;
class GetToken {
 String s[];
   public String getToken(int index,String str) {
      StringTokenizer fenxi = new StringTokenizer(str);
      int number = fenxi.countTokens();
      s = new String[number+1];
      int k = 1;
      while(fenxi.hasMoreTokens()) {
         String temp=fenxi.nextToken();
          s[k] = temp;
          k++;
      }
      if(index<=number)
        return s[index];
      else
        return null;
   }
}
class E {
  public static void main(String args[]) {
      String str="We Love This Game";
      GetToken token=new GetToken();
      String s1 = token.getToken(2,str),
```

```
            s2 = token.getToken(4,str);
        System.out.println(s1+":"+s2);     //【代码】
    }
}
```

（3）请说出 E 类中标注的【代码 1】和【代码 2】的输出结果。

```
public class E {
  public static void main(String args[]) {
      byte d[]="abc我们喜欢篮球".getBytes();
      System.out.println(d.length);   //【代码1】
      String s=new String(d,0,7);
      System.out.println(s);          //【代码2】
  }
}
```

（4）请说出 E 类中标注的【代码】的输出结果。

```
class MyString {
  public String getString(String s) {
      StringBuffer str = new StringBuffer();
      for(int i=0;i<s.length();i++) {
         if(i%2==0) {
            char c = s.charAt(i);
            str.append(c);
          }
      }
     return new String(str);
  }
}
public class E {
public static void main(String args[ ]) {
     String s = "1234567890";
      MyString ms = new MyString();
      System.out.println(ms.getString(s)); //【代码】
  }
}
```

（5）请说出 E 类中标注的【代码】的输出结果。

```
public class E {
  public static void main (String args[ ]) {
      String regex = "\\djava\\w{1,}" ;
      String str1 = "88javaookk";
      String str2 = "9javaHello";
      if(str1.matches(regex)) {
          System.out.println(str1);
```

```
        }
        if(str2.matches(regex)) {
            System.out.println(str2); //【代码】
        }
    }
}
```

(6) 上机实习下列程序，学习怎样在一个月内（一周内、一年内）前后滚动日期，例如，假设是3月（有31天）10号，如果在月内滚动，那么向后滚动10天就是3月20日，向后滚动25天，就是3月4号（因为只在该月内滚动）。如果在年内滚动，那么向后滚动25天，就是4月4号。

```
import java.util.*;
public class RollDayInMonth {
    public static void main(String args[]) {
        Calendar calendar=Calendar.getInstance();
        calendar.setTime(new Date());
        String s = String.format("%tF(%<tA)",calendar);
        System.out.println(s);
        int n = 25;
        System.out.println("向后滚动(在月内)"+n+"天");
        calendar.roll(calendar.DAY_OF_MONTH,n);
        s = String.format("%tF(%<ta)",calendar);
        System.out.println(s);
        System.out.println("再向后滚动(在年内)"+n+"天");
        calendar.roll(calendar.DAY_OF_YEAR,n);
        s = String.format("%tF(%<ta)",calendar);
        System.out.println(s);
    }
}
```

(7) 上机执行下列程序（学习Runtime类），注意观察程序的输出结果。

```
public class Test{
    public static void main(String args[]) {
        Runtime runtime = Runtime.getRuntime();
        long free = runtime.freeMemory();
        System.out.println("Java虚拟机可用空闲内存 "+free+" bytes");
        long total = runtime.totalMemory();
        System.out.println("Java虚拟机占用总内存 "+total+" bytes");
        long n1 = System.currentTimeMillis();
        for(int i=1;i<=100;i++){
            int j = 2;
            for(;j<=i/2;j++){
                if(i%j==0) break;
            }
```

```
            if(j>i/2)  System.out.print(" "+i);
        }
        long n2 = System.currentTimeMillis();
        System.out.printf("\n循环用时:"+(n2-n1)+"毫秒\n");
        free = runtime.freeMemory();
        System.out.println("Java虚拟机可用空闲内存 "+free+" bytes");
        total=runtime.totalMemory();
        System.out.println("Java虚拟机占用总内存 "+total+" bytes");
    }
}
```

4. 编程题

（1）字符串调用 public String toUpperCase()方法返回一个字符串，该字符串把当前字符串中的小写字母变成大写字母；字符串调用 public String toLowerCase()方法返回一个字符串，该字符串把当前字符串中的大写字母变成小写字母。String 类的 public String concat(String str)方法返回一个字符串，该字符串是把调用该方法的字符串与参数指定的字符串连接。编写一个程序，练习使用这 3 个方法。

（2）String 类的 public char charAt(int index)方法可以得到当前字符串 index 位置上的一个字符。编写程序使用该方法得到一个字符串中的第一个和最后一个字符。

（3）计算某年某月某日和某年某月某日之间的天数间隔。要求年、月、日使用 main 方法的参数传递到程序中（参看例子 4）。

（4）编程练习 Math 类的常用方法。

（5）编写程序剔除一个字符串中的全部非数字字符，例如，将形如“ab123you”的非数字字符全部剔除，得到字符串“123”（参看例子 10）。

（6）使用 Scanner 类的实例解析字符串"数学 87 分，物理 76 分，英语 96 分"中的考试成绩，并计算出总成绩以及平均分数（参看例子 14）。

第 9 章 组件及事件处理

主要内容

- Java Swing 概述
- 窗口
- 常用组件与布局
- 处理事件
- 使用 MVC 结构
- 对话框
- 树组件与表格组件
- 按钮绑定到键盘
- 发布 GUI 程序

尽管 Java 的优势是网络应用方面，但 Java 也提供了强大的用于开发桌面程序的 API，这些 API 在 javax.swing 包中。Java Swing 不仅为桌面程序设计提供了强大的支持，而且 Java Swing 中的许多设计思想（特别是事件处理）对于掌握面向对象编程是非常有意义的。实际上 Java Swing 是 Java 的一个庞大分支，内容相当地丰富，本章选择了有代表性的 Swing 组件给予介绍，如果想深入学习 Swing 组件，可以参考两本著名的著作《JFC 核心编程》（中译本，清华大学出版社）和《Java 2 图形设计》卷 2：SWING（中译本，机械工业出版社）。

9.1 Java Swing 概述

通过图形用户界面（Graphics User Interface，GUI），用户和程序之间可以方便地进行交互。Java 的 java.awt 包，即 Java 抽象窗口工具包（Abstract Window Toolkit，AWT）提供了许多用来设计 GUI 的组件类。Java 早期进行用户界面设计时，主要使用 java.awt 包提供的类，比如 Button（按钮）、TextField（文本框）、List（列表）等。JDK 1.2 推出之后，增加了一个新的 javax.swing 包，该包提供了功能更为强大的用来设计 GUI 的类。java.awt 和 javax.swing 包中一部分类的层次关系的 UML 类图如图 9.1 所示。

在学习 GUI 编程时，必须很好地理解掌握两个概念：容器类（Container）和组件类（Component）。javax.swing 包中 JComponent 类是 java.awt 包中 Container 类的一个直接子类，是 java.awt 包中 Component 类的一个间接子类，学习 GUI 编程主要是学习掌握使用 Component 类的一些重要的子类。以下是 GUI 编程经常提到的基本知识点。

- Java 把 Component 类的子类或间接子类创建的对象称为一个组件。

- Java 把 Container 的子类或间接子类创建的对象称为一个容器。
- 可以向容器添加组件。Container 类提供了一个 public 方法 add( )，一个容器可以调用这个方法将组件添加到该容器中。
- 容器调用 removeAll()方法可以移掉容器中的全部组件，调用 remove(Component c)方法可以移掉容器中参数 c 指定的组件。
- 注意到容器本身也是一个组件，因此可以把一个容器添加到另一个容器中实现容器的嵌套。
- 每当容器添加新的组件或移掉组件时，应当让容器调用 validate()方法，以保证容器中的组件能正确显示出来。

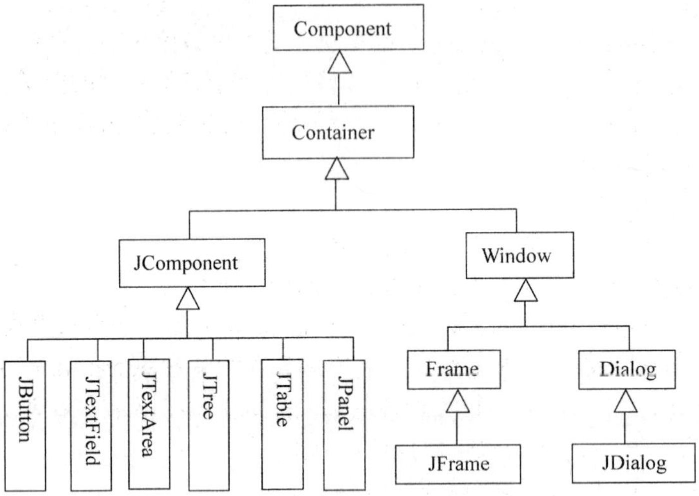

图 9.1　Component 类的部分子类

注：本章在讲解 GUI 编程时，避免罗列类中的大量方法，所以在学习本章时，读者要善于查阅 Java 提供的类库帮助文档，例如下载 Java 类库帮助文档 jdk-6-doc.zip。

9.2　窗　　口

一个基于 GUI 的应用程序应当提供一个能和操作系统直接交互的容器，该容器可以被直接显示、绘制在操作系统所控制的平台上，比如显示器上，这样的容器被称做 GUI 设计中的底层容器。Java 提供的 JFrame 类的实例就是一个底层容器，即通常所称的窗口，见图 9.1 的右半部分（JDialog 类的实例也是一个底层容器，通常所称的对话框，见后面的 9.6 节）。其他组件必须被添加到底层容器中，以便借助这个底层容器和操作系统进行信息交互。简单地讲，如果应用程序需要一个按钮，并希望用户和按钮交互，即用户单击按钮使程序做出某种相应的操作，那么这个按钮必须出现在底层容器中，否则用户无法看得见按钮，更无法让用户和按钮交互。JFrame 类是 Container 类的间接子类。当需要一个窗口时，可使用 JFrame 或其子类创建一个对象。窗口也是一个容器，可以向窗口添加组件。需要注意的是，窗口默认地被系统添加到显示器屏幕上，因此不允许将一个窗口添加到另一个容器中。

9.2.1 JFrame 常用方法

- JFrame() 创建一个无标题的窗口。
- JFrame(String s) 创建标题为 s 的窗口。
- public void setBounds(int a,int b,int width,int height)设置窗口的初始位置是(a,b)，即距屏幕左面 a 个像素，距屏幕上方 b 个像素，窗口的宽是 width，高是 height。
- public void setSize(int width,int height)设置窗口的大小。
- public void setLocation(int x,int y)设置窗口的位置，默认位置是(0,0)。
- public void setVisible(boolean b)设置窗口是否可见，窗口默认是不可见的。
- public void setResizable(boolean b)设置窗口是否可调整大小，默认可调整大小。
- public void dispose()撤销当前窗口，并释放当前窗口所使用的资源。
- public void setExtendedState(int state) 设置窗口的扩展状态，其中参数 state 取 JFrame 类中的下列类常量：
  MAXIMIZED_HORIZ（水平方向最大化），
  MAXIMIZED_VERT（垂直方向最大化），
  MAXIMIZED_BOTH（水平、垂直方向都最大化）。
- public void setDefaultCloseOperation(int operation) 该方法用来设置单击窗体右上角的关闭图标后，程序会做出怎样的处理。其中的参数 operation 取 JFrame 类中的下列 int 型 static 常量，程序根据参数 operation 取值做出不同的处理：
  DO_NOTHING_ON_CLOSE（什么也不做），
  HIDE_ON_CLOSE（隐藏当前窗口），
  DISPOSE_ON_CLOSE（隐藏当前窗口，并释放窗体占有的其他资源），
  EXIT_ON_CLOSE（结束窗口所在的应用程序）。

例子 1 用 JFrame 创建了两个窗口，程序运行效果如图 9.2 所示。

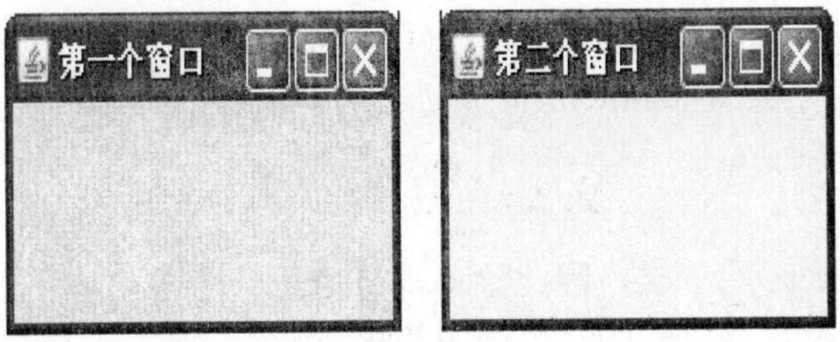

图 9.2 创建窗口

例子 1

Example9_1.java

```
import javax.swing.*;
import java.awt.*;
public class Example9_1 {
   public static void main(String args[]) {
```

```
        JFrame window1 = new JFrame("第一个窗口");
        JFrame window2 = new JFrame("第二个窗口");
        Container con = window1.getContentPane();
        con.setBackground(Color.yellow) ;          //设置窗口的背景色
        window1.setBounds(60,100,188,108);         //设置窗口在屏幕上的位置及大小
        window2.setBounds(260,100,188,108);
        window1.setVisible(true);
        window1.setDefaultCloseOperation(JFrame.DISPOSE_ON_CLOSE);
                                                   //释放当前窗口
        window2.setVisible(true);
        window2.setDefaultCloseOperation(JFrame.EXIT_ON_CLOSE);  //退出程序
    }
}
```

注：请读者注意单击“第一个窗口”和“第二个窗口”右上角的关闭图标后，程序运行效果的不同。

9.2.2 菜单条、菜单、菜单项

菜单条、菜单、菜单项是窗口常用的组件，菜单放在菜单条里，菜单项放在菜单里。

1．菜单条

JComponent 类的子类 JMenubar 负责创建菜单条，即 JMenubar 的一个实例就是一个菜单条。JFrame 类有一个将菜单条放置到窗口中的方法：

```
setJMenuBar(JMenuBar bar);
```

该方法将菜单条添加到窗口的顶端，需要注意的是，只能向窗口添加一个菜单条。

2．菜单

JComponent 类的子类 JMenu 负责创建菜单，即 JMenu 的一个实例就是一个菜单。

3．菜单项

JComponent 类的子类 JMenuItem 负责创建菜单项，即 JMenuItem 的一个实例就是一个菜单项。

4．嵌入子菜单

JMenu 是 JMenuItem 的子类，因此菜单本身也是一个菜单项，当把一个菜单看作菜单项添加到某个菜单中时，称这样的菜单为子菜单。

5．菜单上的图标

为了使菜单项有一个图标，可以用图标类 Icon 声明一个图标，然后使用其子类 ImageIcon 类创建一个图标，如：

```
Icon icon = new ImageIcon("a.gif");
```

然后菜单项调用 setIcon(Icon icon)方法将图标设置为 icon。

例子 2 在主类的 main 方法中用 JFrame 的子类创建一个含有菜单的窗口，效果如图 9.3 所示。

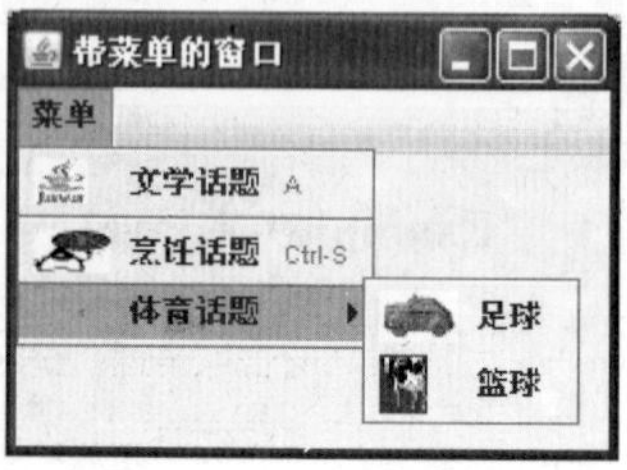

图 9.3 带菜单的窗口

例子 2

Example9_2.java

```
public class Example9_2 {
   public static void main(String args[]) {
      WindowMenu win = new WindowMenu("带菜单的窗口",20,30,200,190);
   }
}
```

WindowMenu.java

```
import javax.swing.*;
import java.awt.event.InputEvent;
import java.awt.event.KeyEvent;
import static javax.swing.JFrame.*;
public class WindowMenu extends JFrame {     //JFrame 的子类
    JMenuBar menubar;
    JMenu menu,subMenu;
    JMenuItem  item1,item2;
    public WindowMenu(){}
    public WindowMenu(String s,int x,int y,int w,int h) {
       init(s);
       setLocation(x,y);
       setSize(w,h);
       setVisible(true);
       setDefaultCloseOperation(DISPOSE_ON_CLOSE);
    }
    void init(String s){
       setTitle(s);
       menubar = new JMenuBar();
       menu = new JMenu("菜单");
       subMenu = new JMenu("软件项目");
       item1 = new JMenuItem("Java 话题",new ImageIcon("a.gif"));
       item2 = new JMenuItem("动画话题",new ImageIcon("b.gif"));
       item1.setAccelerator(KeyStroke.getKeyStroke('A'));
       item2.setAccelerator(KeyStroke.getKeyStroke (KeyEvent.VK_S,
       InputEvent.CTRL_MASK));
       menu.add(item1);
       menu.addSeparator();
       menu.add(item2);
       menu.add(subMenu);
       subMenu.add(new JMenuItem("汽车销售系统",new ImageIcon("c.gif")));
       subMenu.add(new JMenuItem("农场信息系统",new ImageIcon("d.gif")));
       menubar.add(menu);
       setJMenuBar(menubar);
```

```
        }
    }
```


9.3 常用组件与布局

本节列出一些常用的组件，读者可以查阅类库文档，了解这些组件的属性以及常用方法，也可以在命令行窗口反编译组件及时查看组件所具有的属性及常用方法，例如：

```
C:\>javap javax.swing.JComponent
```

9.3.1 常用组件

1．文本框

使用 JComponent 的子类 JTextField 创建文本框，允许用户在文本框中输入单行文本。

2．文本区

使用 JComponent 的子类 JTextArea 创建文本区，允许用户在文本区中输入多行文本。

3．按钮

使用 JComponent 的子类 JButton 创建按钮，允许用户单击按钮。

4．标签

使用 JComponent 的子类 JLabel 创建标签，标签为用户提供提示信息。

5．选择框

使用 JComponent 的子类 JCheckBox 类用来创建选择框，为用户提供多项选择。选择框的右面有个名字，并提供两种状态，一种是选中，另一种是未选中，用户通过单击该组件切换状态。

6．单选按钮

使用 JComponent 的子类 JRadioButton 创建单项选择框，为用户提供单项选择。

7．下拉列表

使用 JComponent 的子类 JComboBox 创建下拉列表，为用户提供单项选择。用户可以在下拉列表看到第一个选项和它旁边的箭头按钮，当用户单击箭头按钮时，选项列表打开。

8．密码框

可以使用 JComponent 的子类 JPasswordField 创建密码框。允许用户在密码框中输入单行密码，密码框的默认回显字符是'*'。密码框可以使用 setEchoChar(char c)重新设置回显字符，用户输入密码时，密码框只显示回显字符。密码框调用 char[] getPassword()方法可以返回用户在密码框中输入的密码。

例子 3 包含有上面提到的常用组件，效果如图 9.4 所示。

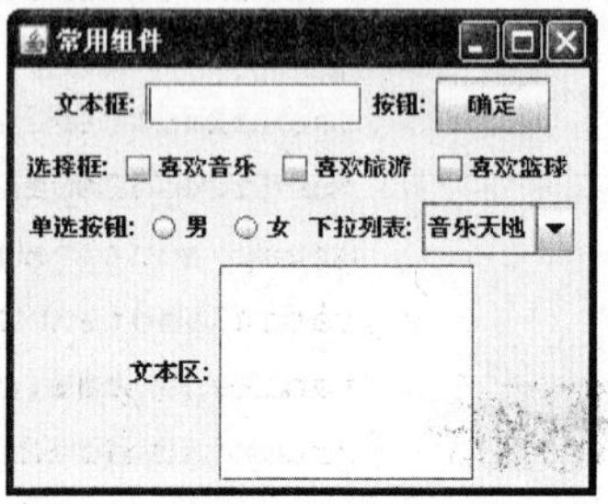

图 9.4　常用组件

例子 3

Example9_3.java

```
public class Example9_3 {
```

```
   public static void main(String args[]) {
      ComponentInWindow win = new ComponentInWindow();
      win.setBounds(100,100,310,260);
      win.setTitle("常用组件");
   }
}
```

ComponentInWindow.java

```
import java.awt.*;
import javax.swing.*;
public class ComponentInWindow extends JFrame {
   JTextField text;
   JButton button;
   JCheckBox checkBox1,checkBox2,checkBox3;
   JRadioButton radio1,radio2;
   ButtonGroup group;
   JComboBox comBox;
   JTextArea area;
   public ComponentInWindow() {
      init();
      setVisible(true);
      setDefaultCloseOperation(JFrame.EXIT_ON_CLOSE);
   }
   void init() {
      setLayout(new FlowLayout());
      add(new JLabel("文本框:"));
      text = new JTextField(10);
      add(text);
      add(new JLabel("按钮:"));
      button = new JButton("确定");
      add(button);
      add(new JLabel("选择框:"));
      checkBox1 = new JCheckBox("喜欢音乐");
      checkBox2 = new JCheckBox("喜欢旅游");
      checkBox3 = new JCheckBox("喜欢篮球");
      add(checkBox1);
      add(checkBox2);
      add(checkBox3);
      add(new JLabel("单选按钮:"));
      group = new ButtonGroup();
      radio1 = new JRadioButton("男");
      radio2 = new JRadioButton("女");
      group.add(radio1);
      group.add(radio2);
      add(radio1);
```

```
        add(radio2);
        add(new JLabel("下拉列表:"));
        comBox = new JComboBox();
        comBox.addItem("音乐天地");
        comBox.addItem("武术天地");
        comBox.addItem("象棋乐园");
        add(comBox);
        add(new JLabel("文本区:"));
        area = new JTextArea(6,12);
        add(new JScrollPane(area));
    }
}
```

9.3.2 常用容器

JComponent 是 Container 的子类，因此 JComponent 子类创建的组件也都是容器，但我们很少将 JButton、JTextFied、JCheckBox 等组件当容器来使用。JComponent 专门提供了一些经常用来添加组件的容器。相对于 JFrame 底层容器，本节提到的容器被习惯地称做中间容器，中间容器必须被添加到底层容器中才能发挥作用。

1．JPanel 面板

经常使用 JPanel 创建一个面板，再向这个面板添加组件，然后把这个面板添加到其他容器中。JPanel 面板的默认布局是 FlowLayout 布局。

2．滚动窗格 JScrollPane

滚动窗格只可以添加一个组件，可以把一个组件放到一个滚动窗格中，然后通过滚动条来观看该组件。JTextArea 不自带滚动条，因此就需要把文本区放到一个滚动窗格中。例如，JScrollPane scroll=new JScrollPane(new JTextArea());

3．拆分窗格 JSplitPane

顾名思义，拆分窗格就是被分成两部分的容器。拆分窗格有两种类型：水平拆分和垂直拆分。水平拆分窗格用一条拆分线把窗格分成左右两部分，左面放一个组件，右面放一个组件，拆分线可以水平移动。垂直拆分窗格用一条拆分线把窗格分成上下两部分，上面放一个组件，下面放一个组件，拆分线可以垂直移动。

JSplitPane 的两个常用的构造方法：

```
JSplitPane(int a,Component b,Component c)
```

参数 a 取 JSplitPane 的静态常量 HORIZONTAL_SPLIT 或 VERTICAL_SPLIT，以决定是水平还是垂直拆分。后两个参数决定要放置的组件。

```
JSplitPane(int a, boolean b,Component c,Component d)
```

参数 a 取 JSplitPane 的静态常量 HORIZONTAL_SPLIT 或 VERTICAL_SPLIT，以决定是水平还是垂直拆分，参数 b 决定当拆分线移动时，组件是否连续变化（true 是连续）。

4．JLayeredPane 分层窗格

如果添加到容器中的组件经常需要处理重叠问题，就可以考虑将组件添加到分层窗格。分层窗格分成 5 个层，分层窗格使用

```
add(Jcomponent com, int layer);
```

添加组件 com，并指定 com 所在的层，其中参数 layer 取值 JLayeredPane 类中的类常量：

```
DEFAULT_LAYER、PALETTE_LAYER、MODAL_LAYER、POPUP_LAYER、DRAG_LAYER。
```

DEFAULT_LAYER 是最底层，添加到 DEFAULT_LAYER 层的组件如果和其他层的组件发生重叠时，将被其他组件遮挡。DRAG_LAYER 层是最上面的层，如果分层窗格中添加了许多组件，当用户用鼠标移动一组件时，可以把该组件放到 DRAG_LAYER 层，这样，用户在移动组件过程中，该组件就不会被其他组件遮挡。添加到同一层上的组件，如果发生重叠，后添加的会遮挡先添加的组件。分层窗格调用 public void setLayer(Component c,int layer)可以重新设置组件 c 所在的层，调用 public int getLayer(Component c)可以获取组件 c 所在的层数。

9.3.3 常用布局

当把组件添加到容器中时，希望控制组件在容器中的位置，这就需要学习布局设计的知识。本节将分别介绍 java.awt 包中的 FlowLayout、BorderLayout、CardLayout、GridLayout 布局类。

容器可以使用方法：

```
setLayout(布局对象);
```

设置自己的布局。

1．FlowLayout 布局

FlowLayout 类创建的对象称做 FlowLayout 型布局。FlowLayout 型布局是 JPanel 型容器的默认布局，即 JPanel 及其子类创建的容器对象，如果不专门为其指定布局，则它们的布局就是 FlowLayout 型布局。

FlowLayout 类的一个常用构造方法如下：

```
FlowLayout();
```

该构造方法可以创建一个居中对齐的布局对象。例如：

```
FlowLayout flow = new FlowLayout();
```

如果一个容器 con 使用这个布局对象

```
con.setLayout(flow);
```

那么，con 可以使用 Container 类提供的 add 方法将组件顺序地添加到容器中，组件按照加入的先后顺序从左向右排列，一行排满之后就转到下一行继续从左至右排列，每一行中的

组件都居中排列，组件之间的默认水平和垂直间隙是 5 个像素。组件的大小为默认的最佳大小，比如，按钮的大小刚好能保证显示其上面的名字。对于添加到使用 FlowLayout 布局的容器中的组件，组件调用 setSize(int x,int y)设置的大小无效，如果需要改变最佳大小，组件需调用 public void setPreferredSize(Dimension preferredSize)设置大小，例如：

```
button.setPreferredSize(new Dimension(20,20));
```

FlowLayout 布局对象调用 setAlignment(int aligin)方法可以重新设置布局的对齐方式，其中 aligin 可以取值：

```
FlowLayout.LEFT、FlowLayout.CENTER、FlowLayout.RIGHT。
```

FlowLayout 布局对象调用 setHgap(int hgap)方法和 setVgap(int vgap)可以重新设置水平间隙和垂直间隙。

2．BorderLayout 布局

BorderLayout 布局是 Window 型容器的默认布局，例如 JFrame、JDialog 都是 Window 类的子类，它们的默认布局都是 BorderLayout 布局。BorderLayout 也是一种简单的布局策略，如果一个容器使用这种布局，那么容器空间简单地划分为东、西、南、北、中五个区域，中间的区域最大。每加入一个组件都应该指明把这个组件加在哪个区域中，区域由 BorderLayout 中的静态常量 CENTER、NORTH、SOUTH、WEST、EAST 表示，例如，一个使用 BorderLayout 布局的容器 con，可以使用 add 方法将一个组件 b 添加到中心区域：

```
con.add(b,BorderLayout.CENTER);
```

或

```
con.add(BorderLayout.CENTER,b);
```

添加到某个区域的组件将占据整个这个区域。每个区域只能放置一个组件，如果向某个已放置了组件的区域再放置一个组件，那么先前的组件将被后者替换掉。使用 BorderLayout 布局的容器最多能添加 5 个组件，如果容器中需要加入超过 5 个组件，就必须使用容器的嵌套或改用其他的布局策略。

3．CardLayout 布局

使用 CardLayout 的容器可以容纳多个组件，这些组件被层叠放入容器中，最先加入容器的是第一张（在最上面），依次向下排序。使用该布局的特点是，同一时刻容器只能从这些组件中选出一个来显示，就像叠“扑克牌”，每次只能显示其中的一张，这个被显示的组件将占据所有的容器空间。

假设有一个容器 con，那么，使用 CardLayout 的一般步骤如下。

- 创建 CardLayout 对象作为布局，如：

```
CardLayout card = new CardLayout();
```

- 使用容器的 setLayout()方法为容器设置布局，如：

```
con.setLayout(card);
```

- 容器调用 add(String s,Component b)将组件 b 加入容器，并给出了显示该组件的代号 s。组件的代号是一个字符串，和组件的名字没有必然联系，但是，不同的组件代号必须互不相同。最先加入 con 的是第一张，依次排序。
- 创建的布局 card 用 CardLayout 类提供的 show()方法，显示容器 con 中组件代号为 s 的组件：card.show(con,s);。

也可以按组件加入容器的顺序显示组件：card.first(con)显示 con 中的第一个组件；card.last(con)显示 con 中最后一个组件；card.next(con)显示当前正在被显示的组件的下一个组件；card.previous(con)显示当前正在被显示的组件的前一个组件。

4．GridLayout 布局

GridLayout 是使用较多的布局编辑器，其基本布局策略是把容器划分成若干行乘若干列的网格区域，组件就位于这些划分出来的小格中。GridLayout 比较灵活，划分多少网格由程序自由控制，而且组件定位也比较精确，使用 GridLayout 布局编辑器的一般步骤如下。

- 使用 GridLayout 的构造方法 GridLayout(int m,int n)创建布局对象，指定划分网格的行数 m 和列数 n，例如：

```
GridLayout grid = new GridLayout(10,8);
```

- 使用 GridLayout 布局的容器调用方法 add(Component c)将组件 c 加入容器，组件进入容器的顺序将按照第一行第一个、第一行第二个、……、第一行最后一个、第二行第一个、……、最后一行第一个、……、最后一行最后一个排列。

使用 GridLayout 布局的容器最多可添加 m×n 个组件。GridLayout 布局中每个网格都是相同大小并且强制组件与网格的大小相同。

由于 GridLayout 布局中每个网格都是相同大小并且强制组件与网格的大小相同，使得容器中的每个组件也都是相同的大小，显得很不自然。为了克服这个缺点，你可以使用容器嵌套。如，一个容器使用 GridLayout 布局，将容器分为三行一列的网格，那么你可以把另一个容器添加到某个网格中，而添加的这个容器又可以设置为 GridLayout 布局、FlowLayout 布局、CardLayout 布局或 BorderLayout 布局等。利用这种嵌套方法，可以设计出符合一定需要的布局。

下面例子 4 是利用 GridLayout 布局模拟的国际象棋棋盘，效果如图 9.5 所示。

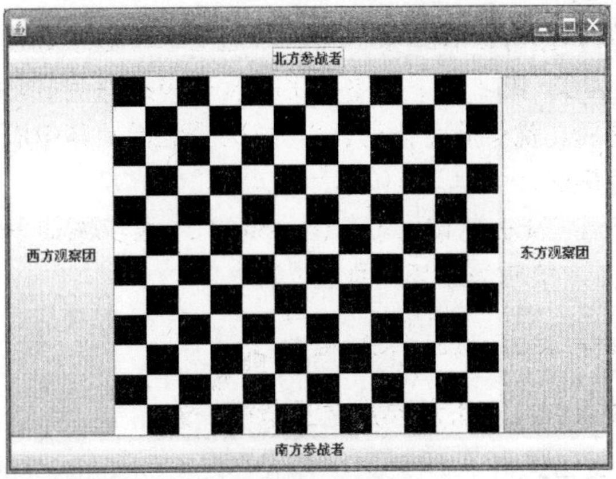

图 9.5　模拟棋盘

例子 4

Example9_4.java

```
import javax.swing.*;
import java.awt.*;
public class Example9_4 {
   public static void main(String args[]) {
      new WinGrid();
   }
}
class WinGrid extends JFrame {
   GridLayout grid;
   JPanel chessboard;
   WinGrid() {
      chessboard = new JPanel();
      grid=new GridLayout(12,12);
      chessboard.setLayout(grid);
      Label label[][]=new Label[12][12];
      for(int i=0;i<12;i++) {
            for(int j=0;j<12;j++) {
               label[i][j]=new Label();
               if((i+j)%2==0)
                  label[i][j].setBackground(Color.black);
               else
                  label[i][j].setBackground(Color.white);
               chessboard.add(label[i][j]);
            }
         }
      add(chessboard,BorderLayout.CENTER);
      add(new JButton("北方参战者"),BorderLayout.NORTH);
      add(new JButton("南方参战者"),BorderLayout.SOUTH);
      add(new JButton("西方观察团"),BorderLayout.WEST);
      add(new JButton("东方观察团"),BorderLayout.EAST);
      setBounds(10,10,570,390);
      setVisible(true);
      setDefaultCloseOperation(JFrame.EXIT_ON_CLOSE);
      validate();
   }
}
```

5. BoxLayout 布局

用 BoxLayout 类可以创建一个布局对象，称为盒式布局。BoxLayout 在 javax.swing.border 包中。javax.swing 包提供了 Box 类，该类也是 Container 类的一个子类，创建的容器称做一个盒式容器，盒式容器的默认布局是盒式布局，而且不允许更改盒式容器的布局。

因此，在策划程序的布局时，可以利用容器的嵌套，将某个容器嵌入几个盒式容器，达到你的布局目的。

使用盒式布局的容器将组件排列在一行或一列，这取决于创建盒式布局对象时，是否指定了行排列还是列排列。使用 BoxLayout 的构造方法 BoxLayout(Container con ,int axis)可以创建一个盒式布局对象，参数 axis 的有效值是 BoxLayout.X_AXIS 和 BoxLayout.Y_AXIS。该参数 axis 的取值决定盒式布局是行型盒式布局或列型盒式布局。使用行（列）型盒式布局的容器将组件排列在一行（列），组件按加入的先后顺序从左（上）向右（下）排列，容器的两端是剩余的空间。和 FlowLayout 布局不同的是，使用行型盒式布局的容器只有一行（列），即使组件再多，也不会延伸到下一行（列），这些组件可能会被缩小大小，紧缩在这一行（列）中。

行型盒式布局容器中添加的组件的上沿在同一水平线上。列型盒式布局容器中添加的组件的左沿在同一垂直线上。

容器的目的是向其添加组件，并根据需要设置合理的布局。如果需要一个盒式布局的容器，可以使用 Box 类的类（静态）方法 createHorizontalBox()获得一个具有行型盒式布局的盒式容器；使用 Box 类的类（静态）方法 createVerticalBox()获得一个具有列型盒式布局的盒式容器。

如果想控制盒式布局容器中组件之间的距离，就需要使用水平支撑组件或垂直支撑组件。

Box 类调用静态方法 createHorizontalStrut(int width)可以得到一个不可见的水平 Strut 对象，称做水平支撑。该水平支撑的高度为 0，宽度是 width。

Box 类调用静态方法 createVerticalStrut(int height)可以得到一个不可见的垂直 Strut 对象，称做垂直支撑。参数 height 决定垂直支撑的高度，垂直支撑的宽度为 0。

一个行型盒式布局的容器，可以在组件之间插入水平支撑来控制组件之间的距离。一个列型盒式布局的容器，可以在组件之间插入垂直支撑来控制组件之间的距离。

下面的例子 5 中，有两个列型盒式容器 boxV1、boxV2 和一个行型盒式容器 baseBox。在列型盒式容器的组件之间添加垂直支撑，控制组件之间的距离，将 boxV1、boxV2 添加到 baseBox 中，并在它们之间添加了水平支撑。程序运行效果如图 9.6 所示。

图 9.6 嵌套 Box 容器的窗口

例子 5

Example9_5.java

```
public class Example9_5 {
   public static void main(String args[]) {
      WindowBoxLayout win=
      new WindowBoxLayout();
```

```
        win.setBounds(100,100,310,260);
        win.setTitle("嵌套盒式布局容器");
    }
}
```

WindowBoxLayout.java

```
import javax.swing.*;
public class WindowBoxLayout extends JFrame {
    Box baseBox,boxV1,boxV2;
    public WindowBoxLayout() {
        setLayout(new java.awt.FlowLayout());
        init();
        setVisible(true);
        setDefaultCloseOperation(JFrame.EXIT_ON_CLOSE);
    }
    void init() {
        boxV1=Box.createVerticalBox();
        boxV1.add(new JLabel("姓名"));
        boxV1.add(Box.createVerticalStrut(8));
        boxV1.add(new JLabel("email"));
        boxV1.add(Box.createVerticalStrut(8));
        boxV1.add(new JLabel("职业"));
        boxV2=Box.createVerticalBox();
        boxV2.add(new JTextField(10));
        boxV2.add(Box.createVerticalStrut(8));
        boxV2.add(new JTextField(10));
        boxV2.add(Box.createVerticalStrut(8));
        boxV2.add(new JTextField(10));
        baseBox=Box.createHorizontalBox();
        baseBox.add(boxV1);
        baseBox.add(Box.createHorizontalStrut(10));
        baseBox.add(boxV2);
        add(baseBox);
    }
}
```

6．null 布局

可以把一个容器的布局设置为 null 布局(空布局)。空布局容器可以准确地定位组件在容器的位置和大小。setBounds(int a,int b,int width,int height)方法是所有组件都拥有的一个方法，组件调用该方法可以设置本身的大小和在容器中的位置。

例如，p 是某个容器，

```
p.setLayout(null);
```

把 p 的布局设置为空布局。

向空布局的容器 p 添加一个组件 c 需要两个步骤。首先，容器 p 使用 add(c)方法添加组件，然后组件 c 再调用 setBounds(int a,int b,int width,int height)方法设置该组件在容器 p 中的位置和本身的大小。组件都是一个矩形结构，方法中的参数 a，b 是组件 c 的左上角在容器 p 中的位置坐标，即该组件距容器 p 左面 a 个像素，距容器 p 上方 b 个像素，width，height 是组件 c 的宽和高。

9.4 处理事件

学习组件除了要熟悉组件的属性和功能外，一个更重要的方面是学习怎样处理组件上发生的界面事件。当用户在文本框中键入文本后按回车键、单击按钮、在一个下拉式列表中选择一个条目等操作时，都发生界面事件。程序有时需对发生的事件做出反应，来实现特定的任务，例如，用户单击一个名字叫“确定”或名字叫“取消”的按钮，程序可能需要做出不同的处理。

9.4.1 事件处理模式

在学习处理事件时，必须很好地掌握事件源、监视器、处理事件的接口这三个概念。

1．事件源

能够产生事件的对象都可以成为事件源，如文本框、按钮、下拉式列表等。也就是说，事件源必须是一个对象，而且这个对象必须是 Java 认为能够发生事件的对象。

2．监视器

需要一个对象对事件源进行监视，以便对发生的事件做出处理。事件源通过调用相应的方法将某个对象注册为自己的监视器。例如，对于文本框，这个方法是：

```
addActionListener(监视器);
```

对于注册了监视器的文本框，在文本框获得输入焦点后，如果用户按回车键，Java 运行环境就自动用 ActionEvent 类创建一个对象，即发生了 ActionEvent 事件。也就是说，事件源注册监视器之后，相应的操作就会导致相应事件的发生，并通知监视器，监视器就会做出相应的处理。

3．处理事件的接口

监视器负责处理事件源发生的事件。监视器是一个对象，为了处理事件源发生的事件，监视器这个对象会自动调用一个方法来处理事件（对象只有调用方法才能产生行为）。那么监视器去调用哪个方法呢？我们已经知道，对象可以调用创建它的那个类中的方法，那么它到底调用该类中的哪个方法呢？Java 规定：为了让监视器这个对象能对事件源发生的事件进行处理，创建该监视器对象的类必须声明实现相应的接口，即必须在类体中重写接口中所有方法，那么当事件源发生事件时，监视器就自动调用被类重写的接口方法。

简单的说，Java 要求监视器必须和一个专用于处理事件的方法实施绑定，为了达到此目的，要求创建监视器的类必须实现 Java 规定的接口，该接口中有专用于处理事件的方法。

事件处理模式如图 9.7 所示。

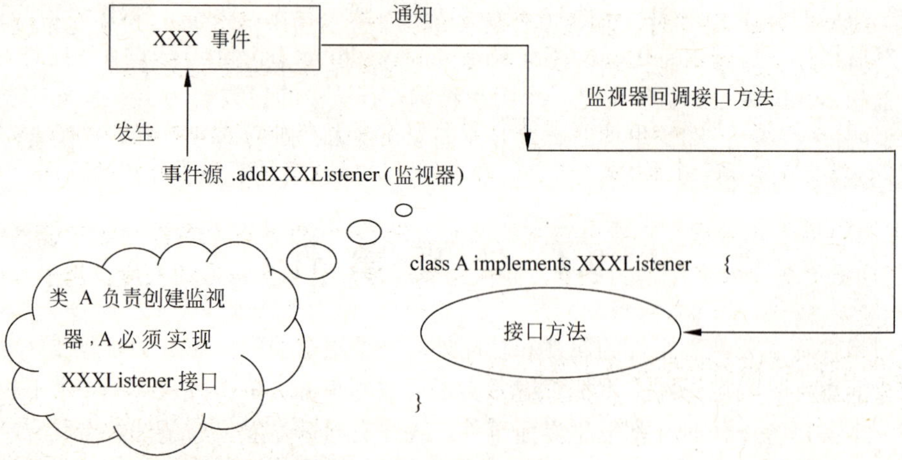

图 9.7 事件处理示意图

9.4.2 ActionEvent 事件

理解

1．ActionEvent 事件源

文本框、按钮、菜单项、密码框和单选按钮都可以触发 ActionEvent 事件，即都可以成为 ActionEvent 事件的事件源。比如，对于注册了监视器的文本框，在文本框获得输入焦点后，如果用户按回车键，Java 运行环境就自动用 ActionEvent 类创建一个对象，即触发 ActionEvent 事件；对于注册了监视器的按钮，如果用户单击按钮，就会触发 ActionEvent 事件；对于注册了监视器的菜单项，如果用户选中该菜单项，就会触发 ActionEvent 事件；如果用户选择了某个单选按钮，就会触发 ActionEvent 事件。

2．注册监视器

Java 规定能触发 ActionEvent 事件的组件使用方法 addActionListener(ActionListener listen)将实现 ActionListener 接口的类的实例注册为事件源的监视器，也就是说，Java 提供的这个方法的参数是接口类型，即 Java 是面向接口设计的这个方法（建议读者复习 6.7 节，6.8 节进一步体会面向接口设计的优点）。

3．ActionListener 接口

ActionListener 接口在 java.awt.event 包中，该接口中只有一个方法 public void actionPerformed(ActionEvent e)。

事件源触发 ActionEvent 事件后，监视器调用接口中的方法 actionPerformed (ActionEvent e)对发生的事件做出处理。当监视器调用 actionPerformed(ActionEvent e)方法时，ActionEvent 类事先创建的事件对象就会传递给该方法的参数 e。

4．ActionEvent 类中的方法

ActionEvent 类有如下常用的方法：

- public Object getSource() 该方法是从 Event 继承的方法，ActionEvent 事件对象调用该方法可以获取发生 ActionEvent 事件的事件源对象的引用，即 getSource()方法将事件源上转型为 Object 对象，并返回这个上转型对象的引用。
- public String getActionCommand() ActionEvent 对象调用该方法可以获取发生

ActionEvent 事件时，和该事件相关的一个“命令”字符串，对于文本框，当发生 ActionEvent 事件时，默认的“命令”字符串是文本框中的文本。

注：能触发 ActionEvent 事件的事件源可以事先使用 setCommand(String s)设置触发事件后封装到事件中的一个称做“命令”的字符串，以改变封装到事件中的默认“命令”。

下面的例子 6 处理文本框上触发的 ActionEvent 事件。在文本框 text 中输入字符串回车，监视器负责计算字符串的长度，并在命令行窗口显示字符串的长度。例子 6 程序运行效果如图 9.8 和图 9.9 所示。

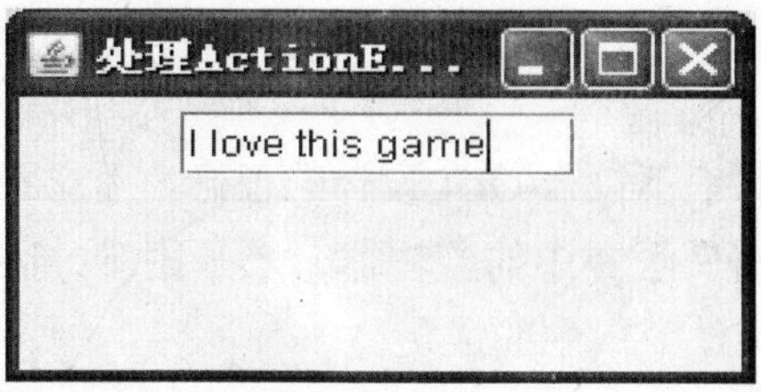

图 9.8　事件源触发事件

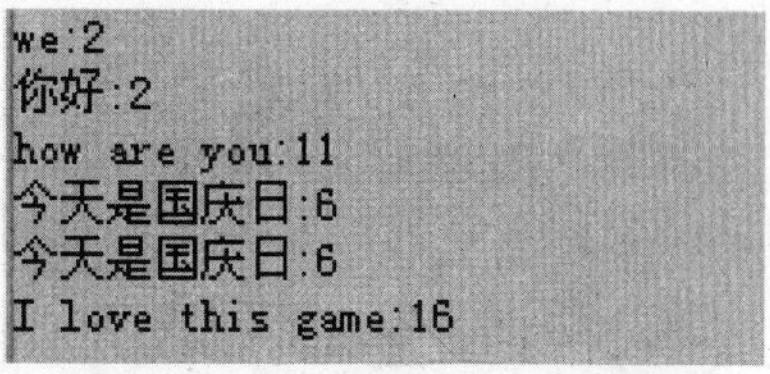

图 9.9　监视器负责处理事件

例子 6

Example9_6.java

```
public class Example9_6 {
   public static void main(String args[]) {
      WindowActionEvent win=new WindowActionEvent();
      win.setTitle("处理 ActionEvent 事件");
      win.setBounds(100,100,310,260);
   }
}
```

WindowActionEvent.java

```
import java.awt.*;
import javax.swing.*;
import java.awt.event.*;
public class WindowActionEvent extends JFrame {
   JTextField text;
   ActionListener listener;                   //listener是监视器
   public WindowActionEvent() {
      setLayout(new FlowLayout());
      text = new JTextField(10);
      add(text);
      listener = new ReaderListen();          //创建监视器
      text.addActionListener(listener);   //text将listener注册为自己的监视器
      setVisible(true);
      setDefaultCloseOperation(JFrame.EXIT_ON_CLOSE);
```

```
    }
}
```

ReaderListen.java

```
import java.awt.event.*;
public class ReaderListen implements ActionListener {  //负责创建监视器的类
   public void actionPerformed(ActionEvent e) {
      String str = e.getActionCommand();   //获取封装在事件中的“命令”字符串
      System.out.println(str+":"+str.length());
   }
}
```

在例子 6 中，监视器在命令行窗口输出内容似乎不符合 GUI 设计的理念，用户希望在窗口的某个组件，比如文本区中看到结果，这就给例子 6 中的监视器带来了困难，因为例子 6 中编写的创建监视器的 ReaderListen 类无法操作窗口中的成员。

现在来改变例子 6 中的 ReaderListen 类。在第 4 章讲过，利用组合可以让一个对象来操作另一个对象，即当前对象可以委托它所组合的另一个对象调用方法产生行为（见 4.6 节）。因此，可以在创建监视器的类中增加 JTextArea 类型的成员（即组合 JTextArea 类型的成员），以便引用、操作 WindowActionEvent 中的文本区。

下面例子 7 中的监视器 PoliceListen 与例子 6 中的 ReaderListen 略有不同，PoliceListen 类实现了 ActionListerner 接口的子接口 MyCommand-Listener（我们自己写的一个接口）。

当用户在文本框中输入字符串回车或单击按钮（按钮可以触发 ActionEvent 事件，当按钮获得监视器之后，如果激活按钮，比如用鼠标单击按钮或按钮获得焦点时按下空格键，就可以触发 ActionEvent 事件），PoliceListen 监视器将字符串的长度显示在一个文本区中。运行效果如图 9.10 所示。

图 9.10　处理 ActionEvent 事件

例子 7

Example9_7.java

```
public class Example9_7 {
   public static void main(String args[]) {
      WindowActionEvent win=new WindowActionEvent();
      PoliceListen police = new PoliceListen();        //创建监视器
      win.setMyCommandListener(police);                //窗口组合监视器
      win.setBounds(100,100,460,360);
      win.setTitle("处理 ActionEvent 事件");
   }
}
```

WindowActionEvent.java

```
import java.awt.*;
import javax.swing.*;
public class WindowActionEvent extends JFrame {
   JTextField inputText;
   JTextArea textShow;
   JButton button;
   MyCommandListener listener;
   public WindowActionEvent() {
      init();
      setVisible(true);
      setDefaultCloseOperation(JFrame.EXIT_ON_CLOSE);
   }
   void init() {
      setLayout(new FlowLayout());
      inputText = new JTextField(10);
      button = new JButton("确定");
      textShow = new JTextArea(9,30);
      add(inputText);
      add(button);
      add(new JScrollPane(textShow));
   }
   void setMyCommandListener(MyCommandListener listener) {
      this.listener = listener;
      listener.setJTextField(inputText);
      listener.setJTextArea(textShow);
      inputText.addActionListener(listener);
                                          //inputText是事件源,listener是监视器
      button.addActionListener(listener);
                                          //button是事件源,listener是监视器
   }
}
```

MyCommandListener.java

```
import javax.swing.*;
import java.awt.event.*;
public interface MyCommandListener extends ActionListener {//子接口多给出了2个方法
    public void setJTextField(JTextField text);
    public void setJTextArea(JTextArea area);
}
```

PoliceListen.java

```
import java.awt.event.*;
import javax.swing.*;
```

```
public class PoliceListen implements MyCommandListener {//负责创建监视器的类
   JTextField textInput;
   JTextArea textShow;
   public void setJTextField(JTextField text) {
      textInput = text;
   }
   public void setJTextArea(JTextArea area) {
      textShow = area;
   }
   public void actionPerformed(ActionEvent e) {
      String str = textInput.getText();
      textShow.append(str+"的长度:"+str.length()+"\n");
   }
}
```

注：Java 的事件处理是基于授权模式，即事件源调用方法将某个对象注册为自己的监视器。领会了上述例子 5 和例子 6，对学习事件处理就不会有太大的困难了，其原因是，处理相应的事件使用相应的接口，在今后的学习中会自然的掌握。

注：例子 6 中，如果用户程序（主类）需要更换新的监视器，以便统计字符串中的单词，那么系统只要再增加一个实现 MyCommandListener 接口的类即可（负责统计单词），不需要修改现有框架中的 WindowActionEvent 窗口和 PoliceListen 的代码（建议读者复习 6.9 节,以便巩固面向接口的编程思想）。

9.4.3 ItemEvent 事件

1．ItemEvent 事件源

选择框、下拉列表都可以触发 ItemEvent 事件。选择框提供两种状态，一种是选中，另一种是未选中，对于注册了监视器的选择框，当用户的操作使得选择框从未选中状态变成选中状态或从选中状态变成未选中状态时就触发 ItemEvent 事件；同样，对于注册了监视器的下拉列表，如果用户选中下拉列表中的某个选项，就会触发 ItemEvent 事件。

2．注册监视器

能触发 ItemEvent 事件的组件使用 addItemListener(ItemListener listen) 将实现 ItemListener 接口的类的实例注册为事件源的监视器。

3．ItemListener 接口

ItemListener 接口在 java.awt.event 包中，该接口中只有一个方法 public void itemStateChanged(ItemEvent e)。

事件源触发 ItemEvent 事件后，监视器将发现触发的 ItemEvent 事件，然后调用接口中的 itemStateChanged(ItemEvent e) 方法对发生的事件做出处理。当监视器调用 itemStateChanged(ItemEvent e)方法时，ItemEvent 类事先创建的事件对象就会传递给该方法的参数 e。

ItemEvent 事件对象除了可以使用 getSource()方法返回发生 ItemEvent 事件的事件源

外，也可以使用 getItemSelectable()方法返回发生 ItemEvent 事件的事件源。

下面的例子 8 是简单的计算器（程序运行效果如图 9.11 所示），实现如下功能：

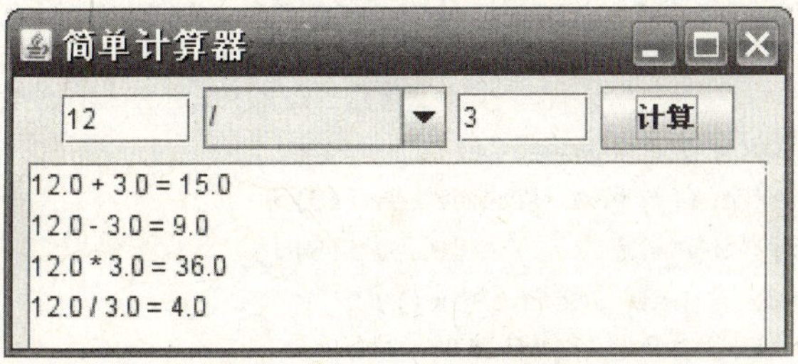

图 9.11　处理 ItemEvent 和 ActionEvent 事件

- 用户在窗口（WindowOperation 类负责创建）中的两个文本框中输入参与运算的两个操作数。
- 用户在下拉列表中选择运算符将触发 ItemEvent 事件，ItemEvent 事件的监视器 operator（OperatorListener 类负责创建）获得运算符，并将运算符传递给 ActionEvent 事件的监视器 computer。
- 用户单击按钮触发 ActionEvent 事件，监视器 computer（ComputerListener 类负责创建）给出运算结果。

例子 8

Example9_8.java

```
public class Example9_8 {
   public static void main(String args[]) {
      WindowOperation win=new WindowOperation();
      win.setBounds(100,100,390,360);
      win.setTitle("简单计算器");
   }
}
```

WindowOperation.java

```
import java.awt.*;
import javax.swing.*;
import java.io.*;
public class WindowOperation extends JFrame {
   JTextField inputNumberOne,inputNumberTwo;
   JComboBox choiceFuhao;
   JTextArea textShow;
   JButton button;
   OperatorListener operator;          //监视 ItemEvent 事件的监视器
   ComputerListener computer;          //监视 ActionEvent 事件的监视器
   public WindowOperation() {
```

```
        init();
        setVisible(true);
        setDefaultCloseOperation(JFrame.EXIT_ON_CLOSE);
    }
    void init() {
        setLayout(new FlowLayout());
        inputNumberOne = new JTextField(5);
        inputNumberTwo = new JTextField(5);
        choiceFuhao = new JComboBox();
        button = new JButton("计算");
        choiceFuhao.addItem("选择运算符号:");
        String [] a = {"+","-","*","/"};
        for(int i=0;i<a.length;i++) {
            choiceFuhao.addItem(a[i]);
        }
        textShow = new JTextArea(9,30);
        operator = new OperatorListener();
        computer = new ComputerListener();
        operator.setJComboBox(choiceFuhao);
        operator.setWorkTogether(computer);
        computer.setJTextFieldOne(inputNumberOne);
        computer.setJTextFieldTwo(inputNumberTwo);
        computer.setJTextArea(textShow);
        choiceFuhao.addItemListener(operator);
                                    //choiceFuhao是事件源,operator是监视器
        button.addActionListener(computer); //button是事件源,computer是监视器
        add(inputNumberOne);
        add(choiceFuhao);
        add(inputNumberTwo);
        add(button);
        add(new JScrollPane(textShow));
    }
}
```

OperatorListener.java

```
import java.awt.event.*;
import javax.swing.*;
public class OperatorListener implements ItemListener {
    JComboBox choice;
    ComputerListener workTogether;
    public void setJComboBox(JComboBox box) {
        choice = box;
    }
    public void setWorkTogether(ComputerListener computer) {
        workTogether = computer;
```

```
    }
    public void itemStateChanged(ItemEvent e) {
       String fuhao = choice.getSelectedItem().toString();
       workTogether.setFuhao(fuhao);
    }
}
```

ComputerListener.java

```
import java.awt.event.*;
import javax.swing.*;
public class ComputerListener implements ActionListener {
   JTextField inputNumberOne,inputNumberTwo;
   JTextArea textShow;
   String fuhao;
   public void setJTextFieldOne(JTextField t) {
      inputNumberOne = t;
   }
   public void setJTextFieldTwo(JTextField t) {
      inputNumberTwo = t;
   }
   public void setJTextArea(JTextArea area) {
      textShow = area;
   }
   public void setFuhao(String s) {
      fuhao = s;
   }
   public void actionPerformed(ActionEvent e) {
      try {
            double number1 = Double.parseDouble(inputNumberOne.getText());
            double number2 = Double.parseDouble(inputNumberTwo.getText());
            double result = 0;
            if(fuhao.equals("+")) {
                result = number1+number2;
            }
            else if(fuhao.equals("-")) {
                result = number1-number2;
            }
            else if(fuhao.equals("*")) {
                result = number1*number2;
            }
            else if(fuhao.equals("/")) {
                result = number1/number2;
            }
            textShow.append(number1+" "+fuhao+" "+number2+" = "+result+
            "\n");
```

```
            }
            catch(Exception exp) {
                  textShow.append("\n 请输入数字字符\n");
            }
        }
    }
```

9.4.4 DocumentEvent 事件

1．DocumentEvent 事件源

文本区含有一个实现 Document 接口的实例，该实例被称做文本区所维护的文档，文本区调用 getDocument()方法返回所维护的文档。文本区所维护的文档能触发 DocumentEvent 事件。需要特别注意的是，DocumentEvent 类不在 java.awt.event 包中，而是在 javax.swing.event 包中。用户在文本区中进行文本编辑操作，使得文本区中的文本内容发生变化，将导致文本区所维护的文档模型中的数据发生变化，从而导致文本区所维护的文档触发 DocumentEvent 事件。

2．注册监视器

能触发 DocumentEvent 事件的事件源使用 addDocumentListener(DocumentListener listen)将实现 DocumentListener 接口的类的实例注册为事件源的监视器。

3．DocumentListener 接口

DocumentListener 接口在 javax.swing.event 包中，该接口中有三个方法：

```
public void changedUpdate(DocumentEvent e)
public void removeUpdate(DocumentEvent e)
public void insertUpdate(DocumentEvent e)
```

事件源触发 DocumentEvent 事件后，监视器将发现触发的 DocumentEvent 事件，然后调用接口中的相应方法对发生的事件做出处理。

图 9.12　处理 DocumentEvent 事件

在下面的例子 9（运行效果如图 9.12 所示）将用户在一个文本区输入的单词按字典序排序后放入另一个文本区，实现如下功能：

- 用户在窗口（WindowDocument 类负责创建）中的一个文本区 inputArea 内编辑单词，触发 DocumentEvent 事件，监视器 textListener（TextListener 类负责创建）通过处理该事件将该文本区的单词排序，并将排序结果放入另一个文本区 showTextArea 中，即随着文本区 inputArea 内容的变化，另一个文本区 showTextArea 不断地更新排序。
- 用户选择名字为“复制（C）”copy 的菜单项触发 ActionEvent 事件，监视器 handle（HandleListener 类负责创建）将用户在 showTextArea 选中的文本复制到剪贴板。
- 用户选择名字为“剪切（T）”的菜单项触发 ActionEvent 事件，监视器 handle（HandleListener 类负责创建）将用户在 showTextArea 选中的文本剪切到剪贴板。

- 用户选择名字为“粘贴（P）”的菜单项的按钮触发 ActionEvent 事件，监视器 handle（HandleListener 类负责创建）将剪贴板的内容粘贴到 inputArea。

例子 9

Example9_9.java

```
public class Example9_9 {
   public static void main(String args[]) {
      WindowDocument win=new WindowDocument();
      win.setBounds(100,100,590,500);
      win.setTitle("排序单词");
   }
}
```

WindowDocument.java

```
import java.awt.*;
import javax.swing.event.*;
import javax.swing.*;
import java.awt.event.*;
public class WindowDocument extends JFrame {
   JTextArea inputText,showText;
   JMenuBar menubar;
   JMenu menu;
   JMenuItem  itemCopy,itemCut,itemPaste;
   TextListener textChangeListener;  //inputText 的监视器
   HandleListener handleListener;  //itemCopy,itemCut,itemPaste 的监视器
   WindowDocument() {
      init();
      setLayout(new FlowLayout());
      setVisible(true);
      setDefaultCloseOperation(JFrame.EXIT_ON_CLOSE);
   }
   void init() {
      inputText = new JTextArea(15,20);
      showText = new JTextArea(15,20);
      showText.setLineWrap(true);      //文本自动回行
      showText.setWrapStyleWord(true);  //文本区以单词为界自动换行
      menubar = new JMenuBar();
      menu = new JMenu("编辑");
      itemCopy = new JMenuItem("复制(C)");
      itemCut = new JMenuItem("剪切(T)");
      itemPaste = new JMenuItem("粘贴(P)");
      itemCopy.setAccelerator(KeyStroke.getKeyStroke('c'));//设置快捷方式
      itemCut.setAccelerator(KeyStroke.getKeyStroke('t'));
```

```
        itemPaste.setAccelerator(KeyStroke.getKeyStroke('p'));//设置快捷方式
        itemCopy.setActionCommand("copy");
        itemCut.setActionCommand("cut");
        itemPaste.setActionCommand("paste");
        menu.add(itemCopy);
        menu.add(itemCut);
        menu.add(itemPaste);
        menubar.add(menu);
        setJMenuBar(menubar);
        add(new JScrollPane(inputText));
        add(new JScrollPane(showText));
        textChangeListener = new TextListener();
        handleListener = new HandleListener();
        textChangeListener.setInputText(inputText);
        textChangeListener.setShowText(showText);
        handleListener.setInputText(inputText);
        handleListener.setShowText(showText);
        (inputText.getDocument()).addDocumentListener (textChangeListener);
                                                          //向文档注册监视器
        itemCopy.addActionListener(handleListener);    //向菜单项注册监视器
        itemCut.addActionListener(handleListener);
        itemPaste.addActionListener(handleListener);
    }
}
```

TextListener.java

```
import java.awt.event.*;
import java.io.*;
import javax.swing.event.*;
import javax.swing.*;
import java.util.*;
public class TextListener implements DocumentListener {
    JTextArea inputText,showText;
    public void setInputText(JTextArea text) {
        inputText = text;
    }
    public void setShowText(JTextArea text) {
        showText = text;
    }
    public void changedUpdate(DocumentEvent e) {
        String str=inputText.getText();
       //空格、数字和符号(!"#$%&'()*+,-./:;<=>?@[\]^_`{|}~)组成的正则表达式
        String regex="[\\s\\d\\p{Punct}]+";
        String words[]=str.split(regex);
        Arrays.sort(words);       //按字典序从小到大排序
```

```
        showText.setText(null);
        for(int i=0;i<words.length;i++)
            showText.append(words[i]+",");
    }
    public void removeUpdate(DocumentEvent e) {
        changedUpdate(e);
    }
    public void insertUpdate(DocumentEvent e) {
        changedUpdate(e);
    }
}
```

HandleListener.java

```
import java.awt.event.*;
import javax.swing.*;
public class HandleListener implements ActionListener {
    JTextArea inputText,showText;
    public void setInputText(JTextArea text) {
        inputText = text;
    }
    public void setShowText(JTextArea text) {
        showText = text;
    }
    public void actionPerformed(ActionEvent e) {
        String str=e.getActionCommand();
        if(str.equals("copy"))
            showText.copy();
        else if(str.equals("cut"))
            showText.cut();
        else if(str.equals("paste"))
            inputText.paste();
    }
}
```

9.4.5 MouseEvent 事件

任何组件上都可以发生鼠标事件，如鼠标进入组件、退出组件、在组件上方单击鼠标、拖动鼠标等都触发鼠标事件，即导致 MouseEvent 类自动创建一个事件对象。事件源注册监视器的方法是 addMouseListener(MouseListener listener)。

1．使用 MouseListener 接口处理鼠标事件

使用 MouseListener 接口可以处理以下 5 种操作触发的鼠标事件：

- 在事件源上按下鼠标键。
- 在事件源上释放鼠标键。

- 在事件源上单击鼠标。
- 鼠标进入事件源。
- 鼠标退出事件源。

MouseEvent 类中有下列几个重要的方法：

- getX() 获取鼠标指针在事件源坐标系中的 x-坐标。
- getY() 获取鼠标指针在事件源坐标系中的 y-坐标。
- getModifiers() 获取鼠标的左键或右键。鼠标的左键和右键分别使用 InputEvent 类中的常量 BUTTON1_MASK 和 BUTTON3_MASK 来表示。
- getClickCount() 获取鼠标被单击的次数。
- getSource() 获取发生鼠标事件的事件源。

MouseListener 接口中有如下方法：

- mousePressed(MouseEvent) 负责处理在组件上按下鼠标键触发的鼠标事件。即，当你在事件源按下鼠标键时，监视器调用接口中的这个方法对事件做出处理。
- mouseReleased(MouseEvent) 负责处理在组件上释放鼠标键触发的鼠标事件。即，当你在事件源释放鼠标键时，监视器调用接口中的这个方法对事件做出处理。
- mouseEntered(MouseEvent) 负责处理鼠标进入组件触发的鼠标事件。即，当鼠标指针进入组件时，监视器调用接口中的这个方法对事件做出处理。
- mouseExited(MouseEvent) 负责处理鼠标离开组件触发的鼠标事件。即，当鼠标指针离开容器时，监视器调用接口中的这个方法对事件做出处理。
- mouseClicked(MouseEvent) 负责处理在组件上单击鼠标键触发的鼠标事件。即，当单击鼠标键时，监视器调用接口中的这个方法对事件做出处理。

下面的例子 10 中，分别监视按钮、文本框和窗口上的鼠标事件，当发生鼠标事件时，获取鼠标指针的坐标值，注意，事件源的坐标系的左上角是原点。

例子 10

Example9_10.java

```
public class Example9_10 {
   public static void main(String args[]) {
      WindowMouse win=new WindowMouse();
      win.setTitle("处理鼠标事件");
      win.setBounds(10,10,460,360);
   }
}
```

WindowMouse.java

```
import java.awt.*;
import javax.swing.*;
public class WindowMouse extends JFrame {
   JTextField text;
   JButton button;
```

```
    JTextArea textArea;
    MousePolice police;
    WindowMouse() {
       init();
       setVisible(true);
       setDefaultCloseOperation(JFrame.EXIT_ON_CLOSE);
    }
    void init() {
       setLayout(new FlowLayout());
       text = new JTextField(8);
       textArea = new JTextArea(5,28);
       police = new MousePolice();
       police.setJTextArea(textArea);
       text.addMouseListener(police);
       button = new JButton("按钮");
       button.addMouseListener(police);
       addMouseListener(police);
       add(button);
       add(text);
       add(new JScrollPane(textArea));
    }
}
```

MousePolice.java

```
import java.awt.event.*;
import javax.swing.*;
public class MousePolice implements MouseListener {
   JTextArea area;
   public void setJTextArea(JTextArea area) {
      this.area = area;
   }
   public void mousePressed(MouseEvent e) {
      area.append("\n 鼠标按下,位置:"+"("+e.getX()+","+e.getY()+")");
   }
   public void mouseReleased(MouseEvent e) {
      area.append("\n 鼠标释放,位置:"+"("+e.getX()+","+e.getY()+")");
   }
   public void mouseEntered(MouseEvent e)  {
      if(e.getSource() instanceof JButton)
        area.append("\n 鼠标进入按钮,位置:"+"("+e.getX()+","+e.getY()+")");
      if(e.getSource() instanceof JTextField)
        area.append("\n 鼠标进入文本框,位置:"+"("+e.getX()+","+e.getY()+")");
      if(e.getSource() instanceof JFrame)
        area.append("\n 鼠标进入窗口,位置:"+"("+e.getX()+","+e.getY()+")");
   }
```

```
    public void mouseExited(MouseEvent e) {
      area.append("\n 鼠标退出,位置:"+"("+e.getX()+","+e.getY()+")");
    }
    public void mouseClicked(MouseEvent e) {
      if(e.getClickCount()>=2)
        area.setText("鼠标连击，位置:"+"("+e.getX()+","+e.getY()+")");
    }
}
```

2. 使用 MouseMotionListener 接口处理鼠标事件

使用 MouseMotionListener 接口可以处理以下两种操作触发的鼠标事件。

- 在事件源上拖动鼠标
- 在事件源上移动鼠标

鼠标事件的类型是 MouseEvent，即当发生鼠标事件时，MouseEvent 类自动创建一个事件对象。

事件源注册监视器的方法是 addMouseMotionListener(MouseMotionListener listener)。MouseMotionListener 接口中有如下方法。

- mouseDragged(MouseEvent)　负责处理拖动鼠标触发的鼠标事件。即当你拖动鼠标时(不必在事件源上)，监视器调用接口中的这个方法对事件做出处理。
- mouseMoved(MouseEvent)　负责处理移动鼠标触发的鼠标事件。即当你在事件源上移动鼠标时，监视器调用接口中的这个方法对事件做出处理。

可以使用坐标变换来实现组件的拖动。当用鼠标拖动组件时，可以先获取鼠标指针在组件坐标系中的坐标 x，y，以及组件的左上角在容器坐标系中的坐标 a，b；如果在拖动组件时，想让鼠标指针的位置相对于拖动的组件保持静止，那么，组件左上角在容器坐标系中的位置应当是 a+x–x0，a+y–y0，其中 x0，y0 是最初在组件上按下鼠标时，鼠标指针在组件坐标系中的位置坐标。

下面的例子 11 使用坐标变换来实现组件的拖动。

例子 11

Example9_11.java

```
public class Example9_11 {
  public static void main(String args[]) {
    WindowMove win=new WindowMove();
    win.setTitle("处理鼠标拖动事件");
    win.setBounds(10,10,460,360);
  }
}
```

WindowMove.java

```
import java.awt.*;
import javax.swing.*;
```

```
public class WindowMove extends JFrame {
   LP layeredPane;
   WindowMove() {
      layeredPane = new LP();
      add(layeredPane,BorderLayout.CENTER);
      setVisible(true);
      setBounds(12,12,300,300);
      setDefaultCloseOperation(JFrame.EXIT_ON_CLOSE);
   }
}
```

LP.java

```
import java.awt.*;
import java.awt.event.*;
import javax.swing.*;
import javax.swing.border.*;
public class LP extends JLayeredPane implements MouseListener,MouseMotion-
Listener {
   JButton button;
   int x,y,a,b,x0,y0;
   LP() {
      button=new JButton("用鼠标拖动我");
      button.addMouseListener(this);
      button.addMouseMotionListener(this);
      setLayout(new FlowLayout());
      add(button,JLayeredPane.DEFAULT_LAYER);
   }
  public void mousePressed(MouseEvent e) {
      JComponent com = null;
      com = (JComponent)e.getSource();
      setLayer(com,JLayeredPane.DRAG_LAYER);
      a = com.getBounds().x;
      b = com.getBounds().y;
      x0 = e.getX();      //获取鼠标在事件源中的位置坐标
      y0 = e.getY();
   }
  public void mouseReleased(MouseEvent e) {
      JComponent com = null;
      com = (JComponent)e.getSource();
      setLayer(com,JLayeredPane.DEFAULT_LAYER);
   }
  public void mouseEntered(MouseEvent e)  {}
    public void mouseExited(MouseEvent e) {}
    public void mouseClicked(MouseEvent e){}
    public void mouseMoved(MouseEvent e){}
    public void mouseDragged(MouseEvent e) {
```

```
            Component com = null;
            if(e.getSource() instanceof Component) {
               com = (Component)e.getSource();
               a = com.getBounds().x;
               b = com.getBounds().y;
               x = e.getX();     //获取鼠标在事件源中的位置坐标
               y = e.getY();
               a = a+x;
               b = b+y;
               com.setLocation(a-x0,b-y0);
            }
          }
       }
```

9.4.6 焦点事件

组件可以触发焦点事件。组件可以使用 addFocusListener(FocusListener listener)注册焦点事件监视器。当组件获得焦点监视器后，如果组件从无输入焦点变成有输入焦点或从有输入焦点变成无输入焦点都会触发 FocusEvent 事件。创建监视器的类必须要实现 FocusListener 接口，该接口有两个方法：

```
public void focusGained(FocusEvent e),
public void focusLost(FocusEvent e)。
```

当组件从无输入焦点变成有输入焦点触发 FocusEvent 事件时，监视器调用类实现接口中的 focusGained(FocusEvent e)方法；当组件从有输入焦点变成无输入焦点触发 FocusEvent 事件时，监视器调用类实现接口中的 focusLost(FocusEvent e)方法。

用户通过单击组件可以使得该组件有输入焦点，同时也使得其他组件变成无输入焦点。一个组件也可调用 public boolean requestFocusInWindow()方法可以获得输入焦点。

9.4.7 键盘事件

当按下、释放或敲击键盘上一个键时就触发了键盘事件，在 Java 事件模式中，必须要有发生事件的事件源。当一个组件处于激活状态时，敲击键盘上一个键就导致这个组件触发键盘事件。使用 KeyListener 接口处理键盘事件，该接口中有如下 3 个方法。

- public void keyPressed(KeyEvent e)
- public void keyTyped(KeyEvent e)
- public void KeyReleased(KeyEvent e)

某个组件使用 addKeyListener 方法注册监视器之后，当该组件处于激活状态时，用户按下键盘上某个键时，触发 KeyEvent 事件，监视器调用 keyPressed 方法；用户释放键盘上按下的键时，触发 KeyEvent 事件，监视器调用 keyReleased 方法。keyTyped 方法是 keyPressed 和 keyReleased 方法的组合，当键被按下又释放时，监视器调用 keyTyped 方法。

用 KeyEvent 类的 public int getKeyCode()方法，可以判断哪个键被按下、敲击或释放，getKeyCode()方法返回一个键码值（如表 9.1 所示）。也可以用 KeyEvent 类的 public char getKeyChar()判断哪个键被按下、敲击或释放，getKeyChar()方法返回键上的字符。表 9.1

是 KeyEvent 类的静态常量。

表 9.1 键码表

键 码	键
VK_F1-VK_F12	功能键 F1～F12
VK_LEFT	向左箭头键
VK_RIGHT	向右箭头键
VK_UP	向上箭头键
VK_DOWN	向下箭头键
VK_KP_UP	小键盘的向上箭头键
VK_KP_DOWN	小键盘的向下箭头键
VK_KP_LEFT	小键盘的向左箭头键
VK_KP_RIGHT	小键盘的向右箭头键
VK_END	End 键
VK_HOME	Home 键
VK_PAGE_DOWN	向后翻页键
VK_PAGE_UP	向前翻页键
VK_PRINTSCREEN	打印屏幕键
VK_SCROLL_LOCK	滚动锁定键
VK_CAPS_LOCK	大写锁定键
VK_NUM_LOCK	数字锁定键
PAUSE	暂停键
VK_INSERT	插入键
VK_DELETE	删除键
VK_ENTER	回车键
VK_TAB	制表符键
VK_BACK_SPACE	退格键
VK_ESCAPE	Esc 键
VK_CANCEL	取消键
VK_CLEAR	清除键
VK_SHIFT	Shift 键
VK_CONTROL	Ctrl 键
VK_ALT	Alt 键
VK_PAUSE	暂停键
VK_SPACE	空格键
VK_COMMA	逗号键
VK_SEMICOLON	分号键
VK_PERIOD	. 键
VK_SLASH	/ 键
VK_BACK_SLASH	\ 键
VK_0~VK_9	0~9 键
VK_A~VK_Z	a~z 键
VK_OPEN_BRACKET	[键
VK_CLOSE_BRACKET	] 键
VK_UNMPAD0-VK_NUMPAD9	小键盘上的 0～9 键
VK_QUOTE	单引号‘键
VK_BACK_QUOTE	单引号’键

当安装某些软件时，经常要求输入序列号码，并且要在几个文本条中依次键入。每个文本框中键入的字符数目都是固定的，当在第一个文本框输入了恰好的字符个数后，输入光标会自动转移到下一个文本框。下面的例子 12 通过处理键盘事件来实现软件序列号的输入。当文本框获得输入焦点后，用户敲击键盘将使得当前文本框触发 KeyEvent 事件，在处理事件时，程序检查文本框中光标的位置，如果光标已经到达指定位置，就将输入焦点转移到下一个文本框。程序运行效果如图 9.13 所示。

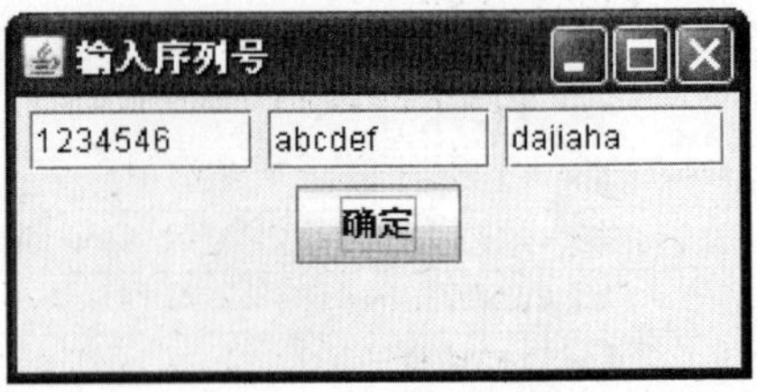

图 9.13　输入序列号

例子 12

Example9_12.java

```
public class Example9_12 {
   public static void main(String args[]) {
      Win win = new Win();
      win.setTitle("输入序列号");
      win.setBounds(10,10,460,360);
   }
}
```

Win.java

```
import java.awt.*;
import javax.swing.*;
public class Win extends JFrame {
   JTextField text[]=new JTextField[3];
   Police police;
   JButton b;
   Win() {
      setLayout(new FlowLayout());
      police = new Police();
      for(int i=0;i<3;i++) {
         text[i] = new JTextField(7);
         text[i].addKeyListener(police); //监视键盘事件
         text[i].addFocusListener(police);
         add(text[i]);
      }
      b = new JButton("确定");
      add(b);
      text[0].requestFocusInWindow();
      setVisible(true);
      setDefaultCloseOperation(JFrame.EXIT_ON_CLOSE);
   }
```

```
}
```

Police.java

```
import java.awt.event.*;
import javax.swing.*;
public class Police implements KeyListener,FocusListener  {
   public void keyPressed(KeyEvent e) {
     JTextField t = (JTextField)e.getSource();
     if(t.getCaretPosition()>=6)
        t.transferFocus();
   }
   public void keyTyped(KeyEvent e) {}
   public void keyReleased(KeyEvent e) {}
   public void focusGained(FocusEvent e) {
     JTextField text=(JTextField)e.getSource();
     text.setText(null);
   }
   public void focusLost(FocusEvent e){}
}
```

9.4.8 窗口事件

JFrame 及子类创建的窗口可以调用 setDefaultCloseOperation(int operation)方法设置窗口的关闭方式（如前面各例子所示），参数 Operation 取 JFrame 的 static 常量：

DO_NOTHING_ON_CLOSE（什么也不做）；

HIDE_ON_CLOSE（隐藏当前窗口）；

DISPOSE_ON_CLOSE（隐藏当前窗口，并释放窗体占有的其他资源）；

EXIT_ON_CLOSE（结束窗口所在的应用程序）。

但是仅仅上述 4 种方式可能不能满足程序的需要，比如，用户单击窗口上的关闭图标时，可能程序需要提示用户是否需要保存窗口中的有关数据到磁盘等。所以，本节将讲解窗口事件，通过处理事件来满足程序的要求。需要注意的是，如果准备处理窗口事件，必须事先保证窗口的默认关闭方式为 DO_NOTHING_ON_CLOSE（什么也不做）。

JFrame 是 Window 的子类，凡是 Window 子类创建的对象都可以发生 WindowEvent 事件，即窗口事件。

1．WindowListener 接口

当一个窗口被激活、撤销激活、打开、关闭、图标化或撤销图标化时，就触发了窗口事件，即 WindowEvent 创建一个窗口事件对象。WindowEvent 创建的事件对象调用 getWindow()方法可以获取发生窗口事件的窗口。窗口使用 addWindowlistener 方法获得监视器，创建监视器对象的类必须实现 WindowListener 接口，该接口中有 7 个不同的方法，分别是：

（1）public void windowActivated（WindowEvent e） 当窗口从非激活状态到激活时，窗口的监视器调用该方法。

（2）public void windowDeactivated（WindowEvent e） 当窗口从激活状态到非激活状态时，窗口的监视器调用该方法。

（3）public void windowClosing（WindowEvent e） 当窗口正在被关闭时，窗口的监视器调用该方法。

（4）public void windowClosed（WindowEvent e） 当窗口关闭后，窗口的监视器调用该方法。

（5）public void windowIconified（WindowEvent e） 当窗口图标化时，窗口的监视器调用该方法。

（6）public void windowDeiconified（WindowEvent e） 当窗口撤销图标化时，窗口的监视器调用该方法。

（7）public void windowOpened（WindowEvent e） 当窗口打开时，窗口的监视器调用该方法。

当单击窗口右上角的图标化按钮时，监视器调用 windowIconified 方法后，还将调用 windowDeactivated 方法。当撤销窗口图标化时，监视器调用 windowDeiconified 方法后还会调用 windowActivated 方法。当单击窗口上的关闭图标时，监视器首先调用 windowClosing 方法，该方法的执行必须保证窗口调用 dispose()方法，这样才能触发“窗口已关闭”，监视器才会再调用 windowClosed 方法。

注：当单击窗口右上角的关闭图标时，监视器首先调用 windowClosing 方法，如果在该方法中使用

```
System.exit(0);
```

退出程序的运行，那么监视器就没有机会再调用 windowClosed 方法。

2．WindowAdapter 适配器

我们知道，当一个类实现一个接口时，即使不准备处理某个方法，也必须给出接口中所有方法的实现。适配器可以代替接口来处理事件，当 Java 提供处理事件的接口多于一个方法时，Java 相应地就提供一个适配器类，比如 WindowAdapter 类。适配器已经实现了相应的接口，例如 WindowAdapter 类实现了 WindowListener 接口。因此，可以使用 WindowAdapte 的子类创建的对象做监视器，在子类中重写所需要的接口方法即可。

在下面的例子 13 中，使用适配器做监视器，只处理窗口关闭事件，因此只需重写 windowColsing 方法即可。

例子 13

Example9_13.java

```
import java.awt.*;
import java.awt.event.*;
import javax.swing.*;
class MyFrame extends JFrame {
    Boy police;
    MyFrame(String s) {
        super(s);
```

```
        police = new Boy();
        setBounds(100,100,200,300);
        setVisible(true);
        addWindowListener(police);   //向窗口注册监视器
        validate();
    }
}
class Boy extends WindowAdapter {
    public void windowClosing(WindowEvent e) {
       System.exit(0);
    }
}
public class Example9_13 {
   public static void main(String args[]) {
         new MyFrame("窗口");
   }
}
```

9.4.9 匿名类实例或窗口做监视器

在第 7 章曾学习了匿名类，其方便之处是匿名类的外嵌类的成员变量在匿名类中仍然有效。

1．匿名类的实例做监视器

如果用内部类的实例做监视器，那么当发生事件时，监视器就比较容易操作事件源所在的外嵌类中的成员，就不必像例子 7 那样，把监视器需要处理的对象的引用传递给监视器。当事件的处理比较简单，系统也不复杂时，使用匿名类或内部类做监视器是一个不错的选择，但是当事件的处理比较复杂时，使用内部类或匿名类会让系统缺乏弹性，因为每当修改内部类的代码都会导致整个外嵌类同时被编译，反之也是。

2．窗口做监视器

能触发事件的组件经常位于窗口中，如果让组件所在的窗口作为监视器，能让事件的处理比较方便，这是因为，监视器可以方便地操作窗口中的其他成员。当事件的处理比较简单，系统也不复杂时，让窗口作为监视器是一个不错的选择。但是，当事件的处理比较复杂时，会让系统缺乏弹性，因为每当修改处理事件的代码时都将导致窗口的代码同时被编译，反之也是。

下面的例子 14 是一个猜数字小游戏，窗口中有两个按钮 buttonGetNumber 和 buttonEnter，用户单击 buttonGetNumber 按钮可以获得一个随机数，然后在一个文本框中输入猜测再单击按钮 buttonEnter。在本例子中，窗口是 buttonGetNumber、buttonEnter 的监视器，负责处理 ActionEvent 事件。另外，用匿名类的实例监视窗口上的 WindowEvent 事件（只处理用户单击窗口的关闭图标触发的 WindowEvent 事件）。程序运行效果如图 9.14 所示。

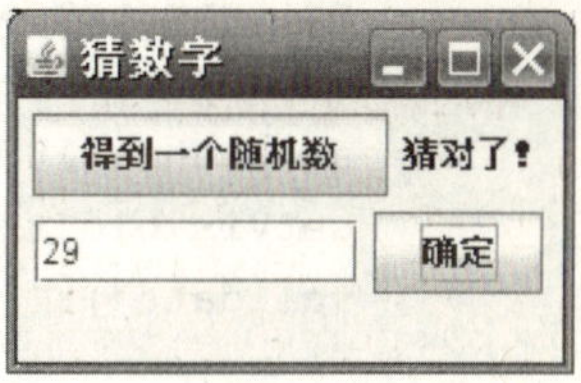

图 9.14 猜数字

例子 14

Example9_14.java

```
import java.awt.*;
import java.awt.event.*;
import javax.swing.*;
public class Example9_14 {
   public static void main(String args[]) {
      WindowButton win = new WindowButton("猜数字");
   }
}
class WindowButton extends JFrame implements ActionListener {
   int number;
   JLabel hintLabel;
   JTextField inputGuess;
   JButton buttonGetNumber,buttonEnter;
   WindowButton(String s) {
      super(s);
      addWindowListener( new WindowAdapter(){ //匿名类的实例监视窗口事件
                            public void windowClosing(WindowEvent e) {
                               dispose();
                            }
                         }
                      );    //注意这里的分号
      setLayout(new FlowLayout());
      buttonGetNumber = new JButton("得到一个随机数");
      add(buttonGetNumber);
      hintLabel = new JLabel("输入你的猜测: ",JLabel.CENTER);
      hintLabel.setBackground(Color.cyan);
      inputGuess = new JTextField("0",10);
      add(hintLabel);
      add(inputGuess);
      buttonEnter = new JButton("确定");
      add(buttonEnter);
      buttonEnter.addActionListener(this);
      buttonGetNumber.addActionListener(this);
      setBounds(100,100,150,150);
      setVisible(true);
      validate();
   }
   public void actionPerformed(ActionEvent e) {
      if(e.getSource()==buttonGetNumber) {
         number = (int)(Math.random()*100)+1;
         hintLabel.setText("输入你的猜测: ");
```

```
            }
            else if(e.getSource()==buttonEnter) {
               int guess = 0;
               try {  guess=Integer.parseInt(inputGuess.getText());
                      if(guess==number) {
                         hintLabel.setText("猜对了! ");
                      }
                      else if(guess>number) {
                         hintLabel.setText("猜大了! ");
                         inputGuess.setText(null);
                      }
                      else if(guess<number) {
                          hintLabel.setText("猜小了! ");
                          inputGuess.setText(null);
                      }
                  }
                catch(NumberFormatException event) {
                      hintLabel.setText("请输入数字字符");
                }
            }
        }
    }
```

代码分析：事件源发生的事件传递到监视器对象，这意味着要把监视器注册到文本框。当事件发生时，监视器对象将“监视”它。在上述例子 12 中的 WindowPolice 类中，通过把 WindowPolice 类的实例（窗口）的引用传值给 addActionListener()方法中的接口参数，使窗口成为监视器：

```
text1.addActionListener(this);
```

this 出现在构造方法中（有关 this 关键字的知识见第 4 章的 4.9 节），就代表程序中创建的窗口对象 win，即代表在 Example9_14.java 中使用 WindowButton 类创建的 win 窗口。因为事件源发生的事件是 ActionEvent 类型，所以 WindowButton 类要实现 ActionListener 接口。

9.4.10 事件总结

1. 授权模式

Java 的事件处理是基于授权模式，即事件源调用方法将某个对象注册为自己的监视器。领会了上述 9.4.2～9.4.4 节的几个例子，对学习事件处理就不会有太大的困难了，其原因是，处理相应的事件使用相应的接口。

2. 接口回调

Java 语言使用接口回调技术实现处理事件的过程。在 Java 中能触发事件的对象，都用方法 addXXXListener(XXXListener listener)将某个对象注册为自己的监视器，方法中的参数是一个接口，listener 可以引用任何实现了该接口的类所创建的对象，当事件源发生事件时，接口 listener 立刻回调被类实现的接口中的某个方法。

3．方法绑定

从方法绑定角度看，Java 运行系统要求监视器必须绑定某些方法来处理事件，这就需要用接口来达到此目的，即将某种事件的处理绑定到对应的接口，即绑定到接口中的方法，也就是说，当事件源触发事件发生后，监视器准确知道去调用哪个方法（自动去调用的）。

4．保持松耦合

监视器和事件源应当保持是一种松耦合关系，也就是说尽量让事件源所在的类和监视器是组合关系（如例子 6，例子 7），也就是说，当事件源触发事件发生后，系统知道某个方法会被执行，但无须关心到底是哪个对象去调用了这个方法，因为任何实现接口的类的实例（作为监视器）都可以调用这个方法来处理事件。

9.5　使用 MVC 结构

模型-视图-控制器（Model-View-Controller），简称为 MVC。MVC 是一种先进的设计结构，是 Trygve Reenskaug 教授于 1978 年最早开发的一个基本结构，其目的是以会话形式提供方便的 GUI 支持。MVC 首先出现在 Smalltalk 编程语言中。

MVC 是一种通过三个不同部分构造一个软件或组件的理想办法。

- 模型（model）用于存储数据的对象。
- 视图（view）为模型提供数据显示的对象。
- 控制器（controller）处理用户的交互操作，对于用户的操作做出响应，让模型和视图进行必要的交互，即通过视图修改，获取模型中的数据；当模型中的数据变化时，让视图更新显示。

从面向对象的角度看，MVC 结构可以使程序更具有对象化特性，也更容易维护。在设计程序时，可以将某个对象看作“模型”，然后为“模型”提供恰当的显示组件，即“视图”。为了对用户的操作做出响应，可以选择某个组件做“控制器”，当触发事件时，通过“视图”修改或得到“模型”中维护着的数据，并让“视图”更新显示。

在下面的例子 15 中，首先编写一个封装三角形的类（模型角色），然后再编写一个窗口。要求窗口使用三个文本框和一个文本区为三角形对象中的数据提供视图，其中三个文本框用来显示和更新三角形对象的三个边的长度；文本区对象用来显示三角形的面积。窗口中有一个按钮（控制器角色），用户单击该按钮后，程序用 3 个文本框中的数据分别作为三角形的三个边的长度，并将计算出的三角形的面积显示在文本区中。程序运行效果如图 9.15 所示。

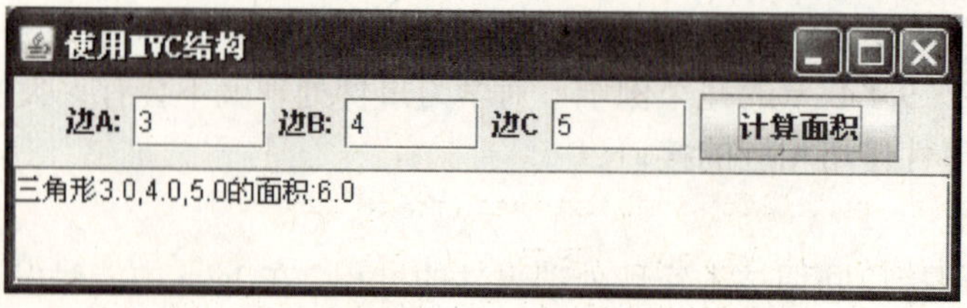

图 9.15　MVC 结构

例子 15

Example9_15.java

```
public class Example9_15 {
   public static void main(String args[]){
      WindowTriangle win = new WindowTriangle();
      win.setTitle("使用 MVC 结构");
      win.setBounds(100,100,420,260);
   }
}
```

WindowTriangle.java

```
import java.awt.*;
import java.awt.event.*;
import javax.swing.*;
public class WindowTriangle extends JFrame implements ActionListener {
   Triangle triangle;                    //模型
   JTextField textA,textB,textC;         //视图
   JTextArea showArea;                   //视图
   JButton controlButton;                //控制器
   WindowTriangle() {
      init();
      setVisible(true);
      setDefaultCloseOperation(JFrame.EXIT_ON_CLOSE);
   }
   void init() {
     triangle = new Triangle();
     textA = new JTextField(5);
     textB = new JTextField(5);
     textC = new JTextField(5);
     showArea = new JTextArea();
     controlButton=new JButton("计算面积");
     JPanel pNorth=new JPanel();
     pNorth.add(new JLabel("边 A:"));
     pNorth.add(textA);
     pNorth.add(new JLabel("边 B:"));
     pNorth.add(textB);
     pNorth.add(new JLabel("边 C"));
     pNorth.add(textC);
     pNorth.add(controlButton);
     controlButton.addActionListener(this);
     add(pNorth,BorderLayout.NORTH);
     add(new JScrollPane(showArea),BorderLayout.CENTER);
   }
```

```
    public void actionPerformed(ActionEvent e) {
      try{
         double a = Double.parseDouble(textA.getText().trim());
         double b = Double.parseDouble(textB.getText().trim());
         double c = Double.parseDouble(textC.getText().trim());
         triangle.setA(a) ;          //更新数据
         triangle.setB(b);
         triangle.setC(c);
         String area = triangle.getArea();
         showArea.append("三角形"+a+","+b+","+c+"的面积:");
         showArea.append(area+"\n");  //更新视图
      }
      catch(Exception ex) {
         showArea.append("\n"+ex+"\n");
      }
    }
}
```

Triangle.java

```
public class Triangle {
   double sideA,sideB,sideC,area;
   boolean isTriange;
   public String getArea() {
     if(isTriange) {
        double p = (sideA+sideB+sideC)/2.0;
        area = Math.sqrt(p*(p-sideA)*(p-sideB)*(p-sideC)) ;
        return String.valueOf(area);
     }
     else {
        return "无法计算面积";
     }
   }
   public void setA(double a) {
     sideA = a;
     if(sideA+sideB>sideC&&sideA+sideC>sideB&&sideC+sideB>sideA)
       isTriange = true;
     else
       isTriange = false;
   }
   public void setB(double b) {
     sideB = b;
     if(sideA+sideB>sideC&&sideA+sideC>sideB&&sideC+sideB>sideA)
       isTriange = true;
     else
       isTriange = false;
```

```
    }
    public void setC(double c) {
      sideC = c;
      if(sideA+sideB>sideC&&sideA+sideC>sideB&&sideC+sideB>sideA)
        isTriange = true;
      else
        isTriange = false;
    }
}
```

9.6 对 话 框

JDialog 类和 JFrame 都是 Window 的子类，二者的实例都是底层容器，但二者有相似之处也有不同的地方。对话框分为无模式和有模式两种。如果一个对话框是有模式的对话框，那么当这个对话框处于激活状态时，只让程序响应对话框内部的事件，而且将阻塞其他线程的执行，用户不能再激活对话框所在程序中的其他窗口，直到该对话框消失不可见。无模式对话框处于激活状态时，能再激活其他窗口，也不阻塞其他线程的执行。

注：进行一个重要的操作动作之前，通过弹出一个有模式的对话框表明操作的重要性。

9.6.1 消息对话框

消息对话框是有模式对话框，进行一个重要的操作动作之前，最好能弹出一个消息对话框。可以用 javax.swing 包中的 JOptionPane 类的静态方法:

```
public static void showMessageDialog(Component parentComponent,
                                     String message,
                                     String title,
                                     int messageType)
```

创建一个消息对话框，其中参数 parentComponent 指定对话框可见时的位置，如果 parentComponent 为 null，对话框会在屏幕的正前方显示出来；如果组件 parentComponent 不空，对话框在组件 parentComponent 的正前面居中显示。message 指定对话框上显示的消息，title 指定对话框的标题，messageType 取值是 JOptionPane 中的类常量：

```
INFORMATION_MESSAGE
WARNING_MESSAGE
ERROR_MESSAGE
QUESTION_MESSAGE
PLAIN_MESSAGE
```

这些值可以给出对话框的外观，例如，取值 JOptionPane.WARNING_MESSAGE 时，对话框的外观上会有一个明显的“！”符号。

在下面的例子 16 中，要求用户在文本框中只能输入英文字母，当输入非英文字符时，弹出消息对话框。程序中消息对话框的运行效果如图 9.16 所示。

图 9.16　消息对话框

例子 16

Example9_16.java

```
public class Example9_16 {
   public static void main(Stringargs[]) {
      WindowMess win = new WindowMess();
      win.setTitle("带消息对话框的窗口");
      win.setBounds(80,90,200,300);
   }
}
```

WindowMess.java

```
import java.awt.event.*;
import java.awt.*;
import javax.swing.*;
public class WindowMess extends JFrame implements ActionListener {
   JTextField inputEnglish;
   JTextArea show;
   String regex = "[a-zZ-Z]+";
   WindowMess() {
       inputEnglish = new JTextField(22);
       inputEnglish.addActionListener(this);
       show = new JTextArea();
       add(inputEnglish,BorderLayout.NORTH);
       add(show,BorderLayout.CENTER);
       setVisible(true);
       setDefaultCloseOperation(JFrame.EXIT_ON_CLOSE);
   }
   public void actionPerformed(ActionEvent e) {
       if(e.getSource()==inputEnglish) {
          String str = inputEnglish.getText();
          if(str.matches(regex)) {
             show.append(str+",");
          }
          else { //弹出“警告”消息对话框
              JOptionPane.showMessageDialog(this,"您输入了非法字符","消息对话框",
                                          JOptionPane.WARNING_MESSAGE);
              inputEnglish.setText(null);
          }
       }
   }
}
```

9.6.2 输入对话框

输入对话框含有供用户输入文本的文本框、一个确认和取消按钮，是有模式对话框。当输入对话框可见时，要求用户输入一个字符串。JOptionPane 类的静态方法

```
public static String showInputDialog(Component parentComponent,
                                     Object message,
                                     String title,
                                     int messageType)
```

可以创建一个输入对话框，其中参数 parentComponent 指定输入对话框所依赖的组件，输入对话框会在该组件的正前方显示出来，如果 parentComponent 为 null，输入对话框会在屏幕的正前方显示出来，参数 message 指定对话框上的提示信息，参数 title 指定对话框上的标题，参数 messageType 可取的有效值是 JOptionPane 中的类常量：

```
ERROR_MESSAGE,
INFORMATION_MESSAGE,
WARNING_MESSAGE,
QUESTION_MESSAGE,
PLAIN_MESSAGE。
```

这些值可以给出对话框的外观，如取值 JOptionPane.WARNING_MESSAGE 时，对话框的外观上会有一个明显的“!”符号。

单击输入对话框上的确认按钮、取消按钮或关闭图标，都可以使输入对话框消失不可见，如果单击的是确认按钮，输入对话框将返回用户在对话框的文本框中输入的字符串，否则返回 null。

在下面的例子 17 中，用户单击按钮弹出输入对话框，用户在输入对话框中输入若干个数字，如果单击输入对话框上的确定按钮，程序将计算这些数字的和。程序中输入对话框的运行效果如图 9.17 所示。

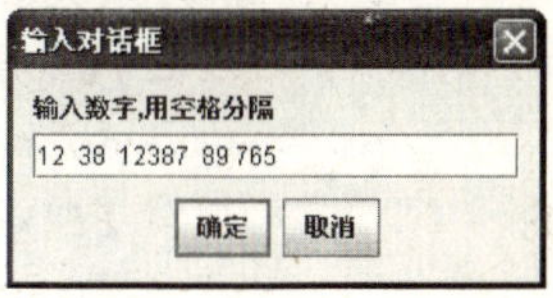

图 9.17　输入对话框

例子 17

Example11_17.java

```
public class Example11_17 {
   public static void main(String args[]) {
      WindowInput win = new WindowInput();
      win.setTitle("带输入对话框的窗口");
      win.setBounds(80,90,200,300);
   }
}
```

WindowInput.java

```
import java.awt.event.*;
import java.awt.*;
```

```
import javax.swing.*;
import java.util.*;
public class WindowInput extends JFrame implements ActionListener {
   JTextArea showResult;
   JButton openInput;
   WindowInput() {
      openInput = new JButton("弹出输入对话框");
      showResult=new JTextArea();
      add(openInput,BorderLayout.NORTH);
      add(new JScrollPane(showResult),BorderLayout.CENTER);
      openInput.addActionListener(this);
      setVisible(true);
      setDefaultCloseOperation(JFrame.EXIT_ON_CLOSE);
   }
   public void actionPerformed(ActionEvent e) {
      String str=JOptionPane.showInputDialog(this,"输入数字,用空格分隔","输入对话框",
                                         JOptionPane.PLAIN_MESSAGE);
      if(str!=null) {
         Scanner scanner = new Scanner(str);
         double sum = 0;
         int k=0;
         while(scanner.hasNext()){
            try{
               double number = scanner.nextDouble();
               if(k==0)
                  showResult.append(""+number);
               else
                  showResult.append("+"+number);
               sum = sum+number;
               k++;
            }
            catch(InputMismatchException exp){
               String t = scanner.next();
            }
         }
         showResult.append("="+sum+"\n");
      }
   }
}
```

9.6.3 确认对话框

确认对话框是有模式对话框，JOptionPane 类的静态方法

```
public static int showConfirmDialog(Component parentComponent,Object message,
                                    String title,int optionType)
```

得到一个确认对话框，其中参数 parentComponent 指定确认对话框可见时的位置，确认对话框在参数 parentComponent 指定的组件的正前方显示出来，如果 parentComponent 为 null，确认对话框会在屏幕的正前方显示出来。message 指定对话框上显示的消息，title 指定确认对话框的标题，optionType 可取的有效值是 JOptionPane 中的类常量：

```
YES_NO_OPTION
YES_NO_CANCEL_OPTION
OK_CANCEL_OPTION
```

这些值可以给出确认对话框的外观，例如，取值 JOptionPane.YES_NO_OPTION 时，确认对话框的外观上会有“Yes”和“No”2 个按钮。当确认对话框消失后，showConfirmDialog 方法会返回下列整数值之一：

```
JOptionPane.YES_OPTION
JOptionPane.NO_OPTION
JOptionPane.CANCEL_OPTION
JOptionPane.OK_OPTION
JOptionPane.CLOSED_OPTION
```

返回的具体值依赖于用户所单击的对话框上的按钮和对话框上的关闭图标。

在下面的例子 18 中，用户在文本框中输入账户名称，按回车后，将弹出一个确认对话框。如果单击确认对话框上的“是(Y)”按钮，就将名字放入文本区。程序中确认对话框的运行效果如图 9.18 所示。

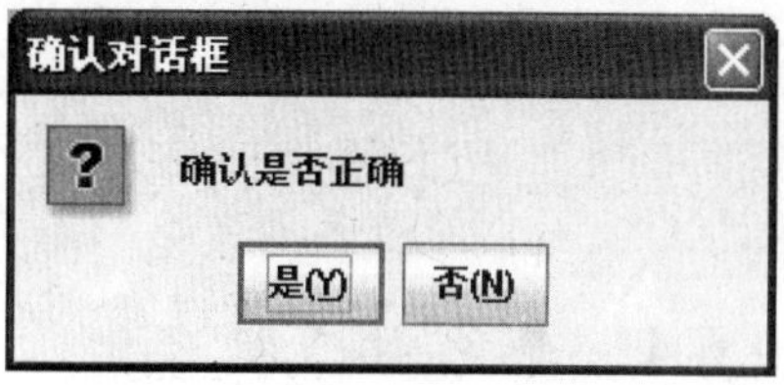

图 9.18　确认对话框

例子 18

Example9_18.java

```
public class Example9_18 {
   public static void main(String args[]) {
      WindowEnter win = new WindowEnter();
      win.setTitle("带确认对话框的窗口");
      win.setBounds(80,90,200,300);
   }
}
```

WindowEnter.java

```
import java.awt.event.*;
import java.awt.*;
import javax.swing.*;
```

```
public class WindowEnter extends JFrame implements ActionListener {
   JTextField inputName;
   JTextArea save;
   WindowEnter() {
      inputName = new JTextField(22);
      inputName.addActionListener(this);
      save = new JTextArea();
      add(inputName,BorderLayout.NORTH);
      add(new JScrollPane(save),BorderLayout.CENTER);
      setVisible(true);
      setDefaultCloseOperation(JFrame.EXIT_ON_CLOSE);
   }
   public void actionPerformed(ActionEvent e) {
      String s = inputName.getText();
      int n=JOptionPane.showConfirmDialog(this,"确认是否正确","确认对话框",
                                           JOptionPane.YES_NO_OPTION );
      if(n==JOptionPane.YES_OPTION) {
         save.append("\n"+s);
      }
      else if(n==JOptionPane.NO_OPTION) {
         inputName.setText(null);
      }
   }
}
```

9.6.4 颜色对话框

可以用 javax.swing 包中的 JColorChooser 类的静态方法

```
public static Color showDialog(Component component,String title,Color
initialColor)
```

创建一个有模式的颜色对话框，其中参数 component 指定颜色对话框可见时的位置，颜色对话框在参数 component 指定的组件的正前方显示出来，如果 component 为 null，颜色对话框在屏幕的正前方显示出来。title 指定对话框的标题，initialColor 指定颜色对话框返回的初始颜色。用户通过颜色对话框选择颜色后，如果单击“确定”按钮，那么颜色对话框将消失，showDialog()方法返回对话框所选择的颜色对象。如果单击“撤销”按钮或关闭图标，那么颜色对话框将消失，showDialog()方法返回 null。

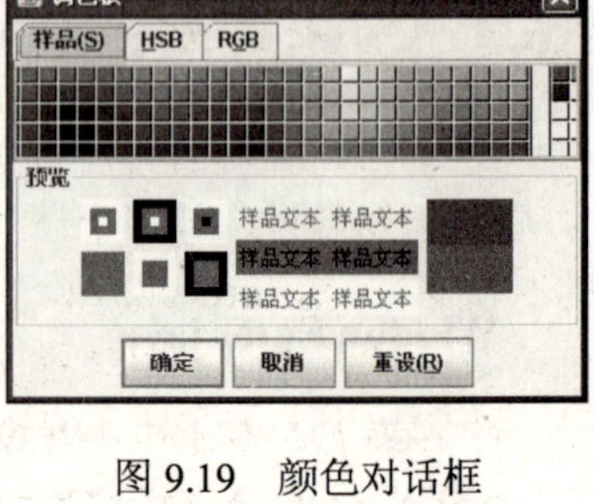

图 9.19 颜色对话框

在下面的例子 19 中，当用户单击按钮时，弹出一个颜色对话框，然后根据用户选择的颜色来改变窗口的颜色。程序中颜色对话框的运行效果如图 9.19 所示。

例子 19

Example9_19.java

```
public class Example9_19 {
   public static void main(String args[]) {
      WindowColor win = new WindowColor();
      win.setTitle("带颜色对话框的窗口");
      win.setBounds(80,90,200,300);
   }
}
```

WindowColor.java

```
import java.awt.event.*;
import java.awt.*;
import javax.swing.*;
public class WindowColor extends JFrame implements ActionListener {
   JButton button;
   WindowColor() {
      button = new JButton("打开颜色对话框");
      button.addActionListener(this);
      setLayout(new FlowLayout());
      add(button);
      setVisible(true);
      setDefaultCloseOperation(JFrame.EXIT_ON_CLOSE);
   }
   public void actionPerformed(ActionEvent e) {
      Color newColor = JColorChooser.showDialog(this,"调色板",
      getContentPane().getBackground());
      if(newColor!=null) {
         getContentPane().setBackground(newColor);
      }
   }
}
```

9.6.5 自定义对话框

创建对话框与创建窗口类似，通过建立 JDialog 的子类来建立一个对话框类，然后这个类的一个实例，即这个子类创建的一个对象，就是一个对话框。对话框是一个容器，它的默认布局是 BorderLayout，对话框可以添加组件，实现与用户的交互操作。需要注意的是，对话框可见时，默认地被系统添加到显示器屏幕上，因此不允许将一个对话框添加到另一个容器中。以下是构造对话框的两个常用构造方法。

- JDialog() 构造一个无标题的初始不可见的对话框，对话框依赖一个默认的不可见的窗口，该窗口由 Java 运行环境提供。

- JDialog(JFrame owner) 构造一个无标题的初始不可见的无模式的对话框，owner 是对话框所依赖的窗口，如果 owner 取 null，对话框依赖一个默认的不可见的窗口，该窗口由 Java 运行环境提供。

下面的例子 20 使用自定义对话框更改窗口的标题，自定义对话框的效果如图 9.20 所示。

图 9.20　自定义对话框

例子 20

Example9_20.java

```
public class Example9_20 {
   public static void main(String args[]) {
      MyWindow win = new MyWindow();
      win.setTitle("带自定义对话框的窗口");
      win.setSize(200,300);
   }
}
```

MyWindow.java

```
import java.awt.*;
import java.awt.event.*;
import javax.swing.*;
public class MyWindow extends JFrame implements ActionListener {
   JButton button;
   MyDialog dialog;
   MyWindow() {
      init();
      setVisible(true);
      setDefaultCloseOperation(JFrame.EXIT_ON_CLOSE);
   }
   void init() {
      button = new JButton("打开对话框");
      button.addActionListener(this);
      add(button,BorderLayout.NORTH);
      dialog = new MyDialog(this,"我是对话框");//对话框依赖于 MyWindow 创建的窗口
      dialog.setModal(true);   //有模式对话框
   }
   public void actionPerformed(ActionEvent e) {
        dialog.setVisible(true);
        String str = dialog.getTitle();
        setTitle(str);
```

```
    }
}
```

MyDialog.java

```
import java.awt.*;
import java.awt.event.*;
import javax.swing.*;
public class MyDialog extends JDialog implements ActionListener  {
   JTextField inputTitle;
   String title;
   MyDialog(JFrame f,String s) { //构造方法
      super(f,s);
      inputTitle = new JTextField(10);
      inputTitle.addActionListener(this);
      setLayout(new FlowLayout());
      add(new JLabel("输入窗口的新标题"));
      add(inputTitle);
      setBounds(60,60,100,100);
      setDefaultCloseOperation(JFrame.DISPOSE_ON_CLOSE);
   }
   public void actionPerformed(ActionEvent e) {
      title = inputTitle.getText();
      setVisible(false);
   }
   public String getTitle() {
      return title;
   }
}
```

9.7 树组件与表格组件

树组件和表格组件较前面学习的组件复杂，因此放在本节单独讲解。

9.7.1 树组件

JTree 类的对象称为树组件，也是常用组件之一。

1. DefaultMutableTreeNode 结点

树组件由结点组成，其外观比前面学习的组件复杂。要想构造一个树组件，必须事先为其创建结点对象。任何实现 MutableTreeNode 接口的类创建的对象都可以成为树上的结点。树中只有一个根结点，所有其他结点从这里引出。除根结点外，其他结点分为两类：一类是带子结点的分支结点，另一类是不带子结点的叶结点。每一个结点关联着一个描述该结点的文本标签和图像图标。文本标签是结点中对象的字符串表示（有关对象的字符串表示见 8.1.4 节），图标指明该结点是否是叶结点。在默认情形下，初始状态的树形视图只

显示根结点和它的直接子结点。用户可以双击结点的图标或单击图标前的“开关”使该结点扩展或收缩（如图 9.21 中左侧之组件）。

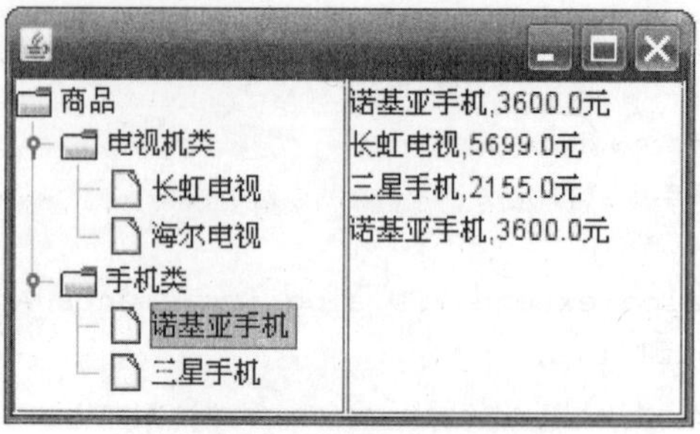

图 9.21　左侧是树组件

javax.swing.tree 包提供的 DefaultMutableTreeNode 类是实现了 MutableTreeNode 接口的类，可以使用这个类创建树上的结点。DefaultMutableTreeNode 类的两个常用的构造方法是：

```
DefaultMutableTreeNode(Object userObject)
DefaultMutableTreeNode(Object userObject,boolean allowChildren)
```

第一个构造方法创建的结点默认可以有子结点，即它可以使用方法 add()添加其他结点作为它的子结点。如果需要，一个结点可以使用 setAllowsChildren(boolean b)方法来设置是否允许有子结点。两个构造方法中的参数 userObject 用来指定结点中存放的对象，结点可以调用 getUserObject()方法得到结点中存放的对象。

创建若干个结点，并规定好了它们之间的父子关系后，再使用 JTree 的构造方法 JTree (TreeNode root)创建根结点是 root 的树组件。

2．树上的 TreeSelectionEvent 事件

树组件可以触发 TreeSelectionEvent 事件，树使用 addTreeSelectionListener(TreeSelectionListener listener)方法获得一个监视器。当用鼠标单击树上的结点时，系统将自动用 TreeSelectionEvent 创建一个事件对象，通知树的监视器，监视器将自动调用 TreeSelectionListener 接口中的方法。创建监视器的类必须实现 TreeSelectionListener 接口，此接口中的方法是 public void valueChanged(TreeSelectionEvent e)。

树使用 getLastSelectedPathComponent()方法获取选中的结点。

下面的例子 21 中，结点中存放的对象由 Goods 类（描述商品）创建，当用户选中结点时，窗口中的文本区显示结点中存放的对象的有关信息，程序运行效果如图 9.21 所示。

例子 21

Example9_21.java

```
p public class Example9_21{
    public static void main(String args[]){
        TreeWin win = new TreeWin();
    }
}
```

TreeWin.java

```
import javax.swing.*;
import javax.swing.tree.*;
import java.awt.*;
import javax.swing.event.*;
public class TreeWin extends JFrame implements TreeSelectionListener{
   JTree tree;
   JTextArea showText;
   TreeWin(){
      DefaultMutableTreeNode root=new DefaultMutableTreeNode("商品");//根结点
      DefaultMutableTreeNode nodeTV=new DefaultMutableTreeNode("电视机类");//结点
      DefaultMutableTreeNode nodePhone=new DefaultMutableTreeNode("手机类");//结点
      DefaultMutableTreeNode tv1=
      new DefaultMutableTreeNode(new Goods("长虹电视",5699));      //结点
      DefaultMutableTreeNode tv2=
      new DefaultMutableTreeNode(new Goods("海尔电视",7832));      //结点
      DefaultMutableTreeNode phone1=
      new DefaultMutableTreeNode(new Goods("诺基亚手机",3600));    //结点
      DefaultMutableTreeNode phone2=
      new DefaultMutableTreeNode(new Goods("三星手机",2155));      //结点
      root.add(nodeTV);                                  //确定结点之间的关系
      root.add(nodePhone);
      nodeTV.add(tv1);                                   //确定结点之间的关系
      nodeTV.add(tv2);
      nodePhone.add(phone1);
      nodePhone.add(phone2);
      tree=new JTree(root);                              //用 root 做根的树组件
      tree.addTreeSelectionListener(this);               //窗口监视树组件上的事件
      showText=new JTextArea();
      setLayout(new GridLayout(1,2));
      add(new JScrollPane(tree));
      add(new JScrollPane(showText));
      setDefaultCloseOperation(JFrame.EXIT_ON_CLOSE);
      setVisible(true);
      setBounds(80,80,300,300);
      validate();
   }
   public void valueChanged(TreeSelectionEvent e){
      DefaultMutableTreeNode node=
      (DefaultMutableTreeNode)tree.getLastSelectedPathComponent();
      if(node.isLeaf()){
```

```
            Goods s=(Goods)node.getUserObject();        //得到结点中存放的对象
            showText.append(s.name+","+s.price+"元\n");
        }
        else{
            showText.setText(null);
        }
    }
}
```

Goods.java

```
public class Goods{
    String name;
    double price;
    Goods(String n,double p){
       name = n;
       price = p;
    }
    public String toString() { //返回对象的串表示
       return name;
    }
}
```

9.7.2 表格组件

表格组件以行和列的形式显示数据，允许对表格中的数据进行编辑。表格的模型功能强大、灵活并易于执行。表格是最复杂的组件，对于初学者，这里只介绍默认的表格模型。

JTable 有 7 个构造方法，这里介绍常用的三个。

JTable() 创建默认的表格模型。

JTable(int a,int b) 创建 a 行,b 列的默认模型表格。

JTable (Object data[][],Object columnName[]) 创建默认表格模型对象，并且显示由 data 指定的二维数组的值，其列名由数组 columnName 指定。

通过对表格中的数据进行编辑，可以修改表格中二维数组 data 中对应的数据。在表格中输入或修改数据后，需按回车或用鼠标单击表格的单元格确定所输入或修改的结果。当表格需要刷新显示时，让表格调用 repaint 方法。

下面的例子 22 是一个成绩单录入程序（效果如图 9.22 所示），客户通过一个表格的单元格输入学生的数学和英语成绩。单击按钮后，将总成绩放入相应的表格单元中。因为 Object 类是所有类的默认父类，所以在表格中输入一个数值时被认为是一个 Object 对象。Object 类有一个很有用的方法 toString()，它可以得到对象的字符串表示。

图 9.22　表格

例子 22

Example9_22.java

```
import javax.swing.*;
import java.awt.*;
import java.awt.event.*;
public class Example9_22 {
   public static void main(String args[]) {
      WinTable Win=new WinTable();
   }
}
class WinTable extends JFrame implements ActionListener {
   JTable table;Object a[][];
   Object name[]={"姓名","英语成绩","数学成绩","总成绩"};
   JButton button;
   WinTable() {
      a=new Object[8][4];
      for(int i=0;i<8;i++) {
        for(int j=0;j<4;j++) {
           if(j!=0)
              a[i][j]="0";
           else
              a[i][j]="姓名";
        }
      }
      button=new JButton("计算每人总成绩");
      table=new JTable(a,name);
      button.addActionListener(this);
      Container con=getContentPane();
      getContentPane().add(new JScrollPane(table),BorderLayout.CENTER);
      con.add(new JLabel("修改或录入数据后,需回车确认"),BorderLayout.SOUTH);
      con.add(button,BorderLayout.SOUTH);
      setSize(200,200);
      setVisible(true);
      validate();
      setDefaultCloseOperation(JFrame.EXIT_ON_CLOSE);
   }
   public void actionPerformed(ActionEvent e) {
      for(int i=0;i<8;i++) {
         double sum=0;
         boolean boo=true;
         for(int j=1;j<=2;j++){
```

```
                try{  sum=sum+Double.parseDouble(a[i][j].toString());
                }
                catch(Exception ee){
                    boo=false;
                    table.repaint();
                }
                if(boo==true) {
                  a[i][3]=""+sum;
                  table.repaint();
                }
            }
        }
    }
}
```

9.8 按钮绑定到键盘

在某些应用中，用户希望敲击键盘上的某个键和用鼠标单击按钮程序做出同样的反应，这就需要掌握本节的知识（按钮绑定到键盘通常被理解为用户直接敲击某个键代替用鼠标单击该按钮所产生的效果）。

1．AbstractAction 类与特殊的监视器

如果希望把用户对按钮的操作绑定到键盘上的某个键，必须用某种办法（见稍后内容）将按钮绑定到敲击某个键，即为按钮绑定键盘操作，然后再为按钮的键盘操作指定一个监视器（该监视器负责处理按钮的键盘操作）。Java 对监视按钮的键盘操作的监视器有着更加严格的特殊的要求：要求创建监视器的类必须实现 ActionListener 接口的子接口 Action。

如果按钮通过 addActionListener()方法注册的监视器和程序为按钮的键盘操作指定的监视器是同一个监视器，那么用户直接敲击某个键（按钮的键盘操作）就可代替用鼠标单击该按钮所产生的效果，这也就是人们通常理解的按钮的键盘绑定。

抽象类 javax.swing.AbstractAction 类已经实现了 Action 接口，因为大部分应用不需要实现 Action 中的其他方法，因此编写 AbstractAction 类的子类时，只要重写 public void actionPerform(ActionEvent e)方法即可，该方法是 ActionListener 接口中的方法。为按钮的键盘操作指定了监视器后，用户只要敲击相应的键，监视器就执行 actionPerformed()方法。

2．指定监视器的步骤

以下假设按钮是 button，listener 是 AbstractAction 类的子类的实例。

1）获取输入映射

按钮首先调用 public final InputMap getInputMap(int condition)方法返回一个 InputMap 对象，其中参数 condition 取值 JCompent 类的下列 static 常量：

WHEN_FOCUSED（仅在敲击键盘发生同时组件具有焦点时才调用操作），

WHEN_IN_FOCUSED_WINDOW（当敲击键盘发生同时组件具有焦点时，或者组件处于具有焦点的窗口中时调用操作。注意，只要窗口中的任意组件具有焦点，就调用向此组件注册的操作），WHEN_ANCESTOR_OF_FOCUSED_COMPONENT（当敲击键盘发生同时组件具有焦点时，或者该组件是具有焦点的组件的祖先时调用该操作）。

例如：

```
InputMap inputmap = button.getInputMap(JComponent.WHEN_IN_FOCUSED_WINDOW);
```

2）绑定按钮的键盘操作

步骤 1）返回的输入映射首先调用方法 public void put(KeyStroke keyStroke,Object actionMapKey)将敲击键盘上的某键指定为按钮的键盘操作，并为该操作指定一个 Object 类型的映射关键字（再使用该关键字为按钮上的键盘操作指定监视器，见稍后的步骤），例如：

```
inputmap.put(KeyStroke.getKeyStroke("A"),"dog");
```

3）为按钮的键盘操作指定监视器

按钮调用方法 public final ActionMap getActionMap()返回一个 ActionMap 对象：

```
ActionMap actionmap = button.getActionMap();
```

然后，该对象 actionmap 调用方法 public void put(Object key,Action action)为按钮的键盘操作指定监视器（实现敲击键盘上的键通知监视器的过程）。例如：

```
actionmap.put("dog",listener);
```

在下面的例子 23 中，用鼠标单击按钮或敲击键盘的 A 键，程序将移动按钮。

例子 23

Example9_23.java

```
public class Example9_23 {
  public static void main(String args[]){
     BindButtonWindow win = new BindButtonWindow();
  }
}
```

BindButtonWindow.java

```
import javax.swing.*;
import java.awt.*;
import java.awt.event.*;
public class BindButtonWindow extends JFrame {
   JButton button;
   Police listener;
   BindButtonWindow(){
      setLayout(new FlowLayout());
      listener=new Police();
      button = new JButton("单击我或按'A'键移动我");
      add(button);
```

```
        button.addActionListener(listener);
                        //listener 以注册方式成为监视器，监视鼠标单击按钮
        InputMap inputmap = button.getInputMap(JComponent.WHEN_IN_
         FOCUSED_WINDOW);
        inputmap.put(KeyStroke.getKeyStroke("A"),"dog");
        ActionMap actionmap=button.getActionMap();
        actionmap.put("dog",listener);   // 指定 listener 是按钮键盘操作的监视器
        setVisible(true);
        setBounds(100,100,200,200);
        setDefaultCloseOperation(JFrame.DISPOSE_ON_CLOSE);
      }
      class Police extends AbstractAction { //Police 是内部类
        public void actionPerformed(ActionEvent e) {
          JButton b=(JButton)e.getSource();
          int x=b.getBounds().x; //获取按钮的位置
          int y=b.getBounds().y;
          b.setLocation(x+10,y+10); //移动按钮
        }
      }
}
```

3．注意事项

实际上，为按钮的键盘操作指定的监视器和按钮本身使用 addActionLister 方法注册的监视器可以不是相同的一个，甚至按钮可以不使用 addActionLister 方法注册任何监视器。比如，如果想仅仅敲击键盘就移动按钮，可以不为按钮注册监视器，即删除程序中的

```
button.addActionListener(listener);
```

那么，程序只有敲击'A'键才能移动按钮（用鼠标单击按钮不能移动按钮）。

需要注意是，不要把为按钮绑定键盘操作的思想和按钮调用方法 public void setMnemonic(int mnemonic)设置按钮的快捷键相混淆，例如：

```
button.setMnemonic('B');
```

仅仅设置了按钮的快捷键是 B，即用户可以用组合键“Alt+B”代替用鼠标单击按钮（可以不涉及事件处理的问题）。

9.9 打 印 组 件

应用程序可以使用 PrintJob 对象完成打印组件的工作。步骤如下。

1．获取 ToolKit 对象

Toolkit 类是 java.awt 包中的抽象类，不能直接实例化对象，当应用程序中有组件时，Java 运行环境会提供一个 Toolkit 子类的对象，应用程序只需让组件调用 getToolkit()方法返回系统提供的 Toolkit 对象的引用即可。

2．获得 PrintJob 对象

Toolkit 类有一个获得 PrintJob 对象的方法：getPrintJob(Frame f,String s,null)，因此可以让步骤 1 得到的 Toolkit 对象调用 getPrintJob()方法返回一个 PrintJob 对象。

3．获取 Graphics 对象

假如步骤 2 获得的 PrintJob 对象为 p，那么 p 可以使用 getGraphics()方法获得一个 Graphics 对象。

4．打印组件

假设步骤 3 获得的 Graphics 对象是 g，那么组件调用（从 Component 类继承下来的方法）方法 paintAll(g)将打印出该组件及其子组件。如果调用方法 paint(g)将打印出该组件本身，但不打印子组件。注意如果调用方法 paint(g)将打印出该组件本身的形状，但不打组件上的其他信息，比如文字图形等。

5．打印位置

打印机总是从打印页的左上角开始打印组件，如果程序中有如下两条语句：

```
按钮_1.paintAll(g); 按钮_2.paintAll(g);
```

“按钮_2”就会被打印在“按钮_1”的上面，盖住按钮_1。为了避免这种情况的发生，Graphics 对象 g 可以使用 Graphics 类中的方法 translate(int x,int y)改变组件在打印页中打印的位置，比如：

```
按钮_1.paintAll(g);
g.translate(78,0);  //在打印页的(78,0)坐标处开始打印后面的按钮_2
按钮_2.paintAll(g);
```

当运行应用程序选择打印时，系统会打开我们熟悉的打印对话框。

在下面例子 24 的窗口中有一个文本区和三个按钮：打印窗口、打印文本框、打印按钮。点击相应的按钮会产生不同的打印操作，图 9.23 是打印出的 3 个按钮。

例子 24

图 9.23　打印出的三个按钮

Example9_24.java

```
import java.awt.*;
import java.awt.event.*;
import javax.swing.*;
public class Example9_24 {
   public static void main(String args[]) {
      MyFrame f=new MyFrame();
      f.setBounds(70,70,570,289);
      f.setVisible(true);
      f.validate();
   }
}
class MyFrame extends JFrame implements ActionListener {
```

```
PrintJob p=null;
Graphics g=null;
JTextArea text=new JTextArea(10,10);
JButton printTextFied=new JButton("打印文本框"),
      printFrame=new JButton("打印窗口"),
      printButton=new JButton("打印按钮");
MyFrame() {
  super("在应用程序中打印");
  printTextFied.addActionListener(this);
  printFrame.addActionListener(this);
  printButton.addActionListener(this);
  add(text,"Center");
  JPanel panel=new JPanel();
  panel.add(printTextFied);
  panel.add(printFrame);
  panel.add(printButton);
  add(panel,"South");
  setDefaultCloseOperation(JFrame.EXIT_ON_CLOSE);
}
public void actionPerformed(ActionEvent e) {
  if(e.getSource()==printTextFied) {
      p=getToolkit().getPrintJob(this,"ok",null);
      g=p.getGraphics();       //p获取一个用于打印的Graphics对象
      g.translate(120,200);
      text.printAll(g);        //打印当前文本区及其内容
      g.dispose();             //释放对象g
      p.end();
  }
  else if(e.getSource()==printFrame) {
      p=getToolkit().getPrintJob(this,"ok",null);
      g=p.getGraphics();
      g.translate(120,200);
      this.printAll(g);        //打印当前窗口及其子组件
      g.dispose();
      p.end();
  }
  else if(e.getSource()==printButton) {
      p=getToolkit().getPrintJob(this,"ok",null);
      g=p.getGraphics();
      g.translate(120,200); //在打印页的坐标(120,200)处打印printTextFied按钮
      printTextFied.printAll(g);
      g.translate(78,0);   //在打印页的坐标(198,200)处打印printFrame按钮
```

```
            printFrame.printAll(g);
            g.translate(66,0);    //在打印页的坐标(264,200)处打印printButton"
            printButton.printAll(g);
            g.dispose();
            p.end();
        }
    }
}
```

9.10 发布 GUI 程序

可以使用 jar.exe 把一些文件压缩成一个 JAR 文件，来发布 GUI 应用程序。

假设 D:\test 目录中的 GUI 应用程序有两个类 A 和 B，其中 A 是主类。生成一个 JAR 文件的步骤如下：

1．首先用文本编辑器编写一个清单文件

Mymoon.mf：

```
Manifest-Version: 1.0
Main-Class: A
Created-By: 1.6
```

编写清单文件时，在"Manifest-Version："和 "1.0"之间，"Main-Class："和主类"A"之间，以及"Created-By："和"1.6"之间必须有且只有一个空格。保存 Mymoon.mf 到 D:\test。

2．生成 JAR 文件

```
D:\test> jar cfm Tom.jar Mymoon.mf A.class B.class
```

如果目录 test 下的字节码文件刚好是应用程序需要的全部字节码文件，也可以如下生成 JAR 文件：

```
D:\test> jar cfm Tom.jar Mymoon.mf  *.class
```

其中参数 c 表示要生成一个新的 JAR 文件，f 表示要生成的 JAR 文件的名字，m 表示文件清单文件的名字。

现在就可以将 Tom.jar 文件复制到任何一个安装了 java 运行环境的计算机上，只要用鼠标双击该文件就可以运行该 Java 应用程序了。也可以在命令行窗口使用 java 解释器（使用参数-jar）执行这个压缩文件，例如：

```
java -jar Tom.jar
```

9.11 应 用 举 例

华容道是我们很熟悉的一个传统智力游戏。下面的例子 25 通过键盘和鼠标事件来实现曹操、关羽等人物的移动，如图 9.24 所示。

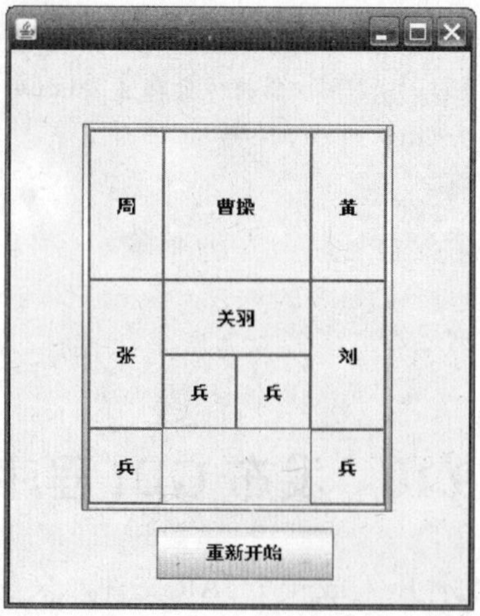

图 9.24　华容道

例子 25

Example9_25.java

```
public class Example9_25 {
   public static void main(String args[]) {
      new Hua_Rong_Road();
   }
}
```

Hua_Rong_Road.java

```
import java.awt.*;
import javax.swing.*;
import java.awt.event.*;
public class Hua_Rong_Road extends JFrame implements MouseListener,
KeyListener,ActionListener {
   Person person[]=new Person[10];
   JButton left,right,above,below;
   JButton restart=new JButton("重新开始");
   public Hua_Rong_Road() {
      init();
      setDefaultCloseOperation(JFrame.DISPOSE_ON_CLOSE);
      setBounds(100,100,320,500);
      setVisible(true);
      validate();
```

```
}
public void init() {
   setLayout(null);
   add(restart);
   restart.setBounds(100,320,120,35);
   restart.addActionListener(this);
   String name[]={"曹操","关羽","张","刘","周","黄","兵","兵","兵","兵"};
   for(int k=0;k<name.length;k++) {
      person[k]=new Person(k,name[k]);
      person[k].addMouseListener(this);
      person[k].addKeyListener(this);
      add(person[k]);
   }
   person[0].setBounds(104,54,100,100);
   person[1].setBounds(104,154,100,50);
   person[2].setBounds(54, 154,50,100);
   person[3].setBounds(204,154,50,100);
   person[4].setBounds(54, 54, 50,100);
   person[5].setBounds(204, 54, 50,100);
   person[6].setBounds(54,254,50,50);
   person[7].setBounds(204,254,50,50);
   person[8].setBounds(104,204,50,50);
   person[9].setBounds(154,204,50,50);
   person[9].requestFocus();
   left=new JButton();
   right=new JButton();
   above=new JButton();
   below=new JButton();
   add(left);
   add(right);
   add(above);
   add(below);
   left.setBounds(49,49,5,260);
   right.setBounds(254,49,5,260);
   above.setBounds(49,49,210,5);
   below.setBounds(49,304,210,5);
   validate();
}
public void keyTyped(KeyEvent e){}
```

```
public void keyReleased(KeyEvent e){}
public void keyPressed(KeyEvent e) {
  Person man=(Person)e.getSource();
  if(e.getKeyCode()==KeyEvent.VK_DOWN)
     go(man,below);
  if(e.getKeyCode()==KeyEvent.VK_UP)
     go(man,above);
  if(e.getKeyCode()==KeyEvent.VK_LEFT)
     go(man,left);
  if(e.getKeyCode()==KeyEvent.VK_RIGHT)
     go(man,right);
}
public void mousePressed(MouseEvent e) {
  Person man=(Person)e.getSource();
  int x=-1,y=-1;
  x=e.getX();
  y=e.getY();
  int w=man.getBounds().width;
  int h=man.getBounds().height;
  if(y>h/2)
     go(man,below);
  if(y<h/2)
     go(man,above);
  if(x<w/2)
     go(man,left);
  if(x>w/2)
     go(man,right);
}
public void mouseReleased(MouseEvent e)  {}
public void mouseEntered(MouseEvent e)  {}
public void mouseExited(MouseEvent e)  {}
public void mouseClicked(MouseEvent e)  {}
public void go(Person man,JButton direction) {
   boolean move=true;
   Rectangle manRect=man.getBounds();
   int x=man.getBounds().x;
   int y=man.getBounds().y;
   if(direction==below)
     y=y+50;
```

```java
        else if(direction==above)
          y=y-50;
        else if(direction==left)
          x=x-50;
        else if(direction==right)
          x=x+50;
        manRect.setLocation(x,y);
        Rectangle directionRect=direction.getBounds();
        for(int k=0;k<10;k++) {
            Rectangle personRect=person[k].getBounds();
          if((manRect.intersects(personRect))&&(man.number!=k))
            move=false;
        }
        if(manRect.intersects(directionRect))
            move=false;
        if(move==true)
            man.setLocation(x,y);
    }
    public void actionPerformed(ActionEvent e) {
        dispose();
        new Hua_Rong_Road();
    }
}
```

Person.java

```java
import javax.swing.*;
import java.awt.*;
import java.awt.event.*;
public class Person extends JButton implements FocusListener {
   int number;
   Color c=new Color(255,245,170);
   Font font=new Font("宋体",Font.BOLD,12);
   Person(int number,String s) {
       super(s);
       setBackground(c);
       setFont(font);
       this.number=number;
       c=getBackground();
       addFocusListener(this);
   }
```

```
        public void focusGained(FocusEvent e) {
           setBackground(Color.red);
        }
        public void focusLost(FocusEvent e) {
           setBackground(c);
        }
    }
```

9.12 小　　结

（1）掌握怎样将其他组件嵌套到 JFrame 窗体中。

（2）掌握各种组件的特点和使用方法。

（3）本章重点掌握组件上的事件处理，Java 处理事件的模式是：事件源、监视器、处理事件的接口。

习　题　9

1．问答题

（1）JFrame 类的对象的默认布局是什么布局？

（2）一个容器对象是否可以使用 add 方法添加一个 JFrame 窗口？

（3）JTextField 可以触发什么事件？

（4）JTextArea 中的文档对象可以触发什么类型的事件？

（5）MouseListener 接口中有几个方法？

（6）处理鼠标拖动触发的 MouseEvent 事件需使用哪个接口？

2．选择题

（1）下列哪个叙述是不正确的？

A．一个应用程序中最多只能有一个窗口。

B．JFrame 创建的窗口默认是不可见的。

C．不可以向 JFrame 窗口中添加 JFame 窗口。

D．窗口可以调用 setTitle(String s)方法设置窗口的标题。

（2）下列哪个叙述是不正确的？

A．JButton 对象可以使用 addActionLister（ActionListener l）方法将没有实现 ActionListener 接口的类的实例注册为自己的监视器

B．对于有监视器的 JTextField 文本框，如果该文本框处于活动状态（有输入焦点）时，用户即使不输入文本，只要按回车（Enter）键也可以触发 ActionEvent 事件

C．监视 KeyEvent 事件的监视器必须实现 KeyListener 接口

D．监视 WindowEvent 事件的监视器必须实现 WindowListener 接口

（3）下列哪个叙述是不正确的？

A．使用 FlowLayout 布局的容器最多可以添加 5 个组件

B．使用 BorderLayout 布局的容器被划分成 5 个区域

C．JPanel 的默认布局是 FlowLayout 布局

D．JDialog 的默认布局是 BorderLayout 布局

3．编程题

（1）编写应用程序，有一个标题为“计算”的窗口，窗口的布局为 FlowLayout 布局。窗口中添加两个文本区，当我们在一个文本区中输入若干个数时，另一个文本区同时对你输入的数进行求和运算并求出平均值，也就是说随着你输入的变化，另一个文本区不断地更新求和及平均值。

（2）编写一个应用程序，有一个标题为“计算”的窗口，窗口的布局为 FlowLayout 布局。设计四个按钮，分别命名为“加”、“差”、“积、”、“除”，另外，窗口中还有三个文本框。单击相应的按钮，将两个文本框的数字做运算，在第三个文本框中显示结果。要求处理 NumberFormatException 异常。

（3）参照例子 15 编写一个体现 MVC 结构的 GUI 程序。首先编写一个封装梯形类，然后再编写一个窗口。要求窗口使用三个文本框和一个文本区为梯形对象中的数据提供视图，其中三个文本框用来显示和更新梯形对象的上底、下底和高，文本区对象用来显示梯形的面积。窗口中有一个按钮，用户单击该按钮后，程序用 3 个文本框中的数据分别作为梯形对象的上底、下底和高，并将计算出的梯形的面积显示在文本区中。

第 10 章　输入、输出流

主要内容

- File 类
- 文件字节输入、输出流
- 文件字符输入、输出流
- 缓冲流
- 随机流
- 数组流
- 数据流
- 对象流
- 序列化与对象克隆
- 使用 Scanner 解析文件
- 文件锁

程序在运行期间，可能需要从外部的存储媒介或其他程序中读入所需要的数据，这就需要使用输入流。输入流的指向称为它的源，程序通过输入流读取源中的数据（如图 10.1 所示）。另一方面，程序在处理数据后，可能需要将处理的结果写入到永久的存储媒介中或传送给其他的应用程序，这就需要使用输出流。输出流的指向称为它的目的地，程序通过输出流把数据传送到目的地（如图 10.2 所示）。虽然 I/O 流经常与磁盘文件存取有关，但是源和目的地也可以是键盘、内存或显示器窗口。

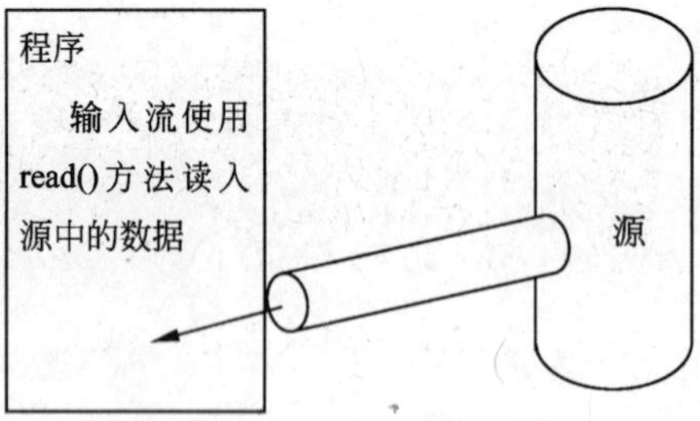

图 10.1　输入流示意图

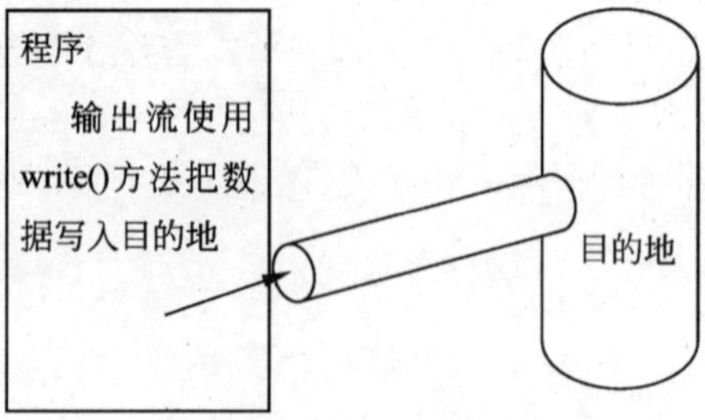

图 10.2　输出流示意图

java.io 包（I/O 流库）提供大量的流类，所有输入流都是抽象类 InputStream（字节输入流）或抽象类 Reader（字符输入流）的子类，而所有输出流都是抽象类 OutputStream（字节输出流）或抽象类 Writer（字符输出流）的子类。

10.1 File 类

程序可能经常需要获取磁盘上文件的有关信息或在磁盘上创建新的文件等，这就需要学习使用 File 类。需要注意的是，File 类的对象主要用来获取文件本身的一些信息，例如文件所在的目录、文件的长度或文件读写权限等，不涉及对文件的读写操作。

创建一个 File 对象的构造方法有三个：

```
File(String filename);
File(String directoryPath,String filename);
File(File dir, String filename);
```

其中，filename 是文件名字，directoryPath 是文件的路径，dir 为一个目录。使用 File(String filename)创建文件时，该文件被认为与当前应用程序在同一目录中。

10.1.1 文件的属性

经常使用 File 类的下列方法获取文件本身的一些信息。

- public String getName() 获取文件的名字。
- public boolean canRead() 判断文件是否是可读的。
- public boolean canWrite() 判断文件是否可被写入。
- public boolean exists() 判断文件是否存在。
- public long length() 获取文件的长度（单位是字节）。
- public String getAbsolutePath() 获取文件的绝对路径。
- public String getParent() 获取文件的父目录。
- public boolean isFile() 判断文件是否是一个普通文件，而不是目录。
- public boolean isDirectory() 判断文件是否是一个目录。
- public boolean isHidden() 判断文件是否是隐藏文件。
- public long lastModified() 获取文件最后修改的时间（时间是从 1970 年午夜至文件最后修改时刻的毫秒数）。

在下面的例子 1 中，使用上述的一些方法，获取某些文件的信息，创建了一个名字为 new.txt 的新文件。程序运行效果如图 10.3 所示。

```
C:\ch10>java Example10_1
Example10_1.java是可读的吗:true
Example10_1.java的长度:651
Example10_1.java的绝对路径:C:\ch10\Example10_1.java
在当前目录下创建新文件new.txt
创建成功
```

图 10.3 获取文件的相关信息

例子 1

Example10_1.java

```
import java.io.*;
public class Example10_1 {
   public static void main(String args[]) {
      File f = new File("C:\\ch10","Example10_1.java");
```

```
        System.out.println(f.getName()+"是可读的吗:"+f.canRead());
        System.out.println(f.getName()+"的长度:"+f.length());
        System.out.println(f.getName()+"的绝对路径:"+f.getAbsolutePath());
        File file = new File("new.txt");
        System.out.println("在当前目录下创建新文件"+file.getName());
        if(!file.exists()) {
           try {  file.createNewFile();
                System.out.println("创建成功");
           }
           catch(IOException exp){}
        }
     }
  }
```

10.1.2 目录

1．创建目录

File 对象调用方法 public boolean mkdir()创建一个目录，如果创建成功返回 true，否则返回 false（如果该目录已经存在将返回 false）。

2．列出目录中的文件

如果 File 对象是一个目录，那么该对象调用下述方法列出该目录下的文件和子目录。

- public String[] list() 用字符串形式返回目录下的全部文件。
- public File [] listFiles() 用 File 对象形式返回目录下的全部文件。

有时需要列出目录下指定类型的文件，比如.java、.txt 等扩展名的文件。可以使用 File 类的下述两个方法，列出指定类型的文件：

- public String[] list(FilenameFilter obj) 该方法用字符串形式返回目录下的指定类型的所有文件。
- public File [] listFiles(FilenameFilter obj) 该方法用 File 对象形式返回目录下的指定类型的所有文件。

上述两个方法的参数 FilenameFilter 是一个接口，该接口有一个方法：

```
public boolean accept(File dir,String name);
```

File 对象 dirFile 调用 list 方法时，需向该方法传递一个实现 FilenameFilter 接口的对象，list 方法执行时，参数 obj 不断回调接口方法 accept(File dir,String name)，该方法中的参数 dir 为调用 list 的当前目录 dirFile，参数 name 被实例化为 dirFile 目录中的一个文件名，当接口方法返回 true 时，list 方法就将名字为 name 的文件存放到返回的数组中。

在下面的例子 2 中，列出当前目录（应用程序所在的目录）下全部.java 文件的名字。

例子 2

Example10_2.java

```
import java.io.*;
public class Example10_2 {
```

```
    public static void main(String args[]) {
        File dirFile = new File(".");
        FileAccept fileAccept = new FileAccept();
        fileAccept.setExtendName("java");
        String fileName[] = dirFile.list(fileAccept);
        for(String name:fileName) {
            System.out.println(name);
        }
    }
}
```

FileAccept.java

```
import java.io.*;
public class FileAccept implements FilenameFilter {
    private String extendName;
    public void setExtendName(String s) {
        extendName = "."+s;
    }
    public boolean accept(File dir,String name) { //重写接口中的方法
        return name.endsWith(extendName);
    }
}
```

10.1.3 文件的创建与删除

当使用 File 类创建一个文件对象后，例如

```
File file = new File("C:\\myletter","letter.txt");
```

如果 C:\myletter 目录中没有名字为 letter.txt 文件，文件对象 file 调用方法

```
public boolean createNewFile();
```

可以在 C:\myletter 目录中建立一个名字为 letter.txt 的文件。文件对象调用方法 public boolean delete()可以删除当前文件，例如：

```
file.delete();
```

10.1.4 运行可执行文件

当要执行一个本地机器上的可执行文件时，可以使用 java.lang 包中的 Runtime 类。首先使用 Runtime 类声明一个对象，如：

```
Runtime ec;
```

然后使用该类的 getRuntime()静态方法创建这个对象：

```
ec = Runtime.getRuntime();
```

ec 可以调用 exec(String command)方法打开本地机器上的可执行文件或执行一个操作。下面的例子 3 中，Runtime 对象打开 Windows 平台上的记事本程序和浏览器。

例子 3

Example10_3.java

```
import java.io.*;
public class Example10_3 {
   public static void main(String args[]) {
      try{  Runtime ce = Runtime.getRuntime();
            File file = new File("c:/windows","Notepad.exe");
            ce.exec(file.getAbsolutePath());
            file = new File("C:\\Program Files\\Internet Explorer","IEXPLORE
            www.sohu.com");
            ce.exec(file.getAbsolutePath());
      }
      catch(Exception e) {
         System.out.println(e);
      }
   }
}
```

10.2 文件字节输入流

使用输入流通常包括 4 个基本步骤：

- 设定输入流的源；
- 创建指向源的输入流；
- 让输入流读取源中的数据；
- 关闭输入流。

本节通过学习文件字节输入流熟悉上述 4 个基本步骤。

如果对文件读取需求比较简单，那么可以使用 FileInputStream 类（文件字节输入流），该类是 InputStream 类的子类（以字节为单位读取文件），该类的实例方法都是从 InputStream 类继承来的。

1．构造方法

可以使用 FileInputStream 类的下列构造方法创建指向文件的输入流。

```
FileInputStream(String name);
FileInputStream(File file);
```

第一个构造方法使用给定的文件名 name 创建 FileInputStream 流，第二个构造方法使用 File 对象创建 FileInputStream 流。参数 name 和 file 指定的文件称为输入流的源。

FileInpuStream 输入流打开一个到达文件的通道（源就是这个文件，输入流指向这个文件）。当创建输入流时，可能会出现错误（也被称为异常）。例如，输入流指向的文件可能不存在。当出现 I/O 错误，Java 生成一个出错信号，它使用 IOException（IO 异常）对象来表示这个出错信号。程序必须在 try-catch 语句中的 try 块部分创建输入流，在 catch（捕获）块部分检测并处理这个异常。例如，为了读取一个名为 hello.txt 的文件，建立一个文件输入流 in。

```
try {
FileInputStream in = new FileInputStream("hello.txt");
                                    //创建指向文件 hello.txt 的输入流
}
catch (IOException e) {
  System.out.println("File read error:"+e );
}
```

或

```
File f = new File("hello.txt");     //指定输入流的源
try {
FileInputStream in = new FileInputStream(f);  //创建指向源的输入流
}
catch (IOException e) {
      System.out.println("File read error:"+e );
}
```

2．使用输入流读取字节

输入流的目的是提供读取源中数据的通道，程序可以通过这个通道读取源中的数据（如前面图 10.1 所示）。文件字节流可以调用从父类继承的 read 方法顺序地读取文件，只要不关闭流，每次调用 read 方法就顺序地读取文件中的其余内容，直到文件的末尾或文件字节输入流被关闭。

字节输入流的 read 方法以字节为单位读取源中的数据。

- int read() 输入流调用该方法从源中读取单个字节的数据，该方法返回字节值（0～255 之间的一个整数），如果未读出字节就返回–1。
- int read(byte b[]) 输入流调用该方法从源中试图读取 b.length 个字节到字节数组 b 中，返回实际读取的字节数目。如果到达文件的末尾，则返回–1。
- int read(byte b[], int off, int len) 输入流调用该方法从源中试图读取 len 个字节到字节数组 b 中，并返回实际读取的字节数目。如果到达文件的末尾，则返回–1，参数 off 指定从字节数组的某个位置开始存放读取的数据。

注：FileInputStream 流顺序地读取文件，只要不关闭流，每次调用 read 方法就顺序地读取源中其余的内容，直到源的末尾或流被关闭。

3．关闭流

输入流都提供了关闭方法 close()，尽管程序结束时会自动关闭所有打开的流，但是当程序使用完流后，显式地关闭任何打开的流仍是一个良好的习惯。如果没有关闭那些被打开的流，那么就可能不允许另一个程序操作这些流所用的资源。

例子 4 中使用文件字节流读文件的内容，如图 10.4 所示。

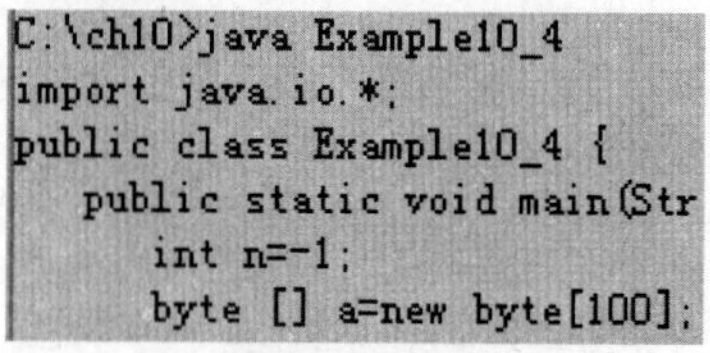

图 10.4　使用文件字节流读文件

例子 4

Example10_4.java

```
import java.io.*;
public class Example10_4 {
   public static void main(String args[]) {
      int n=-1;
      byte [] a = new byte[100];
      try{  File f = new File("Example10_4.java");
            InputStream in = new FileInputStream(f);
            while((n=in.read(a,0,100))!=-1) {
               String s = new String (a,0,n);
               System.out.print(s);
            }
            in.close();
      }
      catch(IOException e) {
           System.out.println("File read Error"+e);
      }
   }
}
```

需要特别注意的是，当把读入的字节转化为字符串时，要把实际读入的字节转化为字符串，如上述例子 4 中的

```
String s = new String (a,0,n);
```

不可以写成

```
String s = new String (a,0,100);
```

10.3　文件字节输出流

使用输出流通常包括 4 个基本步骤：

- 给出输出流的目的地；
- 创建指向目的地的输出流；
- 让输出流把数据写入到目的地；
- 关闭输出流。

本节通过学习文件字节输出流熟悉上述 4 个基本步骤。

如果对文件写入需求比较简单，那么可以使用 FileOutputStream 类（文件字节输出流），它是 OutputStream 类的子类（以字节为单位向文件写入内容），该类的实例方法都是从 OutputStream 类继承来的。

1．构造方法

可以使用 FileOutputStream 类的下列具有刷新功能的构造方法创建指向文件的输出流。

```
FileOutputStream(String name);
FileOutputStream(File file);
```

第一个构造方法使用给定的文件名 name 创建 FileOutputStream 流，第二个构造方法使用 File 对象创建 FileOutputStream 流。参数 name 和 file 指定的文件称为输出流的目的地。

FileOutpuStream 输出流开通一个到达文件的通道（目的地就是这个文件，输出流指向这个文件）。需要特别注意的是，如果输出流指向的文件不存在，Java 就会创建该文件，如果指向的文件是已存在的文件，输出流将刷新该文件（使得文件的长度为 0）。

另外，与创建输入流相同，创建输出流时，可能会出现错误（被称为异常），例如，输出流试图要写入的文件可能不允许操作或有其他受限等原因。所以必须在 try-catch 语句中的 try 块部分创建输出流，在 catch（捕获）块部分检测并处理这个异常。例如，创建指向名为 destin.txt 的输出流 out。

```
try {
FileOutputStream out = new FileOutputStream("destin.txt");
                              //创建指向文件 destin.txt 的输出流
}
catch (IOException e) {
  System.out.println("File write error:"+e );
}
```

或

```
File f=new File("destin.txt");     //指定输出流的目的地
try {
FileOutputStream out = new FileOutnputStream(f);  //创建指向目的地的输出流
}
catch (IOException e) {
     System.out.println("Filewrite:"+e );
}
```

可以使用 FileOutputStream 类的下列能选择是否具有刷新功能的构造方法创建指向文件的输出流。

```
FileOutputStream(String name, boolean append);
FileOutputStream(File file, boolean append);
```

当用构造方法创建指向一个文件的输出流时，如果参数 append 取值 true，输出流不会刷新所指向的文件（假如文件已存在），输出流的 write 的方法将从文件的末尾开始向文件写入数据，参数 append 取值 false，输出流将刷新所指向的文件（假如文件已存在）。

2．使用输出流写字节

输出流的目的是提供通往目的地的通道，程序可以通过这个通道将程序中的数据写入到目的地（如前面图 10.2 所示）。文件字节流可以调用从父类继承的 write 方法顺序地写文件。FileOutStream 流顺序地向文件写入内容，即只要不关闭流，每次调用 write 方法就顺序地向文件写入内容，直到流被关闭。

字节输出流的 write 方法以字节为单位向目的地写数据。

- void write(int n) 输出流调用该方法向目的地写入单个字节。
- void write(byte b[]) 输出流调用该方法向目的地写入一个字节数组。
- void write(byte b[],int off,int len) 给定字节数组中起始于偏移量 off 处取 len 个字节写到目的地。
- void close()关闭输出流。

注：FileOutputStream 流顺序地写文件，只要不关闭流，每次调用 write 方法就顺序地向目的地写入内容，直到流被关闭。

3．关闭流

需要注意的是，在操作系统把程序所写到输出流上的那些字节保存到磁盘上之前，有时被存放在内存缓冲区中，通过调用 close()方法，可以保证操作系统把流缓冲区的内容写到它的目的地，即关闭输出流可以把该流所用的缓冲区的内容冲洗掉（通常冲洗到磁盘文件上）。

下面的例子 5 使用文件字节输出流写文件 a.txt。例子 5 首先使用具有刷新功能的构造方法创建指向文件 a.txt 的输出流，并向 a.txt 文件写入“新年快乐”，然后再选择使用不刷新文件的构造方法指向 a.txt，并向文件写入（即尾加）“Happy New Year”。

例子 5

Example10_5.java

```
import java.io.*;
public class Example10_5 {
   public static void main(String args[]) {
      byte [] a = "新年快乐".getBytes();
      byte [] b = "Happy New Year".getBytes();
      File file = new File("a.txt");                          //输出的目的地
      try{
         OutputStream out = new FileOutputStream(file);  //指向目的地的输出流
         System.out.println(file.getName()+"的大小:"+file.length()+"字节");
                                                          //a.txt 的大小:0 字节
         out.write(a);                                    //向目的地写数据
         out.close();
         out = new FileOutputStream(file,true);           //准备向文件尾加内容
```

```
        System.out.println(file.getName()+"的大小:"+file.length()+"字节");
                                                        //a.txt 的大小:8 字节
        out.write(b,0,b.length);
        System.out.println(file.getName()+"的大小:"+file.length()+"字节");
                                                        //a.txt 的大小:22 字节
        out.close();
      }
      catch(IOException e) {
         System.out.println("Error "+e);
      }
   }
}
```

10.4 文件字符输入、输出流

文件字节输入、输出流的 read 和 write 方法使用字节数组读写数据，即以字节为单位处理数据。因此，字节流不能很好地操作 Unicode 字符，比如，一个汉字在文件中占用 2 个字节，如果使用字节流，读取不当会出现“乱码”现象。

与 FileInputStream、FileOutputStream 字节流相对应的是 FileReader、FileWriter 字符流（文件字符输入、输出流），FileReader 和 FileWriter 分别是 Reader 和 Writer 的子类，其构造方法分别是：

```
FileReader(String filename); FileReader(File filename);
FileWriter (String filename); FileWriter (File filename);
FileWriter (String filename,boolean append); FileWriter (File filename,
boolean append);
```

字符输入流和输出流的 read 和 write 方法使用字符数组读写数据，即以字符为基本单位处理数据。

下面的例子 6 使用文件字符输入、输出流将文件 a.txt 的内容尾加到文件 b.txt 中。

例子 6

Example10_6.java

```
import java.io.*;
public class Example10_6 {
   public static void main(String args[]) {
      File sourceFile = new File("a.txt");        //读取的文件
      File targetFile = new File("b.txt");        //写入的文件
      char c[] =new char[19];                     //char 型数组
      try{
         Writer out = new FileWriter(targetFile,true);   //指向目的地的输出流
         Reader in  = new FileReader(sourceFile);        //指向源的输入流
```

```
            int n = -1;
            while((n=in.read(c))!=-1) {
               out.write(c,0,n);
            }
            out.flush();
            out.close();
        }
        catch(IOException e) {
             System.out.println("Error "+e);
        }
    }
}
```

注：对于 Writer 流，write 方法将数据首先写入到缓冲区，每当缓冲区溢出时，缓冲区的内容被自动写入到目的地，如果关闭流，缓冲区的内容会立刻被写入到目的地。流调用 flush()方法可以立刻冲洗当前缓冲区，即将当前缓冲区的内容写入到目的地。

10.5 缓 冲 流

BufferedReader 和 BufferedWriter 类创建的对象称为缓冲输入、输出流，二者增强了读写文件的能力。比如 Student.txt 是一个学生名单，每个姓名占一行。如果我们想读取名字，那么每次必须读取一行，使用 FileReader 流很难完成这样的任务，因为，我们不清楚一行有多少个字符，FileReader 类没有提供读取一行的方法。

Java 提供了更高级的流：BufferedReader 流和 BufferedWriter 流，二者的源和目的地必须是字符输入流和字符输出流。因此，如果把文件字符输入流作为 BufferedReader 流的源，把文件字符输出流作为 BufferedWriter 流的目的地，那么，BufferedReader 和 BufferedWriter 类创建的流将比字符输入流和字符输出流有更强的读写能力，比如，BufferedReader 流就可以按行读取文件。

BufferedReader 类和 BufferedWriter 的构造方法分别是：

```
BufferedReader(Reader in);
BufferedWriter (Writer out);
```

BufferedReader 流能够读取文本行，方法是 readLine()。

通过向 BufferedReader 传递一个 Reader 子类的对象（如 FileReader 的实例），来创建一个 BufferedReader 对象，如：

```
FileReader inOne = new FileReader("Student.txt");
BufferedReader inTwo = BufferedReader(inOne);
```

然后 inTwo 流调用 readLine()方法中读取 Student.txt，例如：

```
String strLine = inTwo.readLine();
```

类似地，可以将 BufferedWriter 流和 FileWriter 流连接在一起，然后使用 BufferedWriter 流将数据写到目的地，例如：

```
FileWriter tofile = new FileWriter("hello.txt");
BufferedWriter out = BufferedWriter(tofile);
```

然后 out 使用 BufferedReader 类的方法 write(String s,int off,int len)把字符串 s 写到 hello.txt 中，参数 off 是 s 开始处的偏移量，len 是写入的字符数量。

另外，BufferedWriter 流有一个独特的向文件写入一个回行符的方法

```
newLine();
```

可以把BufferedReader和BufferedWriter称为上层流，把它们指向的字符流称为底层流。Java 采用缓存技术将上层流和底层流连接。底层字符输入流首先将数据读入缓存，BufferedReader 流再从缓存读取数据；BufferedWriter 流将数据写入缓存，底层字符输出流会不断地将缓存中的数据写入到目的地。当 BufferedWriter 流调用 flush()刷新缓存或调用 close()方法关闭时，即使缓存没有溢出，底层流也会立刻将缓存的内容写入目的地。

注：关闭输出流时要首先关闭缓冲输出流，然后关闭缓冲输出流指向的流，即先关闭上层流再关闭底层流。在编写代码时只需关闭上层流，那么上层流的底层流将自动关闭。

由英语句子构成的文件 english.txt（每句占一行）：

```
The arrow missed the target.
They rejected the union demand.
Where does this road go to?
```

下面的例子 7 按行读取 english.txt，并在该行的后面尾加上该英语句子中含有的单词数目，然后再将该行写入到一个名字为 englishCount.txt 的文件中。程序运行效果如图 10.5 所示。

```
englishCount.txt内容:
The arrow missed the target. 句子中单词个数:5
They rejected the union demand. 句子中单词个数:5
Where does this road go to? 句子中单词个数:6
```

图 10.5　使用缓冲流

例子 7

Example10_7.java

```
import java.io.*;
import java.util.*;
public class Example10_7 {
   public static void main(String args[]) {
      File fRead = new File("english.txt");
      File fWrite = new File("englishCount.txt");
      try{  Writer out = new FileWriter(fWrite);
          BufferedWriter bufferWrite = new BufferedWriter(out);
          Reader in = new FileReader(fRead);
          BufferedReader bufferRead =new BufferedReader(in);
```

```
            String str = null;
            while((str=bufferRead.readLine())!=null) {
               StringTokenizer fenxi = new StringTokenizer(str);
               int count=fenxi.countTokens();
               str = str+" 句子中单词个数:"+count;
               bufferWrite.write(str);
               bufferWrite.newLine();
            }
            bufferWrite.close();
            out.close();
            in = new FileReader(fWrite);
            bufferRead =new BufferedReader(in);
            String s=null;
            System.out.println(fWrite.getName()+"内容:");
            while((s=bufferRead.readLine())!=null) {
              System.out.println(s);
            }
           bufferRead.close();
           in.close();
        }
        catch(IOException e) {
           System.out.println(e.toString());
        }
    }
}
```

10.6 随 机 流

通过前面的学习我们知道，如果准备读文件，需要建立指向该文件的输入流；如果准备写文件，需要建立指向该文件的输出流。那么，能否建立一个流，通过该流既能读文件也能写文件呢？这正是本节要介绍的随机流。

RandomAccessFile 类创建的流称做随机流，与前面的输入、输出流不同的是，RandomAccessFile 类既不是 InputStream 类的子类，也不是 OutputStram 类的子类。但是 RandomAccessFile 类创建的流的指向既可以作为流的源，也可以作为流的目的地，换句话说，当准备对一个文件进行读写操作时，创建一个指向该文件的随机流即可，这样既可以从这个流中读取文件中的数据，也可以通过这个流写入数据到文件。

以下是 RandomAccessFile 类的两个构造方法。

- RandomAccessFile（String name,String mode）参数 name 用来确定一个文件名，给出创建的流的源，也是流目的地。参数 mode 取 r（只读）或 rw（可读写），决定创建的流对文件的访问权利。
- RandomAccessFile（File file,String mode）参数 file 是一个 File 对象，给出创建的流的源，也是流目的地。参数 mode 取 r（只读）或 rw（可读写），决定创建的流对文件的访问权利。

注：RandomAccessFile 流指向文件时，不刷新文件。

RandomAccessFile类中有一个方法seek(long a)用来定位RandomAccessFile流的读写位置，其中参数 a 确定读写位置距离文件开头的字节个数。另外流还可以调用 getFilePointer()方法获取流的当前读写位置。RandomAccessFile 流对文件的读写比顺序读写更为灵活。

例子 8 中把几个 int 型整数写入到一个名字为 tom.dat 文件中，然后按相反顺序读出这些数据。

例子 8

Example10_8.java

```
import java.io.*;
public class Example10_8 {
   public static void main(String args[]) {
      RandomAccessFile inAndOut = null;
      int data[] = {1,2,3,4,5,6,7,8,9,10};
      try{  inAndOut = new RandomAccessFile("tom.dat","rw");
          for(int i=0;i<data.length;i++) {
             inAndOut.writeInt(data[i]);
          }
          for(long i=data.length-1;i>=0;i--) {
                                      //一个 int 型数据占 4 个字节，inAndOut 从
             inAndOut.seek(i*4);       //文件的第 36 个字节读取最后面的一个整数，
             System.out.printf("\t%d",inAndOut.readInt());
                                      //每隔 4 个字节往前读取一个整数
          }
          inAndOut.close();
      }
      catch(IOException e){}
   }
}
```

表 10.1 是 RandomAccessFile 流的常用方法。

表 10.1　RandomAccessFile 类的常用方法

方　　法	描　　述
close()	关闭文件
getFilePointer()	获取当前读写的位置
length()	获取文件的长度
read()	从文件中读取一个字节的数据
readBoolean()	从文件中读取一个布尔值，0 代表 false；其他值代表 true
readByte()	从文件中读取一个字节

续表

方　法	描　述
readChar()	从文件中读取一个字符（2个字节）
readDouble()	从文件中读取一个双精度浮点值（8个字节）
readFloat()	从文件中读取一个单精度浮点值（4个字节）
readFully(byte b[])	读 b.length 字节放入数组 b，完全填满该数组
readInt()	从文件中读取一个 int 值（4个字节）
readLine()	从文件中读取一个文本行
readLong()	从文件中读取一个长型值（8个字节）
readShort()	从文件中读取一个短型值（2个字节）
readUnsignedByte()	从文件中读取一个无符号字节（1个字节）
readUnsignedShort()	从文件中读取一个无符号短型值（2个字节）
readUTF()	从文件中读取一个 UTF 字符串
seek(long position)	定位读写位置
setLength(long newlength)	设置文件的长度
skipBytes(int n)	在文件中跳过给定数量的字节
write(byte b[])	写 b.length 个字节到文件
writeBoolean(boolean v)	把一个布尔值作为单字节值写入文件
writeByte(int v)	向文件写入一个字节
writeBytes(String s)	向文件写入一个字符串
writeChar(char c)	向文件写入一个字符
writeChars(String s)	向文件写入一个作为字符数据的字符串
writeDouble(double v)	向文件写入一个双精度浮点值
writeFloat(float v)	向文件写入一个单精度浮点值
writeInt(int v)	向文件写入一个 int 值
writeLong(long v)	向文件写入一个长型 int 值
writeShort(int v)	向文件写入一个短型 int 值
writeUTF(String s)	写入一个 UTF 字符串

需要注意的是，RondomAccessFile 流的 readLine()方法在读取含有非 ASCII 字符的文件时（比如含有汉字的文件）会出现“乱码”现象，因此，需要把 readLine()读取的字符串用“iso-8859-1”编码重新编码存放到 byte 数组中，然后再用当前机器的默认编码将该数组转化为字符串，操作如下。

1．读取

```
String str = in.readLine();
```

2．用“iso-8859-1”重新编码

```
byte b[] = str.getBytes("iso-8859-1");
```

3．使用当前机器的默认编码将字节数组转化为字符串

```
String content = new String(b);
```

如果机器的默认编码是“GB2312”，那么

```
String content = new String(b);
```

等同于

```
String content=new String(b, "GB2312");
```

例子 9 中 RondomAccessFile 流使用 readLine()读取文件。

例子 9

Example10_9.java

```
import java.io.*;
public class Example10_9 {
   public static void main(String args[]) {
      RandomAccessFile in = null;
      try{  in = new RandomAccessFile("Example10_9.java","rw");
           long length = in.length();     //获取文件的长度
           long position = 0;
           in.seek(position);             //将读取位置定位到文件的起始
           while(position<length) {
              String str = in.readLine();
              byte b[] = str.getBytes("iso-8859-1");
              str = new String(b);
              position = in.getFilePointer();
              System.out.println(str);
           }
      }
      catch(IOException e){}
   }
}
```

10.7 数 组 流

流的源和目的地除了可以是文件外，还可以是计算机内存。

1．字节数组流

字节数组输入流 ByteArrayInputStream 和字节数组输出流 ByteArrayOutputStream 分别使用字节数组作为流的源和目的地。ByteArrayInputStream 的构造方法如下：

```
ByteArrayInputStream(byte[] buf);
ByteArrayInputStream(byte[] buf,int offset,int length);
```

第一个构造方法构造的字节数组流的源是参数 buf 指定的数组的全部字节单元，第二

个构造方法构造的字节数组流的源是 buf 指定的数组从 offset 处按顺序取的 length 个字节单元。

字节数组输入流调用 public int read();方法可以顺序地从源中读出一个字节，该方法返回读出的字节值；调用 public int read(byte[] b,int off,int len);方法可以顺序地从源中读出参数 len 指定的字节数，并将读出的字节存放到参数 b 指定的数组中，参数 off 指定数组 b 存放读出字节的起始位置，该方法返回实际读出的字节个数。如果未读出字节 read 方法返回-1。

ByteArrayOutputStream 流的构造方法如下：

```
ByteArrayOutputStream();
ByteArrayOutputStream(int size);
```

第一个构造方法构造的字节数组输出流指向一个默认大小为 32 字节的缓冲区，如果输出流向缓冲区写入的字节个数大于缓冲区时，缓冲区的容量会自动增加。第二个构造方法构造的字节数组输出流指向的缓冲区的初始大小由参数 size 指定，如果输出流向缓冲区写入的字节个数大于缓冲区时，缓冲区的容量会自动增加。

字节数组输出流调用 public void write(int b);方法可以顺序地向缓冲区写入一个字节；调用 public void write(byte[] b,int off,int len);方法可以将参数 b 中指定的 len 个字节顺序地写入缓冲区，参数 off 指定从 b 中写出的字节的起始位置；调用 public byte[] toByteArray();方法可以返回输出流写入到缓冲区的全部字节。

2．字符数组流

与字节数组流对应的是字符数组流 CharArrayReader 和 CharArrayWriter 类，字符数组流分别使用字符数组作为流的源和目标。

下面的例子 10 使用数组流向内存（输出流的缓冲区）写入“mid-autumn festival”和“中秋快乐”，然后再从内存读取曾写入的数据。

例子 10

Example10_10.java

```
import java.io.*;
public class Example10_10 {
   public static void main(String args[]) {
      try {
         ByteArrayOutputStream outByte = new ByteArrayOutputStream();
         byte [] byteContent = " mid-autumn festival ".getBytes();
         outByte.write(byteContent);
         ByteArrayInputStream inByte = new ByteArrayInputStream(outByte.
         toByteArray());
         byte backByte [] = new byte[outByte.toByteArray().length];
         inByte.read(backByte);
```

```
            System.out.println(new String(backByte));
            CharArrayWriter outChar = new CharArrayWriter();
            char [] charContent = "中秋快乐".toCharArray();
            outChar.write(charContent);
            CharArrayReader inChar = new CharArrayReader(outChar.
            toCharArray());
            char backChar [] = new char[outChar.toCharArray().length];
            inChar.read(backChar);
            System.out.println(new String(backChar));
        }
        catch(IOException exp){}
    }
}
```

10.8 数 据 流

DataInputStream 和 DataOutputStream 类创建的对象称为数据输入流和数据输出流。这两个流是很有用的两个流，它们允许程序按着机器无关的风格读取 Java 原始数据。也就是说，当读取一个数值时，不必再关心这个数值应当是多少个字节。

以下是 DataInputStream 和 DataOutputStream 的构造方法。

- DataInputStream(InputStream in)创建的数据输入流指向一个由参数 in 指定的底层输入流。
- DataOutputStream(OutnputStream out)创建的数据输出流指向一个由参数 out 指定的底层输出流。

表 10.2 是 DataInputStream 和 DataOutputStream 类的常用方法。

表 10.2 DataInputStream 及 DataOutputSteam 类的部分方法

方 法	描 述
close()	关闭流
readBoolean()	读取一个布尔值
readByte()	读取一个字节
readChar()	读取一个字符
readDouble()	读取一个双精度浮点值
readFloat()	读取一个单精度浮点值
readInt()	读取一个 int 值
readLong()	读取一个长型值
readShort()	读取一个短型值
readUnsignedByte()	读取一个无符号字节
readUnsignedShort()	读取一个无符号短型值

续表

方　法	描　述
readUTF()	读取一个 UTF 字符串
skipBytes(int n)	跳过给定数量的字节
writeBoolean(boolean v)	写入一个布尔值
writeBytes(String s)	写入一个字符串
writeChars(String s)	写入字符串
writeDouble(double v)	写入一个双精度浮点值
writeFloat(float v)	写入一个单精度浮点值
writeInt(int v)	写入一个一个 int 值
writeLong(long v)	写入一个一个长型值
writeShort(int v)	写入一个一个短型值
writeUTF(String s)	写入一个 UTF 字符串

下面的例子 11 写几个 Java 类型的数据到一个文件，然后再读出来。

例子 11

Example10_11.java

```
import java.io.*;
public class Example10_11 {
   public static void main(String args[]) {
      File file = new File("apple.txt");
      try{  FileOutputStream fos = new FileOutputStream(file);
           DataOutputStream outData = new DataOutputStream(fos);
           outData.writeInt(100);
           outData.writeLong(123456);
           outData.writeFloat(3.1415926f);
           outData.writeDouble(987654321.1234);
           outData.writeBoolean(true);
           outData.writeChars("How are you doing ");
       }
       catch(IOException e){}
       try{ FileInputStream fis = new FileInputStream(file);
           DataInputStream inData = new DataInputStream(fis);
           System.out.println(inData.readInt());     //读取 int 数据
           System.out.println(inData.readLong());    //读取 long 数据
           System.out.println(+inData.readFloat());  //读取 float 数据
           System.out.println(inData.readDouble());  //读取 double 数据
           System.out.println(inData.readBoolean()); //读取 boolean 数据
           char c = '\0';
```

```
            while((c=inData.readChar())!='\0') {        //'\0'表示空字符。
               System.out.print(c);
            }
         }
         catch(IOException e){}
      }
   }
```

下面的例子 12 将字符串加密（参见 8.1.5 节）后写入文件，然后读取该文件，并解密内容，运行效果如图 10.6 所示。

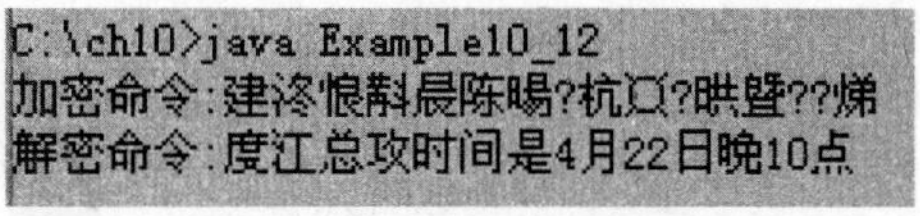

图 10.6　使用数据流加密信息

例子 12

Example10_12.java

```
import java.io.*;
public class Example10_12 {
   public static void main(String args[]) {
      String command = "渡江总攻时间是 4 月 22 日晚 10 点";
      EncryptAndDecrypt person = new EncryptAndDecrypt();
      String password = "Tiger";
      String secret = person.encrypt(command,password);  //加密
      File file = new File("secret.txt");
      try{ FileOutputStream fos = new FileOutputStream(file);
         DataOutputStream outData = new DataOutputStream(fos);
         outData.writeUTF(secret);
         System.out.println("加密命令:"+secret);
      }
      catch(IOException e){}
      try{ FileInputStream fis = new FileInputStream(file);
         DataInputStream inData = new DataInputStream(fis);
         String str = inData.readUTF();
         String mingwen = person.decrypt(str,password); //解密
         System.out.println("解密命令:"+mingwen);
      }
      catch(IOException e){}
   }
}
```

EncryptAndDecrypt.java

```
public class EncryptAndDecrypt {
   String encrypt(String sourceString,String password) {//加密算法，参见 8.1.5 节
      char [] p= password.toCharArray();
```

```
        int n = p.length;
        char [] c = sourceString.toCharArray();
        int m = c.length;
        for(int k=0;k<m;k++){
            int mima = c[k]+p[k%n];                //加密
            c[k] = (char)mima;
        }
        return new String(c);                      //返回密文
     }
     String decrypt(String sourceString,String password) { //解密算法
        char [] p= password.toCharArray();
        int n = p.length;
        char [] c = sourceString.toCharArray();
        int m = c.length;
        for(int k=0;k<m;k++){
           int mima = c[k]-p[k%n];             //解密
           c[k] = (char)mima;
        }
        return new String(c);                  //返回明文
    }
  }
```

10.9 对 象 流

ObjectInputStream 和 ObjectOutputStream 类分别是 InputStream 和 OutputStream 类的子类。ObjectInputStream 和 ObjectOutputStream 类创建的对象称为对象输入流和对象输出流。对象输出流使用 writeObject(Object obj)方法将一个对象 obj 写入到一个文件，对象输入流使用 readObject()读取一个对象到程序中。

ObjectInputStream 和 ObjectOutputStream 类的构造方法如下。

- ObjectInputStream(InputStream in)
- ObjectOutputStream(OutputStream out)

ObjectOutputStream 的指向应当是一个输出流对象，因此当准备将一个对象写入到文件时，首先用 OutputStream 的子类创建一个输出流，例如用 FileOutputStream 创建一个文件输出流，如下列代码所示。

```
FileOutputStream fileOut = new FileOutputStream("tom.txt");
ObjectOutputStream objectOut = new ObjectOutputStream(fileOut);
```

同样 ObjectInputStream 的指向应当是一个输入流对象，因此当准备从文件中读入一个对象到程序中时，首先用 InputStream 的子类创建一个输入流，例如用 FileInputStream 创建一个文件输入流，如下列代码所示。

```
FileInputStream fileIn = new FileInputStream("tom.txt");
ObjectInputStream objectIn = new ObjectInputStream(fileIn);
```

当使用对象流写入或读入对象时，要保证对象是序列化的。这是为了保证能把对象写入到文件，并能再把对象正确读回到程序中。

一个类如果实现了 Serializable 接口（java.io 包中的接口），那么这个类创建的对象就是所谓序列化的对象。Java 类库提供的绝大多数对象都是所谓序列化的。需要强调的是，Serializable 接口中没有方法，因此实现该接口的类不需要实现额外的方法。另外需要注意的是，使用对象流把一个对象写入到文件时不仅要保证该对象是序列化的，而且该对象的成员对象也必须是序列化的。

Serializable 接口中的方法对程序是不可见的，因此实现该接口的类不需要实现额外的方法，当把一个序列化的对象写入到对象输出流时，JVM 就会实现 Serializable 接口中的方法，将一定格式的文本（对象的序列化信息）写入到目的地。当 ObjectInputStream 对象流从文件读取对象时，就会从文件中读回对象的序列化信息，并根据对象的序列化信息创建一个对象。

下面的例子 13 使用对象流读写 TV 类创建的对象。程序运行效果如图 10.7 所示。

例子 13

图 10.7　使用对象流读写对象

TV.java

```
import java.io.*;
public class TV implements Serializable {
   String name;
   int price;
   public void setName(String s) {
      name = s;
   }
   public void setPrice(int n) {
      price = n;
   }
   public String getName() {
      return name;
   }
   public int getPrice() {
      return price;
   }
}
```

Example10_13.java

```
import java.io.*;
public class Example10_13 {
   public static void main(String args[]) {
      TV changhong = new TV();
```

```
        changhong.setName("长虹电视");
        changhong.setPrice(5678);
        File file = new File("television.txt");
        try{
           FileOutputStream fileOut = new FileOutputStream(file);
           ObjectOutputStream objectOut = new ObjectOutputStream(fileOut);
           objectOut.writeObject(changhong);
           objectOut.close();
           FileInputStream fileIn = new FileInputStream(file);
           ObjectInputStream objectIn = new ObjectInputStream(fileIn);
           TV xinfei = (TV)objectIn.readObject();
           objectIn.close();
           xinfei.setName("新飞电视");
           xinfei.setPrice(6666);
           System.out.println("changhong 的名字:"+changhong.getName());
           System.out.println("changhong 的价格:"+changhong.getPrice());
           System.out.println("xinfei 的名字:"+xinfei.getName());
           System.out.println("xinfei 的价格:"+xinfei.getPrice());
         }
         catch(ClassNotFoundException event) {
           System.out.println("不能读出对象");
         }
         catch(IOException event) {
           System.out.println(event);
         }
      }
   }
```

请读者仔细观察例子 13 中程序产生的 television.txt 文件中保存的对象序列化内容，尤其注意当 TV 类实现 Serializable 接口和不实现 Serializable 接口时，程序产生的 television.txt 文件在内容上的区别。

10.10 序列化与对象克隆

我们已经知道，一个类的两个对象如果具有相同的引用，那么他们就具有相同的实体和功能。比如，

```
A one = new A();
A two = one;
```

假设 A 类有名字为 x 的 int 型成员变量，那么，如果进行如下的操作

```
two.x=100;
```

那么 one.x 的值也会是 100。再比如，某个方法的参数是 People 类型，

```
public void f(People p) {
  p.x = 200;
}
```

如果调用该方法时，将 People 的某个对象的引用，比如 zhang，传递给参数 p，那么该方法执行后，zhang.x 的值也将是 200。

有时想得到对象的一个"复制品"，复制品实体的变化不会引起原对象实体发生变化，反之亦然。这样的复制品称为原对象的一个克隆对象或简称克隆。

使用对象流很容易获取一个序列化对象的克隆，只需将该对象写入对象输出流指向的目的地，然后将该目的地作为一个对象输入流的源，那么该对象输入流从源中读回的对象一定是原对象的一个克隆，即对象输入流通过对象的序列化信息来得到当前对象的一个克隆，例如，上述例子 13 中的对象 xinfei 就是对象 changhong 的一个克隆。

当程序想以较快的速度得到一个对象的克隆时，可以用对象流将对象的序列化信息写入内存，而不是写入到磁盘的文件中。对象流将数组流作为底层流就可以将对象的序列化信息写入内存，比如，读者可以将例子 13 中 Example10_13.java 中的

```
FileOutputStream fileOut = new FileOutputStream(file);
ObjectOutputStream objectOut = new ObjectOutputStream(fileOut);
```

和

```
FileInputStream fileIn = new FileInputStream(file);
ObjectInputStream objectIn = new ObjectInputStream(fileIn);
```

分别更改为：

```
ByteArrayOutputStream outByte = new ByteArrayOutputStream();
ObjectOutputStream objectOut = new ObjectOutputStream(outByte);
```

和

```
ByteArrayInputStream inByte = new ByteArrayInputStream(outByte. toByteArray());
ObjectInputStream objectIn = new ObjectInputStream(inByte);
```

java.awt 包中的 Component 类是实现 Serializable 接口的类（组件是序列化对象），因此，程序可以把组件写入输出流，然后再用输入流读入该组件的克隆。

在例子 14 中，单击"写出对象"按钮将标签写入到内存，单击"读入对象"按钮读入标签的克隆对象，并改变该克隆对象上的文字。

例子 14

Example10_14.java

```
import java.awt.*;
import java.awt.event.*;
```

```
import java.io.*;
import javax.swing.*;
public class Example10_14 {
   public static void main(String args[]) {
      MyWin win=new MyWin();
   }
}
class MyWin extends JFrame implements ActionListener {
   JLabel label=null;
   JButton 读入=null,写出=null;
   ByteArrayOutputStream out = null;
   MyWin() {
      setLayout(new FlowLayout());
      label=new JLabel("How are you");
      读入=new JButton("读入对象");
      写出=new JButton("写出对象");
      读入.addActionListener(this);
      写出.addActionListener(this);
      setVisible(true);
      add(label);
      add(写出);
      add(读入);
      setSize(500,400);
      setDefaultCloseOperation(JFrame.EXIT_ON_CLOSE);
      validate();
   }
   public void actionPerformed(ActionEvent e) {
      if(e.getSource()==写出) {
         try{  out = new ByteArrayOutputStream();
               ObjectOutputStream objectOut = new ObjectOutputStream(out);
               objectOut.writeObject(label);
               objectOut.close();
         }
         catch(IOException event){}
      }
      else if(e.getSource()==读入) {
         try{  ByteArrayInputStream in = new ByteArrayInputStream(out.
          toByteArray());
               ObjectInputStream objectIn = new ObjectInputStream(in);
               JLabel temp=(JLabel)objectIn.readObject();
               temp.setText("你好");
               this.add(temp);
               this.validate();
               objectIn.close();
         }
```

```
            catch(Exception event){}
         }
      }
   }
```

10.11 使用 Scanner 解析文件

在第 8 章的 8.3 节曾讨论了怎样使用 Scanner 类的对象解析字符串中的数据，本节将讨论了怎样使用 Scanner 类的对象解析文件中的数据，其内容和 8.3 节很类似。

应用程序可能需要解析文件中的特殊数据，此时，应用程序可以把文件的内容全部读入内存后，再使用第 8 章的有关知识（见 8.1.6 节、8.3 节和 8.9 节）解析所需要的内容，其优点是处理速度快，但如果读入的内容较大将消耗较多的内存，即以空间换取时间。

本节介绍怎样借助 Scanner 类和正则表达式来解析文件，比如，要解析出文件中的特殊单词、数字等信息。使用 Scanner 类和正则表达式来解析文件的特点是以时间换取空间，即解析的速度相对较慢，但节省内存。

1．使用默认分隔标记解析文件

创建 Scanner 对象，并指向要解析的文件，例如：

```
File file = new File("hello.java");
Scanner sc = new Scanner(file);
```

那么 sc 将空格作为分隔标记，调用 next()方法依次返回 file 中的单词，如果 file 最后一个单词已被 next()方法返回，sc 调用 hasNext()将返回 false，否则返回 true。

另外，对于数字型的单词，比如 108，167.92 等可以用 nextInt()或 nextDouble()方法来代替 next()方法，即 sc 可以调用 nextInt()或 nextDouble()方法将数字型单词转化为 int 或 double 数据返回，但需要特别注意的是，如果单词不是数字型单词，调用 nextInt()或 nextDouble()方法将发生 InputMismatchException 异常，在处理异常时可以调用 next()方法返回该非数字化单词。

在下面的例子 15 中，假设 cost.txt 的内容如下。

cost.txt

```
The television cost 1876 dollar.The milk cost 98 dollar. The apple cost 198 dollar.
```

例子 15 使用 Scanner 对象解析文件 cost.txt 中的全部消费：1876，98，198，然后计算出总消费。程序运行效果如图 10.8 所示。

```
C:\ch10>java Example10_15
1876
98
198
Total Cost:2172 dollar
```

图 10.8 使用默认分隔标记解析文件

例子 15

Example10_15.java

```
import java.io.*;
import java.util.*;
```

```
public class Example10_15 {
   public static void main(String args[]) {
      File file = new File("cost.txt");
      Scanner sc = null;
      int sum=0;
      try {  sc = new Scanner(file);
           while(sc.hasNext()){
              try{
                   int price = sc.nextInt();
                   sum = sum+price;
                   System.out.println(price);
              }
              catch(InputMismatchException exp){
                   String t = sc.next();
              }
           }
           System.out.println("Total Cost:"+sum+" dollar");
      }
      catch(Exception exp){
         System.out.println(exp);
      }
   }
}
```

2．使用正则表达式作为分隔标记解析文件

创建 Scanner 对象，指向要解析的文件，并使用 useDelimiter 方法指定正则表达式作为分隔标记，例如：

```
File file = new File("hello.java");
Scanner sc = new Scanner(file);
sc.useDelimiter(正则表达式);
```

那么 sc 将正则表达式作为分隔标记，调用 next()方法依次返回 file 中的单词，如果 file 最后一个单词已被 next()方法返回，sc 调用 hasNext()将返回 false，否则返回 true。

另外，对于数字型的单词，比如 1979，0.618 等可以用 nextInt()或 nextDouble()方法来代替 next()方法，即 sc 可以调用 nextInt()或 nextDouble()方法将数字型单词转化为 int 或 double 数据返回，但需要特别注意的是，如果单词不是数字型单词，调用 nextInt()或 nextDouble()方法将发生 InputMismatchException 异常，那么在处理异常时可以调用 next()方法返回该非数字化单词。

对于上述例子 15 中提到的 cost.txt 文件，如果用非数字字符串做分隔标记，那么所有的数字就是单词。下面的例子 16 使用正则表达式（匹配所有非数字字符串）String regex="[^0123456789.]+" 作为分隔标记解析 student.txt 文件中的学生成绩，并计算平均成绩（程序运行效果如图 10.9 所示）。以下是文件 student.txt 的内容。

student.txt

张三的成绩是72分,李四成绩是69分,刘小林的成绩是95分。

图 10.9　使用正则表达式解析文件

例子 16

Example10_16.java

```
import java.io.*;
import java.util.*;
public class Example10_16 {
  public static void main(String args[]) {
    File file = new File("student.txt");
    Scanner sc = null;
    int count=0;
    double sum=0;
    try {  double score=0;
          sc = new Scanner(file);
          sc.useDelimiter("[^0123456789.]+");
          while(sc.hasNextDouble()){
              score = sc.nextDouble();
              count++;
              sum = sum+score;
              System.out.println(score);
          }
          double aver = sum/count;
          System.out.println("平均成绩:"+aver);
    }
    catch(Exception exp){
      System.out.println(exp);
    }
  }
}
```

10.12　文件对话框

文件对话框是一个选择文件的界面。javax.swing 包中的 JFileChooser 类可以创建文件对话框，使用该类的构造方法 JFileChooser()创建初始不可见的有模式文件对话框。然后文件对话框调用下述 2 个方法：

```
showSaveDialog(Component a);
showOpenDialog(Component a);
```

都可以使得对话框可见，只是呈现的外观有所不同，showSaveDialog 方法提供保存文件的界面，showOpenDialog 方法提供打开文件的界面。上述两个方法中的参数 a 指定对话框可见时的位置，当 a 是 null 时，文件对话框出现在屏幕的中央；如果组件 a 不空，文件对话框在组件 a 的正前面居中显示。

用户单击文件对话框上的“确定”、“取消”或“关闭”图标，文件对话框将消失。ShowSaveDialog()或 showOpenDialog()方法返回下列常量之一：

```
JFileChooser.APPROVE_OPTION
JFileChooser.CANCEL_OPTION
```

如果希望文件对话框的文件类型是用户需要的几种类型，比如，扩展名是.jpeg 等图像类型的文件，可以使用 FileNameExtensionFilter 类事先创建一个对象（JDK1.6 版本，FileNameExtensionFilter 类在 javax.swing.filechooser 包中）。例如：

```
FileNameExtensionFilter filter = new FileNameExtensionFilter("图像文件",
"jpg", "gif");
```

然后让文件对话框调用 setFileFilter(FileNameExtensionFilter filter)方法设置对话框默认打开或显示的文件类型为参数指定的类型即可，例如：

```
chooser.setFileFilter(filter);
```

在下面的例子 17 中，使用文件对话框打开和保存文件（对话框显示的默认文件类型是 java），对话框如图 10.10 所示。

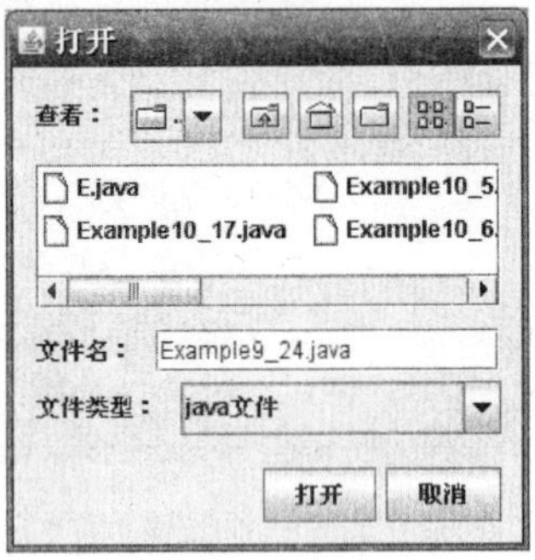

图 10.10　文件对话框

例子 17

Example10_17java

```
public class Example10_17 {
   public static void main(String args[]) {
      WindowReader win=new WindowReader();
      win.setTitle("使用文件对话框读写文件");
   }
}
```

WindowReader.java

```
import java.awt.*;
import java.awt.event.*;
import javax.swing.*;
import javax.swing.filechooser.*;
import java.io.*;
public class WindowReader extends JFrame implements ActionListener {
   JFileChooser fileDialog ;
   JMenuBar menubar;
   JMenu menu;
   JMenuItem itemSave,itemOpen;
```

```
JTextArea text;
BufferedReader in;
FileReader fileReader;
BufferedWriter out;
FileWriter fileWriter;
WindowReader() {
   init();
   setSize(300,400);
   setVisible(true);
   setDefaultCloseOperation(JFrame.EXIT_ON_CLOSE);
}
void init() {
   text=new JTextArea(10,10);
   text.setFont(new Font("楷体_gb2312",Font.PLAIN,28));
   add(new JScrollPane(text),BorderLayout.CENTER);
   menubar=new JMenuBar();
   menu=new JMenu("文件");
   itemSave=new JMenuItem("保存文件");
   itemOpen=new JMenuItem("打开文件");
   itemSave.addActionListener(this);
   itemOpen.addActionListener(this);
   menu.add(itemSave);
   menu.add(itemOpen);
   menubar.add(menu);
   setJMenuBar(menubar);
   fileDialog=new JFileChooser();                          //文件对话框
   FileNameExtensionFilter filter = new FileNameExtensionFilter("java
   文件", "java");
   fileDialog.setFileFilter(filter);

}
public void actionPerformed(ActionEvent e) {
   if(e.getSource()==itemSave) {
      int state=fileDialog.showSaveDialog(this);
      if(state==JFileChooser.APPROVE_OPTION) {
        try{
            File dir=fileDialog.getCurrentDirectory();
            String name=fileDialog.getSelectedFile().getName();
            File file=new File(dir,name);
            fileWriter=new FileWriter(file);
            out=new BufferedWriter(fileWriter);
            out.write(text.getText());
```

```
                out.close();
                fileWriter.close();
            }
            catch(IOException exp){}
          }
        }
        else if(e.getSource()==itemOpen) {
            int state=fileDialog.showOpenDialog(this);
            if(state==JFileChooser.APPROVE_OPTION) {
                 text.setText(null);
                 try{
                     File dir=fileDialog.getCurrentDirectory();
                     String name=fileDialog.getSelectedFile().getName();
                     File file=new File(dir,name);
                     fileReader=new FileReader(file);
                     in=new BufferedReader(fileReader);
                     String s=null;
                     while((s=in.readLine())!=null) {
                        text.append(s+"\n");
                     }
                     in.close();
                     fileReader.close();
                 }
                 catch(IOException exp){}
            }
        }
    }
}
```

10.13　带进度条的输入流

如果读取文件时希望看见文件的读取进度可以使用 javax.swing 包提供的输入流类 ProgressMonitorInputStream。它的构造方法是：

```
ProgressMonitorInputStream(Conmponent c,
String s,InputStream);
```

该类创建的输入流在读取文件时会弹出一个显示读取速度的进度条，进度条在参数 c 指定的组件的正前方显示，若该参数取 null，则在屏幕的正前方显示。下面的例子使用带进度条的输入流读取文件的内容。进度条如图 10.11 所示。

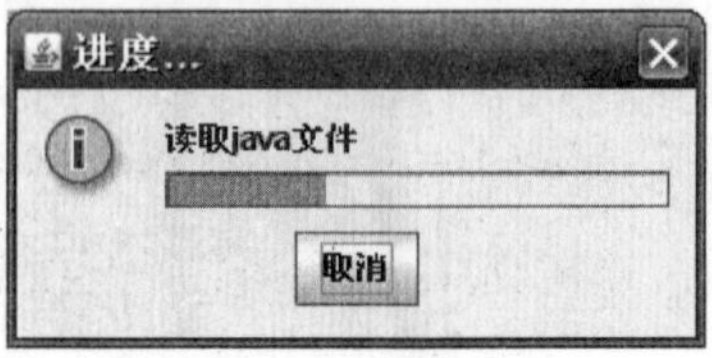

图 10.11　进度条

例子 18

Example10_18.java

```
import javax.swing.*;
import java.io.*;
public class Example10_18 {
   public static void main(String args[]) {
      byte b[]=new byte[30];
      try{  FileInputStream input=new FileInputStream("Example10_18.java");
            ProgressMonitorInputStream in=
            new ProgressMonitorInputStream(null,"读取 java 文件",input);
            ProgressMonitor p=in.getProgressMonitor();  //获得进度条
            while(in.read(b)!=-1) {
               String s=new String(b);
               System.out.print(s);
               Thread.sleep(1000); //由于文件较小，为了看清进度条这里有意延缓 1000 毫秒
            }
       }
       catch(Exception e){}
   }
}
```

10.14 文 件 锁

经常出现几个程序处理同一个文件的情景，比如同时更新或读取文件。应对这样的问题做出处理，否则可能发生混乱。JDK 1.4 版本后，Java 提供了文件锁功能，可以帮助解决这样的问题。以下详细介绍和文件锁相关的类。

FileLock 和 FileChannel 类分别在 java.nio 和 java.nio.channels 包中。输入、输出流读写文件时可以使用文件锁，以下结合 RandomAccessFile 类来说明文件锁的使用方法。

RandomAccessFile 创建的流在读写文件时可以使用文件锁，那么只要不解除该锁，其他程序无法操作被锁定的文件。使用文件锁的步骤如下。

- 先使用 RandomAccessFile 流建立指向文件的流对象，该对象的读写属性必须是 rw，例如：

```
RandomAccessFile input=new RandomAccessFile("Example.java","rw");
```

- input 流调用方法 getChannel()获得一个连接到底层文件的 FileChannel 对象（信道），例如：

```
FileChannel channel=input.getChannel();
```

- 信道调用 tryLock()或 lock()方法获得一个 FileLock（文件锁）对象，这一过程也称做对文件加锁，例如：

```
FileLock lock=channel.tryLock();
```

文件锁对象产生后，将禁止任何程序对文件进行操作或再进行加锁。对一个文件加锁之后，如果想读、写文件必须让 FileLock 对象调用 release()释放文件锁，例如：

```
lock.release();
```

在下面的例子 19 中，Java 程序通过每次单击按钮释放文件锁，并读取文件中的一行文本，然后马上进行加锁。当例子 19 中的 Java 程序运行时，用户无法用其他程序来操作被当前 Java 程序加锁的文件，比如用户使用 Windows 操作系统提供“记事本”程序（Notepad.exe）无法保存被当前 Java 程序加锁的文件。

例子 19

Example10_19.java

```
import java.io.*;
public class Example10_19 {
   public static void main(String args[]) {
      File file=new File("Example10_19.java");
      WindowFileLock win=new WindowFileLock(file);
      win.setTitle("使用文件锁");
   }
}
```

WindowFileLock.java

```
import java.io.*;
import java.nio.*;
import java.nio.channels.*;
import javax.swing.*;
import java.awt.*;
import java.awt.event.*;
public class WindowFileLock extends JFrame implements ActionListener {
   JTextArea text;
   JButton button;
   File file;
   RandomAccessFile input;
   FileChannel channel;
   FileLock lock;
   WindowFileLock(File f) {
      file=f;
      try {
         input=new RandomAccessFile(file,"rw");
         channel=input.getChannel();
```

```
            lock=channel.tryLock();
        }
        catch(Exception exp){}
        text=new JTextArea();
        button=new JButton("读取一行");
        button.addActionListener(this);
        add(new JScrollPane(text),BorderLayout.CENTER);
        add(button,BorderLayout.SOUTH);
        setSize(300,400);
        setVisible(true);
        setDefaultCloseOperation(JFrame.EXIT_ON_CLOSE);
    }
    public void actionPerformed(ActionEvent e) {
        try{
            lock.release();
            String lineString=input.readLine();
            text.append("\n"+lineString);
            lock=channel.tryLock();
            if(lineString==null)
              input.close();
        }
        catch(Exception ee){}
    }
}
```

10.15 应 用 举 例

1. 标准化考试

标准化试题文件的格式要求如下。

- 每道题目提供 A、B、C、D 四个选择（单项选择）。
- 两道题目之间是用减号（–）尾加前一题目的答案分隔（例如：----D-----）。

例如，下列 test.txt 是一套标准化考试的试题文件。

test.txt

```
1. 北京奥运是什么时间开幕的?
   A.2008-08-08  B. 2008-08-01
   C.2008-10-01  D. 2008-07-08
------A------
2. 下列哪个国家不属于亚洲?
   A.沙特  B.印度  C.巴西  D.越南
------C------
3. 2010年世界杯是在哪个国家举行的?
   A.美国  B.英国  C.南非  D.巴西
------C-----
4. 下列哪种动物属于猫科动物?
```

```
A. 鬣狗 B. 犀牛 C. 大象 D. 狮子
-----D------
```


下面的例子 20 每次读取试题文件中的一道题目，并等待用户回答，用户做完全部题目后，程序给出用户的得分。程序运行效果如图 10.12 所示。

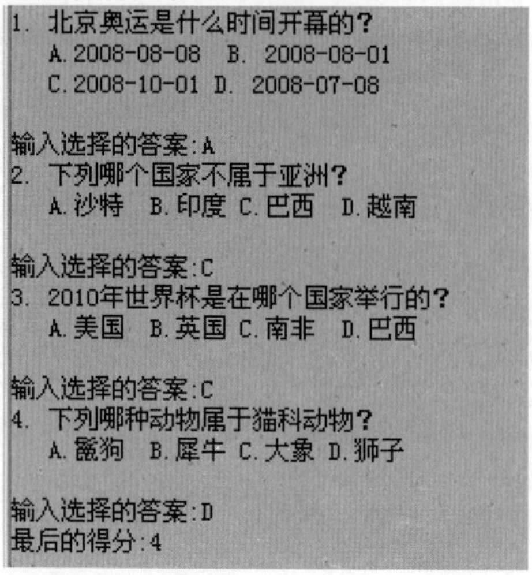

图 10.12 标准化考试

例子 20

Example10_20.java

```
import java.io.*;
public class Example10_20 {
   public static void main(String args[]) {
      StandardExam exam = new StandardExam();
      File f = new File("test.txt");
      exam.setTestFile(f);
      exam.startExamine();
   }
}
```

StandardExam.java

```
import java.io.*;
import java.util.*;
public class StandardExam {
   File testFile;
   public void setTestFile(File f) {
      testFile = f;
   }
   public void startExamine() {
```

```
        int score=0;
        Scanner scanner = new Scanner(System.in);
        try {
           FileReader inOne = new FileReader(testFile);
           BufferedReader inTwo = new BufferedReader(inOne);
           String s = null;
           while((s = inTwo.readLine())!=null){
              if(!s.startsWith("-"))
                 System.out.println(s);
              else {
                 s = s.replaceAll("-","");
                 String correctAnswer = s;
                 System.out.printf("\n 输入选择的答案:");
                 String answer=scanner.nextLine();
                 if(answer.compareToIgnoreCase(correctAnswer)==0)
                    score++;
              }
           }
           inTwo.close();
        }
        catch(IOException exp){}
        System.out.printf("最后的得分:%d\n",score);
    }
}
```

2. 通讯录

下面的例子 21 使用 RandomAccessFile 流实现一个通讯簿的录入与显示系统，其中的 InputArea.java 源文件中的类负责通讯簿信息的录入，CommFram 窗体组合了 InputArea 类的实例。通讯录效果如图 10.13 和图 10.14 所示。

图 10.13　录入界面

图 10.14　显示界面

例子 21

Example10_21.java

```
public class Example10_21 {
```

```
    public static void main(String args[]) {
        new CommFrame();
    }
}
```


InputArea.java

```
import java.io.*;
import javax.swing.*;
import java.awt.Color;
import java.awt.event.*;
public class InputArea extends JPanel implements ActionListener {
   File f=null;
   RandomAccessFile out;
   Box baseBox,boxV1,boxV2;
   JTextField name,email,phone;
   JButton button;
   InputArea(File f) {
      setBackground(Color.cyan);
      this.f=f;
      name=new JTextField(12);
      email=new JTextField(12);
      phone=new JTextField(12);
      button=new JButton("录入");
      button.addActionListener(this);
      boxV1=Box.createVerticalBox();
      boxV1.add(new JLabel("输入姓名"));
      boxV1.add(Box.createVerticalStrut(8));
      boxV1.add(new JLabel("输入email"));
      boxV1.add(Box.createVerticalStrut(8));
      boxV1.add(new JLabel("输入电话"));
      boxV1.add(Box.createVerticalStrut(8));
      boxV1.add(new JLabel("单击录入"));
      boxV2=Box.createVerticalBox();
      boxV2.add(name);
      boxV2.add(Box.createVerticalStrut(8));
      boxV2.add(email);
      boxV2.add(Box.createVerticalStrut(8));
      boxV2.add(phone);
      boxV2.add(Box.createVerticalStrut(8));
      boxV2.add(button);
      baseBox=Box.createHorizontalBox();
      baseBox.add(boxV1);
      baseBox.add(Box.createHorizontalStrut(10));
      baseBox.add(boxV2);
      add(baseBox);
```

```
   }
   public void actionPerformed(ActionEvent e) {
     try{
         RandomAccessFile out=new RandomAccessFile(f,"rw");
         if(f.exists())
           {  long length=f.length();
              out.seek(length);
           }
         out.writeUTF("姓名:"+name.getText());
         out.writeUTF("eamil:"+email.getText());
         out.writeUTF("电话:"+phone.getText());
         out.close();
     }
     catch(IOException ee){}
   }
}
```

CommFrame.java

```
import java.io.*;
import javax.swing.*;
import java.awt.*;
import java.awt.event.*;
public class CommFrame extends JFrame implements ActionListener {
   File file=null;
   JMenuBar bar;
   JMenu fileMenu;
   JMenuItem inputMenuItem,showMenuItem;
   JTextArea show;         //显示信息
   InputArea inputMessage;//录入信息(InputArea是自己写的类，见本例中的InputArea.java)
   CardLayout card=null; //卡片式布局
   JPanel pCenter;
   CommFrame() {
      file=new File("通讯录.txt");
      inputMenuItem=new JMenuItem("录入");
      showMenuItem=new JMenuItem("显示");
      bar=new JMenuBar();
      fileMenu=new JMenu("菜单选项");
      fileMenu.add(inputMenuItem);
      fileMenu.add(showMenuItem);
      bar.add(fileMenu);
      setJMenuBar(bar);
      inputMenuItem.addActionListener(this);
```

```
        showMenuItem.addActionListener(this);
        inputMessage=new InputArea(file);
        show=new JTextArea(12,20);
        card=new CardLayout();
        pCenter=new JPanel();
        pCenter.setLayout(card);
        pCenter.add("inputMenuItem",inputMessage);
        pCenter.add("showMenuItem",show);
        add(pCenter,BorderLayout.CENTER);
        setDefaultCloseOperation(JFrame.EXIT_ON_CLOSE);
        setVisible(true);
        setBounds(100,50,420,380);
        validate();
    }
    public void actionPerformed(ActionEvent e) {
        if(e.getSource()==inputMenuItem)
           card.show(pCenter,"inputMenuItem");
        else if(e.getSource()==showMenuItem){
          int number=1;
          show.setText(null);
          card.show(pCenter,"showMenuItem");
          try{  RandomAccessFile in=new RandomAccessFile(file,"r");
                String name=null;
                while((name=in.readUTF())!=null) {
                    show.append("\n"+number+"  "+name);
                    show.append("\t "+in.readUTF());  //读取email
                    show.append("\t"+in.readUTF());  //读取phone
                    show.append("\n------------------------- ");
                    number++;
                }
                in.close();
          }
          catch(Exception ee){}
        }
    }
}
```

3. 简单的 Java 集成开发环境

Process 是 java.lang 包中的一个类，可以使用该包中的 Runtime 类调用其静态方法 exec 得到 Process 的一个实例，调用 exec 方法可以运行一个可执行文件，即执行一个程序。exec 方法将被执行程序的有关数据封装为 Process（进程）对象，并返回这个 Process 对象。

一个 Process 对象可以使用方法 getErrorStream()返回一个输入流，该输入流指向 Process

对象的某个特殊的输出流，该输出流输出某些错误提示信息，比如，运行 javac 编译器（编译进程），那么编译器在编译源文件时，会将错误信息用一个特殊的输出流（System 类的静态成员 err 流）输出到命令行窗口，如果使用方法 getErrorStream()返回一个指向该输出流的输入流，那么用户也可以用该输入流读取到编译错误信息。

一个 Process 对象还可以使用方法 getInputStream()获取指向该进程的输入流，该输入流指向 Process 对象的某个特殊的输出流，该输出流输出某些信息，比如，运行 Java 程序时（Java 进程），Java 程序中可能使用 System 类的静态成员 out 流输出信息，例如：

```
System.out.println("hello");
```

如果使用方法 getInputStream()返回一个指向该输出流 out 的输入流，那么用户也可以用该输入流读取到 out 流输出的信息。

下面的例子 22 是一个用于编译和运行 Java 程序的小软件（代替在命令行窗口运行 javac.exe 和 java.exe），即使用 GUI 程序来编译、运行 Java 应用程序，如图 10.15、图 10.16 和图 10.17 所示。

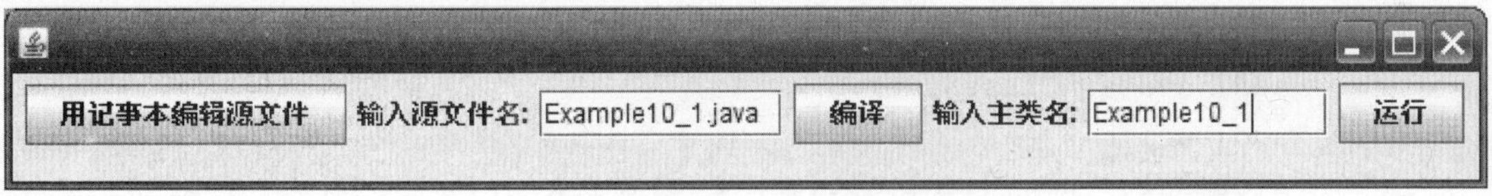

图 10.15　输入源文件名或主类名

图 10.16　编译

图 10.17　运行

例子 22

Example10_22.java

```
public class Example10_22 {
   public static void main(String args[]) {
      JDKWindow win=new JDKWindow();
   }
}
```

JDKWindow.java

```
import java.awt.*;
import javax.swing.*;
import java.awt.event.*;
```

```
import java.io.*;
public class JDKWindow extends JFrame {
   JTextField javaSourceFileName; //输入 Java 源文件
   JTextField javaMainClassName;  //输入主类名
   JButton compile,run,edit;
   HandleActionEvent listener;
   public JDKWindow(){
      edit = new JButton("用记事本编辑源文件");
      compile = new JButton("编译");
      run = new JButton("运行");
      javaSourceFileName = new JTextField(10);
      javaMainClassName = new JTextField(10);
      setLayout(new FlowLayout());
      add(edit);
      add(new JLabel("输入源文件名:"));
      add(javaSourceFileName);
      add(compile);
      add(new JLabel("输入主类名:"));
      add(javaMainClassName);
      add(run);
      listener = new HandleActionEvent();
      edit.addActionListener(listener);
      compile.addActionListener(listener);
      run.addActionListener(listener);
      setVisible(true);
      setDefaultCloseOperation(JFrame.EXIT_ON_CLOSE);
      setBounds(100,100,750,180);
   }
   class  HandleActionEvent implements ActionListener { //内部类实例做监视器
      public void actionPerformed(ActionEvent e) {
         if(e.getSource()==edit) {
           Runtime ce = Runtime.getRuntime();
           File file = new File("c:/windows","Notepad.exe");
           try{
               ce.exec(file.getAbsolutePath());
           }
           catch(Exception exp){}
         }
         else if(e.getSource()==compile) {
            CompileDialog compileDialog = new CompileDialog();
            String name = javaSourceFileName.getText();
            compileDialog.compile(name);
            compileDialog.setVisible(true);
         }
         else if(e.getSource()==run) {
```

```
            RunDialog runDialog =new RunDialog();
            String name = javaMainClassName.getText();
            runDialog.run(name);
            runDialog.setVisible(true);
         }
      }
   }
}
```

CompileDialog.java

```
import java.io.*;
import javax.swing.*;
import java.awt.*;
public class CompileDialog  extends JDialog {
   JTextArea showError;
   CompileDialog() {
      setTitle("编译对话框");
      showError = new JTextArea();
      Font f = new Font("宋体",Font.BOLD,20);
      showError.setFont(f);
      add(new JScrollPane(showError),BorderLayout.CENTER);
      setBounds(10,10,500,300);
   }
   public void compile(String name) {
      try{  Runtime ce = Runtime.getRuntime();
            Process proccess = ce.exec("javac "+name);
            InputStream in = proccess.getErrorStream();
            BufferedInputStream bin = new BufferedInputStream(in);
            int n;
            boolean bn = true;
            byte error[]=new byte[100];
            while((n=bin.read(error,0,100))!=-1) {
                 String s=null;
                 s = new String(error,0,n);
                 showError.append(s);
                 if(s!=null) bn=false;
            }
            if(bn) showError.append("编译正确");
      }
      catch(IOException e1){}
   }
}
```

RunDialog.java

```
import java.io.*;
import javax.swing.*;
import java.awt.*;
public class RunDialog  extends JDialog {
    JTextArea showOut;
    RunDialog() {
       setTitle("运行对话框");
       showOut = new JTextArea();
       Font f = new Font("宋体",Font.BOLD,15);
       showOut.setFont(f);
       add(new JScrollPane(showOut),BorderLayout.CENTER);
       setBounds(210,10,500,300);
    }
    public void run(String name) {
       try{  Runtime ce = Runtime.getRuntime();
             Process proccess = ce.exec("java "+name);
             InputStream in = proccess.getInputStream();
             BufferedInputStream bin = new BufferedInputStream(in);
             int n;
             boolean bn = true;
             byte mess[]=new byte[100];
             while((n=bin.read(mess,0,100))!=-1) {
                  String s = null;
                  s = new String(mess,0,n);
                  showOut.append(s);
                  if(s!=null) bn = false;
                  if(bn) showOut.setText("Java 程序中没使用 out 流输出信息");
             }
       }
        catch(IOException e1){}
    }
}
```

10.16　小　　结

（1）输入、输出流提供一条通道程序，可以使用这条通道读取源中的数据，或把数据送到目的地。输入流的指向称做源，程序从指向源的输入流中读取源中的数据；输出流的指向称做目的地，程序通过向输出流中写入数据把信息传递到目的地。

（2）InputStream 的子类创建的对象称为字节输入流，字节输入流按字节读取源中的数据，只要不关闭流，每次调用读取方法时就顺序地读取源中的其余的内容，直到源中的末尾或流被关闭。

（3）Reader 的子类创建的对象称为字符输入流，字符输入流按字符读取源中的数据，只要不关闭流，每次调用读取方法时就顺序地读取源中的其余的内容，直到源中的末尾或流被关闭。

（4）OutputStream 的子类创建的对象称为字节输出流。字节输出流按字节将数据写入输出流指向的目的地中，只要不关闭流，每次调用写入方法就顺序地向目的地写入内容，直到流被关闭。

（5）Writer 的子类创建的对象称为字符输出流。字符输出流按字符将数据写入输出流指向的目的地中，只要不关闭流，每次调用写入方法就顺序地向目的地写入内容，直到流被关闭。

（6）使用对象流写入或读入对象时，要保证对象是序列化的。这是为了保证能把对象写入到文件，并能再把对象正确读回到程序中。使用对象流很容易获取一个序列化对象的克隆。我们只需将该对象写入对象输出流指向的目的地，然后将该目的地作为一个对象输入流的源，那么该对象输入流从源中读回的对象一定是原对象的一个克隆。

习　题　10

1．问答题

（1）如果准备按字节读取一个文件的内容，应当使用 FileInputStream 流还是 FileReader 流？

（2）FileInputStream 流的 read 方法和 FileReader 流的 read 方法有何不同？

（3）BufferedReader 流能直接指向一个文件吗？

（4）使用 ObjectInputStream 和 ObjectOutputStream 类有哪些注意事项？

（5）怎样使用输入、输出流克隆对象？

2．选择题

（1）下列哪个叙述是正确的？

A．创建 File 对象可能发生异常。

B．BufferedRead 流可以指向 FileInputStream 流。

C．BufferedWrite 流可以指向 FileWrite 流。

D．RandomAccessFile 流一旦指向文件，就会刷新该文件。

（2）为了向文件 hello.txt 尾加数据，下列哪个是正确创建指向 hello.txt 的流？

A.
```
try {  OutputStream out = new FileOutputStream ("hello.txt");
    }
    catch(IOException e){}
```

B.
```
try {  OutputStream out = new FileOutputStream ("hello.txt",true);
    }
catch(IOException e){}
```

C.
```
try {  OutputStream out = new FileOutputStream ("hello.txt",false);
    }
catch(IOException e){}
```

D.
```
try { OutputStream out = new OutputStream ("hello.txt",true);
    }
    catch(IOException e){}
```

3. 阅读程序

（1）文件 E.java 的长度是 51 个字节，请说出 E 类中标注的【代码 1】和【代码 2】的输出结果。

```
import java.io.*;
public class E {
   public static void main(String args[]) {
      File f = new File("E.java");
      try{  RandomAccessFile in = new RandomAccessFile(f,"rw");
          System.out.println(f.length());   //【代码 1】
          FileOutputStream out = new FileOutputStream(f);
          System.out.println(f.length());   //【代码 2】
      }
      catch(IOException e) {
          System.out.println("File read Error"+e);
      }
   }
}
```

（2）请说出 E 类中标注的【代码 1】～【代码 4】的输出结果。

```
import java.io.*;
public class E {
   public static void main(String args[]) {
      int n=-1;
      File f =new File("hello.txt");
      byte [] a="abcd".getBytes();
      try{ FileOutputStream out=new FileOutputStream(f);
         out.write(a);
         out.close();
         FileInputStream in=new FileInputStream(f);
         byte [] tom= new byte[3];
         int m = in.read(tom,0,3);
         System.out.println(m);          //【代码 1】
         String s=new String(tom,0,3);
         System.out.println(s);          //【代码 2】
         m = in.read(tom,0,3);
         System.out.println(m);          //【代码 3】
         s=new String(tom,0,3);
         System.out.println(s);          //【代码 4】
      }
      catch(IOException e) {}
```

```
    }
}
```

（3）了解打印流。我们已经学习了数据流，其特点是用 Java 的数据类型读写文件，但使用数据流写成的文件用其他文件阅读器无法进行阅读（看上去是乱码）。PrintStream 类提供了一个过滤输出流，该输出流能以文本格式显示 Java 的数据类型。上机执行下列程序。

```
import java.io.*;
public class E {
   public static void main(String args[]) {
      try{  File file=new File("p.txt");
          FileOutputStream out=new FileOutputStream(file);
          PrintStream ps=new PrintStream(out);
          ps.print(12345.6789);
          ps.println("how are you");
          ps.println(true);
          ps.close();
      }
      catch(IOException e){}
   }
}
```

4．编写程序

（1）使用 RandomAccessFile 流将一个文本文件倒置读出。

（2）使用 Java 的输入、输出流将一个文本文件的内容按行读出，每读出一行就顺序添加行号，并写入到另一个文件中。

（3）参考例子 16，解析一个文件中的价格数据，并计算平均价格，该文件的内容如下。

```
商品列表:
电视机,2567 元/台
洗衣机,3562 元/台
冰箱,6573元/台
```

第 11 章　JDBC 数据库操作

主要内容

- JDBC
- 连接数据库
- 查询操作
- 更新、添加与删除操作
- 使用预处理语句
- 事务
- 批处理

目前许多应用程序都在使用数据库进行数据的存储与查询，其原因是数据库在数据查询、修改、保存、安全等方面有着其他数据处理手段无法替代的地位，比如，数据库支持强大的 SQL 语句，可进行事务处理等。本章将学习怎样使用 Java 提供的 JDBC 技术操作数据库，不涉及数据库设计原理。

11.1　Microsoft Access 数据库管理系统

学习使用 Java 中的 JDBC 操作数据库，须选用一个数据库管理系统，以便有效地学习 JDBC 技术，而且学习 JDBC 技术不依赖所选择的数据库。考虑到许多院校的实验环境都是 Microsoft 的操作系统，在安装 Office 办公软件的同时就安装好了 Microsoft Access 数据库管理系统，而且本章并非讲解数据库原理，而是讲解如何在 Java 中使用 JDBC 提供的 API 和数据库交互信息，特点是，只要掌握与某种数据库管理系统所管理的数据库交互信息，就会很容易地掌握和其他数据库管理系统所管理的数据库交互信息。所以，为了便于教学，本书使用的数据库管理系统是 Microsoft Access 数据库管理系统（读者可以选择任何熟悉的数据库管理系统学习本章的内容）。

11.1.1　建立数据库

使用 Microsoft Access 可以建立多个数据库，本章将建立一个名字为 shop 的数据库。操作步骤如下。

单击“开始”→“所有程序”→Microsoft Office→Microsoft Access，在新建数据库界面选择“空 Access 数据库”，然后命名、保存新建的数据库，这里数据库的命名是 shop，保存在 C:\ch11 中，如图 11.1 所示。

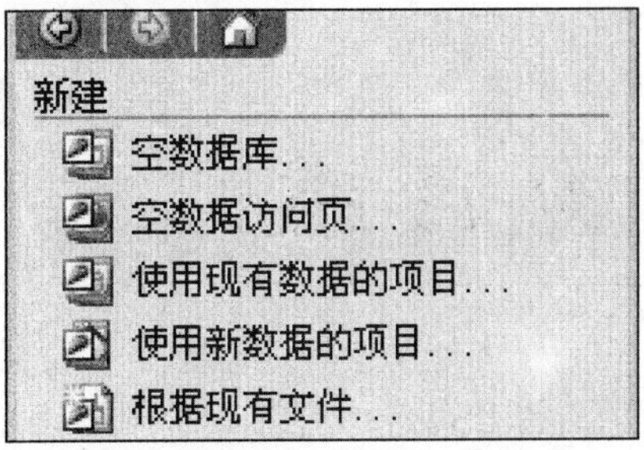

图 11.1　建立新 Access 的数据库

11.1.2　创建表

创建好数据库后，就可以在该数据库下建立若干个表。为了在 shop 数据库中创建名字为 goods 的表，需在 shop 管理的“表”的界面上选择“使用设计器创建表”，单击界面上的“设计”菜单，弹出建表界面，如图 11.2 所示。利用建表界面建立 goods 表，该表的字段（属性）为：

number（文本）　name（文本）　madeTime（日期）　price（数字，双精度）。

其中，number 字段为主键（在字段上右击来设置字段是否是主键），如图 11.2 所示。

goods : 表

字段名称	数据类型
number	文本
name	文本
madeTime	日期/时间
price	数字

图 11.2　goods 表及字段属性

在 shop 管理的“表”的界面上，双击已创建的 goods 表可以为该表添加记录。

11.2　JDBC

为了使 Java 编写的程序不依赖于具体的数据库，Java 提供了专门用于操作数据库的 API，即 JDBC。JDBC 操作不同的数据库仅仅是连接方式上的差异而已，使用 JDBC 的应用程序一旦和数据库建立连接，就可以使用 JDBC 提供的 API 操作数据库（如图 11.3 所示）。

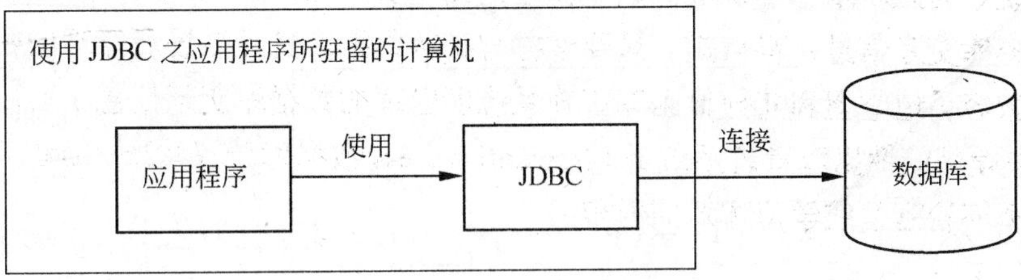

图 11.3　使用 JDBC 操作数据库

程序经常使用 JDBC 进行如下的操作。

- 与一个数据库建立连接
- 向已连接的数据库发送 SQL 语句
- 处理 SQL 语句返回的结果

11.3　连接数据库

11.3.1　连接方式的选择

程序为了能和数据库交互信息，必须首先和数据库建立连接。和数据库建立连接的常用两种方式是：

- 建立 JDBC-ODBC 桥接器
- 加载纯 Java 数据库驱动程序

这两种方式都有各自的优势，应针对实际需求选择一种合理的方式。但是，使用 JDBC 的应用程序无论采用哪种方式连接数据库，都不会影响操作数据库的逻辑代码，这很有利于代码的维护和升级。所以，对于本章例子中的代码，只要更换连接数据库方式的代码就可以更改数据库的连接方式，而不必修改数据处理的代码。

如果使用加载纯 Java 数据库驱动程序连接数据库需要得到数据库厂家提供的纯 Java 数据库驱动程序，为了便于教学，本章使用 JDBC-ODBC 桥接器方式和数据库建立连接。

使用 JDBC-ODBC 桥接器方式的机制是，应用程序只需建立 JDBC 和 ODBC（Open DataBase Connectivity）之间的连接，即建立所谓的 JDBC-ODBC 桥接器，而和数据库的连接由 ODBC 去完成。

JDBC-ODBC 桥接器的优点是：ODBC 是 Microsoft 引进的数据库连接技术，提供了数据库访问的通用平台，而且 ODBC 驱动程序被广泛地使用，建立这种桥接器后，使得 JDBC 有能力访问几乎所有类型的数据库。缺点是：使得应用程序依赖于 ODBC，移植性较差，也就是说，应用程序所驻留的计算机必须提供 ODBC（使用加载纯 Java 数据库驱动程序连接数据库的优点是不依赖于平台）。

应用程序负责使用 JDBC 提供的 API 建立 JDBC-ODBC 桥接器，然后应用程序就可以请求和数据库建立连接，连接工作由 ODBC 完成。需要强调是，ODBC 使用“数据源”来管理数据库，所以必须事先将某个数据库设置成 ODBC 所管理的一个数据源，应用程序只能请求和 ODBC 管理的数据源建立连接。使用 JDBC-ODBC 桥接器方式与数据库建立连接的示意图如图 11.4 所示。

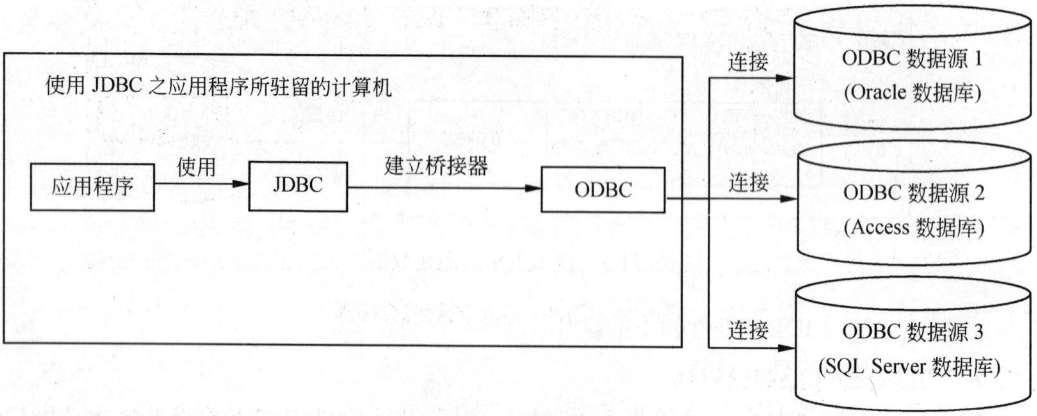

图 11.4　使用 JDBC-ODBC 桥接器方式

以下详细讲解使用 JDBC-ODBC 桥接器连接数据库的 3 个步骤。

- 建立 JDBC-ODBC 桥接器
- 创建 ODBC 数据源
- 和 ODBC 数据源建立连接

以下假设应用程序所在的计算机要连接我们在 11.1 节建立的 shop 数据库。

11.3.2 建立 JDBC-ODBC 桥接器

JDBC 使用 java.lang 包中的 Class 类建立 JDBC-ODBC 桥接器。Class 类通过调用它的静态方法 forName 加载 sun.jdbc.odbc 包中的 JdbcOdbcDriver 类建立 JDBC-ODBC 桥接器。建立桥接器时可能发生异常，必须捕获这个异常，建立桥接器的代码是：

```
try{ Class.forName("sun.jdbc.odbc.JdbcOdbcDriver");
}
catch(ClassNotFoundException e) {
    System.out.println(e);
}
```

11.3.3 ODBC 数据源

应用程序所在的计算机负责创建数据源，因此，必须保证应用程序所在计算机有 ODBC 系统。Windows 2000 和 Windows XP 都有 ODBC 系统。

1．创建、修改或删除数据源

选择“控制面板”→“管理工具”→“ODBC 数据源”（某些 Windows XP 系统，需选择“控制面板”→“性能和维护”→“管理工具”→“ODBC 数据源”）。双击 ODBC 数据源图标，出现如图 11.5 所示界面，该界面显示了用户已有的数据源的名称。选择“系统 DSN”或“用户 DSN”，单击“添加”按钮，可以创建新的数据源；单击“配置”按钮，可以重新配置已有的数据源；单击“删除”按钮，可以删除已有的数据源。

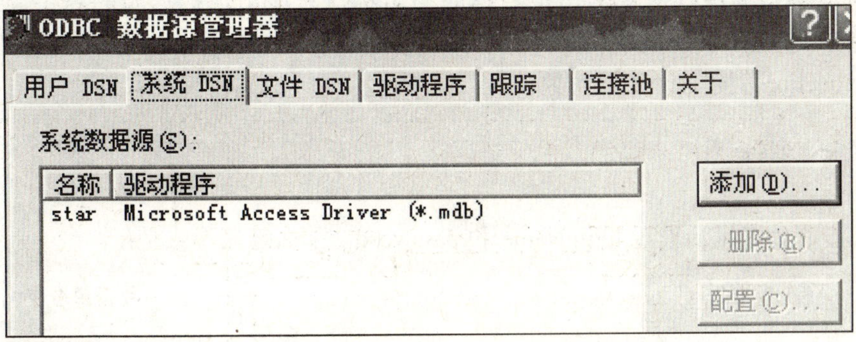

图 11.5 添加、修改或删除数据源

2．为数据源选择驱动程序

在图 11.5 所示的界面上选择单击“添加”按钮，出现为新增的数据源选择驱动程序的界面，如图 11.6 所示。因为要访问 Access 数据库，选择 Microsoft Access Driver（*.mdb）。

单击“完成”按钮。

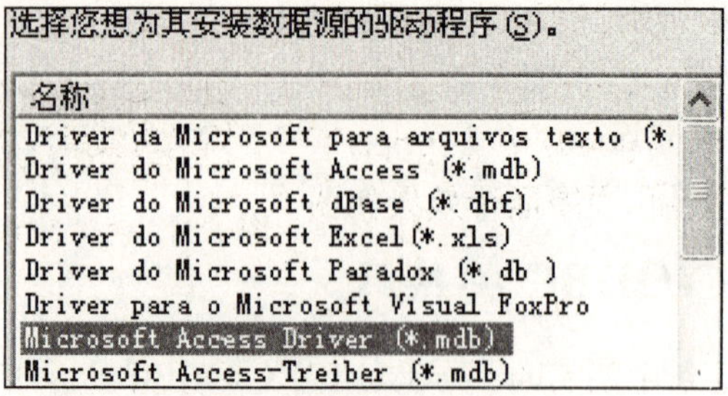

图 11.6　为新增的数据源选择驱动程序

3．数据源名称及对应数据库的所在位置

在图 11.6 界面单击完成按钮将出现设置数据源具体项目的对话框，如图 11.7 所示。在名称栏里为数据源起一个自己喜欢的名字，这里起的名字是 myData。这个 myData 数据源就是指某个数据库。在“数据库选择”栏中选择一个数据库，这里我们选择的是 C:\ch11 下的 shop.mdb 数据库（见前面 11.1.1 节所建立的数据库）。需要注意的是，在设置数据源时，请关闭 Microsoft Access 打开的 shop.mdb 数据库，否则系统将提示“非法路径”。

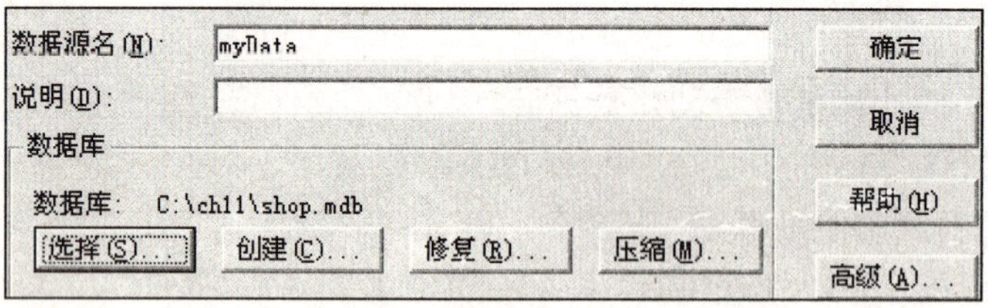

图 11.7　设置数据源的名字和对应的数据库

11.3.4　建立连接

编写连接数据库代码不会出现数据库的名称，只能出现数据源的名字。首先使用 java.sql 包中的 Connection 类声明一个对象，然后再使用类 DriverManager 调用它的静态方法 getConnection 创建这个连接对象。

```
Connection con = DriverManager.getConnection("jdbc:odbc:数据源名字",
                                      "loginName"," password ");
```

假如没有为数据源设置 loginName 和 password，那么连接形式是：

```
Connection con=DriverManager. getConnection("jdbc:odbc:数据源名字", "","");
```

为了能和数据源 myData 交换数据，建立连接时应捕获 SQLException 异常。

```
try{   Connection   con=DriverManager.getConnection("jdbc:odbc:myData",
"","");
}
catch(SQLException e){}
```

程序一旦和某个数据源建立连接，就可以通过 SQL 语句和该数据源所指定的数据库中的表交互信息，比如查询、修改和更新表中的记录。

例子 1 是一个简单的 Java 应用程序，该程序连接到数据源 myData，查询 goods 表中 price 字段值大于 300000 的全部记录。程序运行效果如图 11.8 所示。

```
A001奔驰200 2009-10-10     340000.0
C003奥迪A6  2010-12-12     350000.0
```

图 11.8　使用 JDBC-ODBC 桥接器连接数据库

例子 1

Example11_1.java

```
import java.sql.*;
public class Example11_1 {
   public static void main(String args[]) {
      Connection con;
      Statement sql;
      ResultSet rs;
      try{  Class.forName("sun.jdbc.odbc.JdbcOdbcDriver");
      }
      catch(ClassNotFoundException e) {
         System.out.print(e);
      }
      try {
         con = DriverManager.getConnection("jdbc:odbc:myData","","");
         sql = con.createStatement();
         rs = sql.executeQuery("SELECT * FROM goods WHERE price>300000");
         while(rs.next()) {
            String number = rs.getString(1);
            String name = rs.getString(2);
            Date date = rs.getDate("madeTime");
            double price = rs.getDouble("price");
            System.out.printf("%-4s",number);
            System.out.printf("%-6s",name);
            System.out.printf("%-15s",date.toString());
            System.out.printf("%6s\n",price);
         }
         con.close();
      }
      catch(SQLException e) {
         System.out.println(e);
      }
   }
}
```

11.4 查询操作

和数据库建立连接后，就可以使用 JDBC 提供的 API 和数据库交互信息。比如查询、修改和更新数据库中的表等。JDBC 和数据库表进行交互的主要方式是使用 SQL 语句，JDBC 提供的 API 可以将标准的 SQL 语句发送给数据库，实现和数据库的交互。

对一个数据库中表进行查询操作的具体步骤如下。

1．向数据库发送 SQL 查询语句

首先使用 Statement 声明一个 SQL 语句对象，然后让已创建的连接对象 con 调用方法 createStatment()创建这个 SQL 语句对象，代码如下。

```
try{  Statement sql=con.createStatement();
}
catch(SQLException e ){}
```

2．处理查询结果

有了 SQL 语句对象后，这个对象就可以调用相应的方法实现对数据库中表的查询和修改，并将查询结果存放在一个 ResultSet 类声明的对象中。也就是说 SQL 查询语句对数据库的查询操作将返回一个 ResultSet 对象，ResultSet 对象是由统一形式的列组织的数据行组成。例如，对于

```
ResultSet rs = sql.executeQuery("SELECT * FROM goods");
```

内存的结果集对象 rs 的列数是 4 列，刚好和 goods 的列数相同，第 1～4 列分别是 number、name、madeTime 和 price 列；而对于

```
ResultSet rs = sql.executeQuery("SELECT name,price FROM goods");
```

内存的结果集对象 rs 列数只有两列，第一列是 name 列，第 2 列是 price 列。

ResultSet 对象一次只能看到一个数据行，使用 next()方法移到下一个数据行，获得一行数据后，ResultSet 对象可以使用 getXxx 方法获得字段值（列值），将位置索引（第一列使用 1，第二列使用 2 等）或列名传递给 getXxx 方法的参数即可。表 11.1 给出了 ResultSet 对象的若干方法。

表 11.1　ResultSet 对象的若干方法

返回类型	方法名称
boolean	next()
byte	getByte(int columnIndex)
Date	getDate(int columnIndex)
double	getDouble(int columnIndex)
float	getFloat(int columnIndex)
int	getInt(int columnIndex)
long	getLong(int columnIndex)

续表

返 回 类 型	方 法 名 称
String	getString(int columnIndex)
byte	getByte(String columnName)
Date	getDate(String columnName)
double	getDouble(String columnName)
float	getFloat(String columnName)
int	getInt(String columnName)
long	getLong(String columnName)
String	getString(String columnName)

注：无论字段是何种属性，总可以使用 getString(int columnIndex)或 getString(String columnName)方法返回字段值的串表示。

注：当使用 ResultSet 的 getXxx 方法查看一行记录时，不可以颠倒字段的顺序，例如，不可以

```
rs.getDouble(4);
rs.getDate(3);
```

11.4.1 顺序查询

查询数据库中的一个表的记录时，希望知道表中字段的个数以及各个字段的名字。由于无论字段是何种属性，总可以使用 getString 方法返回字段值的串表示，因此，只要知道了表中字段的个数或字段的名字，就可以方便地查询表中的记录。

那么怎样知道一个表中有哪些字段呢？通过使用 JDBC 提供的 API，可以在查询之前知道表中的字段的个数和名字，这有助于编写可复用的查询代码（见后面的例子 2）。

当创建好连接对象 con 之后，那么该连接对象调用 getMetaData()方法可以返回一个 DatabaseMetaData 对象，例如：

```
DatabaseMetaData metadata=con.getMetaData();
```

Metadata 对象再调用 getColumns 可以将表的字段信息以行列的形式存储在一个 ResultSet 对象中，例如：

```
ResultSet tableMessage=metadata.getColumns(null,null, "goods",null);
```

如果 goods 表有 n 个字段，tableMessage 就刚好有 n 行，每行 4 列。每行分别含有和相应字段有关的信息，信息的次序为："数据库名"、"数据库扩展名"、"表名"，"字段名"。例如，goods 表有 4 个字段，那么上述 tableMessage 刚好有 4 行，每行有 4 列，如表 11.2 所示。

表 11.2　tableMessage 对象的格式

shop	mdb	goods	number
shop	mdb	goods	name
shop	mdb	goods	madeTime
shop	mdb	goods	price

tableMessage 对象调用 next 方法使游标向下移动一行（游标的初始位置在第 1 行之前），然后 tableMessage 调用 getXXX 方法可以查看该行中列的信息，其中最重要的信息是第 4 列，该列上的信息为字段的名字。

在下面的例子 2 中，有一个负责查询数据库的 Query 类。在主类的 main 方法中，将数据源名和表名传递给 Query 类的实例。程序运行效果如图 11.9 所示。

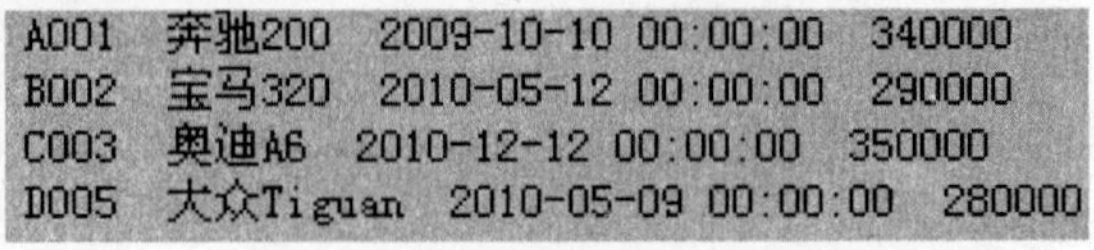

图 11.9　顺序查询

例子 2

Example11_2.java

```
import java.sql.*;
public class Example11_2 {
   public static void main(String args[]) {
     Query query=new Query();
     String dataSource="myData";
     String tableName="goods";
     query.setDatasourceName(dataSource);
     query.setTableName(tableName);
     query.setSQL("SELECT * FROM "+tableName);
     query.inputQueryResult();
   }
}
```

Query.java

```
import java.sql.*;
public class Query {
   String datasourceName="";      //数据源名
   String tableName="";           //表名
   String SQL;                    //SQL 语句
   public Query() {
      try{  Class.forName("sun.jdbc.odbc.JdbcOdbcDriver");
      }
      catch(ClassNotFoundException e) {
         System.out.print(e);
      }
   }
   public void setDatasourceName(String s) {
```

```
        datasourceName = s.trim();
    }
    public void setTableName(String s) {
        tableName = s.trim();
    }
    public void setSQL(String SQL) {
        this.SQL = SQL.trim();
    }
    public void inputQueryResult() {
        Connection con;
        Statement sql;
        ResultSet rs;
        try {
            String uri = "jdbc:odbc:"+datasourceName;
            String id = "";
            String password = "";
            con = DriverManager.getConnection(uri,id,password);
            DatabaseMetaData metadata = con.getMetaData();
            ResultSet rs1 = metadata.getColumns(null,null,tableName,null);
            int 字段个数 = 0;
            while(rs1.next()) {
                字段个数++;
            }
            sql = con.createStatement();
            rs = sql.executeQuery(SQL);
            while(rs.next()) {
              for(int k=1;k<=字段个数;k++) {
                  System.out.print(" "+rs.getString(k)+" ");
              }
              System.out.println("");
            }
            con.close();
        }
        catch(SQLException e) {
            System.out.println("请输入正确的表名"+e);
        }
    }
}
```

11.4.2 控制游标

前面学习了使用 ResultSet 类的 next()方法顺序地查询数据，但有时候需要在结果集中前后移动、显示结果集中某条记录或随机显示若干条记录等。这时，必须要返回一个可滚动的结果集。为了得到一个可滚动的结果集，需使用下述方法获得一个 Statement 对象。

```
Statement stmt = con.createStatement(int type ,int concurrency);
```

然后，根据参数 type、concurrency 的取值情况，stmt 返回相应类型的结果集。

```
ResultSet re = stmt.executeQuery(SQL 语句);
```

type 的取值决定滚动方式，取值可以是

- ResultSet.TYPE_FORWORD_ONLY：结果集的游标只能向下滚动。
- ResultSet.TYPE_SCROLL_INSENSITIVE：结果集的游标可以上下移动，当数据库变化时，当前结果集不变。
- ResultSet.TYPE_SCROLL_SENSITIVE：返回可滚动的结果集，当数据库变化时，当前结果集同步改变。

Concurrency 取值决定是否可以用结果集更新数据库，Concurrency 取值

- ResultSet.CONCUR_READ_ONLY：不能用结果集更新数据库中的表。
- ResultSet.CONCUR_UPDATABLE：能用结果集更新数据库中的表。

滚动查询经常用到 ResultSet 的下述方法。

- public boolean previous()：将游标向上移动，该方法返回 boolean 型数据，当移到结果集第一行之前时返回 false。
- public void beforeFirst：将游标移动到结果集的初始位置，即在第一行之前。
- public void afterLast()：将游标移到结果集最后一行之后。
- public void first()：将游标移到结果集的第一行。
- public void last()：将游标移到结果集的最后一行。
- public boolean isAfterLast()：判断游标是否在最后一行之后。
- public boolean isBeforeFirst()：判断游标是否在第一行之前。
- public boolean isFirst()：判断游标是否指向结果集的第一行。
- public boolean isLast()：判断游标是否指向结果集的最后一行。
- public int getRow()：得到当前游标所指行的行号，行号从 1 开始，如果结果集没有行，返回 0。
- public boolean absolute(int row)：将游标移到参数 row 指定的行。

注意：如果 row 取负值，就是倒数的行数，absolute(–1)表示移到最后一行，absolute(–2)表示移到倒数第 2 行。当移动到第一行前面或最后一行的后面时，该方法返回 false。

```
goods表共有4条记录
倒序输出goods表中的记录:
D005大众Tiguan2010-05-09      280000.0
C003奥迪A6   2010-12-12     350000.0
B002宝马320  2010-05-12     290000.0
A001奔驰200  2009-10-10     340000.0
```

图 11.10　控制游标

在下面的例子 3 中，在查询 goods 表时，首先将游标移动到最后一行，然后再获取最后一行的行号，以便获得表中的记录数目。程序倒序输出 goods 表中的记录，程序运行效果如图 11.10 所示。

例子 3

Example11_3.java

```
import java.sql.*;
```

```
public class Example11_3 {
   public static void main(String args[]) {
      Connection con;
      Statement sql;
      ResultSet rs;
      try{  Class.forName("sun.jdbc.odbc.JdbcOdbcDriver");
      }
      catch(ClassNotFoundException e) {
         System.out.print(e);
      }
      try {
         con=DriverManager.getConnection("jdbc:odbc:myData","","");
         sql=con.createStatement(ResultSet.TYPE_SCROLL_SENSITIVE,
                                 ResultSet.CONCUR_READ_ONLY);
         rs = sql.executeQuery("SELECT * FROM goods ");
         rs.last();
         int rows = rs.getRow();
         System.out.println("goods 表共有"+rows+"条记录");
         rs.afterLast();
         System.out.println("倒序输出 goods 表中的记录:");
         while(rs.previous()) {
            String number = rs.getString(1);
            String name = rs.getString(2);
            Date date = rs.getDate("madeTime");
            double price = rs.getDouble("price");
            System.out.printf("%-4s",number);
            System.out.printf("%-6s",name);
            System.out.printf("%-15s",date.toString());
            System.out.printf("%6s\n",price);
         }
         con.close();
      }
      catch(SQLException e) {
         System.out.println(e);
      }
   }
}
```

11.4.3 条件查询

在下面的例子 4 中使用了例子 2 中 Query 类，分别按商品号和价格查询记录。主类将查询条件传递 Query 类的实例。程序运行效果如图 11.11 所示。

```
goods表中商品号是A001的记录
 A001  奔驰200   2009-10-10 00:00:00  340000
goods表中价格在260000.0和300000.0之间的记录:
 B002  宝马320   2010-05-12 00:00:00  290000
 D005  大众Tiguan  2010-05-09 00:00:00  280000
```

图 11.11　条件查询

例子 4

Example11_4.java

```
import java.sql.*;
public class Example11_4 {
   public static void main(String args[]) {
     Query query = new Query();
     String dataSource = "myData";
     String tableName = "goods";
     query.setDatasourceName(dataSource);
     query.setTableName(tableName);
     String number = "A001";
     String SQL = "SELECT * FROM "+tableName+" WHERE number ='"+number+"'";
     query.setSQL(SQL);
     System.out.println(tableName+"表中商品号是"+number+"的记录");
     query.inputQueryResult();
     double max = 300000,min = 260000;
     SQL= "SELECT * FROM "+tableName+" WHERE price >="+min+" AND price
     <="+max;
     query.setSQL(SQL);
     System.out.println(tableName+"表中价格在"+min+"和"+max+"之间的记录:");
     query.inputQueryResult();
   }
}
```

11.4.4 排序查询

可以在 SQL 语句中使用 ORDER BY 子语句对记录排序，例如，按 price 排序查询的 SQL 语句：

```
SELECT * FROM goods ORDER BY price;
```

在下面的例子 5 中使用例子 2 中的 Query 类的实例分别按商品名称和价格排序 goods 表中的全部记录。程序运行效果如图 11.12 所示。

```
goods表记录按商品名称排序:
 C003  奥迪A6   2010-12-12 00:00:00  350000
 B002  宝马320   2010-05-12 00:00:00  290000
 A001  奔驰200   2009-10-10 00:00:00  340000
 D005  大众Tiguan  2010-05-09 00:00:00  280000
goods表记录按商品价格排序:
 D005  大众Tiguan  2010-05-09 00:00:00  280000
 B002  宝马320   2010-05-12 00:00:00  290000
 A001  奔驰200   2009-10-10 00:00:00  340000
 C003  奥迪A6   2010-12-12 00:00:00  350000
```

图 11.12　排序记录

例子 5

Example11_5.java

```
import java.sql.*;
public class Example11_5 {
   public static void main(String args[]) {
     Query query = new Query();
     String dataSource = "myData";
```

```
      String tableName = "goods";
      query.setDatasourceName(dataSource);
      query.setTableName(tableName);
      String SQL = "SELECT * FROM "+tableName+" ORDER BY name";
      query.setSQL(SQL);
      System.out.println(tableName+"表记录按商品名称排序:");
      query.inputQueryResult();
      SQL = "SELECT * FROM "+tableName+" ORDER BY price";
      query.setSQL(SQL);
      System.out.println(tableName+"表记录按商品价格排序:");
      query.inputQueryResult();
   }
}
```

11.4.5 模糊查询

可以用 SQL 语句操作符 LIKE 进行模糊匹配，使用“%”代替零个或多个字符，用一个下划线“_”代替一个字符，用[abc]代替 a、b、c 中的任何一个。比如，下述语句查询商品名称中含有“T”或“宝”的记录：

```
rs = sql.executeQuery("SELECT * FROM goods WHERE name LIKE '[T宝]%' ");
```

在下面的例子 6 中使用例子 2 中 Query 类的实例模糊查询表中的记录。程序运行效果如图 11.13 所示。

```
goods表中商品名称含有“T”或“宝”的记录:
 B002   宝马320   2010-05-12 00:00:00   290000
 D005   大众Tiguan   2010-05-09 00:00:00   280000
```

图 11.13 模糊查询

例子 6

Example11_6.java

```
import java.sql.*;
public class Example11_6 {
   public static void main(String args[]) {
      Query query = new Query();
      String dataSource = "myData";
      String tableName = "goods";
      query.setDatasourceName(dataSource);
      query.setTableName(tableName);
      String SQL = "SELECT * FROM "+tableName+" WHERE name LIKE '%[电箱]%'";
      query.setSQL(SQL);
      System.out.println(tableName+"表中商品名称含有“T”或“宝”的记录:");
      query.inputQueryResult();
   }
}
```

11.5 更新、添加与删除操作

Statement 对象调用方法：

```
public int executeUpdate(String sqlStatement);
```

通过参数 sqlStatement 指定的方式实现对数据库表中记录的更新、添加和删除操作。更新、添加和删除记录的 SQL 语法分别是：

```
UPDATE <表名>  SET <字段名> = 新值 WHERE <条件子句>
INSERT INTO 表(字段列表) VALUES (对应的具体的记录)或 INSERT INTO 表(VALUES (对应的具体的记录)
DELETE  FROM  <表名> WHERE <条件子句>
```

例如，下述 SQL 语句将 goods 表中 name 字段值为“海尔电视机”的记录的 price 字段的值更新为 3009：

```
UPDATE goods SET price =3009 WHERE name='海尔电视机'
```

下述 SQL 语句将向 goods 表中添加一条新的记录('A009','手机', '2010-12-20',3976)：

```
INSERT  INTO  goods(number,name,madeTime,price)  VALUES  ('A009','手机',
'2010-12-20',3976)
```

下述 SQL 语句将删除 goods 表中的 number 字段值为'B002'的记录：

```
DELETE  FROM goods WHERE number = 'B002'
```

注：可以使用一个 Statement 对象进行更新操作，但需要注意的是，当查询语句返回结果集后，没有立即输出结果集的记录，而接着执行了更新语句，那么结果集就不能输出记录了。要想输出记录就必须重新返回结果集。

在下面的例子 7 中，ModifyTable 类能更新、插入和删除表中的记录。

例子 7

Example11_7.java

```
import java.sql.*;
public class Example11_7 {
   public static void main(String args[]) {
     ModifyTable modify=new ModifyTable();
     modify.setDatasourceName("myData");
     modify.setSQL("UPDATE goods SET price =3009 WHERE name='海尔电视机'");
     String backMess=modify.modifyRecord();
     System.out.println(backMess);
     modify.setSQL("INSERT INTO goods VALUES ('A009','手机','2010-12-20',
     3976)");
```

```
      backMess=modify.modifyRecord();
      System.out.println(backMess);
   }
}
```

ModifyTable.java

```
import java.sql.*;
public class ModifyTable {
   String datasourceName="";
   String SQL,message="";
   public ModifyTable() {
      try{  Class.forName("com.microsoft.sqlserver.jdbc.SQLServerDriver");
      }
      catch(Exception e){ }
   }
   public void setSQL(String SQL) {
      this.SQL=SQL;
   }
   public void setDatasourceName(String s) {
      datasourceName=s.trim();
   }
   public String modifyRecord() {
     Connection con=null;
     Statement sql=null;
       try {  String uri="jdbc:odbc:"+datasourceName;
              String id="";
              String password="";
              con=DriverManager.getConnection(uri,id,password);
              sql=con.createStatement();
              sql.execute(SQL);
              message="操作成功";
              con.close();
       }
       catch(SQLException e)
            {  message=e.toString();
            }
       return message;
    }
}
```

11.6 使用预处理语句

Java 提供了更高效率的数据库操作机制，就是 PreparedStatement 对象，该对象被习惯地称做预处理语句对象。本节学习怎样使用预处理语句对象操作数据库中的表。

11.6.1 预处理语句优点

当向数据库发送一个 SQL 语句，比如“Select * From goods”，数据库中的 SQL 解释器负责将把 SQL 语句生成底层的内部命令，然后执行该命令，完成有关的数据操作。如果不断地向数据库提交 SQL 语句势必增加数据库中 SQL 解释器的负担，影响执行的速度。如果应用程序能针对连接的数据库，事先就将 SQL 语句解释为数据库底层的内部命令，然后直接让数据库去执行这个命令，显然不仅减轻了数据库的负担，而且也提高了访问数据库的速度。

对于 JDBC，如果使用 Connection 和某个数据库建立了连接对象 con，那么 con 就可以调用 prepareStatement(String sql)方法对参数 sql 指定的 SQL 语句进行预编译处理，生成该数据库底层的内部命令，并将该命令封装在 PreparedStatement 对象中，那么该对象调用下列方法都可以使得该底层内部命令被数据库执行。

```
ResultSet executeQuery()
boolean execute()
int executeUpdate()
```

只要编译好了 PreparedStatement 对象，那么该对象可以随时执行上述方法，显然提高了访问数据库的速度。

下面例子 8 中的 PrepareQuery 类的实例使用预处理语句查询数据库中表的全部记录。

例子 8

Example11_8.java

```
import java.sql.*;
import java.util.*;
public class Example11_8 {
   public static void main(String args[]) {
     PrepareQuery query = new PrepareQuery();
     String dataSource = "myData";
     String tableName = "goods";
     query.setDatasourceName(dataSource);
     query.setTableName(tableName);
     query.setSQL("SELECT * FROM "+tableName);
     query.inputQueryResult();
   }
}
```

PrepareQuery.java

```
import java.sql.*;
public class PrepareQuery {
   String datasourceName = "";           //数据源名
```

```
   String tableName = "";                    //表名
   String SQL;                               //SQL 语句
   public PrepareQuery() {
     try{  Class.forName("sun.jdbc.odbc.JdbcOdbcDriver");
     }
     catch(ClassNotFoundException e) {
       System.out.print(e);
     }
   }
   public void setDatasourceName(String s) {
     datasourceName = s.trim();
   }
   public void setTableName(String s) {
     tableName = s.trim();
   }
   public void setSQL(String SQL) {
     this.SQL = SQL.trim();
   }
   public void inputQueryResult() {
     Connection con;
     PreparedStatement sql;
     ResultSet rs;
     try {
         String uri = "jdbc:odbc:"+datasourceName;
         String id = "";
         String password = "";
         con = DriverManager.getConnection(uri,id,password);
         DatabaseMetaData metadata = con.getMetaData();
         ResultSet rs1 = metadata.getColumns(null,null,tableName,null);
         int 字段个数 = 0;
         while(rs1.next()) {
           字段个数++;
         }
         sql=con.prepareStatement(SQL);
         rs = sql.executeQuery();
         while(rs.next()) {
           for(int k=1;k<=字段个数;k++) {
               System.out.print(" "+rs.getString(k)+" ");
           }
           System.out.println("");
         }
         con.close();
      }
      catch(SQLException e) {
         System.out.println("请输入正确的表名"+e);
```

```
        }
    }
}
```

11.6.2 使用通配符

在对 SQL 进行预处理时可以使用通配符“？”来代替字段的值，只要在预处理语句执行之前再设置通配符所表示的具体值即可。例如：

```
sql = con.prepareStatement("SELECT * FROM goods WHERE salary < ? ");
```

那么在 sql 对象执行之前，必须调用相应的方法设置通配符“？”代表的具体值，比如

```
sql.setFloat(1,76.98);
```

指定上述预处理 SQL 语句中通配符“？”代表的值是 76.389。通配符按着它们在预处理 SQL 语句中从左到右依次出现的顺序分别被称做第 1 个、第 2 个、……、第 m 个通配符。比如，void setFloat(int parameterIndex,float x)用来设置通配符的值，其中参数 parameterIndex 用来表示 SQL 语句中从左到右的第 parameterIndex 个通配符号，x 是该通配符所代表的具体值。

尽管

```
sql = con.prepareStatement("SELECT * FROM goods WHERE price < ? ");
sql.setFloat(1,30.98);
```

的功能等同于

```
sql = con.prepareStatement("SELECT * FROM goods WHERE price < 30.98 ");
```

但是，使用通配符可以使得应用程序更容易动态地改变 SQL 语句中关于字段值的条件。

预处理语句设置通配符“？”的值的常用方法有：

```
void setDate(int parameterIndex,Date x)
void setDouble(int parameterIndex,double x)
void setFloat(int parameterIndex,float x)
void setInt(int parameterIndex,int x)
void setLong(int parameterIndex,long x)
void setString(int parameterIndex,String x)
```

下面例子 9 中的 AddRecord 类的实例使用预处理语句向 goods 表添加记录。

例子 9

Example11_9.java

```
import java.sql.*;
```

```
public class Example11_9 {
   public static void main(String args[]) {
     AddRecord insertRecord = new AddRecord();
     String datasorce = "myData";
     String tableName = "goods";
     insertRecord.setDatasourceName(datasorce);
     insertRecord.setTableName(tableName);
     insertRecord.setNumber("D001");
     insertRecord.setName("联想电脑");
     insertRecord.setMadeTime("2010-12-10");
     insertRecord.setPrice(7000);
     String backMess = insertRecord.addRecord();
     System.out.println(backMess);
   }
}
```

AddRecord.java

```
import java.sql.*;
public class AddRecord {
   String datasourceName = "";                    //数据源名
   String tableName = "";                         //表名
   String number = "",name = "",madeTime;         //商品号,名称,生产日期
   double price;                                  //价格
   public AddRecord() {
      try{  Class.forName("sun.jdbc.odbc.JdbcOdbcDriver");
      }
      catch(ClassNotFoundException e) {
         System.out.print(e);
      }
    }
   public void setDatasourceName(String s) {
      datasourceName = s.trim();
   }
   public void setTableName(String s) {
      tableName = s.trim();
   }
    public void setNumber(String s) {
       number = s.trim();
    }
    public void setName(String s) {
       name = s.trim();
    }
    public void setPrice(double n) {
       price = n;
    }
```

```
    public void setMadeTime(String b) {
        madeTime = b;
    }
    public String addRecord()
    {  String str = "";
       Connection con;
       PreparedStatement sql;
       try { String uri = "jdbc:odbc:"+datasourceName;
             String id = "";
             String password = "";
             con = DriverManager.getConnection(uri,id,password);
             String insertCondition="INSERT INTO goods VALUES (?,?,?,?)";
             sql = con.prepareStatement(insertCondition);
             if(number.length()>0) {
               sql.setString(1,number);
               sql.setString(2,name);
               sql.setString(3,madeTime);
               sql.setDouble(4,price);
               int m = sql.executeUpdate();
               if(m!=0)
                    str = "对表中添加"+m+"条记录成功";
               else
                   str = "添加记录失败";
             }
             else {
                  str = "必须要有雇员号";
             }
             con.close();
       }
       catch(SQLException e) {
             str = "没有提供添加的数据或"+e;
       }
       return str;
    }
}
```

11.7 事　　务

11.7.1 事务及处理

事务由一组 SQL 语句组成，所谓事务处理是指：应用程序保证事务中的 SQL 语句要么全部都执行，要么一个都不执行。

事务处理是保证数据库中数据完整性与一致性的重要机制。应用程序和数据库建立连接之后，可能使用多条 SQL 语句操作数据库中的一个表或多个表，比如，一个管理资金转账的应用程序为了完成一个简单的转账业务可能需要两条 SQL 语句，即需要将数据库 user 表中 id 号是 0001 的记录的 userMoney 字段的值由原来的 100 更改为 50，然后将 id 号是 0002 的记录的 userMoney 字段的值由原来的 20 更新为 70。应用程序必须保证这两条 SQL 语句要么全都执行，要么全都不执行。

11.7.2 JDBC 事务处理步骤

1．用 setAutoCommit()方法关闭自动提交模式

所谓关闭自动提交模式，就是关闭 SQL 语句的即刻生效性。和数据库建立一个连接对象后，比如 con。那么 con 的提交模式是自动提交模式，即该连接对象 con 产生的 Statement（PreparedStatement 对象）对数据库提交任何一条 SQL 语句操作都会立刻生效，使得数据库中的数据发生变化，这显然不能满足事务处理的要求。比如，在转账操作时，将用户 0001 的 userMoney 的值由原来的 100 更改为 50 的操作不应当立刻生效，而应等到 0002 用户的 userMoney 的值由原来的 20 更新为 70 后一起生效，如果第二条语句 SQL 语句操作未能成功，第一条 SQL 语句操作就不应当生效。为了能进行事务处理，必须关闭 con 的这个默认设置。

con 对象首先调用 setAutoCommit(boolean autoCommit)方法，将参数 autoCommit 取值 false 来关闭默认设置：

```
con.setAutoCommit(false);
```

2．用 commit()方法处理事务

con 调用 setAutoCommit(false)后，con 所产生的 Statement 对象对数据库提交任何一条 SQL 语句都不会立刻生效，这样一来，就有机会让 Statement 对象（PreparedStatement 对象）提交多条 SQL 语句，这些 SQL 语句就是一个事务。事务中的 SQL 语句不会立刻生效，直到连接对象 con 调用 commit()方法。con 调用 commit()方法就是让事务中的 SQL 语句全部生效。

3．用 rollback()方法处理事务失败

所谓处理事务失败就是撤销事务所做的操作。con 调用 commit()方法进行事务处理时，只要事务中任何一个 SQL 语句未能生效成功，就抛出 SQLException 异常。在处理 SQLException 异常时，必须让 con 调用 rollback()方法，其作用是：撤销事务中成功执行的 SQL 语句对数据库数据所做的更新、插入或删除操作，即撤销引起数据发生变化的 SQL 语句所产生的操作，将数据库中的数据恢复到 commi()方法执行之前的状态。

下面的例子 10 使用了事务处理，将 goods 表中 number 字段是“A001”的 price 的值减少 n，并将减少的 n 增加到字段是“B002”的 price 上。

例子 10

Example11_10.java

```
import java.sql.*;
public class Example11_10{
```

```
public static void main(String args[]){
   Connection con = null;
   Statement sql;
   ResultSet rs;
   try { Class.forName("sun.jdbc.odbc.JdbcOdbcDriver");
   }
   catch(ClassNotFoundException e){
        System.out.println(""+e);
   }
   try{ double n = 1;
      con = DriverManager.getConnection("jdbc:odbc:myData","","");
      con.setAutoCommit(false);        //关闭自动提交模式
      sql = con.createStatement();
      rs = sql.executeQuery("SELECT * FROM goods WHERE number='A001'");
      rs.next();
      double priceOne = rs.getDouble("price");
      System.out.println("事务操作之前 A001 的 price:"+priceOne);
      rs = sql.executeQuery("SELECT * FROM goods WHERE number='B002'");
      rs.next();
      double priceTwo = rs.getDouble("price");
      System.out.println("事务操作之前 B002 的 price:"+priceTwo);
      priceOne = priceOne-n;
      priceTwo = priceTwo+n;
      sql.executeUpdate
         ("UPDATE goods SET price ="+priceOne+" WHERE number='A001'");
      sql.executeUpdate
         ("UPDATE goods SET price="+priceTwo+" WHERE number='B002'");
      con.commit(); //开始事务处理,如果发生异常直接执行 catch 块
      con.setAutoCommit(true); //恢复自动提交模式
      rs = sql.executeQuery("SELECT * FROM goods WHERE number='A001'");
      rs.next();
      priceOne = rs.getDouble("price");
      System.out.println("事务操作之后 A001 的 price:"+priceOne);
      rs = sql.executeQuery("SELECT * FROM goods WHERE number='B002'");
      rs.next();
      priceTwo = rs.getDouble("price");
      System.out.println("事务操作之后 B002 的 price:"+priceTwo);
      con.close();
    }
    catch(SQLException e){
      try{ con.rollback();           //撤销事务所做的操作
      }
      catch(SQLException exp){}
      System.out.println(e);
    }
```

```
        }
    }
```

11.8 批 处 理

程序在和数据库交互时，可能需要执行多个对表进行更新操作的 SQL 语句，这就需要 Statement 对象反复执行 execute()方法。能否让 Statement 对象调用一个方法执行多个 SQL 语句呢？即能否对 SQL 语句进行批处理呢？

JDBC 为 Statement 对象提供了批处理功能，即 Statement 对象调用 executeBatch()方法可以一次执行多条 SQL 语句，只要事先让 Statement 对象调用 addBatch(String sql)方法将要执行的 SQL 语句添加到该对象中即可。

在对若干个 SQL 进行批处理时，如果不允许批处理中的任何 SQL 语句执行失败，那么和前面讲解处理事务的情况相同，要事先关闭连接对象的自动提交模式，即将批处理作为一个事务来对待，否则批处理中成功执行的 SQL 语句将立刻生效。

下面的例子 11 中的 Statement 对象调用 executeBatch()方法对多个 SQL 语句进行了批处理，并将批处理作为一个事务。

例子 11

Example11_11.java

```
import java.sql.*;
public class Example11_11 {
   public static void main(String args[]){
      Connection con=null;
      Statement sql;
      ResultSet rs;
      try { Class.forName("sun.jdbc.odbc.JdbcOdbcDriver");
      }
      catch(ClassNotFoundException e){
          System.out.println(""+e);
      }
      try{ double n = 500;
           con = DriverManager.getConnection("jdbc:odbc:myData","","");
           con.setAutoCommit(false);       //关闭自动提交模式
           sql = con.createStatement();
           sql.addBatch("UPDATE goods SET price =5555 WHERE number='A001'");
           sql.addBatch("UPDATE goods SET name ='haierTV' WHERE number=
           'A001'");
           sql.addBatch("UPDATE goods SET price ='8765' WHERE number=
           'B002'");
           sql.addBatch("INSERT INTO goods VALUES ('A777','北京电视机','
           2010-12-20'3976)");
```

```
            int [] number = sql.executeBatch();
                                      //开始批处理，返回被执行的SQL语句的序号
            con.commit();         //进行事务处理
            System.out.println("共有"+number.length+"条SQL语句被执行");
            sql.clearBatch();
            con.close();
        }
        catch(SQLException e){
            try{ con.rollback();     //撤销事务所做的操作
            }
            catch(SQLException exp){}
            System.out.println(e);
        }
    }
}
```

11.9 CachedRowSetImpl 类

JDBC 使用 ResultSet 对象处理 SQL 语句从数据库表中查询的记录，需要特别注意的是，ResultSet 对象和数据库连接对象（Connection 对象）实现了紧密的绑定，一旦连接对象被关闭，ResultSet 对象中的数据立刻消失。这就意味着，应用程序在使用 ResultSet 对象中的数据时，就必须始终保持和数据库的连接，直到应用程序将 ResultSet 对象中的数据查看完毕。比如，在例子 1 中，如果在代码

```
rs = sql.executeQuery("SELECT * FROM goods WHERE price>3000");
```

之后立刻关闭连接

```
con.close();
```

那么输出结果集中的数据的代码

```
while(rs.next()){
…
}
```

就无法执行。在前面的诸多例子，必须在操作结果集 ResultSet 的语句之后再执行关闭连接

```
con.close();
```

我们知道，每种数据库在同一时刻都有允许的最大连接数目，因此当多个应用程序同时连接访问数据库时，应当避免长时间占用数据库的连接资源。

com.sun.rowset 包提供了 CachedRowSetImpl 类，该类实现了 CachedRowSet 接口。CachedRowSetImpl 对象可以保存 ResultSet 对象中的数据，而且 CachedRowSetImpl 对象不依赖 Connection 对象，这意味着一旦把 ResultSet 对象中的数据保存到 CachedRowSetImpl

对象中后，就可以关闭和数据库的连接。CachedRowSetImpl 继承了 ResultSet 的所有方法，因此可以像操作 ResultSet 对象一样来操作 CachedRowSetImpl 对象。将 ResultSet 对象 rs 中的数据保存到 CachedRowSetImpl 对象 rowSet 中的代码如下：

```
rowSet.populate(rs);
```

下面的例子 12 使用 CachedRowSetImpl 对象改进了例子 2 中的 Query 类。

例子 12

Example11_12.java

```
import java.sql.*;
import java.util.*;
public class Example14_12 {
   public static void main(String args[]) {
     CachedQuery query = new CachedQuery();
     String dataSource = "myData";
     String tableName = "goods";
     query.setDatasourceName(dataSource);
     query.setTableName(tableName);
     query.setSQL("SELECT * FROM "+tableName);
     query.inputQueryResult();
   }
}
```

CachedQuery.java

```
import java.sql.*;
import com.sun.rowset.*;
public class CachedQuery {
   String datasourceName="";     //数据源名
   String tableName="";          //表名
   String SQL;                   //SQL 语句
   CachedRowSetImpl rowSet;      //缓冲结果集
   public CachedQuery() {
      try{  Class.forName("sun.jdbc.odbc.JdbcOdbcDriver");
      }
      catch(ClassNotFoundException e) {
         System.out.print(e);
      }
   }
   public void setDatasourceName(String s) {
      datasourceName=s.trim();
   }
   public void setTableName(String s) {
      tableName=s.trim();
   }
```

```
    public void setSQL(String SQL) {
       this.SQL=SQL.trim();
    }
    public void inputQueryResult() {
       Connection con;
       Statement sql;
       ResultSet rs;
       try {
           String uri="jdbc:odbc:"+datasourceName;
           String id="";
           String password="";
           con=DriverManager.getConnection(uri,id,password);
           DatabaseMetaData metadata=con.getMetaData();
           ResultSet rs1=metadata.getColumns(null,null,tableName,null);
           int 字段个数=0;
           while(rs1.next()) {
              字段个数++;
           }
           sql=con.createStatement();
           rs=sql.executeQuery(SQL);
           rowSet=new CachedRowSetImpl();
           rowSet.populate(rs);
           con.close();              //现在就可以关闭连接了
           while(rowSet.next()) {
             for(int k=1;k<=字段个数;k++) {
                 System.out.print(" "+rowSet.getString(k)+" ");
             }
             System.out.println("");
           }
        }
        catch(SQLException e) {
           System.out.println("请输入正确的表名"+e);
        }
    }
}
```

注：JDK 1.5 之后的版本，比如 JDK 1.6，如果使用了 Sun 公司专用包（包名以 com.sun 为前缀），在编译时将提示您使用了 Sun 的专用 API，只要该 API 未废弃，程序可正常运行。

11.10 应用举例

1. 标准化考试

在第 10 章的 10.15 节，曾设计了一个基于文件的标准化考试。本节基于数据库，设计一个标准化考试，效果如图 11.14 所示。

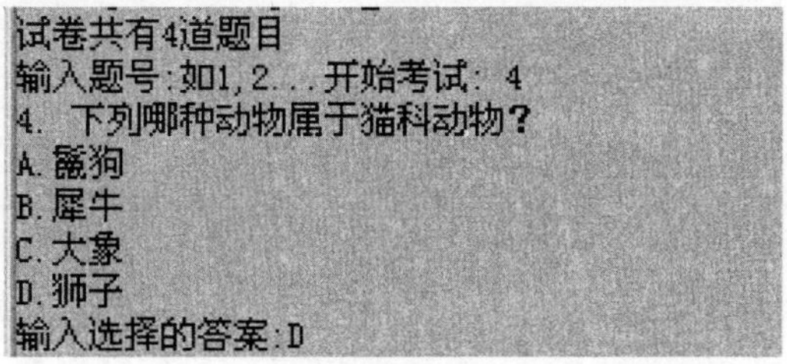

图 11.14 基于数据库的标准化考试

需要建立一个数据库，在该库中创建名字为 testForm 的表，表的每条记录是试题、选择和答案，如图 11.15 所示。本例中将数据库设置为名字为 test 的数据源。

timu	itemA	itemB	itemC	itemD	itemAnswer
1. 北京奥运是什么时间开幕的?	A.2008-08-08	B. 2008-08-01	C.2008-10-01	D. 2008-07-08	A
2. 下列哪个国家不属于亚洲?	A.沙特	B.印度	C.巴西	D.越南	C
3. 2010年世界杯是在哪个国家举行的?	A.美国	B.英国	C.南非	D.巴西	C
4. 下列哪种动物属于猫科动物?	A.鬣狗	B.犀牛	C.大象	D.狮子	D

图 11.15 存放试题、选择和答案的 testForm 表

例子 13 中的 ReadExaminationPaper 类负责查询数据库，获得题目的个数以及试题内容。

例子 13

Example11_13.java

```
import java.io.*;
import java.util.*;
public class Example10_13 {
   public static void main(String args[]) {
     ReadExaminationPaper reader;             //负责读入试题
     reader = new ReadExaminationPaper();
     reader.setSourceName("test");
     reader.setTableName("testForm");
     Scanner scanner = new Scanner(System.in);
     int amount=reader.getAmount();           //获取试题数目
     if(amount==0) {
        System.out.printf("没有试题,无法考试");
        System.exit(0);                        //退出程序
     }
     System.out.printf("试卷共有%d 道题目\n",amount);
     System.out.printf("输入题号:如 1,2...开始考试: ");
     while(scanner.hasNextInt()) {
         int number=scanner.nextInt();
         String huiche=scanner.nextLine();  //消耗掉用户输入题号后的回车
         if(number>=1&&number<=amount) {
            String timu[] = reader.getExamQuestion(number);
            for(int i=0;i<timu.length-1;i++)
               System.out.println(timu[i]); //输出试题和选择
```

```
            System.out.printf("输入选择的答案:");
            String answer=scanner.nextLine();
            if(answer.compareToIgnoreCase(timu[5])==0)
                System.out.printf("第"+number+"题做对了\t");
            else
                System.out.printf("第"+number+"题做错了\t");
            System.out.printf("输入任意字母结束考试\t,输入题号继续考试: ");
          }
          else {
           System.out.printf("题号不合理\n");
           System.out.printf("输入任意字母结束考试,输入题号继续考试");
          }
        }
      }
   }
```

ReadExaminationPaper.java

```
import java.sql.*;
public class ReadExaminationPaper {
   String sourceName,tableName;
   public ReadExaminationPaper() {
      try{  Class.forName("sun.jdbc.odbc.JdbcOdbcDriver");
      }
      catch(ClassNotFoundException e) {
         System.out.print(e);
      }
   }
   public int getAmount(){
      Connection con;
      Statement sql;
      ResultSet rs;
      try {
          String uri="jdbc:odbc:"+sourceName;
          String id="";
          String password="";
          con=DriverManager.getConnection(uri,id,password);
          sql=con.createStatement(ResultSet.TYPE_SCROLL_SENSITIVE,
                                       ResultSet.CONCUR_READ_ONLY);
          rs=sql.executeQuery("SELECT * FROM "+tableName);
          rs.last();
          int rows = rs.getRow();
          return rows;
      }
      catch(SQLException exp){
```

```
            System.out.println(""+exp);
            return 0;
         }
      }
      public String[] getExamQuestion(int number) {
         Connection con;
         Statement sql;
         ResultSet rs;
         String [] examinationPaper = new String[6];
         try {
              String uri="jdbc:odbc:"+sourceName;
              String id="";
              String password="";
              con=DriverManager.getConnection(uri,id,password);
              sql=con.createStatement(ResultSet.TYPE_SCROLL_SENSITIVE,
                                      ResultSet.CONCUR_READ_ONLY);
              rs=sql.executeQuery("SELECT * FROM testForm");
              rs.absolute(number);
              examinationPaper[0] = rs.getString(1);//题目
              examinationPaper[1] = rs.getString(2);//选择 A
              examinationPaper[2] = rs.getString(3);//选择 B
              examinationPaper[3] = rs.getString(4);//选择 C
              examinationPaper[4] = rs.getString(5);//选择 D
              examinationPaper[5] = rs.getString(6);//答案
              con.close();
         }
         catch(SQLException e) {
              System.out.println("无法获得试题"+e);
         }
         return examinationPaper;
      }
      public void setTableName(String s){
         tableName=s;
      }
      public void setSourceName(String s) {
         sourceName=s;
      }
   }
```

2．用表格显示数据库中的记录

在第 9 章的 9.7 节介绍了 Java 提供的 JTable 表格组件，该组件很适合显示数据库表中的记录，下面的例子 14 使用表格显示数据库表中的记录，效果如图 11.16 所示。

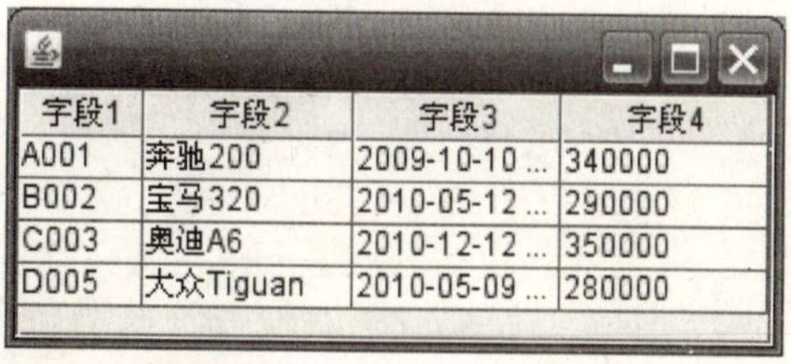

字段1	字段2	字段3	字段4
A001	奔驰200	2009-10-10 ...	340000
B002	宝马320	2010-05-12 ...	290000
C003	奥迪A6	2010-12-12 ...	350000
D005	大众Tiguan	2010-05-09 ...	280000

图 11.16　用表格显示记录

例子 14

Example11_14.java

```
import javax.swing.*;
import java.awt.*;
import java.awt.event.*;
public class Example11_14 {
   public static void main(String args[]) {
      JTable table;
      Query  query;   //负责查询数据库
      query = new Query();
      query.setDatasourceName("myData");
      query.setTableName("goods");
      Object a[][]=query.getRecord();
      int m=a[0].length;
      String b[]=new String[m];
      for(int i=0;i<m;i++)
          b[i]="字段"+(i+1);
      table=new JTable(a,b);
      JFrame frame=new JFrame();
      frame.add(new JScrollPane(table));
      frame.setVisible(true);
      frame.setBounds(20,20,300,400);
      frame.setDefaultCloseOperation(JFrame.EXIT_ON_CLOSE);
   }
}
```

Query.java

```
import java.sql.*;
public class Query {
   String datasourceName="";          //数据源名
   String tableName="";               //表名
   Object a[][];
   public Query() {
      try{  Class.forName("sun.jdbc.odbc.JdbcOdbcDriver");
      }
      catch(ClassNotFoundException e) {
         System.out.print(e);
      }
   }
   public void setDatasourceName(String s) {
      datasourceName=s.trim();
   }
   public void setTableName(String s) {
```

```
    tableName=s.trim();
  }
  public Object[][] getRecord() {
    Connection con;
    PreparedStatement sql;
    ResultSet rs;
    try {
        String uri="jdbc:odbc:"+datasourceName;
        String id="";
        String password="";
        con=DriverManager.getConnection(uri,id,password);
        DatabaseMetaData metadata=con.getMetaData();
        ResultSet rs1=metadata.getColumns(null,null,tableName,null);
        int 字段个数=0;
        while(rs1.next()) {
          字段个数++;
        }
        int n=getAmount();
        a = new Object[n][字段个数];
        sql=con.prepareStatement("select * From "+tableName);
        rs=sql.executeQuery();
        int m=0;
        while(rs.next()) {
          for(int k=1;k<=字段个数;k++) {
              a[m][k-1] = rs.getString(k);
          }
          m++;
        }
        con.close();
     }
     catch(SQLException e) {
        System.out.println("请输入正确的表名"+e);
     }
     return a;
  }
  public int getAmount(){
    Connection con;
    Statement sql;
    ResultSet rs;
    try {
        String uri="jdbc:odbc:"+datasourceName;
        String id="";
        String password="";
        con=DriverManager.getConnection(uri,id,password);
        sql=con.createStatement(ResultSet.TYPE_SCROLL_SENSITIVE,
                                ResultSet.CONCUR_READ_ONLY);
```

```
            rs=sql.executeQuery("SELECT * FROM "+tableName);
            rs.last();
            int rows = rs.getRow();
            return rows;
        }
        catch(SQLException exp){
            System.out.println(""+exp);
            return 0;
        }
    }
}
```

11.11 小　　结

（1）JDBC 技术在数据库开发中占有很重要的地位，JDBC 操作不同的数据库仅仅是连接方式上的差异而已，使用 JDBC 的应用程序一旦和数据库建立连接，就可以使用 JDBC 提供的 API 操作数据库。

（2）JDBC 和数据库建立连接有两种常用方式：建立 JDBC-ODBC 桥接器和加载纯 Java 数据库驱动程序，无论使用哪种方式连接数据库，都不会影响操作数据库的逻辑代码。

（3）当查询 ResultSet 对象中的数据时，不可以关闭和数据库的连接，除非使用 CachedRowSetImpl 类。使用 CachedRowSetImpl 类可以节约数据库的连接数目。

（4）使用 PreparedStatement 对象可以提高操作数据库的效率。

习　题　11

1．问答题

（1）设置数据源的主要步骤有哪些？

（2）如果采用 JDBC-ODBC 方式连接数据库，程序代码中是否必须要使用数据库的名字才能和数据库建立连接。

（3）预处理语句的好处是什么？

（4）什么叫事务，事务处理步骤是怎样的？

分析

2．编程题

（1）参照例子 2，编写一个应用程序来查询 Access 数据库，用户可以从键盘输入数据源名、表名。

（2）参照例子 4，按商品名称进行模糊查询（用户从键盘输入商品名称）。

（3）参照例子 5，按生产日期排序 goods 表的记录。

第 12 章　Java 多线程机制

主要内容

- Java 中的线程
- Thread 类与线程的创建
- 线程的常用方法
- 线程同步
- 协调同步的线程
- 线程联合
- GUI 线程
- 计时器线程

多线程是 Java 的特点之一，掌握多线程编程技术，可以充分利用 CPU 的资源，更容易解决实际中的问题。多线程技术广泛应用于和网络有关的程序设计中，因此掌握多线程技术，对于学习下一章的内容是至关重要的。

12.1　进程与线程

12.1.1　操作系统与进程

程序是一段静态的代码，它是应用软件执行的蓝本。进程是程序的一次动态执行过程，它对应了从代码加载、执行至执行完毕的一个完整过程，这个过程也是进程本身从产生、发展至消亡的过程。现代操作系统和以往操作系统的一个很大的不同就是可以同时管理计算机系统中的多个进程，即可以让计算机系统中的多个进程轮流使用 CPU 资源（如图 12.1 所示），甚至可以让多个进程共享操作系统所管理的资源，比如让 Word 进程和其他的文本编辑器进程共享系统的剪贴板。

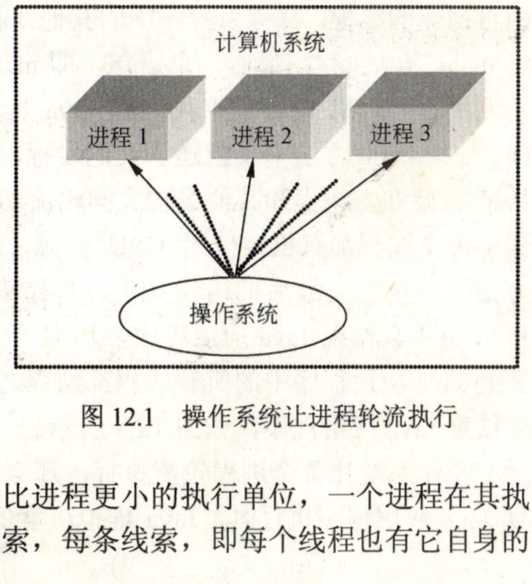

图 12.1　操作系统让进程轮流执行

12.1.2　进程与线程

线程不是进程，但其行为很像进程，线程是比进程更小的执行单位，一个进程在其执行过程中，可以产生多个线程，形成多条执行线索，每条线索，即每个线程也有它自身的产生、存在和消亡的过程。和进程可以共享操作系统的资源类似，线程间也可以共享进程中的某些内存单元（包括代码与数据），并利用这些共享单元来实现数据交换、实时通信与必要的同步操作，但与进程不同的是，线程的中断与恢复可以更加节省系统的开销。具有多个线程的进程能更好地表达和解决现实世界的具体问题，多线程是计算机应用开发和程序设计的一项重要的实用技术。

没有进程就不会有线程，就像没有操作系统就不会有进程一样。尽管线程不是进程，但在许多方面它非常类似进程，通俗地讲，线程是运行在进程中的“小进程”，如图 12.2 所示。

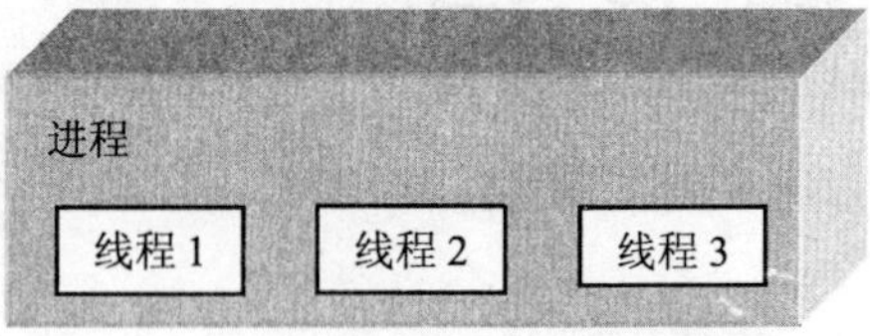

图 12.2　进程中的线程

12.2　Java 中的线程

12.2.1　Java 的多线程机制

Java 语言的一大特性点就是内置对多线程的支持。多线程是指一个应用程序中同时存在几个执行体，按几条不同的执行线索共同工作的情况，它使得编程人员可以很方便地开发出具有多线程功能、能同时处理多个任务的功能强大的应用程序。虽然执行线程给人一种几个事件同时发生的感觉，但这只是一种错觉，因为我们的计算机在任何给定的时刻只能执行那些线程中的一个。为了建立这些线程正在同步执行的感觉，Java 虚拟机快速地把控制从一个线程切换到另一个线程。这些线程将被轮流执行，使得每个线程都有机会使用 CPU 资源。

12.2.2　主线程（main 线程）

每个 Java 应用程序都有一个缺省的主线程。我们已经知道，Java 应用程序总是从主类的 main 方法开始执行。当 JVM 加载代码，发现 main 方法之后，就会启动一个线程，这个线程称为“主线程”（main 线程），该线程负责执行 main 方法。那么，在 main 方法的执行中再创建的线程，就称为程序中的其他线程。如果 main 方法中没有创建其他的线程，那么当 main 方法执行完最后一个语句，即 main 方法返回时，JVM 就会结束我们的 Java 应用程序。如果 main 方法中又创建了其他线程，那么 JVM 就要在主线程和其他线程之间轮流切换，保证每个线程都有机会使用 CPU 资源，main 方法即使执行完最后的语句（主线程结束），JVM 也不会结束 Java 应用程序，JVM 一直要等到 Java 应用程序中的所有线程都结束之后，才结束 Java 应用程序，如图 12.3 所示。

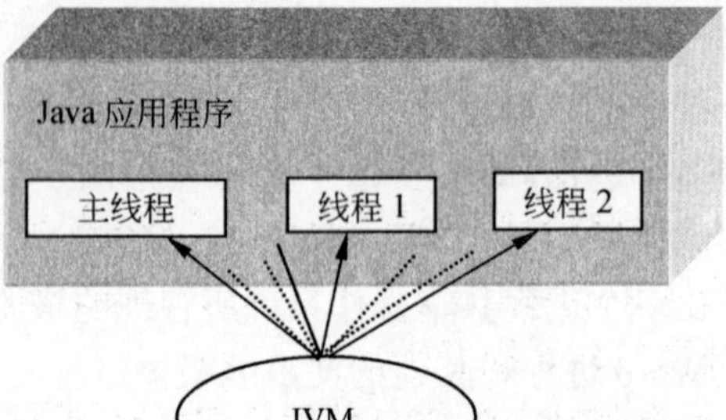

图 12.3　JVM 让线程轮流执行

操作系统让各个进程轮流执行，那么当轮到 Java 应用程序执行时，Java 虚拟机就保证让 Java 应用程序中的多个线程都有机会使用

CPU 资源，即让多个线程轮流执行。如果机器有多个 CPU 处理器，那么 JVM 就能充分利用这些 CPU，获得真实的线程并发执行效果。

让我们提出一个问题：

能否在一个 Java 应用程序出现 2 个以上的无限循环呢？

如果不使用多线程技术，是无法解决上述问题的，比如，观察下列代码：

```
class Hello {
    public static void main(String args[]) {
     while(true) {
        System.out.println("hello");
     }
     while(true) {
        System.out.println("您好");
     }
    }
}
```

上述代码是有问题的，因为第 2 个 while 语句是永远没有机会执行的代码。如果能在主线程中创建两个线程，每个线程分别执行一个 while 循环，那么两个循环就都有机会执行，即一个线程中的 while 语句执行一段时间后，就会轮到另一个线程中的 while 语句执行一段时间，这是因为，Java 虚拟机负责管理这些线程，这些线程将被轮流执行，使得每个线程都有机会使用 CPU 资源（见后面的例子 1）。

12.2.3 线程的状态与生命周期

Java 语言使用 Thread 类及其子类的对象来表示线程，新建的线程在它的一个完整的生命周期中通常要经历如下的四种状态。

1．新建

当一个 Thread 类或其子类的对象被声明并创建时，新生的线程对象处于新建状态。此时它已经有了相应的内存空间和其他资源。

2．运行

线程创建之后就具备了运行的条件，一旦轮到它来享用 CPU 资源时，即 JVM 将 CPU 使用权切换给该线程时，此线程就可以脱离创建它的主线程独立开始自己的生命周期了。

线程创建后仅仅是占有了内存资源，在 JVM 管理的线程中还没有这个线程，此线程必须调用 start()方法（从父类继承的方法）通知 JVM，这样 JVM 就会知道又有一个新线程排队等候切换了。

当 JVM 将 CPU 使用权切换给线程时，如果线程是 Thread 的子类创建的，该类中的 run()方法就立刻执行，run()方法规定了该线程的具体使命。所以程序必须在子类中重写父类的 run()方法，其原因是 Thread 类中的 run()方法没有具体内容，程序要在 Thread 类的子类中重写 run()方法来覆盖父类的 run()方法。在线程没有结束 run()方法之前，不要让线程再调用 start()方法，否则将发生 IllegalThreadStateException 异常。

3．中断

有 4 种原因的中断：

- JVM 将 CPU 资源从当前线程切换给其他线程，使本线程让出 CPU 的使用权处于中断状态。
- 线程使用 CPU 资源期间，执行了 sleep(int millsecond)方法，使当前线程进入休眠状态。sleep(int millsecond)方法是 Thread 类的一个类方法，线程一旦执行了 sleep(int millsecond)方法，就立刻让出 CPU 的使用权，使当前线程处于中断状态。经过参数 millsecond 指定的毫秒数之后，该线程就重新进到线程队列中排队等待 CPU 资源，以便从中断处继续运行。
- 线程使用 CPU 资源期间，执行了 wait()方法，使得当前线程进入等待状态。等待状态的线程不会主动进到线程队列中排队等待 CPU 资源，必须由其他线程调用 notify()方法通知它，使得它重新进到线程队列中排队等待 CPU 资源，以便从中断处继续运行。有关 wait、notify 和 notifyAll 方法将在第 12.6 节详细讨论。
- 线程使用 CPU 资源期间，执行某个操作进入阻塞状态，比如执行读/写操作引起阻塞。进入阻塞状态时线程不能进入排队队列，只有当引起阻塞的原因消除时，线程才重新进到线程队列中排队等待 CPU 资源，以便从原来中断处开始继续运行。

4．死亡

处于死亡状态的线程不具有继续运行的能力。线程死亡的原因有二，一个是正常运行的线程完成了它的全部工作，即执行完 run()方法中的全部语句，结束了 run()方法；另一个原因是线程被提前强制性地终止，即强制 run()方法结束。所谓死亡状态就是线程释放了实体，即释放分配给线程对象的内存。

下面看一个完整的例子 1，通过分析运行结果阐述线程的 4 种状态。例子 1 在主线程中用 Thread 的子类创建了两个线程，这两个线程分别在命令行窗口输出 20 句“大象”和“轿车”，主线程在命令行窗口输出 15 句“主人”。例子 1 的运行效果如图 12.4 所示。

```
C:\ch12>java Example12_1
主人1  轿车1  大象1  轿车2  主人2  轿车3  大象2  轿车4  主人3  轿车5  大象3  轿车6
主人4  轿车7  大象4  轿车8  主人5  轿车9  大象5  轿车10  主人6  轿车11  大象6  轿车1
2  轿车13  主人7  轿车14  大象7  轿车15  主人8  轿车16  大象8  轿车17  主人9  轿车18
  轿车19  大象9  轿车20  主人10  大象10  主人11  主人12  主人13  主人14  主人15  大
象11  大象12  大象13  大象14  大象15  大象16  大象17  大象18  大象19  大象20
```

图 12.4　轮流执行线程

例子 1

Example12_1.java

```
public class Example12_1 {
   public static void main(String args[]) {       //主线程负责执行 main 方法
      SpeakElephant speakElephant;
      SpeakCar speakCar;
      speakElephant = new SpeakElephant() ;       //创建线程
      speakCar = new SpeakCar();                  //创建线程
      speakElephant.start();                      //启动线程
      speakCar.start();                           //启动线程
```

```
        for(int i=1;i<=15;i++) {
            System.out.print("主人"+i+"  ");
        }
    }
}
```

SpeakElephant.java

```
public class SpeakElephant extends Thread {   //Thread 类的子类
    public void run() {
        for(int i=1;i<=20;i++) {
            System.out.print("大象"+i+"  ");
        }
    }
}
```

SpeakCar.java

```
public class SpeakCar extends Thread {       //Thread 类的子类
    public void run() {
        for(int i=1;i<=20;i++) {
            System.out.print("轿车"+i+"  ");
        }
    }
}
```

现在我们来分析上述程序的运行结果。

1. JVM 首先将 CPU 资源给主线程

主线程在使用 CPU 资源时执行了

```
SpeakElephant speakElephant;
SpeakCar speakCar;
speakElephant = new SpeakElephant() ;
speakCar = new SpeakCar();
speakElephant.start();
speakCar.start();
```

等 6 个语句后，并将 for 循环语句

```
for(int i=1;i<=15;i++) {
    System.out.print("主人"+i+"  ");
}
```

执行到第 1 次循环，输出了

```
主人 1
```

主线程为什么没有将这个 for 循环语句执行完呢？这是因为，主线程在使用 CPU 资源时，已经执行了

```
speakElephant.start();
speakCar.start();
```


那么，JVM 这时就知道已经有 3 个线程：main 线程、speakElephant 和 speakCar 线程，它们需要轮流切换使用 CPU 资源了。因而，在 main 线程使用 CPU 资源执行到 for 语句的第 1 次循环之后，JVM 就将 CPU 资源切换给 speakCar 线程了。

2．在 speakElephant、speakCar 和 main 线程之间切换

然后 JVM 让 speakCar、speakElephant 和 main 线程轮流使用 CPU 资源，再输出下列结果：

```
轿车1 大象1 轿车2 主人2 轿车3 大象2 轿车4 主人3 轿车5 大象3 轿车6
主人4 轿车7 大象4 轿车8 主人5 轿车9 大象5 轿车10 主人6 轿车11 大象6
轿车 12 轿车 13 主人 7 轿车 14 大象 7 轿车 15 主人 8 轿车 16 大象 8 轿车 17
主人9 轿车18 轿车19 大象9 轿车20
```

这时，speakCar 线程的 run 方法结束，即 speakCar 线程进入死亡状态，因此，JVM 不再将 CPU 资源切换给 speakCar 线程。但是，Java 程序没有结束，因为还有两个线程没有死亡。

3．JVM 在 main 线程和 speakElephant 线程之间切换

JVM 知道 speakCar 线程不再需要 CPU 资源，因此，JVM 轮流让 main 线程和 speakElephant 线程使用 CPU 资源，再输出下列结果：

```
主人10 大象10 主人11 主人12 主人13 主人14 主人15
```

这时，main 线程的 main 方法结束，进入死亡状态，因此，JVM 不再将 CPU 资源切换给 main 线程。但是，Java 程序没有结束，因为还有 speakElephant 线程没有死亡。

4．JVM 让 speakElephant 线程使用 CPU

JVM 知道只有 speakElephant 线程需要 CPU 资源，因此，JVM 让 speakElephant 线程使用 CPU 资源，再输出下列结果：

```
大象11 大象12 大象13 大象14 大象15 大象16 大象17 大象18 大象19 大象20
```

这时，Java 程序中的所有线程都结束了，JVM 结束 Java 程序的执行。

上述程序在不同的计算机运行或在同一台计算机反复运行的结果不尽相同，输出结果依赖当前 CPU 资源的使用情况。

注：如果将例子 1 中的循环语句都改成无限循环，就解决了我们在 12.2.2 中提出的问题，可以在 Java 程序中出现 2 个以上的无限循环。

12.2.4 线程调度与优先级

处于就绪状态的线程首先进入就绪队列排队等候 CPU 资源，同一时刻在就绪队列中的线程可能有多个。Java 虚拟机中的线程调度器负责管理线程，调度器把线程的优先级分为 10 个级别，分别用 Thread 类中的类常量表示。每个 Java 线程的优先级都在常数 1 和 10 之间，即 Thread.MIN_PRIORITY 和 Thread.MAX_PRIORITY 之间。如果没有明确地设置线程的优先级别，每个线程的优先级都为常数 5，即 Thread.NORM_PRIORITY。

线程的优先级可以通过 setPriority(int grade)方法调整，该方法需要一个 int 类型参数。如果参数不在 1~10 的范围内，那么 setPriority 便产生一个 IllegalArgumenException 异常。getPriority 方法返回线程的优先级。需要注意是，有些操作系统只识别 3 个级别：1、5 和 10。

通过前面的学习已经知道，在采用时间片的系统中，每个线程都有机会获得 CPU 的使用权，以便使用 CPU 资源执行线程中的操作。当线程使用 CPU 资源的时间到时后，即使线程没有完成自己的全部操作，JVM 也会中断当前线程的执行，把 CPU 的使用权切换给下一个排队等待的线程，当前线程将等待 CPU 资源的下一次轮回，然后从中断处继续执行。

JVM 的线程调度器的任务是使高优先级的线程能始终运行，一旦时间片有空闲，则使具有同等优先级的线程以轮流的方式顺序使用时间片。也就是说，如果有 A、B、C、D 四个线程，A 和 B 的级别高于 C 和 D，那么，Java 调度器首先以轮流的方式执行 A 和 B，一直等到 A、B 都执行完毕进入死亡状态，才会在 C、D 之间轮流切换。

在实际编程时，不提倡使用线程的优先级来保证算法的正确执行。要编写正确、跨平台的多线程代码，必须假设线程在任何时刻都有可能被剥夺 CPU 资源的使用权（见 12.5 节）。

12.3　Thread 类与线程的创建

12.3.1　使用 Thread 的子类

在 Java 语言中，用 Thread 类或子类创建线程对象。上一节的例子 1 用 Thread 子类创建线程对象。在编写 Thread 类的子类时，需要重写父类的 run()方法，其目的是规定线程的具体操作，否则线程就什么也不做，因为父类的 run()方法中没有任何操作语句。

12.3.2　使用 Thread 类

使用 Thread 子类创建线程的优点是：可以在子类中增加新的成员变量，使线程具有某种属性，也可以在子类中新增加方法，使线程具有某种功能。但是，Java 不支持多继承，Thread 类的子类不能再扩展其他的类。

创建线程的另一个途径就是用 Thread 类直接创建线程对象。使用 Thread 创建线程通常使用的构造方法是：Thread(Runnable target)。该构造方法中的参数是一个 Runnable 类型的接口，因此，在创建线程对象时必须向构造方法的参数传递一个实现 Runnable 接口类的实例，该实例对象称做所创建线程的目标对象，当线程调用 start()方法后，一旦轮到它来享用 CPU 资源，目标对象就会自动调用接口中的 run()方法（接口回调），这一过程是自动实现的，用户程序只需要让线程调用 start 方法即可。线程绑定于 Runnable 接口，也就是说，当线程被调度并转入运行状态时，所执行的就是 run()方法中所规定的操作（建议读者复习 6.3～6.6 节有关接口的知识）。

下面例子 2 中和前面的例子 1 不同，不使用 Thread 类的子类创建线程，而是使用 Thread 类创建 speakElephant 和 speakCar 线程，请读者注意比较例子 1 和例子 2 的细微差别。

例子 2

Example12_2.java

```
public class Example12_2 {
   public static void main(String args[]) {
      Thread speakElephant;                         //用 Thread 声明线程
      Thread speakCar;                              //用 Thread 声明线程
      ElephantTarget elephant;                      //elephant 是目标对象
      CarTarget car;                                //car 是目标对象
      elephant = new ElephantTarget();              //创建目标对象
      car = new CarTarget();                        //创建目标对象
      speakElephant = new Thread(elephant); //创建线程,其目标对象是 elephant
      speakCar = new Thread(car);                   //创建线程,其目标对象是 car
      speakElephant.start();                        //启动线程
      speakCar.start();                             //启动线程
      for(int i=1;i<=15;i++) {
         System.out.print("主人"+i+"  ");
      }
   }
}
```

ElephantTarget.java

```
public class ElephantTarget implements Runnable {  //实现 Runnable 接口
   public void run() {
      for(int i=1;i<=20;i++) {
         System.out.print("大象"+i+"  ");
      }
   }
}
```

CarTarget.java

```
public class CarTarget implements Runnable {          //实现 Runnable 接口
   public void run() {
      for(int i=1;i<=20;i++) {
         System.out.print("轿车"+i+"  ");
      }
   }
}
```

我们知道线程间可以共享相同的内存单元（包括代码与数据），并利用这些共享单元来实现数据交换、实时通信与必要的同步操作。对于 Thread(Runnable target)构造方法创建的线程，轮到它来享用 CPU 资源时，目标对象就会自动调用接口中的 run()方法，因此，对于使用同一目标对象的线程，目标对象的成员变量自然就是这些线程共享的数据单元。

另外，创建目标对象的类在必要时还可以是某个特定类的子类，因此，使用 Runnable 接口比使用 Thread 的子类更具有灵活性。

下面例子 3 中使用 Thread 类创建两个模拟猫和狗的线程，猫和狗共享房屋中的一桶水，即房屋是线程的目标对象，房屋中的一桶水被猫和狗共享。猫和狗轮流喝水（狗喝的多，猫喝的少），当水被喝尽时，猫和狗进入死亡状态。猫或狗在轮流喝水的过程中，主动休息片刻（让 Thread 类调用 sleep(int n)进入中断状态），而不是等到被强制中断喝水。

例子 3

Example12_3.java

```
public class Example12_3 {
   public static void main(String args[ ]) {
      House house = new House();
      house.setWater(10);
      Thread dog,cat;
      dog = new Thread(house);   //dog 和 cat 的目标对象相同
      cat = new Thread(house);   //cat 和 dog 的目标对象相同
      dog.setName("狗");
      cat.setName("猫");
      dog.start();
      cat.start();
   }
}
```

House.java

```
public class House implements Runnable {
   int waterAmount;                 //用 int 变量模拟水量
   public void setWater(int w) {
      waterAmount = w;
   }
   public void run() {
      while(true) {
         String name=Thread.currentThread().getName();
         if(name.equals("狗")) {
             System.out.println(name+"喝水") ;
             waterAmount=waterAmount-2;              //狗喝的多
         }
         else if(name.equals("猫")){
             System.out.println(name+"喝水") ;
             waterAmount=waterAmount-1;              //猫喝的少
         }
         System.out.println(" 剩 "+waterAmount);
         try{  Thread.sleep(2000);                   //间隔时间
         }
```

```
            catch(InterruptedException e){}
            if(waterAmount<=0) {
                   return;
            }
        }
      }
   }
```

注：请读者务必注意，一个线程的 run 方法的执行过程中可能随时被强制中断(特别是对于双核系统的计算机)，建议读者仔细分析程序的运行效果，以便理解 JVM 轮流执行线程的机制，本章的 12.5 节将讲解有关怎样让程序的执行结果不依赖于这种轮换机制。

12.3.3 目标对象与线程的关系

从对象和对象之间的关系角度上看，目标对象和线程的关系有以下两种情景。

1．目标对象和线程完全解耦

在上述例子 3 中，创建目标对象的 House 类并没有组合 cat 和 dog 线程对象，也就是说 House 创建的目标对象不包含对 cat 和 dog 线程对象的引用(完全解耦)。在这种情况下，目标对象经常需要通过获得线程的名字（因为无法获得线程对象的引用)：

```
String name = Thread.currentThread().getName();
```

以便确定是哪个线程正在占用 CPU 资源，即被 JVM 正在执行的线程，如例子 3 代码所示。

2．目标对象组合线程（弱耦合）

目标对象可以组合线程，即将线程作为自己的成员（弱耦合)，比如让线程 cat 和 dog 在 House 中。当创建目标对象的类组合线程对象时，目标对象可以通过获得线程对象的引用：

```
Thread.currentThread();
```

来确定是哪个线程正在占用 CPU 资源，即被 JVM 正在执行的线程，如下面的例子 4 中代码所示。

在下面的例子 4 中，线程 cat 和 dog 在 House 中，请读者注意例子 4 与例子 3 的区别。

例子 4

Example12_4.java

```
public class Example12_4 {
   public static void main(String args[ ]) {
      House house = new House();
      house.setWater(10);
      house.dog.start();
      house.cat.start();
   }
}
```

House.java

```
public class House implements Runnable {
   int waterAmount;           //用 int 变量模拟水量
   Thread dog,cat;            //线程是目标对象的成员
   House() {
      dog=new Thread(this); //当前 House 对象作为线程的目标对象
      cat=new Thread(this);
   }
   public void setWater(int w) {
      waterAmount = w;
   }
   public void run() {
      while(true) {
         Thread t=Thread.currentThread();
         if(t==dog) {
             System.out.println("家狗喝水") ;
             waterAmount=waterAmount-2;        //狗喝的多
         }
         else if(t==cat){
             System.out.println("家猫喝水") ;
             waterAmount=waterAmount-1;        //猫喝的少
         }
         System.out.println(" 剩 "+waterAmount);
         try{  Thread.sleep(2000);              //间隔时间
         }
         catch(InterruptedException e){}
         if(waterAmount<=0) {
               return;
         }
      }
   }
}
```

注：在实际问题中，应当根据实际情况确定目标对象和线程是组合或完全解耦关系，两种关系各有优缺点。

12.3.4 关于 run 方法启动的次数

在上述例子 3 和例子 4 中 cat 和 dog 是具有相同目标对象的两个线程，当其中一个线程享用 CPU 资源时，目标对象自动调用接口中的 run 方法，当轮到另一个线程享用 CPU 资源时，目标对象会再次调用接口中的 run 方法，也就是说 run()方法已经启动运行了两次，分别运行在不同的线程中，即运行在不同的时间片内。

需要读者特别注意的是，在不同的计算机或同一台计算机上反复运行例子 3 或例子 4，程序输出的结果可能不尽相同，其原因是，如果 dog 线程在某一时刻，比如 12:00:00 首先获得 CPU 使用权，即目标对象在 12:00:00 第一次启动 run 方法，那么 dog 的 run 方法在其

运行过程中，可能随时有被暂时中断的可能，比如执行到下列代码：

```
waterAmount = waterAmount-m;
```

或

```
System.out.println("家狗喝水") ;
```

那么，dog 就有可能被 JVM 中断 CPU 的使用权，即 JVM 将 CPU 的使用权切换给 cat，这时，时间大概是 12:00:00 零 2 毫秒，即 12:00:00 零 2 毫秒，目标对象第 2 次启动 run() 方法，也就是说 cat 开始工作了。JVM 将轮流切换 CPU 给 dog 和 cat，保证 12:00:00 和 12:00:00 零 2 毫秒分别启动的 run 方法都有机会运行，直到运行完毕。

12.4 线程的常用方法

1．start()

线程调用该方法将启动线程，使之从新建状态进入就绪队列排队，一旦轮到它来享用 CPU 资源时，就可以脱离创建它的线程独立开始自己的生命周期了。需要特别注意的是，线程调用 start()方法之后，就不必再让线程调用 start()方法，否则将导致 IllegalThreadState-Exception 异常，即只有处于新建状态的线程才可以调用 start()方法，调用之后就开始排队等待 CPU 资源了，如果再让线程调用 start()方法显然是多余的。

2．run()

Thread 类的 run()方法与 Runnable 接口中的 run()方法的功能和作用相同，都用来定义线程对象被调度之后所执行的操作，都是系统自动调用而用户程序不得引用的方法。系统的 Thread 类中，run()方法没有具体内容，所以用户程序需要创建自己的 Thread 类的子类，并重写 run()方法来覆盖原来的 run()方法。当 run 方法执行完毕，线程就变成死亡状态，所谓死亡状态就是线程释放了实体，即释放分配给线程对象的内存。在线程没有结束 run() 方法之前，不赞成让线程再调用 start()方法，否则将发生 IllegalThreadStateException 异常。

3．sleep(int millsecond)

线程的调度执行是按照其优先级的高低顺序进行的，当高级别的线程未死亡时，低级别线程没有机会获得 CPU 资源。有时，优先级高的线程需要优先级低的线程做一些工作来配合它，或者优先级高的线程需要完成一些费时的操作，此时优先级高的线程应该让出 CPU 资源，使优先级低的线程有机会执行。为达到这个目的，优先级高的线程可以在它的 run()方法中调用 sleep 方法来使自己放弃 CPU 资源，休眠一段时间。休眠时间的长短由 sleep 方法的参数决定，millsecond 是以毫秒为单位的休眠时间。如果线程在休眠时被打断，JVM 就抛出 InterruptedException 异常。因此，必须在 try-catch 语句块中调用 sleep 方法。

4．isAlive()

线程处于新建状态时，线程调用 isAlive()方法返回 false。当一个线程调用 start()方法，并占有 CPU 资源后，该线程的 run()方法就开始运行，在线程的 run()方法结束之前，即没有进入死亡状态之前，线程调用 isAlive()方法返回 true。当线程进入死亡状态后（实体内存被释放），线程仍可以调用方法 isAlive()，这时返回的值是 false。

需要注意的是，一个已经运行的线程在没有进入死亡状态时，不要再给线程分配实体，由于线程只能引用最后分配的实体，先前的实体就会成为“垃圾”，并且不会被垃圾收集器收集掉。例如：

```
Thread thread = new Thread(target);
thread.start();
```

如果线程 thread 占有 CPU 资源进入了运行状态，这时再执行

```
thread = new Thread(target);
```

那么，先前的实体就会成为“垃圾”，并且不会被垃圾收集器收集掉，因为 JVM 认为那个“垃圾”实体正在运行状态，如果突然释放，可能引起错误甚至设备的毁坏。

现在让我们分析以下线程分配实体的过程，执行代码

```
Thread thread = new Thread(target);
thread.start();
```

后的内存示意图如图 12.5 所示。

再执行代码

```
thread = new Thread(target);
```

后的内存示意图如图 12.6 所示。

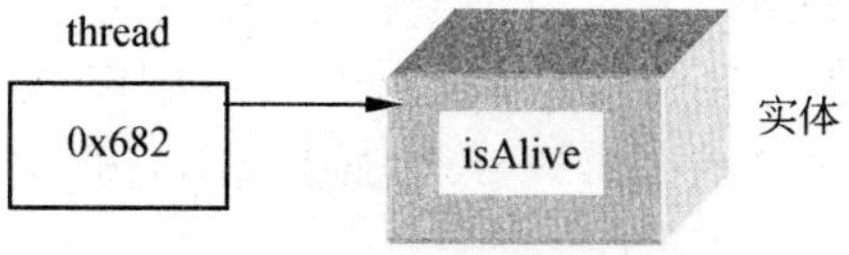

图 12.5　初建线程

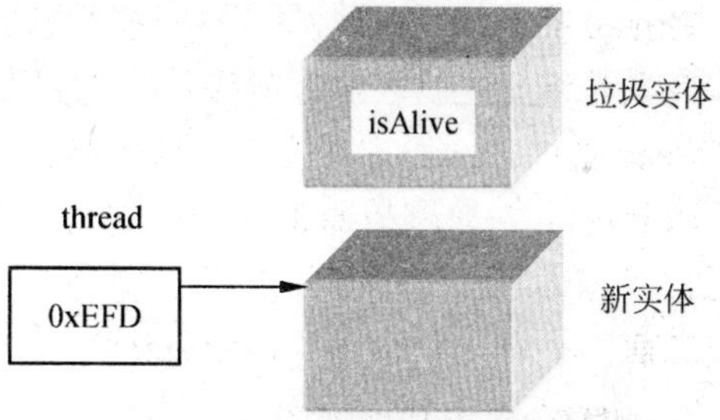

图 12.6　重新分配实体的线程

现在让我们看一个例子，在下面的例子 5 中一个线程每隔 1 秒在命令行窗口输出本地机器的时间，在 3 秒后，该线程又被分配了实体，新实体又开始运行。因为垃圾实体仍然在工作，因此，在命令行每秒能看见两行同样的本地机器时间，运行效果如图 12.7 所示。

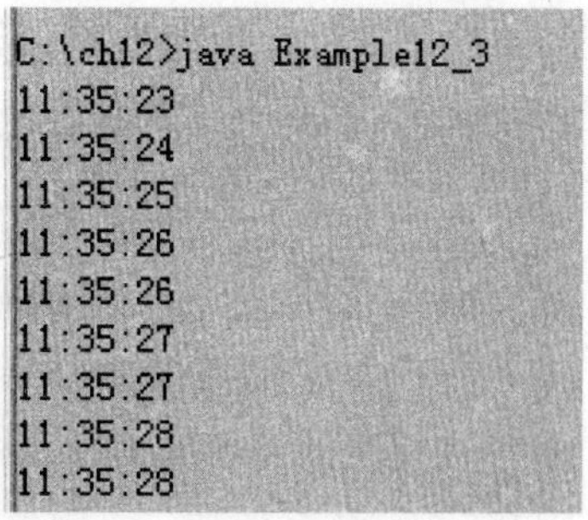

图 12.7　分配了 2 次实体的线程

例子 5

Example12_5.java

```
public class Example12_5 {
   public static void main(String args[]) {
      Home home=new Home();
```

```
        Thread showTime=new Thread(home);
        showTime.start();
    }
}
```


Home.java

```
import java.util.Date;
import java.text.SimpleDateFormat;
public class Home implements Runnable {
   int time=0;
   SimpleDateFormat m=new SimpleDateFormat("hh:mm:ss");
   Date date;
   public void run() {
      while(true) {
        date=new Date();
        System.out.println(m.format(date));
        time++;
        try{ Thread.sleep(1000);
        }
        catch(InterruptedException e){}
        if(time==3) {
          Thread thread=Thread.currentThread();
          thread=new Thread(this);
          thread.start();
        }
      }
   }
}
```

5．currentThread()

currentThread()方法是 Thread 类中的类方法，可以用类名调用，该方法返回当前正在使用 CPU 资源的线程。

6．interrupt()

interrupt 方法经常用来“吵醒”休眠的线程。当一些线程调用 sleep 方法处于休眠状态时，一个占有 CPU 资源的线程可以让休眠的线程调用 interrupt()方法“吵醒”自己，即导致休眠的线程发生 InterruptedException 异常，从而结束休眠，重新排队等待 CPU 资源。

在下面的例子 6 中，有两个线程：student 和 teacher，其中 student 准备睡一小时后再开始上课，teacher 在输出 3 句“上课”后，吵醒休眠的线程 student。运行效果如图 12.8 所示。

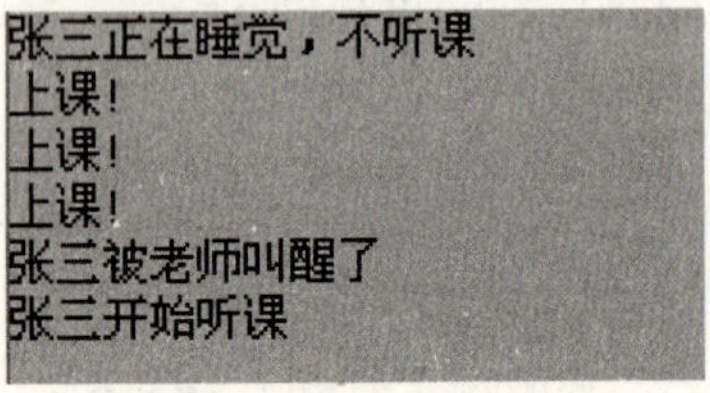

图 12.8　吵醒休眠的线程

例子 6

Example12_6.java

```
public class Example12_6 {
   public static void main(String args[]) {
      ClassRoom room6501 = new ClassRoom();
      room6501.student.start();
      room6501.teacher.start();
   }
}
```

ClassRoom.java

```
public class ClassRoom implements Runnable {
   Thread  student,teacher;  //教室里有student和teacher两个线程
   ClassRoom() {
       teacher = new Thread(this);
       student = new Thread(this);
       teacher.setName("王教授");
       student.setName("张三");
   }
   public void run(){
      if(Thread.currentThread()==student) {
         try{  System.out.println(student.getName()+"正在睡觉，不听课");
               Thread.sleep(1000*60*60);
         }
         catch(InterruptedException e) {
              System.out.println(student.getName()+"被老师叫醒了");
         }
         System.out.println(student.getName()+"开始听课");
       }
      else if(Thread.currentThread()==teacher)  {
         for(int i=1;i<=3;i++) {
            System.out.println("上课!");
            try{ Thread.sleep(500);
            }
            catch(InterruptedException e){}
         }
         student.interrupt();          //吵醒student
      }
   }
}
```

12.5 线程同步

Java 程序中可以存在多个线程，但是在处理多线程问题时，必须注意这样一个问题：当两个或多个线程同时访问同一个变量，并且一些线程需要修改这个变量。程序应对这样的问题做出处理，否则可能发生混乱，比如一个工资管理负责人正在修改雇员的工资表，而一些雇员也正在领取工资，如果允许这样做必然出现混乱。因此，工资管理负责人正在修改工资表时（包括他喝杯茶休息一会），将不允许任何雇员领取工资，也就是说这些雇员必须等待。

所谓线程同步就是若干个线程都需要使用一个 synchronized（同步）修饰的方法，即程序中的若干个线程都需要使用一个方法，而这个方法用 synchronized 给予了修饰。多个线程调用 synchronized 方法必须遵守同步机制。

线程同步机制：当一个线程 A 使用 synchronized 方法时，其他线程想使用这个 synchronized 方法时就必须等待，直到线程 A 使用完该 synchronized 方法。

在使用多线程解决许多实际问题时，可能要把某些修改数据的方法用关键字 synchronized 来修饰，即使用同步机制。

在下面的这个例子 7 中有两个线程：会计和出纳，他俩共同拥有一个账本。他俩都可以使用 saveOrTake(int amount)方法对账本进行访问，会计使用 saveOrTake(int amount)方法时，向账本上写入存钱记录；出纳使用 saveOrTake(int amount)方法时，向账本写入取钱记录。因此，当会计正在使用 saveOrTake(int amount)时，出纳被禁止使用，反之也是这样。比如，会计使用 saveOrTake(int amount)时，在账本上存入 300 万元，但在存入这笔钱时，每存入 100 万，就喝口茶，那么会计喝茶休息时，存钱这件事还没结束，即会计还没有使用完 saveOrTake(int amount)方法，出纳仍不能使用 saveOrTake(int amount)；出纳使用 saveOrTake(int amount)时，在账本上取出 150 万元，但在取出这笔钱时，每取出 50 万元，就喝口茶，那么出纳喝茶休息时，会计不能使用 saveOrTake(int amount)，也就是说，程序要保证其中一人使用 saveOrTake(int amount)时，另一个人将必须等待，即 saveOrTake(int amount)方法应当是一个 synchronized 方法。程序运行效果如图 12.9 所示。

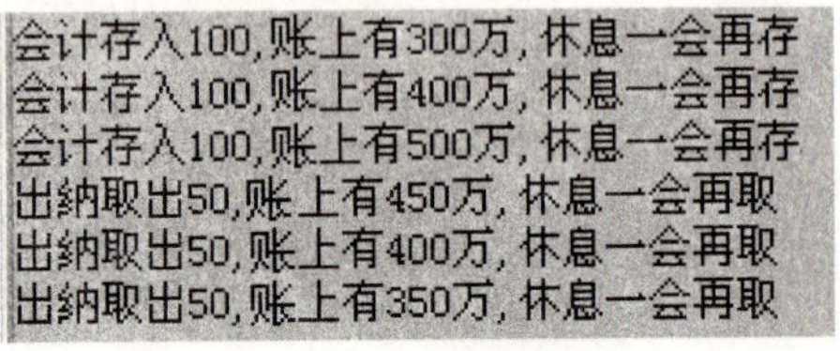

图 12.9　线程同步

例子 7

Example12_7.java

```
public class Example12_7 {
   public static void main(String args[]) {
      Bank bank = new Bank();
      bank.setMoney(200);
      Thread accountant,    //会计
```

```
            cashier;      //出纳
        accountant = new Thread(bank);
        cashier = new Thread(bank);
        accountant.setName("会计");
        cashier.setName("出纳");
        accountant.start();
        cashier.start();
    }
}
```

Bank.java

```
public class Bank implements Runnable {
   int money=200;
   public void setMoney(int n) {
      money=n;
   }
   public void run() {
      if(Thread.currentThread().getName().equals("会计"))
         saveOrTake(300);
      else if(Thread.currentThread().getName().equals("出纳"))
         saveOrTake(150);
   }
   public synchronized void saveOrTake(int amount) { //存取方法
      if(Thread.currentThread().getName().equals("会计")) {
         for(int i=1;i<=3;i++) {
             money=money+amount/3;          //每存入 amount/3, 稍歇一下
             System.out.println(Thread.currentThread().getName()+
                          "存入"+amount/3+",账上有"+money+"万,休息一会再存");
             try { Thread.sleep(1000);    //这时出纳仍不能使用 saveOrTake 方法
             }
             catch(InterruptedException e){}
         }
      }
      else if(Thread.currentThread().getName().equals("出纳")) {
         for(int i=1;i<=3;i++) {             //出纳使用存取方法取出 150
             money=money-amount/3;          //每取出 amount/3, 稍歇一下
             System.out.println(Thread.currentThread().getName()+
                          "取出"+amount/3+",账上有"+money+"万,休息一会再取");
             try { Thread.sleep(1000);    //这时会计仍不能使用 saveOrTake 方法
             }
             catch(InterruptedException e){}
         }
      }
   }
}
```

注：请读者去掉 saveOrTake 方法的同步修饰 synchronized，观察程序运行效果。

12.6　协调同步的线程

在上一节我们已经知道，当一个线程使用同步方法时，其他线程想使用这个同步方法时就必须等待，直到当前线程使用完该同步方法。对于同步方法，有时涉及某些特殊情况，比如当一个人在一个售票窗口排队购买电影票时，如果他给售票员的钱不是零钱，而售票员又没有零钱找给他，那么他就必须等待，并允许他后面的人买票，以便售票员获得零钱给他。如果第 2 个人仍没有零钱，那么他俩必须等待，并允许后面的人买票。

当一个线程使用的同步方法中用到某个变量，而此变量又需要其他线程修改后才能符合本线程的需要，那么可以在同步方法中使用 wait()方法。wait 方法可以中断线程的执行，使本线程等待，暂时让出 CPU 的使用权，并允许其他线程使用这个同步方法。其他线程如果在使用这个同步方法时不需要等待，那么它使用完这个同步方法的同时，应当用 notifyAll()方法通知所有由于使用这个同步方法而处于等待的线程结束等待，曾中断的线程就会从刚才的中断处继续执行这个同步方法，并遵循“先中断先继续”的原则。如果使用 notify()方法，那么只是通知处于等待中的线程的某一个结束等待。

wait()、notify()和 notifyAll()都是 Object 类中的 final 方法，被所有的类继承且不允许重写的方法。特别需要注意的是，不可以在非同步方法中使用 wait()、notify()和 notifyAll()。

在下面的例子 8 中，为了避免复杂的数学算法，我们模拟两个人，张飞和李逵买电影票。售票员只有两张 5 元的钱，电影票 5 元钱一张。张飞拿 20 元一张的人民币排在李逵的前面买票，李逵拿一张 5 元的人民币买票。因此张飞必须等待（李逵比张飞先买了票）。程序运行效果如图 12.10 所示。

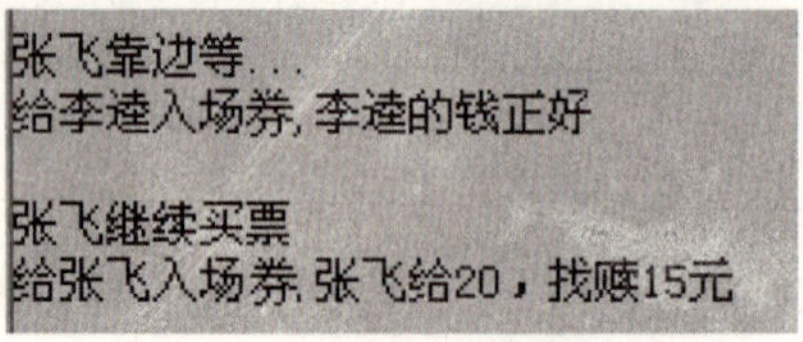

图 12.10　wait 与 notifyAll

例子 8

Example12_8.java

```
public class Example12_8 {
   public static void main(String args[ ]) {
      TicketHouse officer = new TicketHouse();
      Thread zhangfei,likui;
      zhangfei = new Thread(officer);
      zhangfei.setName("张飞");
      likui = new Thread(officer);
      likui.setName("李逵");
      zhangfei.start();
      likui.start();
   }
}
```

TicketHouse.java

```
public class TicketHouse implements Runnable {
  int fiveAmount=2,tenAmount=0,twentyAmount=0;
  public void run() {
    if(Thread.currentThread().getName().equals("张飞")) {
       saleTicket(20);
    }
    else if(Thread.currentThread().getName().equals("李逵")) {
       saleTicket(5);
    }
  }
  private synchronized void saleTicket(int money) {
     if(money==5) {  //如果使用该方法的线程传递的参数是5,就不用等待
      fiveAmount=fiveAmount+1;
      System.out.println( "给"+Thread.currentThread().getName()+"入场
      券,"+Thread.currentThread().getName()+"的钱正好");
     }
     else if(money==20) {
       while(fiveAmount<3) {
          try { System.out.println("\n"+Thread.currentThread().getName()
          +"靠边等...");
                wait();       //如果使用该方法的线程传递的参数是20须等待
                System.out.println("\n"+Thread.currentThread().getName()
                +"继续买票");
          }
          catch(InterruptedException e){}
       }
       fiveAmount=fiveAmount-3;
       twentyAmount=twentyAmount+1;
       System.out.println("给"+Thread.currentThread().getName()+"入场券,"+
                     Thread.currentThread().getName()+"给20,找赎15元");
     }
     notifyAll();
  }
}
```

注：请读者务必注意，在许多实际问题中 wait 方法应当放在一个“while(等待条件){}”的循环语句中，而不是“if(等待条件){}”的分支语句中。

注：请读者将其中的“wait();”改为“Thread.sleep(3000);”，观察程序的运行效果(李逵永远无法买票)。

12.7 线程联合

一个线程 A 在占有 CPU 资源期间，可以让其他线程调用 join()和本线程联合，如：

```
B.join();
```

我们称 A 在运行期间联合了 B。如果线程 A 在占有 CPU 资源期间一旦联合 B 线程，那么 A 线程将立刻中断执行，一直等到它联合的线程 B 执行完毕，A 线程再重新排队等待 CPU 资源，以便恢复执行。如果 A 准备联合的 B 线程已经结束，那么 B.join()不会产生任何效果。

下面例子 9 使用线程联合模拟顾客等待蛋糕师制作蛋糕，程序运行效果如图 12.11 所示。

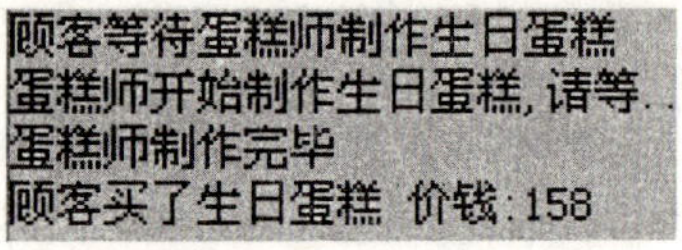

图 12.11 线程联合

例子 9

Example12_9.java

```
public class Example12_9 {
   public static void main(String args[]) {
     ThreadJoin a = new ThreadJoin();
     Thread customer = new Thread(a);
     Thread cakeMaker = new Thread(a);
     customer.setName("顾客");
     cakeMaker.setName("蛋糕");
     a.setJoinThread(cakeMaker);
     customer.start();
   }
}
```

ThreadJoin.java

```
public class ThreadJoin implements Runnable {
   Cake cake;
   Thread joinThread;
   public void setJoinThread(Thread t) {
      joinThread = t;
   }
   public void run() {
      if(Thread.currentThread().getName().equals("顾客")) {
         System.out.println(Thread.currentThread().getName()+"等待"+
                        joinThread.getName()+"制作生日蛋糕");
         try{   joinThread.start();
                joinThread.join();             //当前线程开始等待 joinThread 结束
         }
         catch(InterruptedException e){}
         System.out.println(Thread.currentThread().getName()+
                    "买了"+cake.name+" 价钱:"+cake.price);
      }
      else if(Thread.currentThread()==joinThread) {
```

```
          System.out.println(joinThread.getName()+"开始制作生日蛋糕,
          请等...");
          try { Thread.sleep(2000);
          }
          catch(InterruptedException e){}
          cake=new Cake("生日蛋糕",158) ;
          System.out.println(joinThread.getName()+"制作完毕");
        }
      }
      class Cake {  //内部类
        int price;
        String name;
        Cake(String name,int price) {
          this.name=name;
          this.price=price;
        }
      }
    }
```

12.8 GUI 线程

当 Java 程序包含图形用户界面（GUI）时，Java 虚拟机在运行应用程序时会自动启动更多的线程，其中有两个重要的线程：AWT-EventQuecue 和 AWT-Windows。AWT-EventQuecue 线程负责处理 GUI 事件，AWT-Windows 线程负责将窗体或组件绘制到桌面。JVM 要保证各个线程都有使用 CPU 资源的机会，比如，程序中发生 GUI 界面事件时，JVM 就会将 CPU 资源切换给 AWT-EventQuecue 线程，AWT-EventQuecue 线程就会来处理这个事件，比如，你单击了程序中的按钮，触发 ActionEvent 事件，AWT-EventQuecue 线程就立刻排队等候执行处理事件的代码。

下面的例子是训练用户寻找键盘上的字母的快速能力。一个线程 giveLetter 负责每隔 3 秒给出一个英文字母，用户需要在文本框中输入这个英文字母，按回车确认。当用户按回车键时，将触发 ActionEvent 事件，那么 JVM 就会中断 giveLetter 线程，把 CPU 的使用权切换给 AWT-EventQuecue 线程，以便处理 ActionEvent 事件。程序运行效果如图 12.12 所示。

图 12.12　打字母游戏

例子 10

Example12_10.java

```
public class Example12_10 {
```

```
    public static void main(String args[]) {
        WindowTyped win=new WindowTyped();
        win.setTitle("打字母游戏");
        win.setSleepTime(3000);
    }
}
```

WindowTyped.java

```
import java.awt.*;
import java.awt.event.*;
import javax.swing.*;
public class WindowTyped extends JFrame implements ActionListener,Runnable {
    JTextField inputLetter;
    Thread giveLetter;      //负责给出字母
    JLabel showLetter,showScore;
    int sleepTime,score;
    Color c;
    WindowTyped() {
        setLayout(new FlowLayout());
        giveLetter=new Thread(this);
        inputLetter=new JTextField(6);
        showLetter =new JLabel(" ",JLabel.CENTER);
        showScore  = new JLabel("分数:");
        showLetter.setFont(new Font("Arial",Font.BOLD,22));
        add(new JLabel("显示字母:"));
        add(showLetter);
        add(new JLabel("输入所显示的字母(回车)"));
        add(inputLetter);
        add(showScore);
        inputLetter.addActionListener(this);
        setBounds(100,100,400,280);
        setVisible(true);
        setDefaultCloseOperation(JFrame.EXIT_ON_CLOSE);
        giveLetter.start();    //在AWT-Windows线程中启动giveLetter线程
    }
    public void run() {
        char c ='a';
        while(true) {
            showLetter.setText(""+c+" ");
            validate();
            c = (char)(c+1);
            if(c>'z') c = 'a';
            try{ Thread.sleep(sleepTime);
            }
            catch(InterruptedException e){}
```

```
        }
    }
    public void setSleepTime(int n){
        sleepTime = n;
    }
    public void actionPerformed(ActionEvent e) {
        String s = showLetter.getText().trim();
        String letter = inputLetter.getText().trim();
        if(s.equals(letter)) {
            score++;
            showScore.setText("得分"+score);
            inputLetter.setText(null);
            validate();
            giveLetter.interrupt();  //吵醒休眠的线程，以便加快出字母的速度
        }
    }
}
```

在下面的例子 11 中单击 Start 按钮线程开始工作，每隔一秒钟显示一次当前时间；单击 Stop 按钮后，线程就结束了生命，释放了实体，即释放线程对象的内存。在下面的程序中，每当单击 Start 按钮时，程序都让线程调用 isAlive()方法，判断线程是否还有实体，如果线程是死亡状态就再分配实体给线程。

当把一个线程委派给一个组件事件时要格外小心，比如单击一个按钮让线程开始运行，那么当这个线程在执行完 run()方法之前，客户可能会随时再次单击该按钮，这时就会发生 IllegalThreadStateException 异常。程序运行效果如图 12.13 所示。

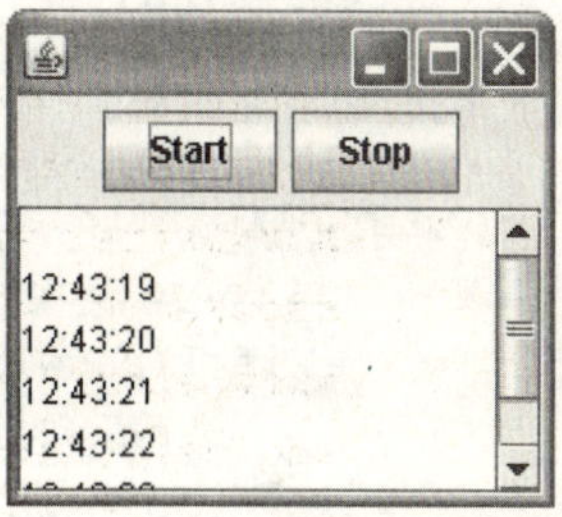

图 12.13　用事件控制线程

例子 11

Example12_11.java

```
public class Example12_11 {
    public static void main(String args[]) {
        Win win=new Win();
    }
}
```

Win.java

```
import java.awt.event.*;
import java.awt.*;
import java.util.Date;
import javax.swing.*;
import java.text.SimpleDateFormat;
public class Win extends JFrame implements Runnable,ActionListener {
```

```
    Thread showTime=null;
    JTextArea text=null;
    JButton buttonStart=new JButton("Start"),
           buttonStop=new JButton("Stop");
    boolean die;
    SimpleDateFormat m=new SimpleDateFormat("hh:mm:ss");
    Date date;
    Win() {
      showTime=new Thread(this);
      text=new JTextArea();
      add(new JScrollPane(text),BorderLayout.CENTER);
      JPanel p=new JPanel();
      p.add(buttonStart);
      p.add(buttonStop);
      buttonStart.addActionListener(this);
      buttonStop.addActionListener(this) ;
      add(p,BorderLayout.NORTH);
      setVisible(true);
      setSize(500,500);
      setDefaultCloseOperation(JFrame.EXIT_ON_CLOSE);
    }
    public void actionPerformed(ActionEvent e) {
      if(e.getSource()==buttonStart) {
        if(!(showTime.isAlive())) {
             showTime=new Thread(this);
             die=false;
        }
        try { showTime.start(); //在 AWT-EventQuecue 线程中启动 showTime 线程
        }
        catch(Exception e1) {
              text.setText("线程没有结束 run 方法之前,不要再调用 start 方法");
        }
      }
      else if(e.getSource()==buttonStop)
        die=true;
    }
    public void run() {
       while(true) {
          date=new Date();
          text.append("\n"+m.format(date));
          try { Thread.sleep(1000);
          }
          catch(InterruptedException ee){}
          if(die==true)
            return;
```

```
        }
    }
}
```

注：要格外注意的事情是当一个线程没有进入死亡状态时，不要再给线程分配实体。由于线程只能引用最后分配的实体，先前的实体就会成为“垃圾”，并且不会被垃圾收集器收集掉。所以，在上面的例子中，每当单击 start 按钮时，都让线程调用 isAlive()方法，判断线程是否还有实体，如果线程是死亡状态就再分配实体给线程。

12.9 计时器线程

Java 提供了一个很方便的 Timer 类，该类在 javax.swing 包中。当某些操作需要周期性地执行，就可以使用计时器。我们可以使用 Timer 类的构造方法 Timer(int a, Object b)创建一个计时器，其中的参数 a 的单位是毫秒，确定计时器每隔 a 毫秒“震铃”一次，参数 b 是计时器的监视器。计时器发生的震铃事件是 ActionEvent 类型事件。当震铃事件发生时，监视器就会监视到这个事件，监视器就回调 ActionListener 接口中的 actionPerformed(ActionEvent e)方法。因此当震铃每隔 a 毫秒发生一次时，方法 actionPerformed(ActionEvent e)就被执行一次。当我们想让计时器只震铃一次时，可以让计时器调用 setReapeats(boolean b)方法，参数 b 的值取 false 即可。当我们使用 Timer(int a, Object b)创建计时器，对象 b 就自动地成了计时器的监视器，不必像其他组件那样，比如按钮，使用特定的方法获得监视器，但负责创建监视器的类必须实现接口 Actionlistener。如果使用 Timer(int a)创建计时器，计时器必须再明显地调用 addActionListener(ActionListener listener)方法获得监视器。另外，计时器还可以调用 setInitialDelay(int depay)设置首次震铃的延时，如果没有使用该方法进行设置，首次震铃的延时为 a。

注：java.util 包中也有一个名字是 Timer 的类，在使用 Timer 类时应避免类名混淆。

计时器创建后，使用 Timer 类的方法 start()启动计时器，即启动线程。使用 Timer 类的方法 stop()停止计时器，即挂起线程，使用 restart()重新启动计时器，即恢复线程。

需要特别注意的是，计时器的监视器必须是组件类（例如，JFrame，JButton 等）的子类的实例，否则计时器无法启动（见本章阅读程序部分的习题（6））。

下面的例子 12 中，单击“开始”按钮启动计时器，并将时间显示在文本框中，同时移动文本框在容器中的位置；单击“暂停”按钮暂停计时器；单击“继续”按钮重新启动计时器。程序运行效果如图 12.14 所示。

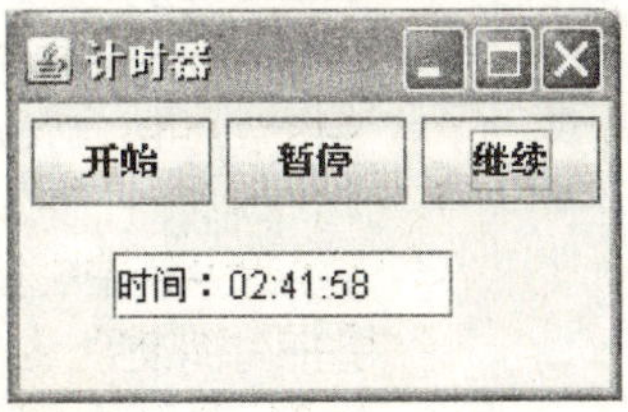

图 12.14 计时器线程

例子 12

Example12_12.java

```
public class Example12_12 {
```

```
    public static void main(String args[]) {
       WindowTime win=new WindowTime();
       win.setTitle("计时器");
    }
}
```

WindowTime.java

```
import java.awt.*;
import java.awt.event.*;
import javax.swing.*;
import java.util.Date;
import java.text.SimpleDateFormat;
public class WindowTime extends JFrame implements ActionListener {
   JTextField text;
   JButton bStart,bStop,bContinue;
   Timer time;
   SimpleDateFormat m;
   int n=0,start=1;
   WindowTime() {
      time=new Timer(1000,this);//WindowTime 对象做计时器的监视器
      m=new SimpleDateFormat("hh:mm:ss");
      text=new JTextField(10);
      bStart=new JButton("开始");
      bStop=new JButton("暂停");
      bContinue=new JButton("继续");
      bStart.addActionListener(this);
      bStop.addActionListener(this);
      bContinue.addActionListener(this);
      setLayout(new FlowLayout());
      add(bStart);
      add(bStop);
      add(bContinue);
      add(text);
      setSize(500,500);
      validate();
      setVisible(true);
      setDefaultCloseOperation(JFrame.EXIT_ON_CLOSE);
   }
   public void actionPerformed(ActionEvent e) {
      if(e.getSource()==time) {
        Date date=new Date();
        text.setText("时间: "+m.format(date));
        int x=text.getBounds().x;
```

```
      int y=text.getBounds().y;
      y=y+2;
      x=x-2;
      text.setLocation(x,y);
    }
    else if(e.getSource()==bStart)
      time.start();
    else if(e.getSource()==bStop)
      time.stop();
    else if(e.getSource()==bContinue)
      time.restart();
  }
}
```

12.10 守护线程

线程默认是非守护线程，非守护线程也称做用户（user）线程，一个线程调用 void setDaemon(boolean on)方法可以将自己设置成一个守护（Daemon）线程，例如：

```
thread.setDaemon(true);
```

当程序中的所有用户线程都已结束运行时，即使守护线程的 run 方法中还有需要执行的语句，守护线程也立刻结束运行。我们可以用守护线程做一些不是很严格的工作，线程的随时结束不会产生什么不良的后果。一个线程必须在运行之前设置自己是否是守护线程。

下面的例子 13 中有一个守护线程。

例子 13

Example12_13.java

```
public class Example12_13 {
   public static void main(String args[]) {
      Daemon  a=new Daemon ();
      a.A.start();
      a.B.setDaemon(true);
      a.B.start();
   }
}
```

Daemon.java

```
public class Daemon implements Runnable {
   Thread A,B;
   Daemon() {
      A=new Thread(this);
      B=new Thread(this);
```

```
    }
    public void run() {
       if(Thread.currentThread()==A) {
           for(int i=0;i<8;i++) {
              System.out.println("i="+i) ;
              try{  Thread.sleep(1000);
              }
              catch(InterruptedException e) {}
           }
       }
       else if(Thread.currentThread()==B) {
           while(true) {
              System.out.println("线程 B 是守护线程 ");
              try{  Thread.sleep(1000);
              }
              catch(InterruptedException e){}
           }
       }
    }
}
```

12.11 应用举例

在电视节目中经常看见主持人提出的问题，并要求考试者在限定时间内回答问题。这里由程序提出问题，用户回答问题。问题保存在 test.txt 中，test.txt 的格式如下。

- 每个问题提供 A、B、C、D 四个选择（单项选择）。
- 两个问题之间是用减号（–）尾加前一问题的答案分隔（例如：– – – –D– – – –）。

下面的例子 14 和第 10 章的例子 19 有些类似，但复杂一些。本例子中使用了 GUI 界面，而且增加了一个负责限制答题时间的计时器线程，该线程限制用户必须在 8 秒内回答问题，一旦超过 8 秒，将进入下一题。程序运行效果如图 12.15 所示。

图 12.15　限时回答问题

例子 14

Example12_14.java

```
public class Example12_14 {
   public static void main(String args[]) {
```

```
      StandardExamInTime win=new StandardExamInTime();
      win.setTitle("限时回答问题");
      win.setTestFile(new java.io.File("test.txt"));
      win.setMAX(8);
   }
}
```

StandardExamInTime.java

```
import java.io.*;
import java.awt.*;
import java.awt.event.*;
import javax.swing.*;
public class StandardExamInTime extends JFrame implements ActionListener,
ItemListener{
   File testFile;
   int MAX = 8;
   int maxTime = MAX,score=0;
   javax.swing.Timer time;  //计时器
   JTextArea  showQuesion;  //显示试题
   JCheckBox choiceA,choiceB,choiceC,choiceD;
   JLabel showScore,showTime;
   String correctAnswer;    //正确答案
   JButton reStart;
   FileReader inOne;
   BufferedReader inTwo;
   StandardExamInTime(){
      time = new javax.swing.Timer(1000,this);
      showQuesion = new JTextArea(2,16);
      setLayout(new FlowLayout());
      showScore=new JLabel("分数"+score);
      showTime=new JLabel(" ");
      add(showTime);
      add(new JLabel("问题:")) ;
      add(showQuesion);
      choiceA =new JCheckBox("A");
      choiceB =new JCheckBox("B");
      choiceC =new JCheckBox("C");
      choiceD =new JCheckBox("D");
      choiceA.addItemListener(this);
      choiceB.addItemListener(this);
      choiceC.addItemListener(this);
      choiceD.addItemListener(this);
      add(choiceA);
      add(choiceB);
      add(choiceC);
```

```
        add(choiceD);
        add(showScore);
        reStart=new JButton("再做一遍");
        reStart.setEnabled(false);
        add(reStart);
        reStart.addActionListener(this);
        setBounds(100,100,200,200);
        setDefaultCloseOperation(JFrame.EXIT_ON_CLOSE);
        setVisible(true);
    }
    public void setMAX(int n){
        MAX = n;
    }
    public void setTestFile(File f) {
        testFile = f;
        score=0;
        try{
            inOne = new FileReader(testFile);
            inTwo = new BufferedReader(inOne);
            readOneQuesion();
            reStart.setEnabled(false);
        }
        catch(IOException exp){
            showQuesion.setText("没有选题");
        }
    }
    public void readOneQuesion() {
        showQuesion.setText(null);
        try {
              String s = null;
              while((s = inTwo.readLine())!=null) {
                 if(!s.startsWith("-"))
                     showQuesion.append("\n"+s);
                 else {
                     s = s.replaceAll("-","");
                     correctAnswer = s;
                     break;
                 }
              }
              time.start();   //启动计时
              if(s==null) {
                 inTwo.close();
                 reStart.setEnabled(true);
                 showQuesion.setText("题目完毕");
                 time.stop();
```

```
            }
        }
        catch(IOException exp){}
    }
    public void itemStateChanged(ItemEvent e) {
        JCheckBox box=(JCheckBox)e.getSource();
        String str=box.getText();
        boolean booOne=box.isSelected();
        boolean booTwo=str.compareToIgnoreCase(correctAnswer)==0;
        if(booOne&&booTwo){
            score++;
            showScore.setText("分数:"+score);
            time.stop();            //停止计时
            maxTime = MAX;
            readOneQuesion();       //读入下一道题目
        }
        box.setSelected(false);
    }
    public void actionPerformed(ActionEvent e) {
        if(e.getSource()==time){
            showTime.setText("剩:"+maxTime+"秒");
            maxTime--;
            if(maxTime <= 0){
                maxTime = MAX;
                readOneQuesion(); //读入下一道题目
            }
        }
        else if(e.getSource()==reStart) {
            setTestFile(testFile);
        }
    }
}
```

12.12 小　　结

（1）线程是比进程更小的执行单位。一个进程在其执行过程中，可以产生多个线程，形成多条执行线索，每条线索，即每个线程也有它自身的产生、存在和消亡的过程，也是一个动态的概念。

（2）Java 虚拟机（JVM）中的线程调度器负责管理线程，在采用时间片的系统中，每个线程都有机会获得 CPU 的使用权。当线程使用 CPU 资源的时间到时后，即使线程没有完成自己的全部操作，Java 调度器也会中断当前线程的执行，把 CPU 的使用权切换给下一个排队等待的线程，当前线程将等待 CPU 资源的下一次轮回，然后从中断处继续执行。

（3）线程创建后仅仅是占有了内存资源，在 JVM 管理的线程中还没有这个线程，此线程必须调用 start()方法（从父类继承的方法）通知 JVM，这样 JVM 就会知道又有一个新线程排队等候切换了。

（4）线程同步是指几个线程都需要调用同一个同步方法（用 synchronized 修饰的方法）。一个线程在使用同步方法时，可能根据问题的需要，必须使用 wait()方法暂时让出 CPU 的使用权，以便其他线程使用这个同步方法。其他线程在使用这个同步方法时如果不需要等待，那么它用完这个同步方法的同时，应当执行 notifyAll()方法通知所有由于使用这个同步方法而处于等待的线程结束等待。

习　题　12

1．问答题

（1）线程有几种状态？

（2）引起线程中断的常见原因是什么？

（3）一个线程执行完 run 方法后，进入了什么状态？该线程还能再调用 start 方法吗？

（4）线程在什么状态时调用 isAlive()方法返回的值是 false？

（5）建立线程有几种方法？

（6）怎样设置线程的优先级？

（7）在多线程中，为什么要引入同步机制？

（8）在什么方法中 wait()方法、notify()及 notifyAll()方法可以被使用？

（9）将例子 6 中 SellTicket 类中的循环条件 while(fiveAmount<3)改写成 if(fiveAmount<3)是否合理？

（10）线程调用 interrupt()的作用是什么？

2．选择题

（1）下列哪个叙述是错误的？

A．线程新建后，不调用 start 方法也有机会获得 CPU 资源。

B．如果两个线程需要调用同一个同步方法，那么一个线程调用该同步方法时，另一个线程必须等待。

C．目标对象中的 run 方法可能不启动多次。

D．默认情况下，所有线程的优先级都是 5 级。

（2）对于下列程序，哪个叙述是正确的？

A．JVM 认为这个应用程序共有两个线程。

B．JVM 认为这个应用程序只有一个主线程。

C．JVM 认为这个应用程序只有一个 thread 线程。

D．thread 的优先级是 10 级。

```
public class E {
   public static void main(String args[]) {
      Target target =new Target();
      Thread thread =new Thread(target);
      thread.start();
```

```
    }
}
class Target implements Runnable{
    public void run(){
        System.out.println("ok");
    }
}
```

(3) 对于下列程序，哪个叙述是正确的？

A. JVM 认为这个应用程序共有两个线程。

B. JVM 认为这个应用程序只有一个主线程。

C. JVM 认为这个应用程序只有一个 thread 线程。

D. 程序有编译错误，无法运行。

```
public class E {
    public static void main(String args[]) {
        Target target =new Target();
        Thread thread =new Thread(target);
        target.run();
    }
}
class Target implements Runnable{
    public void run(){
        System.out.println("ok");
    }
}
```

3. 阅读程序

(1) 上机运行下列程序，注意程序的运行效果（程序有两个线程：主线程和 thread 线程）。

```
public class E {
    public static void main(String args[]) {
        Target target =new Target();
        Thread thread =new Thread(target);
        thread.start();
        for(int i= 0;i<=10;i++) {
            System.out.println("yes");
            try{
                Thread.sleep(1000);
            }
            catch(InterruptedException exp){}
        }
    }
}
class Target implements Runnable{
    public void run() {
```

```
        for(int i= 0;i<=10;i++) {
          System.out.println("ok");
          try{  Thread.sleep(1000);
          }
          catch(InterruptedException exp){}
        }
    }
}
```

（2）上机运行下列程序，注意程序的运行效果（注意该程序中只有一个主线程，thread线程并没有启动）。

```
public class E {
   public static void main(String args[]) {
        Target target =new Target();
        Thread thread =new Thread(target);
        target.run();
        for(int i= 0;i<=10;i++) {
          System.out.println("yes");
          try{  Thread.sleep(1000);
          }
          catch(InterruptedException exp){}
       }
    }
}
class Target implements Runnable{
    public void run() {
        for(int i= 0;i<=10;i++) {
          System.out.println("ok");
          try{
               Thread.sleep(1000);
          }
          catch(InterruptedException exp){}
        }
    }
}
```

（3）上机运行下列程序，注意程序的运行效果（注意程序的输出结果）。

```
public class E {
   public static void main(String args[]) {
        Target target =new Target();
        Thread thread1 =new Thread(target);
        Thread thread2 =new Thread(target);
        thread1.start();
        try{  Thread.sleep(1000);
        }
```

```
        catch(Exception exp){}
        thread2.start();
    }
}
class Target implements Runnable{
    int i = 0;
    public void run() {
        i++;
        System.out.println("i="+i);
    }
}
```

（4）上机运行下列程序，注意程序的运行效果（注意和上面习题（3）的不同之处）。

```
public class E {
    public static void main(String args[]) {
        Target target1 =new Target();
        Target target2 =new Target();
        Thread thread1 =new Thread(target1); //与thread2的目标对象不同
        Thread thread2 =new Thread(target2); //与thread1的目标对象不同
        thread1.start();
        try{ Thread.sleep(1000);
        }
        catch(Exception exp){}
        thread2.start();
    }
}
class Target implements Runnable{
    int i = 0;
    public void run() {
        i++;
        System.out.println("i="+i);
    }
}
```

（5）上机运行下列程序，注意程序的运行效果（计时器启动成功）。

```
import javax.swing.*;
import java.util.Date;
public class Ex {
    public static void main(String args[]) {
        javax.swing.Timer time=new javax.swing.Timer(500,new A());
        time.setInitialDelay(0);
        time.start();
    }
}
class A extends JLabel implements java.awt.event.ActionListener {
```

```
    public void actionPerformed(java.awt.event.ActionEvent e){
       System.out.println(new Date());
    }
}
```

（6）上机运行下列程序，注意程序的运行效果（计时器启动失败）。

```
import javax.swing.*;
import java.util.Date;
public class Ex {
   public static void main(String args[]) {
      javax.swing.Timer time=new javax.swing.Timer(500,new A());
      time.setInitialDelay(0);
      time.start();
   }
}
class A implements java.awt.event.ActionListener {
   public void actionPerformed(java.awt.event.ActionEvent e){
      System.out.println(new Date());
   }
}
```

（7）在下列 E 类中【代码】输出结果是什么？

```
import java.awt.*;
import java.awt.event.*;
public class E implements Runnable {
   StringBuffer buffer=new StringBuffer();
   Thread t1,t2;
   E() {  t1=new Thread(this);
        t2=new Thread(this);
   }
   public synchronized void addChar(char c) {
      if(Thread.currentThread()==t1) {
         while(buffer.length()==0) {
            try{ wait();
            }
            catch(Exception e){}
         }
         buffer.append(c);
      }
      if(Thread.currentThread()==t2) {
         buffer.append(c);
         notifyAll();
      }
   }
   public static void main(String s[]) {
      E hello=new E();
```

```
    hello.t1.start();
    hello.t2.start();
    while(hello.t1.isAlive()||hello.t2.isAlive()){}
    System.out.println(hello.buffer); //【代码】
  }
  public void run() {
    if(Thread.currentThread()==t1)
      addChar('A') ;
    if(Thread.currentThread()==t2)
      addChar('B') ;
  }
}
```

（8）上机执行下列程序，了解同步块的作用。

```
public class E {
   public static void main(String args[]) {
      Bank b=new Bank();
      b.thread1.start();
      b.thread2.start();
   }
}
class Bank implements Runnable {
   Thread thread1,thread2;
   Bank() {
      thread1=new Thread(this);
      thread2=new Thread(this);
   }
   public void run() {
      printMess();
   }
   public void printMess() {
     System.out.println(Thread.currentThread().getName()+"正在使用这个方法");
     synchronized(this) {   //当一个线程使用同步块时，其他线程必须等待
        try { Thread.sleep(2000);
        }
        catch(Exception exp){}
        System.out.println(Thread.currentThread().getName()+"正在使用这个
        同步块");
     }
   }
}
```

4. 编程题

（1）参照例子 8，模拟三个人排队买票，张某、李某和赵某买电影票，售票员只有三张 5 元的钱，电影票 5 元钱一张。张某拿一张 20 元的人民币排在李某的前面买票，李某排在赵某的前面拿一张 10 元的人民币买票，赵某拿一张 5 元的人民币买票。

（2）参照例子 6，要求有 3 个线程：student1、student2 和 teacher，其中 student1 准备睡 10 分钟后再开始上课，其中 student2 准备睡 1 小时后再开始上课。teacher 在输出 3 句“上课”后，吵醒休眠的线程 student1，student1 被吵醒后，负责再吵醒休眠的线程 student2。

（3）参照例子 9，编写一个 Java 应用程序，在主线程中再创建 3 个线程：“运货司机”、“装运工”和“仓库管理员”。要求线程“运货司机”占有 CPU 资源后立刻联合线程“装运工”，也就是让“运货司机”一直等到“装运工”完成工作才能开车，而“装运工”占有 CPU 资源后立刻联合线程“仓库管理员”，也就是让“装运工”一直等到“仓库管理员”打开仓库才能开始搬运货物。

第 13 章 Java 网络编程

主要内容

- URL 类
- InetAddress 类
- 套接字
- UDP 数据报
- 广播数据报
- Java 远程调用（RMI）

在前面几章的学习中，已经学习了 Java 提供的许多实用类，比如，输入、输出流，Java Swing 等，本章将学习 Java 提供的专门用于网络编程的类。本章将讲解 URL（Uniform Resource Locator）、Socket、InetAddress 和 DatagramSocket 类在网络编程中的重要作用，以及远程调用的基础知识。

13.1 URL 类

URL 类是 java.net 包中的一个重要的类，使用 URL 创建对象的应用程序称为客户端程序。一个 URL 对象封装着一个具体的资源的引用，表明客户要访问这个 URL 中的资源，客户利用 URL 对象可以获取 URL 中的资源。一个 URL 对象通常包含最基本的三部分信息：协议、地址和资源。协议必须是 URL 对象所在的 Java 虚拟机支持的协议，许多协议并不为我们所常用，而常用的 Http、Ftp、File 协议都是虚拟机支持的协议；地址必须是能连接的有效 IP 地址或域名；资源可以是主机上的任何一个文件。

13.1.1 URL 的构造方法

URL 类通常使用如下的构造方法创建一个 URL 对象：public URL（String spec）throws MalformedURLException。

该构造方法使用字符串初始化一个 URL 对象，例如：

```
try {  URL url = new URL("http://www.google.com");
}
catch(MalformedURLException e) {
    System.out.println ("Bad URL:"+url);
}
```

上述 url 对象中的协议是 http 协议，即用户按着这种协议和指定的服务器通信，url 对象包含的地址是 www.google.com，所包含的资源是默认的资源（主页）。

另一个常用的构造方法是 public URL(String protocol, String host,String file) throws MalformedURLException。该构造方法使用的协议、地址和资源分别由参数 protocol、host 和 file 指定。

13.1.2 读取 URL 中的资源

URL 对象调用 InputStream openStream() 方法可以返回一个输入流，该输入流指向 URL 对象所包含的资源。通过该输入流可以将服务器上的资源信息读入到客户端。

下面的例子 1 中，用户在命令行窗口输入网址，读取服务器上的资源，由于网络速度或其他的因素，URL 资源的读取可能会引起阻塞，因此，程序需在一个线程中读取 URL 资源，以免阻塞主线程。程序运行效果如图 13.1 所示。

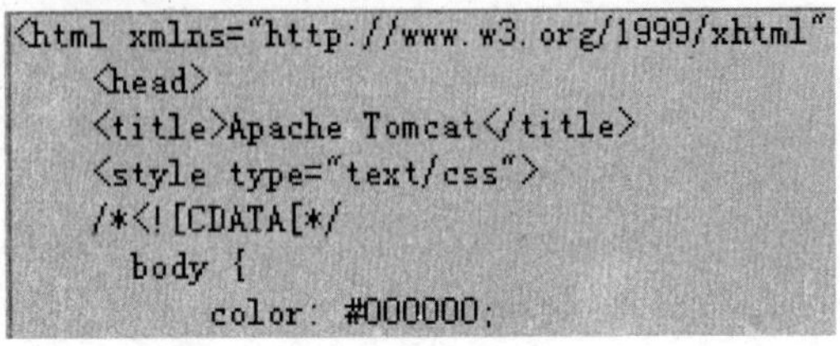

图 13.1　读取 URL 资源

例子 1

Example13_1.java

```
import java.net.*;
import java.io.*;
import java.util.*;
public class Example13_1 {
   public static void main(String args[]) {
       Scanner scanner;
       URL url;
       Thread readURL;        //负责读取资源的线程
       Look look = new Look();  //线程的目标对象
       System.out.println("输入 URL 资源,例如:http://www.yahoo.com");
       scanner = new Scanner(System.in);
       String source = scanner.nextLine();
       try {   url = new URL(source);
              look.setURL(url);
              readURL = new Thread(look);
              readURL.start();
       }
       catch(Exception exp){
          System.out.println(exp);
       }
   }
}
```

Look.java

```
import java.net.*;
import java.io.*;
public class Look implements Runnable {
   URL url;
   public void setURL(URL url) {
      this.url=url;
   }
   public void run() {
      try {
        InputStream in = url.openStream();
        byte [] b = new byte[1024];
        int n=-1;
        while((n=in.read(b))!=-1) {
           String str = new String(b,0,n);
           System.out.print(str);
        }
      }
      catch(IOException exp){}
   }
}
```

13.2 InetAddress 类

13.2.1 地址的表示

我们已经知道 Internet 上的主机有两种方式表示地址。

1．域名

例如，www.tsinghua.edu.cn。

2．IP 地址

例如，202.108.35.210。

java.net 包中的 InetAddress 类对象含有一个 Internet 主机地址的域名和 IP 地址，如 www.sina.com.cn/202.108.37.40。

域名容易记忆，在连接网络时输入一个主机的域名后，域名服务器（DNS）负责将域名转化成 IP 地址，这样才能和主机建立连接。

13.2.2 获取地址

1．获取 Internet 上主机的地址

可以使用 InetAddress 类的静态方法 getByName(String s)将一个域名或 IP 地址传递给该方法的参数 s，获得一个 InetAddress 对象，该对象含有主机地址的域名和 IP 地址，该对象用如下格式表示它包含的信息：

```
www.sina.com.cn/202.108.37.40
```

下面的例子 2 分别获取域名是 www.sina.com.cn 的主机域名及 IP 地址，同时获取了 IP 地址是 166.111.222.3 的主机域名及 IP 地址。

例子 2

Example13_2.java

```
import java.net.*;
public class Example13_2 {
   public static void main(String args[]) {
      try{  InetAddress address_1 = InetAddress.getByName("www.sina.
      com.cn");
           System.out.println(address_1.toString());
           InetAddress address_2 = InetAddress.getByName("166.111.222.3");
           System.out.println(address_2.toString());
      }
      catch(UnknownHostException e) {
           System.out.println("无法找到 www.sina.com.cn");
      }
   }
}
```

当运行上述程序时应保证程序所在计算机已经连接到 Internet 上，上述程序的运行结果：

```
www.sina.com.cn/202.108.37.40
maix.tup.tsinghua.edu.cn/166.111.222.3
```

另外，InetAddress 类中还有两个实例方法：

- public String getHostName()　获取 InetAddress 对象所含的域名。
- public String getHostAddress() 获取 InetAddress 对象所含的 IP 地址。

2．获取本地机的地址

可以使用 InetAddress 类的静态方法 getLocalHost()获得一个 InetAddress 对象，该对象含有本地机器的域名和 IP 地址。

13.3 套 接 字

13.3.1 套接字概述

网络通信使用 IP 地址标识 Internet 上的计算机，使用端口号标识服务器上的进程（程序）。也就是说，如果服务器上的一个程序不占用一个端口号，用户程序就无法找到它，就无法和该程序交互信息。端口号规定为一个 16 位的 0~65535 之间的整数，其中，0~1023 被预先定义的服务通信占用（如 telnet 占用端口 23，http 占用端口 80 等），除非需要访问这些特定服务，否则，就应该使用 1024~65535 这些端口中的某一个进行通信，以免发生端口冲突。

当两个程序需要通信时，它们可以通过使用Socket类建立套接字对象并连接在一起(端口号与 IP 地址的组合得出一个网络套接字)，本节将讲解怎样将客户端和服务器端的套接字对象连接在一起来交互信息。

熟悉生活中的一些常识对于学习、理解以下套接字的讲解是非常有帮助的，比如，有人让你去“中关村邮局”，你可能反问“我去做什么”，因为他没有告知你“端口”，你觉得不知处理何种业务。他说：“中关村邮局，8 号窗口”，那么你到达地址“中关村邮局”，找到“8 号”窗口，就知道 8 号窗口处理特快专递业务，而且，必须有个先决条件，就是你到达“中关村邮局，8 号窗口”时，该窗口必须有一位业务员在等待客户，否则就无法建立交互业务。

13.3.2 客户端套接字

客户端程序使用 Socket 类建立负责连接到服务器的套接字对象。

Socket 的构造方法是 Socket(String host,int port)，参数 host 是服务器的 IP 地址，port 是一个端口号。建立套接字对象可能发生 IOException 异常，因此应像下面那样建立连接到服务器的套接字对象：

```
try{  Socket clientSocket = new Socket("http://192.168.0.78",2010);
}
catch(IOException e){}
```

当套接字对象 clientSocket 建立后，clientSocket 可以使用方法 getInputStream()获得一个输入流，这个输入流的源和服务器端的一个输出流的目的地刚好相同，因此客户端用输入流可以读取服务器写入到输出流中的数据；clientSocket 使用方法 getOutputStream()获得一个输出流，这个输出流的目的地和服务器端的一个输入流的源刚好相同，因此服务器用输入流可以读取客户写入到输出流中的数据。

13.3.3 ServerSocket 对象与服务器端套接字

我们已经知道客户负责建立连接到服务器的套接字对象，即客户负责呼叫。为了能使客户成功地连接到服务器，服务器必须建立一个 ServerSocket 对象（像生活中邮局窗口的业务员)，该对象通过将客户端的套接字对象和服务器端的一个套接字对象连接起来，从而达到连接的目的。

ServerSocket 的构造方法是 ServerSocket(int port)，port 是一个端口号。port 必须和客户呼叫的端口号相同。当建立 ServerSocket 对象时可能发生 IOException 异常，因此应像下面那样建立 ServerSocket 对象。

```
try{  ServerSocket serverForClient = new ServerSocket(2010);
}
catch(IOException e){}
```

比如，2010 端口已被占用时，就会发生 IOException 异常。

当服务器的 ServerSocket 对象 serverForClient 建立后，就可以使用方法 accept()将客户端的套接字和服务器端的套接字连接起来，代码如下所示。

```
try{  Socket sc = serverForClient.accept();
}
catch(IOException e){}
```

所谓“接收”客户的套接字连接是指 serverForClient（服务器端的 ServerSocket 对象）调用 accept()方法会返回一个和客户端 Socket 对象相连接的 Socket 对象 sc，sc 驻留在服务器端，这个 Socket 对象 sc 调用 getOutputStream()获得的输出流将指向客户端 Socket 对象的输入流，即服务器端的输出流的目的地和客户端输入流的源刚好相同；同样，服务器端的这个 Socket 对象 sc 调用 getInputStream()获得的输入流将指向客户端 Socket 对象的输出流，即服务器端的输入流的源和客户端输出流的目的地刚好相同。因此，当服务器向输出流写入信息时，客户端通过相应的输入流就能读取，反之亦然。如图 13.2 所示。

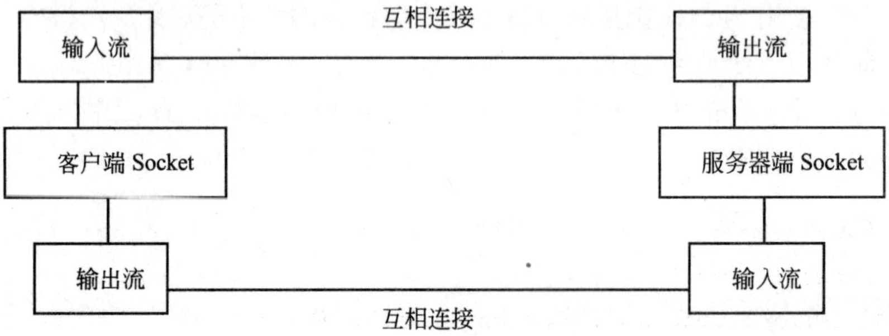

图 13.2　套接字连接示意图

需要注意的是，从套接字连接中读取数据与从文件中读取数据有着很大的不同，尽管二者都是输入流。从文件中读取数据时，所有的数据都已经在文件中了。而使用套接字连接时，可能在另一端数据发送之前，就已经开始读取了，这时，就会阻塞本线程，直到该读取方法成功读取到信息，本线程才继续执行后续的操作。

另外，需要注意的是 accept 方法也会阻塞线程的执行，直到接收到客户的呼叫。也就是说，如果没有客户呼叫服务器，那么下述代码中的 System.out.println("hello");不会被执行。

```
try{   Socket sc= serverForClient.accept();
      System.out.println("hello")
}
catch(IOException e){}
```

连接建立后，服务器端的套接字对象调用 getInetAddress()方法可以获取一个 InetAddess 对象，该对象含有客户端的 IP 地址和域名，同样，客户端的套接字对象调用 getInetAddress()方法可以获取一个 InetAddess 对象，该对象含有服务器端的 IP 地址和域名。

双方通信完毕后，套接字应使用 close()方法关闭套接字连接。

注：ServerSocket 对象可以调用 setSoTimeout(int timeout)方法设置超时值（单位是毫

秒），timeout 是一个正值，当 ServerSocket 对象调用 accept 方法阻塞的时间一旦超过 timeout 时，将触发 SocketTimeoutException。

下面通过一个简单的例子说明上面讲的套接字连接。在例子 3 中，客户端向服务器端问了三句话，服务器都一一给出了回答。首先将例子 3 中服务器端的 Server.java 编译通过，并运行起来，等待客户的呼叫，然后运行客户端程序。客户端运行效果如图 13.3 所示，服务器端运行效果如图 13.4 所示。

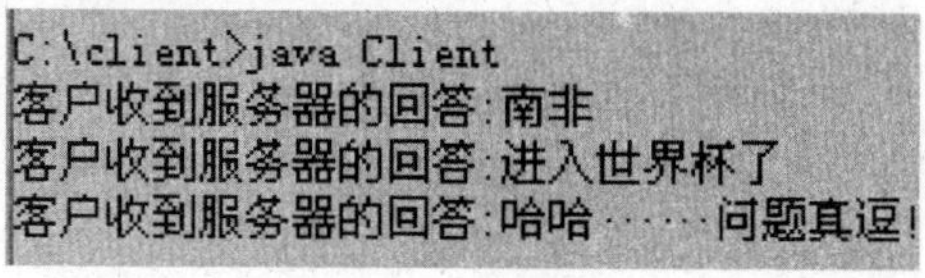

图 13.3　客户端

图 13.4　服务器端

例子 3

1．客户端

Client.java

```
import java.io.*;
import java.net.*;
public class Client {
   public static void main(String args[]) {
      String [] mess ={"2010 世界杯在哪举行?","巴西进入世界杯了吗?","中国进入世界杯了吗?"};
      Socket mysocket;
      DataInputStream in=null;
      DataOutputStream out=null;
      try{  mysocket = new Socket("127.0.0.1",2010);
          in = new DataInputStream(mysocket.getInputStream());
          out = new DataOutputStream(mysocket.getOutputStream());
          for(int i=0;i<mess.length;i++) {
            out.writeUTF(mess[i]);
            String  s=in.readUTF();   //in 读取信息，阻塞状态
            System.out.println("客户收到服务器的回答:"+s);
            Thread.sleep(500);
          }
      }
      catch(Exception e) {
          System.out.println("服务器已断开"+e);
      }
   }
}
```

2．服务器端

Server.java

```
import java.io.*;
import java.net.*;
public class Server {
   public static void main(String args[]) {
      String [] answer = {"南非","进入世界杯了","哈哈……问题真逗！"};
      ServerSocket serverForClient = null;
      Socket socketOnServer = null;
      DataOutputStream out = null;
      DataInputStream in = null;
      try {  serverForClient = new ServerSocket(2010);
      }
      catch(IOException e1) {
            System.out.println(e1);
      }
      try{  System.out.println("等待客户呼叫");
           socketOnServer = serverForClient.accept(); //阻塞状态，除非有客户呼叫
           out = new DataOutputStream(socketOnServer.getOutputStream());
           in = new DataInputStream(socketOnServer.getInputStream());
           for(int i=0;i<answer.length;i++) {
              String s = in.readUTF();   //in 读取信息，阻塞状态
              System.out.println("服务器收到客户的提问:"+s);
              out.writeUTF(answer[i]);
              Thread.sleep(500);
           }
      }
      catch(Exception e) {
         System.out.println("客户已断开"+e);
      }
   }
}
```

13.3.4 使用多线程技术

需要注意的是，从套接字连接中读取数据与从文件中读取数据有着很大的不同。尽管二者都是输入流，但从文件中读取数据时，所有的数据都已经在文件中了，而使用套接字连接时，可能在另一端把数据发送出来之前，就已经开始试着读取了，这时，就会阻塞本线程，直到该读取方法成功读取到信息，本线程才继续执行后续的操作。因此，服务器端收到一个客户端的套接字后，就应该启动一个专门为该客户服务的线程，如图 13.5 所示。

可以用 Socket 类的不带参数的构造方法 Socket()创建一个套接字对象，该对象再调用 public void connect(SocketAddress endpoint) throws IOException 请求和参数 SocketAddress 指定地址的服务器端的套接字建立连接。为了使用 connect 方法，可以使用 SocketAddress

的子类 InetSocketAddress 创建一个对象，InetSocketAddress 的构造方法是 public InetSocketAddress(InetAddress addr, int port)。

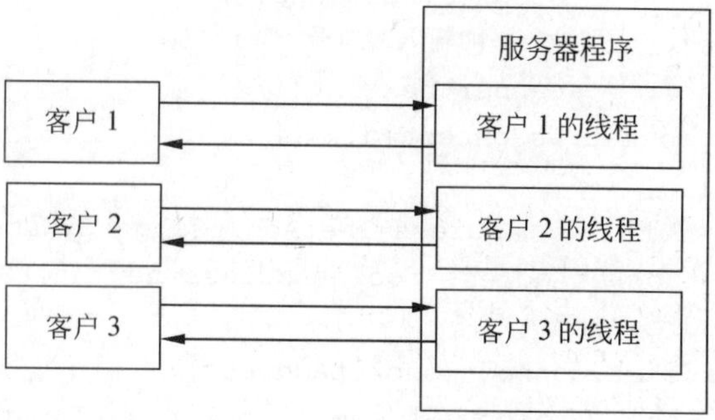

图 13.5　具有多线程的服务器端程序

在套接字通信中，有两个基本原则：

（1）服务器应当启动一个专门的线程，在该线程中和客户的套接字建立连接。

（2）由于套接字的输入流在读取信息时可能发生阻塞，客户端和服务器端都需要在一个单独的线程中读取信息。

在下面的例子 4 中，客户输入圆的半径并发送给服务器，服务器把计算出的圆的面积返回给客户。因此可以将计算量大的工作放在服务器端，客户端负责计算量小的工作，实现客户-服务器交互计算，来完成某项任务。首先将例子 4 中服务器端的程序编译通过，并运行起来，等待客户的呼叫。客户端运行效果如图 13.6 所示，服务器端运行效果如图 13.7 所示。

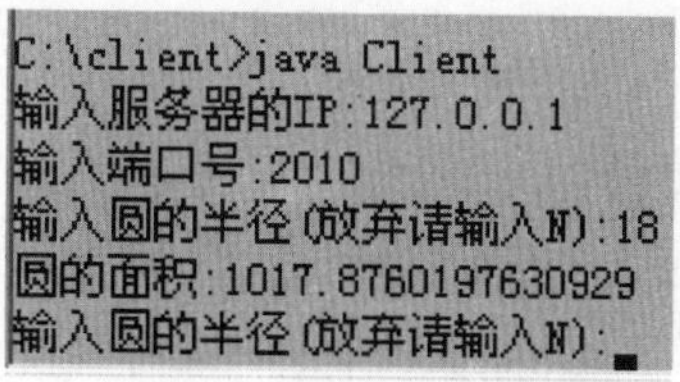

图 13.6　客户端

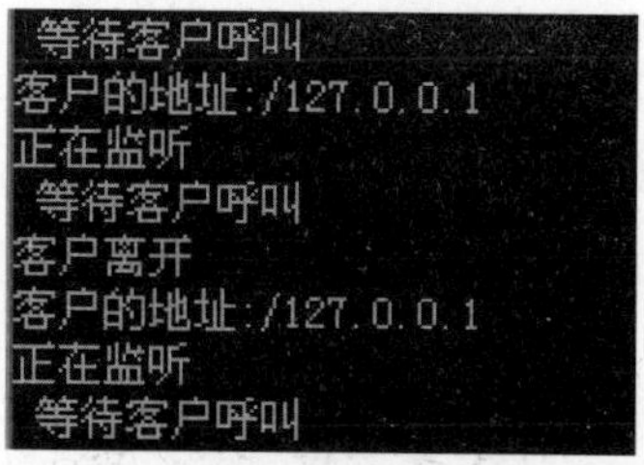

图 13.7　服务器端

例子 4

1. 客户端

Client.java

```
import java.io.*;
import java.net.*;
import java.util.*;
public class Client  {
   public static void main(String args[]) {
      Scanner scanner = new Scanner(System.in);
      Socket mysocket=null;
      DataInputStream in=null;
      DataOutputStream out=null;
      Thread readData;
      Read read=null;
      try{  mysocket=new Socket();
            read = new Read();
```

```
            readData = new Thread(read);          //负责读取信息的线程
            System.out.print("输入服务器的IP:");
            String IP = scanner.nextLine();
            System.out.print("输入端口号:");
            int port = scanner.nextInt();
            if(mysocket.isConnected()){}
            else{
              InetAddress  address=InetAddress.getByName(IP);
              InetSocketAddress socketAddress=new InetSocketAddress
              (address,port);
              mysocket.connect(socketAddress);
              in =new DataInputStream(mysocket.getInputStream());
              out = new DataOutputStream(mysocket.getOutputStream());
              read.setDataInputStream(in);
              readData.start();                  //启动负责读取信息的线程
            }
         }
         catch(Exception e) {
             System.out.println("服务器已断开"+e);
         }
         System.out.print("输入圆的半径(放弃请输入N):");
         while(scanner.hasNext()) {
            double radius=0;
            try {
               radius = scanner.nextDouble();
            }
            catch(InputMismatchException exp){
              System.exit(0);
            }
            try {
               out.writeDouble(radius);  //向服务器发送信息
            }
            catch(Exception e) {}
         }
     }
}
```

Read.java

```
import java.io.*;
public class Read implements Runnable {
   DataInputStream in;
   public void setDataInputStream(DataInputStream in) {
      this.in = in;
   }
   public void run() {
```

```
      double result = 0;
      while(true) {
        try{  result = in.readDouble();  //读取服务器发送来的信息
             System.out.println("圆的面积:"+result);
             System.out.print("输入圆的半径(放弃请输入N):");
        }
        catch(IOException e) {
             System.out.println("与服务器已断开"+e);
             break;
        }
      }
   }
}
```

2. 服务器端

Server.java

```
import java.io.*;
import java.net.*;
import java.util.*;
public class Server {
   public static void main(String args[]) {
      ServerSocket server = null;
      ServerThread thread;
      Socket you = null;
      while(true) {
        try{  server = new ServerSocket(2010);
        }
        catch(IOException e1) {
              System.out.println("正在监听");  //ServerSocket 对象不能重复创建
        }
        try{  System.out.println(" 等待客户呼叫");
              you = server.accept();
              System.out.println("客户的地址:"+you.getInetAddress());
        }
        catch (IOException e) {
              System.out.println("正在等待客户");
        }
        if(you!=null) {
              new ServerThread(you).start();  //为每个客户启动一个专门的线程
        }
      }
   }
}
class ServerThread extends Thread {
   Socket socket;
```

```
    DataOutputStream out = null;
    DataInputStream in = null;
    String s = null;
    ServerThread(Socket t) {
      socket = t;
      try {   out = new DataOutputStream(socket.getOutputStream());
           in = new DataInputStream(socket.getInputStream());
      }
      catch (IOException e){}
    }
    public void run() {
      while(true) {
        try{  double r = in.readDouble();    //阻塞状态，除非读取到信息
              double area=Math.PI*r*r;
              out.writeDouble(area);
        }
        catch (IOException e) {
              System.out.println("客户离开");
               return;
        }
      }
    }
  }
```

本程序为了调试的方便，在建立套接字连接时，使用的服务器地址是 127.0.0.1，如果服务器设置过有效的 IP 地址，就可以用有效的 IP 代替程序中的 127.0.0.1。可以在命令行窗口检查服务器是否具有有效的 IP 地址，例如：

```
ping 192.168.2.100
```

13.4　UDP 数据报

套接字是基于 TCP 协议的网络通信，即客户端程序和服务器端程序是有连接的，双方的信息是通过程序中的输入、输出流来交互的，使得接收方收到信息的顺序和发送方发送信息的顺序完全相同，就像生活中双方使用电话进行信息交互一样。

本节介绍 Java 中基于 UDP（用户数据报协议）协议的网络信息传输方式。基于 UDP 的通信和基于 TCP 的通信不同，基于 UDP 的信息传递更快，但不提供可靠性保证。也就是说，数据在传输时，用户无法知道数据能否正确到达目的地主机，也不能确定数据到达目的地的顺序是否和发送的顺序相同。可以把 UDP 通信比做生活中的邮递信件，我们不能肯定所发的信件就一定能够到达目的地，也不能肯定到达的顺序是发出时的顺序，可能因为某种原因导致后发出的先到达。既然 UDP 是一种不可靠的协议，为什么还要使用它呢？如果要求数据必须绝对准确地到达目的地，显然不能选择 UDP 协议来通信。但有时候人们需要较快速地传输信息，并能容忍小的错误，就可以考虑使用 UDP 协议。

基于 UDP 通信的基本模式是：

- 将数据打包（好比将信件装入信封一样），称为数据包，然后将数据包发往目的地。
- 接收发来的数据包（好比接收信封一样），然后查看数据包中的内容。

13.4.1 发送数据包

用 DatagramPacket 类将数据打包，即用 DatagramPacket 类创建一个对象，称为数据包。用 DatagramPacket 的以下两个构造方法创建待发送的数据包。

```
DatagramPacket(byte data[],int length,InetAddtress address,int port)
```

使用该构造方法创建的数据包对象具有下列两个性质：

- 含有 data 数组指定的数据。
- 该数据包将发送到地址是 address，端口号是 port 的主机上。

称 address 是这个数据包的目标地址，port 是它的目标端口。

```
DatagramPack(byte data[],int offset,int length,InetAddtress address,int
port)
```

使用该构造方法创建的数据包对象含有数组 data 中从 offset 开始后的 length 个字节，该数据包将发送到地址是 address，端口号是 port 的主机上。例如：

```
byte data[] = "生日快乐".getByte();
InetAddtress address = InetAddtress.getName("www.china.com.cn");
DatagramPacket data_pack = new DatagramPacket(data,data.length, address,
2009);
```

注：对于用上述方法创建的用于发送的数据包，data_pack 如果调用方法 public int getPort()可以获取该数据包目标端口；调用方法 public InetAddress getAddress()可获取这个数据包的目标地址；调用方法 public byet[] getData()可以返回数据包中的字节数组。

用 DatagramSocket 类的不带参数的构造方法 DatagramSocket()创建一个对象，该对象负责发送数据包。例如：

```
DatagramSocket mail_out = new DatagramSocket();
mail_out.send(data_pack);
```

13.4.2 接收数据包

首先用 DatagramSocket 的另一个构造方法 DatagramSocket(int port) 创建一个对象，其中的参数必须和待接收的数据包的端口号相同。例如，如果发送方发送的数据包的端口是 5666，那么如下创建 DatagramSocket 对象：

```
DatagramSocket mail_in=new DatagramSocket(5666);
```

然后对象 mail_in 使用方法 receive(DatagramPacket pack)接收数据包。该方法有一个数据包参数 pack，方法 receive 把收到的数据包传递给该参数。因此必须准备一个数据包以便收取数据包。这时需使用 DatagramPack 类的另外一个构造方法 DatagramPack(byte data[],int length)创建一个数据包，用于接收数据包，例如：

```
byte data[] = new byte[100];
int length = 90;
DatagramPacket pack = new DatagramPacket(data,length);
mail_in.receive(pack);
```

该数据包 pack 将接收长度是 length 个字节的数据放入 data。

注：① receive 方法可能会阻塞，直到收到数据包。

② 如果 pack 调用方法 getPort()可以获取所收数据包是从远程主机上的哪个端口发出的，即可以获取包的始发端口号；调用方法 getLength()可以获取收到的数据的字节长度；调用方法 InetAddress getAddress()可获取这个数据包来自哪个主机，即可以获取包的始发地址。我们称主机发出数据包使用的端口号为该包的始发端口号，发送数据包的主机地址称为数据包的始发地址。

③ 数据包数据的长度不要超过 8192KB。

在下面的例子 5 中，张三和李四使用用户数据报（可用本地机器模拟）互相发送和接收数据包，程序运行时“张三”所在主机在命令行输入数据发送给“李四”所在主机，将接收到的数据显示在命令行的右侧（效果如图 13.8 所示）；同样，“李四”所在主机在命令行输入数据发送给“张三”所在主机，将接收到的数据显示在命令行的右侧（效果如图 13.9 所示）。

图 13.8 “张三”主机

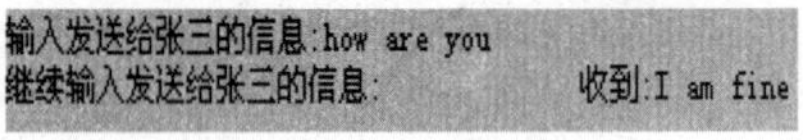

图 13.9 “李四”主机

例子 5

1. “张三”主机

ZhanSan.java

```
import java.net.*;
import java.util.*;
public class ZhangSan  {
   public static void main(String args[]) {
      Scanner scanner = new Scanner(System.in);
      Thread readData;
      ReceiveLetterForZhang receiver = new ReceiveLetterForZhang();
      try{  readData = new Thread(receiver);
           readData.start();           //负责接收信息的线程
           byte [] buffer = new byte[1];
           InetAddress address = InetAddress.getByName("127.0.0.1");
           DatagramPacket dataPack =
           new DatagramPacket(buffer,buffer.length, address,666);
           DatagramSocket postman=new DatagramSocket();
           System.out.print("输入发送给李四的信息:");
```

```
            while(scanner.hasNext()) {
                String mess = scanner.nextLine();
                buffer = mess.getBytes();
                if(mess.length()==0)
                   System.exit(0);
                buffer=mess.getBytes();
                dataPack.setData(buffer);
                postman.send(dataPack);
                System.out.print("继续输入发送给李四的信息:");
            }
        }
        catch(Exception e) {
            System.out.println(e);
        }
    }
}
```

ReceiveLetterForZhang.java

```
import java.net.*;
public class ReceiveLetterForZhang implements Runnable {
   public void run() {
      DatagramPacket pack=null;
      DatagramSocket postman=null;
      byte data[]=new byte[8192];
      try{  pack = new DatagramPacket(data,data.length);
           postman = new DatagramSocket(888);
      }
      catch(Exception e){}
      while(true) {
        if(postman==null) break;
        else
          try{ postman.receive(pack);
               String message=new String(pack.getData(),0,pack.getLength());
               System.out.printf("%25s\n","收到:"+message);
          }
          catch(Exception e){}
      }
   }
}
```

2. “李四”主机

LiSi.java

```
import java.net.*;
import java.util.*;
```

```
public class LiSi  {
   public static void main(String args[]) {
      Scanner scanner = new Scanner(System.in);
      Thread readData;
      ReceiveLetterForLi receiver = new ReceiveLetterForLi();
      try{  readData = new Thread(receiver);
            readData.start();           //负责接收信息的线程
            byte [] buffer=new byte[1];
            InetAddress address=InetAddress.getByName("127.0.0.1");
            DatagramPacket dataPack=
            new DatagramPacket(buffer,buffer.length, address,888);
            DatagramSocket postman=new DatagramSocket();
            System.out.print("输入发送给张三的信息:");
            while(scanner.hasNext()) {
               String mess = scanner.nextLine();
               buffer=mess.getBytes();
               if(mess.length()==0)
                  System.exit(0);
               buffer=mess.getBytes();
               dataPack.setData(buffer);
               postman.send(dataPack);
               System.out.print("继续输入发送给张三的信息:");
            }
       }
       catch(Exception e) {
            System.out.println(e);
       }
   }
}
```

ReceiveLetterForLi.java

```
import java.net.*;
public class ReceiveLetterForLi implements Runnable {
   public void run() {
      DatagramPacket pack=null;
      DatagramSocket postman=null;
      byte data[]=new byte[8192];
      try{  pack=new DatagramPacket(data,data.length);
            postman = new DatagramSocket(666);
      }
      catch(Exception e){}
      while(true) {
        if(postman==null) break;
        else
          try{ postman.receive(pack);
```

```
            String message=new String(pack.getData(),0,pack.getLength());
            System.out.printf("%25s\n","收到:"+message);
        }
        catch(Exception e){}
      }
   }
}
```

13.5　广播数据报

很多人都曾使用过收音机，熟悉广播电台的基本术语，比如，当一个电台在某个波段和频率上进行广播时，接收者将收音机调到指定的波段、频率上就可以听到广播的内容。

计算机使用 IP 地址和端口来区分其位置和进程，但有一类特殊的、称为 D 类地址的 IP 地址。D 类地址不是用来代表位置的，即在网络上不能使用 D 类地址去查找计算机。那么，什么是 D 类地址呢？D 类地址在网络中的作用是怎样的呢？通俗地讲，D 类地址好像生活中的社团组织，不同地理位置的人可以加入相同的组织，继而可以享有组织内部的通信权利。以下就介绍 D 类地址以及相关的知识点。

Internet 的地址是 a.b.c.d 的形式，其中一部分代表用户自己的主机，而另一部分代表用户所在的网络。当 a<128，那么 b.c.d 就用来表示主机，这类地址称做 A 类地址；如果 128≤a<192，则 a.b 表示网络地址，c.d 表示主机地址，这类地址称做 B 类地址；如果 a≥192，则网络地址是 a.b.c，d 表示主机地址，这类地址称做 C 类地址。224.0.0.0~224.255.255.255 是保留地址，称做 D 类地址。

要广播或接收广播的主机都必须加入到同一个 D 类地址。一个 D 类地址也称做一个组播地址，D 类地址并不代表某个特定主机的位置，一个具有 A、B 或 C 类地址的主机要广播数据或接收广播，都必须加入到同一个 D 类地址。

在下面的例子 6 中，一个主机不断地重复广播放假通知（如图 13.10 所示），加入到同一组的主机都可以随时接收广播的信息（如图 13.11 所示）。在调试例子 6 时，必须保证进行广播的 BroadCast.java 所在的机器具有有效的 IP 地址。可以在命令行窗口检查您的机器是否具有有效的 IP 地址，例如：

```
ping 192.168.2.100
```

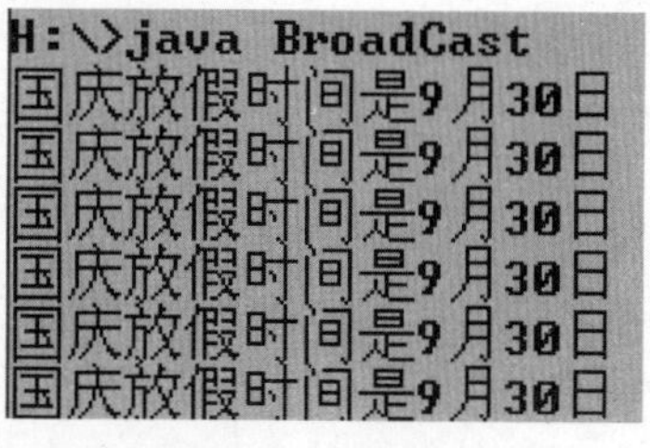

图 13.10　广播端

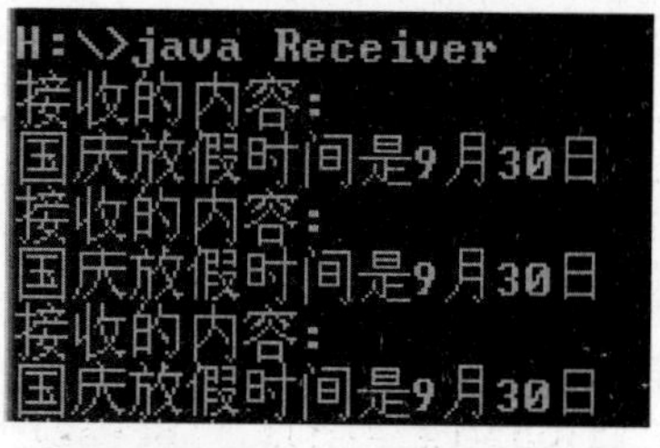

图 13.11　接收端

例子 6

1．广播端

BroadCast.java

```
import java.net.*;
public class BroadCast  {
   String s="国庆放假时间是 9 月 30 日";
   int port=5858;                                    //组播的端口
   InetAddress group=null;                           //组播组的地址
   MulticastSocket socket=null;                      //多点广播套接字
   BroadCast() {
      try {
         group=InetAddress.getByName("239.255.8.0");
                                                     //设置广播组的地址为 239.255.8.0
         socket=new MulticastSocket(port);   //多点广播套接字将在 port 端口广播
         socket.setTimeToLive(1);     //多点广播套接字发送数据报范围为本地网络
         socket.joinGroup(group);
                    //加入 group 后，socket 发送的数据报被 group 中的成员接收到
      }
      catch(Exception e) {
         System.out.println("Error: "+ e);
      }
   }
   public void play() {
      while(true) {
        try{  DatagramPacket packet=null;         //待广播的数据包
              byte data[]=s.getBytes();
              packet=new DatagramPacket(data,data.length,group,port);
              System.out.println(new String(data));
              socket.send(packet);                //广播数据包
              Thread.sleep(2000);
        }
        catch(Exception e)  {
              System.out.println("Error: "+ e);
        }
      }
   }
   public static void main(String args[]) {
      new BroadCast().play();
   }
}
```

2．接收端

Receiver.java

```
import java.net.*;
```

```
import java.util.*;
public class Receiver  {
   public static void main(String args[]) {
      int port = 5858;                            //组播的端口
      InetAddress group=null;                     //组播组的地址
      MulticastSocket socket=null;                //多点广播套接字
      try{
         group=InetAddress.getByName("239.255.8.0");
                                                  //设置广播组的地址为239.255.8.0
         socket=new MulticastSocket(port);  //多点广播套接字将在port端口广播
         socket.joinGroup(group);                 //加入group
      }
      catch(Exception e){}
      while(true) {
         byte data[]=new byte[8192];
         DatagramPacket packet=null;
         packet=new DatagramPacket(data,data.length,group,port);
                                                  //待接收的数据包
         try {  socket.receive(packet);
                String message=new String(packet.getData(),0,packet.
                getLength());
                System.out.println("接收的内容:\n"+message);
         }
         catch(Exception e) {}
      }
   }
}
```

13.6 Java 远程调用（RMI）

Java 远程调用（Remote Method Invocation，RMI）是一种分布式技术，使用 RMI 可以让一个虚拟机上的应用程序请求调用位于网络上另一处虚拟机上的对象。习惯上称发出调用请求的虚拟机为（本地）客户机，称接受并执行请求的虚拟机为（远程）服务器。

13.6.1 远程对象及其代理

1．远程对象

驻留在(远程)服务器上的对象是客户要请求的对象，称做远程对象，即客户程序请求远程对象调用方法，然后远程对象调用方法并返回必要的结果。

2．代理与存根（Stub）

RMI 不希望客户应用程序直接与远程对象打交道，而是代之以让用户程序和远程对象的代理打交道。代理的特点是：它与远程对象实现了相同的接口，也就是说它与远程对象向用户公开了相同的方法，当用户请求代理调用这样的方法时，如果代理确认远程对象能调用相同的方法，就把实际的方法调用委派给远程对象。远程对象和客户之间的关系非常类似生活中总统与大使的关系，比如，中国的张山（客户）想和美国总统（远程对象）打交道时，需要先和总统派驻在中国的大使打交道，相对张三而言，大使就是总统的远程代理。

RMI 会帮助生成一个存根（Stub）：一种特殊的字节码，并让这个存根产生的对象作为远程对象的代理。代理需要驻留在客户端，也就是说，需要把 RMI 生成的存根（Stub）复制或下载到客户端。因此，在 RMI 中，用户实际上是在和远程对象的代理直接打交道，但用户并没有感觉到他在和一个代理打交道，而是觉得自己就是在和远程对象直接打交道。比如，用户想请求远程对象调用某个方法，只需向远程代理发出同样的请求即可，如图 13.12 所示。

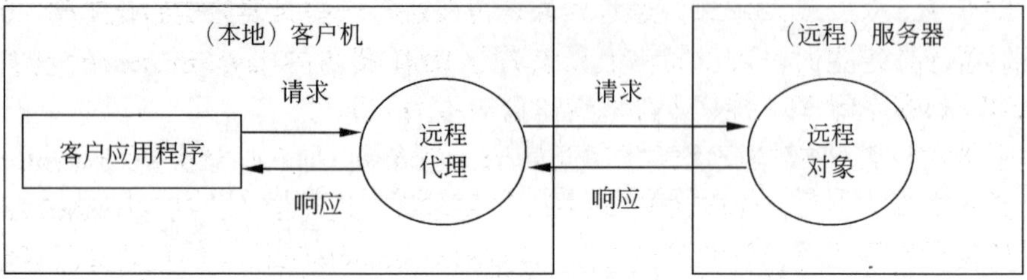

图 13.12　远程代理与远程对象

3．Remote 接口

RMI 为了标识一个对象是远程对象，即可以被客户请求的对象，要求远程对象必须实现 java.rmi 包中的 Remote 接口，也就是说只有实现该接口的类的实例才被 RMI 认为是一个远程对象。Remote 接口中没有方法，该接口仅仅起到一个标识作用，因此，必须扩展 Remote 接口，以便规定远程对象的哪些方法是客户可以请求的方法，用户程序不必编写和远程代理有关的代码，只需知道远程代理和远程对象实现了相同的接口（总统和大使遵守着同样的法则）。

13.6.2　RMI 的设计细节

为了叙述的方便，我们假设本地客户机存放有关类的目录是 D:\Client；远程服务器的 IP 是 127.0.0.1，存放有关类的目录是 D:\Server。

1．扩展 Remote 接口

定义一个接口是 java.rmi 包中 Remote 的子接口，即扩展 Remote 接口。

以下是我们定义的 Remote 的子接口是 RemoteSubject（指定总统和大使遵守的法则）。RemoteSubject 子接口中定义了计算面积的方法，即要求远程对象为用户计算某种几何图形的面积。RemoteSubject 的代码如下：

RemoteSubject.java

```
import java.rmi.*;
public interface RemoteSubject extends Remote {
   public void setHeight(double height) throws RemoteException;
   public void setWidth(double width) throws RemoteException;
```

```
    public double getArea() throws RemoteException;
}
```

该接口需要保存在前面约定的远程服务器的 D:\Server 目录中，并编译它生成相应的.class 字节码文件。由于客户端的远程代理也需要该接口（大使需要和总统保持同样的法则），因此需要将生成的字节码文件RmoteSubject.class复制到前面约定的客户机的D:\Client目录中（在实际项目设计中，可以提供 Web 服务让用户下载该接口的.class 文件）。

2．远程对象

创建远程对象的类必须要实现Remote接口，RMI使用Remote接口来标识远程对象（想当总统就必须要遵守规定的法则）。

Remote 接口中没有方法，因此创建远程对象的类需要实现 Remote 接口的一个子接口。另外，RMI 为了让一个对象成为远程对象还需要进行一些必要的初始化工作，因此，在编写创建远程对象的类时，可以简单地让该类是 RMI 提供的 java.rmi.server 包中的 Unicast RemoteObject 类的子类（接任上届总统，省时省力）即可。

以下是我们定义的创建远程对象的类RemoteConcreteSubject，该类是UnicastRemoteObject类的子类并实现了上述 RemoteSubject 接口（见本节上述标题 1 中的 RemoteSubject 接口），所创建的远程对象可以计算矩形的面积，RemoteConcreteSubject 的代码如下（这个代码看起来简单，它可是用来创建总统的类）：

RemoteConcreteSubject.java

```
import java.rmi.*;
import java.rmi.server.UnicastRemoteObject;
public class RemoteConcreteSubject extends UnicastRemoteObject implements
RemoteSubject{
    double width,height;
    public RemoteConcreteSubject() throws RemoteException {
    }
    public void setWidth(double width) throws RemoteException{
         this.width=width;
    }
    public void setHeight(double height) throws RemoteException{
         this.height=height;
    }
    public double getArea() throws RemoteException {
         return width*height;
    }
}
```

将 RemoteConcreteSubject.java 保存到前面约定的远程服务器的 D:\Server 目录中（入住白宫），并编译它生成相应的.class 字节码文件。

3．存根（Stub）与代理

RMI 负责产生存根（Stub），如果创建远程对象的字节码是 RemoteConcrete Subject.class，那么存根（Stub）的字节码是 RemoteConcreteSubject_Stub.class，即后缀为

“_Stub”（先有总统，后有大使）。

RMI 使用 rmic 命令生成存根 RemoteConcreteSubject_Stub.class。首先进入 D:\Server 目录，然后如下执行 rmic 命令：

```
rmic  RemoteConcreteSubject
```

如图 13.13 所示。

图 13.13　使用 rmic 生成 Stub

执行过 rmic 命令将产生存根 RemoteConcreteSubject_Stub.class（在 D:\Server 中）。

客户端需要使用存根（Stub）来创建一个对象，即远程代理（见前面的图 13.12），因此需要将 RemoteConcreteSubject_Stub.class 复制到前面约定的客户机的 D:\Client 目录中（将大使派往中国）。

注：在实际项目设计中，可以提供 Web 服务让用户下载存根字节码。

4. 启动注册：rmiregistry

在远程服务器创建远程对象之前，RMI 要求远程服务器必须首先启动注册 rmircgistry，只有启动了 rmiregistry，远程服务器才可以创建远程对象，并将该对象注册到 rmiregistry 所管理的注册表中。

在远程服务器开启一个终端，比如在 MS-DOS 命令行窗口进入 D:\Server 目录，然后执行 rimregistry 命令

```
rmiregistry
```

启动注册，如图 13.14 所示。也可以后台启动注册

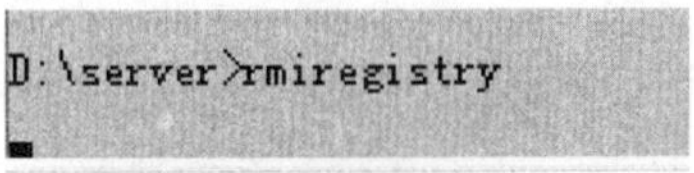

图 13.14　启动注册

```
start rmiregistry
```

5. 启动远程对象服务

远程服务器启动注册 rmiregistry 后，远程服务器就可以启动远程对象服务了，即编写程序来创建和注册远程对象，并运行该程序。

远程服务器使用 java.rmi 包中的 Naming 类调用其类方法 rebind(String name, Remote obj)绑定一个远程对象到 rmiregistry 所管理的注册表中，该方法的 name 参数是 URL 格式，obj 参数是远程对象，将来客户端的代理会通过 name 找到远程对象 obj。

以下是我们编写的远程服务器上的应用程序 BindRemoteObject（这里有总统），运行该程序就启动了远程对象服务，即该应用程序可以让用户访问它注册的远程对象。

BindRemoteObject.java

```
import java.rmi.*;
public class BindRemoteObject {
   public static void main(String args[]) {
```

```
        try{
          RemoteConcreteSubject  remoteObject=new RemoteConcreteSubject();
                                        //远程对象（总统）
          Naming.rebind("rmi://127.0.0.1/rect",remoteObject);
          System.out.println("be ready for client server...");
        }
        catch(Exception exp){
           System.out.println(exp);
        }
    }
}
```

将 BindRemoteObject.java 保存到前面约定的远程服务器的 D:\Server 目录中，并编译它生成相应的 BindRemoteObject.class 字节码文件，然后运行 BindRemoteObject，效果如图 13.15 所示。

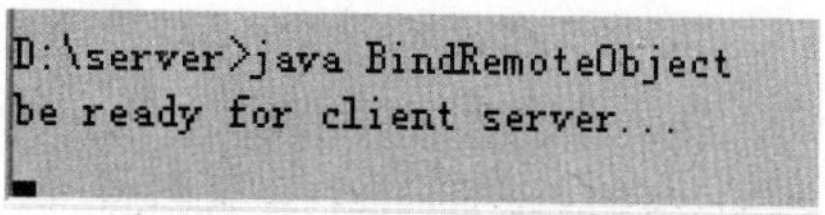

图 13.15 启动远程对象服务

6. 运行客户端程序

远程服务器启动远程对象服务后，客户端就可以运行有关程序，访问使用远程对象。

客户端使用 java.rmi 包中的 Naming 类调用其类方法 lookup(String name)返回一个远程对象的代理，即使用存根（Stub）产生一个和远程对象具有同样接口的对象。Lookup(String name)方法中的 name 参数的取值必须是远程对象注册的 name，比如："rmi://127.0.0.1/rect"。

客户程序可以像使用远程对象一样来使用 lookup(String name)方法返回的远程代理。比如，下面的客户应用程序 ClientApplication 中的

```
Naming.lookup("rmi://127.0.0.1/rect");
```

返回一个实现了 RemoteSubject 接口的远程代理（见本节标题 1 中的 RemoteSubject 接口）。

ClientApplication 使用远程代理计算矩形的面积。将 ClientApplication.java 保存到前面约定的客户机的 D:\Client 目录中，然后编译、运行该程序。程序的运行效果如图 13.16 所示。

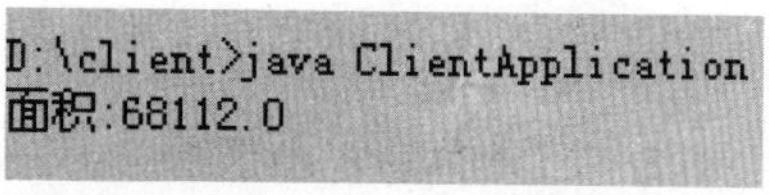

图 13.16 运行客户端程序

ClientApplication.java

```
import java.rmi.*;
public class ClientApplication{
   public static void main(String args[]){
      try{
         Remote  remoteObject=Naming.lookup("rmi://127.0.0.1/rect");
         RemoteSubject remoteSubject= (RemoteSubject)remoteObject;
         remoteSubject.setWidth(129);
         remoteSubject.setHeight(528);
         double area=remoteSubject.getArea();
         System.out.println("面积:"+area);
```

```
      }
      catch(Exception exp){
         System.out.println(exp.toString());
      }
   }
}
```

13.7　应 用 举 例

查询服务器上数据库表的记录是最常见的网络应用程序，本节利用套接字技术实现应用程序中对数据库的访问。应用程序只是利用套接字连接向服务器发送一个查询的条件，而服务器负责对数据库的查询，然后服务器再将查询的结果利用建立的套接字返回给客户端。

本节使用了第 11 章 shop 数据库中的 goods 表，将数据库设置为名字为 myData 的数据源，服务器采用 JDBC-ODBC 桥接器方式访问数据源 myData。用户可以输入商品的编号，也可以输入商品的名称查询商品的有关信息。

本程序为了调试的方便，在建立套接字连接时，使用的服务器地址是 127.0.0.1，如果服务器设置过有效的 IP 地址，就可以用有效的 IP 代替程序中的 127.0.0.1。

首先将本节的例子 7 中的服务器端代码编译通过，并运行起来，如图 13.17 所示。

图 13.17　服务器端

例子 7

1．服务器端

Server.java

```
import java.io.*;
import java.net.*;
import java.sql.*;
public class Server {
   public static void main(String args[]) {
      Connection con;
      PreparedStatement sqlOne=null,sqlTwo=null;
      ResultSet rs;
      try{  Class.forName("sun.jdbc.odbc.JdbcOdbcDriver");
      }
      catch(ClassNotFoundException e){}
      try{  con=DriverManager.getConnection("jdbc:odbc:myData","","");
            sqlOne=con.prepareStatement("SELECT * FROM goods WHERE number=? ");
            sqlTwo=con.prepareStatement("SELECT * FROM goods WHERE name =?");
      }
      catch(SQLException e){}
      ServerSocket server=null;
```

```
        Runnable target;
        Thread threadForClient = null;
        Socket socketOnServer = null;
        while(true) {
            try{  server=new ServerSocket(4331);
            }
            catch(IOException e1) {
                System.out.println("正在监听");
            }
            try{  System.out.println(" 等待客户呼叫");
                 socketOnServer = server.accept();
                 System.out.println("客户的地址:"+socketOnServer.getInet-
                 Address());
            }
            catch(IOException e) {
                System.out.println("正在等待客户");
            }
            if(socketOnServer!=null) {
                target = new Target(socketOnServer,sqlOne,sqlTwo);
                threadForClient =new Thread(target);
                threadForClient.start();
            }
        }
    }
}
```

Target.java

```
import java.io.*;
import java.net.*;
import java.sql.*;
public class Target extends Thread { //implements Runnable {
   Socket socket;
   DataOutputStream out=null;
   DataInputStream  in=null;
   PreparedStatement sqlOne,sqlTwo;
   boolean boo=false;
   Target(Socket t, PreparedStatement sqlOne,PreparedStatement sqlTwo) {
      socket=t;
      this.sqlOne=sqlOne;
      this.sqlTwo=sqlTwo;
      try {  out=new DataOutputStream(socket.getOutputStream());
            in=new DataInputStream(socket.getInputStream());
      }
      catch(IOException e){
         System.out.println(e);
```

```
         }
      }
      public void run() {
         ResultSet rs = null;
         while(true) {
           try{
               String str=in.readUTF();
               if(str.startsWith("number:")) {
                  str = str.substring(str.indexOf(":")+1);
                  sqlOne.setString(1,str);
                  rs=sqlOne.executeQuery();
               }
               else if(str.startsWith("name")) {
                  str = str.substring(str.indexOf(":")+1);
                  sqlTwo.setString(1,str);
                  rs=sqlTwo.executeQuery();
               }
               while(rs.next()) {
                  boo=true;
                  String number=rs.getString(1);
                  String name=rs.getString(2);
                  Date time=rs.getDate(3);
                  double price=rs.getDouble(4);
                  out.writeUTF("车型号:"+number+"车名:"+name+"生产日期:"+ time+
                  "价格:"+price);
               }
               if(boo==false)
                  out.writeUTF("没有该车号！");
           }
           catch (IOException e) {
               System.out.println("客户离开"+e);
                  return;
           }
           catch (SQLException e) {
               System.out.println(e);
           }
         }
      }
   }
```

2. 客户端

例子 7 中客户端输入车号或车名查询效果如图 13.18 所示。

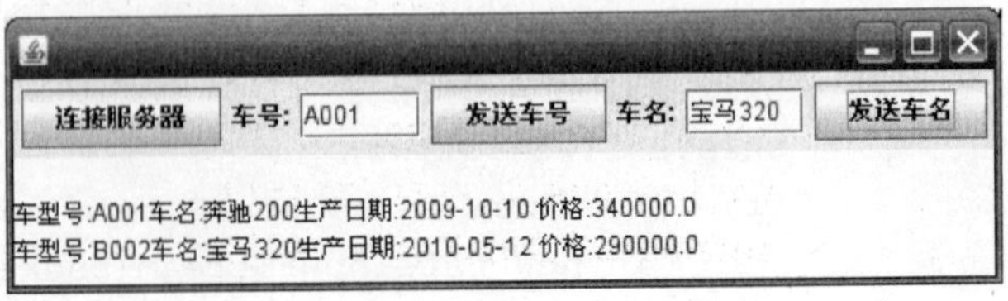

图 13.18　客户端

Client.java

```
import java.net.*;
import java.io.*;
```

```
import java.awt.*;
import java.awt.event.*;
import javax.swing.*;
public class Client {
  public static void main(String args[]) {
      new QueryClient();
  }
}
class QueryClient extends JFrame implements Runnable,ActionListener {
   JButton connection,sendNumber,sendName;
   JTextField inputNumber,inputName;
   JTextArea showResult;
   Socket socket=null;
   DataInputStream in=null;
   DataOutputStream out=null;
   Thread thread;
   QueryClient() {
      socket=new Socket();
      JPanel p=new JPanel();
      connection=new JButton("连接服务器");
      sendNumber=new JButton("发送车号");
      sendNumber.setEnabled(false);
      sendName=new JButton("发送车名");
      sendName.setEnabled(false);
      inputNumber=new JTextField(8);
      inputName  =new JTextField(8);
      showResult=new JTextArea(6,42);
      p.add(connection);
      p.add(new JLabel("输入车号:"));
      p.add(inputNumber);
      p.add(sendNumber);
      p.add(new JLabel("输入车名:"));
      p.add(inputName);
      p.add(sendName);
      add(p,BorderLayout.NORTH);
      add(showResult,BorderLayout.CENTER);
      connection.addActionListener(this);
      sendName.addActionListener(this);
      sendNumber.addActionListener(this);
      thread=new Thread(this);
      setBounds(10,30,350,400);
      setVisible(true);
      setDefaultCloseOperation(JFrame.EXIT_ON_CLOSE);
      validate();
   }
```

```
public void actionPerformed(ActionEvent e) {
   if(e.getSource()==connection) {
      try{
         if(socket.isConnected()) {}
         else {
              InetAddress  address=InetAddress.getByName("127.0.0.1");
              InetSocketAddress socketAddress=new InetSocketAddress
              (address,4331);
              socket.connect(socketAddress);
              in =new DataInputStream(socket.getInputStream());
              out = new DataOutputStream(socket.getOutputStream());
              sendName.setEnabled(true);
              sendNumber.setEnabled(true);
              thread.start();
         }
      }
      catch (IOException ee){
         socket=new Socket();
      }
   }
   else if(e.getSource()==sendNumber) {
      String s=inputNumber.getText();
      if(s!=null) {
          try { out.writeUTF("number:"+s);
          }
          catch(IOException e1){}
      }
   }
   else if(e.getSource()==sendName) {
      String s=inputName.getText();
      if(s!=null) {
          try { out.writeUTF("name:"+s);
          }
          catch(IOException e1){}
      }
   }
}
public void run() {
   String s=null;
   while(true) {
      try{  s=in.readUTF();
           showResult.append("\n"+s);
      }
      catch(IOException e) {
           showResult.setText("与服务器已断开");
           break;
```

```
            }
        }
    }
}
```

13.8 小　　结

（1）java.net 包中的 URL 类是对统一资源定位符的抽象，使用 URL 创建对象的应用程序称做客户端程序，客户端程序的 URL 对象调用 InputStream openStream() 方法可以返回一个输入流，该输入流指向 URL 对象所包含的资源，通过该输入流可以将服务器上的资源信息读入到客户端。

（2）网络套接字是基于 TCP 协议的有连接通信，套接字连接就是客户端的套接字对象和服务器端的套接字对象通过输入、输出流连接在一起。服务器建立 ServerSocket 对象，ServerSocket 对象负责等待客户端请求建立套接字连接，而客户端建立 Socket 对象向服务器发出套接字连接请求。

（3）基于 UDP 的通信和基于 TCP 的通信不同，基于 UDP 的信息传递更快，但不提供可靠性保证。

（4）设计广播数据报网络程序时，必须将要广播或接收广播的主机加入到同一个 D 类地址。D 类地址也称做组播地址，D 类地址并不代表某个特定主机的位置，一个具有 A、B 或 C 类地址的主机要广播数据或接收广播，都必须加入到同一个 D 类地址。

（5）RMI 是一种分布式技术，使用 RMI 可以让一个虚拟机（JVM）上的应用程序请求调用位于网络上另一处 JVM 上的对象方法。

习　题　13

1．问答题

（1）一个 URL 对象通常包含哪些信息？

（2）URL 对象调用哪个方法可以返回一个指向该 URL 对象所包含的资源的输入流？

（3）客户端的 Socket 对象和服务器端的 Socket 对象是怎样通信的？

（4）ServerSocket 对象调用 accept 方法返回一个什么类型的对象？

（5）InetAddress 对象使用怎样的格式来表示自己封装的地址信息？

2．编程题

（1）参照例子 4，使用套接字连接编写网络程序，客户输入三角形的三边并发送给服务器，服务器把计算出的三角形的面积返回给客户。

（2）参照例子 4 编写一个简单的聊天室程序。

（3）改进例子 6 中的 BroadCast.java，使得能通过窗口中的菜单选择要广播的文件或停止广播。广播文件时，每次广播文件的一行，并且可以重复广播一个文件。

第 14 章　图形、图像与音频

主要内容

- 绘制基本图形
- 图形的布尔运算
- 绘制钟表
- 绘制图像
- 播放音频

Component 类有一个方法 public void paint(Graphics g)，程序可以在其子类中重写这个方法。当程序运行时，Java 运行环境会用 Graphics2D（Graphics 的一个子类）将参数 g 实例化，对象 g 就可以在重写 paint 方法的组件上绘制图形、图像等。组件都是矩形形状，组件本身有一个默认的坐标系，组件的左上角的坐标值是(0,0)。如果一个组件的宽是 200，高是 80，那么，该坐标系中，x 坐标的最大值是 200，y 坐标的最大值是 80。

Java 提供的 Graphics2D 拥有强大的二维图形处理能力，Graphics2D 是 Graphics 类的子类，它把直线、圆等作为一个对象来绘制，也就是说，如果想用一个 Graphics2D 类型的"画笔"来画一个圆的话，就必须先创建一个圆的对象。

Graphics2D 的"画笔"分别使用 draw 和 fill 方法来绘制和填充一个图形。

14.1　绘制基本图形

1. 直线

使用 java.awt.geom 包中的 Line2D 的静态内部类 Double 创建直线对象：

```
new Line2D.Double(double x1,double y1,double x2,double y2);
```

创建起点(x1,y1)到终点(x2,y2)的直线。

2. 矩形

使用 Rectangle2D.Double 类创建一个矩形对象：

```
new Rectangle2D.Double(double x,double y,double w,double h);
```

创建了一个左上角坐标是(x,y)，宽是 w，高是 h 的矩形对象。

3. 圆角矩形

使用 RoundRectangle2D.Double 类创建一个圆角矩形对象：

```
new RoundRectangle2D.Double(double x,double y,double w,double h,double arcw,
double arch);
```

创建左上角坐标是(x,y)，宽是 w，高是 h，圆角的长轴和短轴分别为 arcw 和 arch 的圆角矩形对象（arcw 和 arch 指定圆角的尺寸，见图 14.1 中 4 个被去掉的黑角部分）。

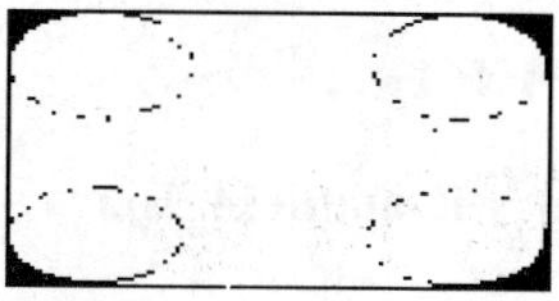

图 14.1　圆角的尺寸

4．椭圆

使用 Ellipse2D.Double 类创建一个椭圆对象：

```
new Ellipse2D.Double (double x,double y,double w,double h);
```

上述语句创建了一个外接矩形的左上角坐标是(x,y)，宽是 w，高是 h 的椭圆对象。

5．绘制圆弧

使用 Arc2D.Double 类创建圆弧对象：

```
new Arc2D.Double(double x,double y,double w, double h, double start,double
extent,int type);
```

圆弧就是椭圆的一部分。参数 x、y、w、h 指定椭圆的位置和大小，参数 start 和 extent 的单位都是度。参数 start，extent 表示从 start 的角度开始逆时针或顺时针方向画出 extent 度的弧，当 extent 是正值时为逆时针，否则为顺时针。比如，起始角度 start 是 0 就是 3 点钟的方位，start 的值可以是负值，例如–90 度是 6 点的方位。其中，最后一个参数 type 取值 Arc2D.OPEN、Arc2D.CHORD、Arc2D.PIE 决定弧是开弧、弓弧还是饼弧。

6．绘制文本

Graphics2D 对象调用 drawString(String s, int x, int y)方法从参数 x、y 指定的坐标位置处，从左向右绘制参数 s 指定的字符串。

7．绘制二次曲线和三次曲线

二次曲线可用二阶多项式 $y(x)=ax^2+bx+c$ 来表示。一条二次曲线需要 3 个点来确定。使用 QuadCurve2D.Double 类来创建一个二次曲线：

```
QuadCurve2D  curve=new QuadCurve2D.Double (50,30,10,10,50,100);
```

使用端点(50, 30)和(50, 100)及控制点(10, 10)创建了一条二次曲线。

三次曲线可用三阶多项式 $y(x)=ax^3+bx^2+cx+d$ 来表示。一条三次曲线需要 4 个点来确定该曲线。使用 CubicCurve2D.Double 类创建三次曲线，例如：

```
CubicCurve2D  curve=new CubicCurve2D.Double(50,30,10,10,100,100,50,100);
```

使用端点(50, 30)和(50, 100)及控制点(10, 10)和(100, 100)创建了一条三次曲线。

8．绘制多边形

使用 java.awt 包中的 Polygon 类创建空多边形：

```
Polygon polygon=new Polygon();
```

然后多边形调用 addPoint(int x,int y)方法向多边形添加顶点。

下面的例子 1 绘制了太极图和四边形，效果如图 14.2 所示。

例子 1

图 14.2　绘制基本图形

Example14_1.java

```
import javax.swing.*;
import java.awt.*;
import java.awt.geom.*;
class MyCanvas extends JPanel {
   public void paint(Graphics g) {
      Graphics2D g_2d=(Graphics2D)g;
      Arc2D arc=new Arc2D.Double(0,0,100,100,-90,-180,Arc2D.PIE);
      g_2d.setColor(Color.black);
      g_2d.fill(arc);
      g_2d.setColor(Color.white);
      arc.setArc(0,0,100,100,-90,180,Arc2D.PIE);
      g_2d.fill(arc);
      arc.setArc(25,0,50,50,-90,-180,Arc2D.PIE);
      g_2d.fill(arc);
      g_2d.setColor(Color.black);
      Ellipse2D ellipse=new Ellipse2D.Double(40,15,20,20);
      g_2d.fill(ellipse);
      arc.setArc(25,50,50,50,90,-180,Arc2D.PIE);
      g_2d.fill(arc);
      g_2d.setColor(Color.white);
      ellipse.setFrame(40,65,20,20);
      g_2d.fill(ellipse);
      g.setColor(Color.black);
      Polygon polygon=new Polygon();
      polygon.addPoint(150,10);
      polygon.addPoint(100,90);
      polygon.addPoint(210,90);
      polygon.addPoint(260,10);
      g_2d.draw(polygon);
   }
}
public class Example14_1{
   public static void main(String args[]) {
      JFrame win = new JFrame();
      win.setSize(400,400);
      win.add(new MyCanvas());
      win.setVisible(true);
   }
}
```

```
int a,b,c;
double pointSX[]=new double[60],     //表示秒针端点坐标的数组
      pointSY[]=new double[60],
      pointMX[]=new double[60],      //表示分针端点坐标的数组
      pointMY[]=new double[60],
      pointHX[]=new double[60],      //表示时针端点坐标的数组
      pointHY[]=new double[60];
Clock() {
  secondTime=new javax.swing.Timer(1000,this);
  pointSX[0]=0;                      //12点秒针位置
  pointSY[0]=-100;
  pointMX[0]=0;                      //12点分针位置
  pointMY[0]=-90;
  pointHX[0]=0;                      //12点时针位置
  pointHY[0]=-70;
  double angle=6*Math.PI/180;        //刻度为6度
  for(int i=0;i<59;i++) {            //计算各个数组中的坐标
    pointSX[i+1]=pointSX[i]*Math.cos(angle)-Math.sin(angle)*pointSY[i];
    pointSY[i+1]=pointSY[i]*Math.cos(angle)+pointSX[i]*Math.sin(angle);
    pointMX[i+1]=pointMX[i]*Math.cos(angle)-Math.sin(angle)*pointMY[i];
    pointMY[i+1]=pointMY[i]*Math.cos(angle)+pointMX[i]*Math.sin(angle);
    pointHX[i+1]=pointHX[i]*Math.cos(angle)-Math.sin(angle)*pointHY[i];
    pointHY[i+1]=pointHY[i]*Math.cos(angle)+pointHX[i]*Math.sin(angle);
  }
  for(int i=0;i<60;i++){
    pointSX[i]=pointSX[i]+120;         //坐标平移
    pointSY[i]=pointSY[i]+120;
    pointMX[i]=pointMX[i]+120;         //坐标平移
    pointMY[i]=pointMY[i]+120;
    pointHX[i]=pointHX[i]+120;         //坐标平移
    pointHY[i]=pointHY[i]+120;
  }
  secondLine=new Line2D.Double(0,0,0,0);
  muniteLine=new Line2D.Double(0,0,0,0);
  hourLine=new Line2D.Double(0,0,0,0);
  secondTime.start();                  //秒针开始计时
}
public void paint(Graphics g) {
   for(int i=0;i<60;i++) {             //绘制表盘上的小刻度和大刻度
      int m=(int)pointSX[i];
      int n=(int)pointSY[i];
      if(i%5==0) {
         g.setColor(Color.red);
         g.fillOval(m-4,n-4,8,8);
      }
```

```
            else{
               g.setColor(Color.blue);
               g.fillOval(m-2,n-2,4,4);
            }
        }
        g.fillOval(115,115,10,10);  //钟表中心的实心圆
        Graphics2D g_2d=(Graphics2D)g;
        g_2d.setColor(Color.red);
        g_2d.draw(secondLine);
        BasicStroke bs= new BasicStroke(3f,BasicStroke.CAP_ROUND,BasicStroke.
        JOIN_MITER);
        g_2d.setStroke(bs);
        g_2d.setColor(Color.blue);
        g_2d.draw(muniteLine);
        bs=new BasicStroke(6f,BasicStroke.CAP_BUTT,BasicStroke.JOIN_MITER);
        g_2d.setStroke(bs);
        g_2d.setColor(Color.black);
        g_2d.draw(hourLine);
    }
    public void actionPerformed(ActionEvent e) {
      if(e.getSource()==secondTime) {
        date=new Date();
        String s=date.toString();
        hour=Integer.parseInt(s.substring(11,13));
        munite=Integer.parseInt(s.substring(14,16));
        second=Integer.parseInt(s.substring(17,19)); //获取时间中的秒
        int h=hour%12;
        a=second;                       //秒针端点的坐标
        b=munite;                       //分针端点的坐标
        c=h*5+munite/12;                 //时针端点的坐标
        secondLine.setLine(120,120,(int)pointSX[a],(int)pointSY[a]);
        muniteLine.setLine(120,120,(int)pointMX[b],(int)pointMY[b]);
        hourLine.setLine(120,120,(int)pointHX[c],(int)pointHY[c]);
        repaint();
      }
    }
}
```

14.5 绘制图像

组件上可以显示图像，比如，为了让按钮上显示名称为 cat.jpg 的图像，可以首先使用 Icon 类的子类 ImageIcon 创建封装 cat.jpg 图像文件的 IconImage 对象，

```
Icon icon=new ImageIcon("cat.jpeg");
```

然后让按钮组件 button 调用方法设置其上的图像（即显示图像）。

```
button.setIcon(icon);
```

除了上述方法外，可以使用 Graphics 绘制图像，步骤如下。

1．加载图像

Java 运行环境提供了一个 Toolkit 对象，任何一个组件调用 getToolkit()方法可以返回这个对象的引用。Tollkit 类的对象调用方法 Image getImage(String fileNme)或 Image getImage(File file)。可以返回一个 Image 对象，该对象封装参数 file（或参数 fileName）指定的图像文件。

2．绘制图像

图像被加载之后，即被封装到 Image 实例中后，就可以在 paint()方法中绘制它了。Graphics 类提供了几个名为 drawImage()的方法用于绘制图像。它们的功能相似，都是在指定位置绘制一幅图像。不同之处在于确定图像大小方式、解释图像中透明部分的方式、以及是否支持图像的剪辑和拉伸。学会使用下面最基本的 drawImage()方法，可以很容易地使用另外的几个方法。

```
public boolean drawImage(Image img,int x,int y,ImageObserver observer);
```

参数 img 是被绘制的 Image 对象，x、y 是要绘制指定图像的矩形的左上角所处的位置，observer 是加载图像时的图像观察器。

当使用 drawImage(Image img,int x,int y,ImageObserver observer)来绘制图像时，如果组件的宽或高设计的不合理，可能会出现图像的某些部分未能绘制到组件上。为了克服这个缺点，可以使用 drawImage ()的另一个方法 public boolean drawImage (Image img,int x,int y,int width ,int height ,ImageObserver observer)。该方法在矩形内绘制加载的图像。参数 img 是被绘制的 Image 对象，x、y 是要绘制指定图像的矩形的左上角所处的位置，width 和 height 指定矩形的宽和高，observer 是加载图像时的图像观察器。

实现 ImageObserver 接口类创建的对象都可以作为图像观察器，Java 所有组件已经实现了该接口，因此任何一个组件都可以作为图像观察器。

图 14.6　绘制图像

JFrame 对象可用 setIconImage(Image image)方法设置窗口左上角的图像，Java 窗口的默认图标是一个咖啡杯。下面的例子 5 绘制了一幅图像，并更改了窗口左上角的咖啡图像。效果如图 14.6 所示。

例子 5

Example14_5.java

```
import java.awt.*;
import javax.swing.*;
class Imagecanvas extends Canvas {
   Toolkit tool;
```

```
   Image image;
   Imagecanvas() {
      setSize(200,200);
      tool=getToolkit();
      image=tool.getImage("唐老鸭.jpg");
   }
   public void paint(Graphics g) {
      g.drawImage(image,10,10,image.getWidth(this),image.getHeight(this),
      this);
   }
}
public class Example14_5 {
   public static void main(String args[]) {
      JFrame win = new JFrame();
      Toolkit tool=win.getToolkit();
      Image image=tool.getImage("trian.jpg");
      win.setIconImage(image);
      win.setSize(400,400);
      win.add(new Imagecanvas());
      win.setDefaultCloseOperation(JFrame.EXIT_ON_CLOSE);
      win.setVisible(true);
   }
}
```

注：Java2D 本身就是 Java 中很丰富的一部分，这里我们只做了初步介绍。

14.6 播放音频

用 Java 可以编写播放.au、.aiff、.wav、.midi、.rfm 格式的音频程序。假设音频文件 hello.wav 位于应用程序当前目录中，播放音频的步骤如下：

（1）创建 File 对象：

```
File musicFile=new File("hello.wav");
```

（2）获取 URI 对象（URI 类属于 java.net 包）：

```
URI uri=musicFile.toURI();
```

（3）获取 URL 对象：

```
URI url=uri.toURL();
```

（4）创建音频对象（AudioClip 和 Applet 类属于 java.applet 包）：

```
AudioClip clip=Applet.newAudioClip(url);
```

（5）播放、循环与停止：

```
clip.play()  开始播放，
```

```
clip.loop()  循环播放，
clip.stop()  停止播放。
```

下面的例子 6 在应用程序中播放音频，界面效果如图 14.7 所示。

图 14.7　播放音频

例子 6

Example14_6.java

```
public class Example14_6 {
   public static void main(String args[]) {
      AudioClipDialog dialog=new AudioClipDialog();
      dialog.setVisible(true);
   }
}
```

AudioClipDialog.java

```
import java.awt.*;
import java.net.*;
import java.awt.event.*;
import java.io.*;
import java.applet.*;
import javax.swing.*;
public class AudioClipDialog extends JDialog implements Runnable,Item-
Listener,ActionListener {
  Thread thread;
  JComboBox choiceMusic;
  AudioClip clip;
  JButton buttonPlay,
        buttonLoop,
        buttonStop;
  String str;
  AudioClipDialog() {
    thread=new Thread(this);
    choiceMusic=new JComboBox();
    choiceMusic.addItem("选择音频文件");
    choiceMusic.addItem("ding.wav");
    choiceMusic.addItem("notify.wav");
    choiceMusic.addItem("online.wav");
    choiceMusic.addItemListener(this);
    buttonPlay=new JButton("播放");
    buttonLoop=new JButton("循环");
    buttonStop=new JButton("停止");
    buttonPlay.addActionListener(this);
    buttonStop.addActionListener(this);
    buttonLoop.addActionListener(this);
```

```
      setLayout(new FlowLayout());
      add(choiceMusic);
      add(buttonPlay);
      add(buttonLoop);
      add(buttonStop);
      setDefaultCloseOperation(JFrame.DISPOSE_ON_CLOSE);
      setSize(350,120);
   }
   public void itemStateChanged(ItemEvent e) {
      str=choiceMusic.getSelectedItem().toString();
      if(!(thread.isAlive())) {
         thread=new Thread(this);
      }
      try{  thread.start();
      }
      catch(Exception ee){}
   }
   public void run() {
      try{  File file=new File(str);
            URI uri=file.toURI();
            URL url=uri.toURL();
            clip=Applet.newAudioClip(url);
      }
      catch(Exception e){}
   }
   public void actionPerformed(ActionEvent e) {
      if(e.getSource()==buttonPlay)
         clip.play();
      else if(e.getSource()==buttonLoop)
         clip.loop();
      else if(e.getSource()==buttonStop)
         clip.stop();
   }
}
```

14.7 应 用 举 例

1. 制作 JPG 图像文件

制作 JPG 图像步骤如下：

（1）用 java.awt.image 包中的 BufferedImage 类建立一个 BufferedImage 对象。

（2）BufferedImage 对象调用 createGraphics()获得一个 Graphics2D 对象。

（3）Graphics2D 对象调用相应的方法绘制图形。

（4）JPEGCodec 用 createJPEGEncoder(OutPutStream out)返回 JPEGImageEncoder 对象。

（5）JPEGImageEncoder 用 encode(Image image)将 BufferedImage 对象写入到输出流。

上面提到的 JPEGCodec 类和 ImageEncoder 类在 com.sun.image.codec.jpeg 包中。

下面的例子 7 将例子 1 中绘制的椭圆和抛物线保存为名字是 my.jpg 的图像文件（图 14.8）。

例子 7

Example14_7.java

图 14.8 my.jpg 图像文件

```
import com.sun.image.codec.jpeg.*;
import java.awt.image.*;
import java.awt.geom.*;
import java.awt.*;
import java.io.*;
public class Example14_7 {
  public static void main(String args[]) {
    try { JPEGImageEncoder encoder=
        JPEGCodec.createJPEGEncoder(new  FileOutputStream("my.jpg"));
        Paint myJPG=new Paint();
        encoder.encode(myJPG.getImage());
    }
    catch(Exception ee) {}
  }
}
class Paint extends Canvas {
   BufferedImage image;
   Graphics2D g_2d;
   BasicStroke bs;
   Paint() {
      image=new BufferedImage(300,300,BufferedImage.TYPE_INT_RGB);
      g_2d=image.createGraphics();
      Rectangle2D rect = new Rectangle2D.Double(0,0,300,300);
      g_2d.setColor(Color.cyan);
      g_2d.fill(rect);
      QuadCurve2D quadCurve=new QuadCurve2D.Double(2,10,51,70,100,10);
      bs=new BasicStroke(3f,BasicStroke.CAP_SQUARE,BasicStroke.JOIN_
      ROUND);
      g_2d.setStroke(bs);
      g_2d.setColor(Color.black);
      g_2d.draw(quadCurve);
      Ellipse2D ellipse= new Ellipse2D.Double(2,40,100,50);
      g_2d.draw(ellipse);
      g_2d.drawString("我绘制的图形保存的JPG图像",100,45);
   }
   public BufferedImage getImage() {
      return image;
```

```
    }
}
```

2. 弹奏音节

在下面的例子 8 中用户用鼠标单击 7 个按钮或敲击键盘对应的数字键，程序播放音乐的 7 个音节。效果如图 14.9 的所示。

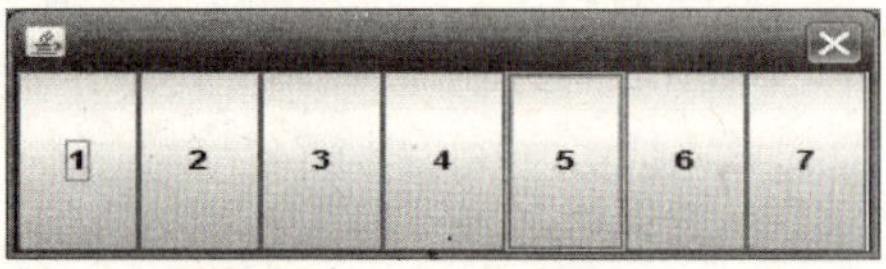

图 14.9　播放音节

例子 8

PlayMusicWindow.java

```
import java.awt.*;
import javax.swing.*;
public class PlayMusicWindow extends JFrame {
   MusicButton [] buttonSyllable; //代表7个音节的按钮数组
   PlayMusicWindow() {
      buttonSyllable = new MusicButton[8];
      setLayout(new GridLayout(1,7));
      for(int i=1;i<=7;i++){
        buttonSyllable[i] = new MusicButton();
        buttonSyllable[i].setClipFile(i+".wav");
        add(buttonSyllable[i]);
      }
      setDefaultCloseOperation(JFrame.DISPOSE_ON_CLOSE);
      setSize(350,120);
   }
   public static void main(String args[]) {
      new PlayMusicWindow().setVisible(true);
   }
}
```

MusicButton.java

```
import java.awt.*;
import java.awt.event.*;
import javax.swing.*;
import java.net.*;
import java.io.*;
import java.applet.*;
public class MusicButton extends JButton implements ActionListener {
      String musicName = "1.wav";
      MusicButton() {
        addActionListener(this);
      }
      public void actionPerformed(ActionEvent exp) {
```

```
        File file=new File(musicName);
        try { URI uri=file.toURI();
              URL url=uri.toURL();
              AudioClip clip=Applet.newAudioClip(url);
              clip.play();
        }
        catch(Exception ee){}
    }
    public void setClipFile(String name){
       musicName = name;
       String t=musicName.substring(0,musicName.indexOf("."));
       setText(""+t);
       int M = JComponent.WHEN_IN_FOCUSED_WINDOW;
       registerKeyboardAction(this,KeyStroke.getKeyStroke(t),M);
    }
}
```

14.8 小　　结

（1）可以使用 Graphics 类或其子类 Grapgics2D 类绘制各种基本图形、图像。

（2）在应用程序中可以播放.au、.aiff、.wav、.midi、.rfm 格式的音频。

习　题　14

1．问答题

（1）创建一个直线对象需要几个参数？

（2）创建一个圆角矩形需要几个参数？

（3）创建一个圆弧需要几个参数？

（4）旋转一个图形需要哪几个步骤？

2．编程题

（1）编写一个应用程序，绘制五角形。

（2）编写一个应用程序绘制一条抛物线的一部分。

（3）编写一个应用程序绘制双曲线的一部分。

（4）编写一个应用程序平移、缩放、旋转你喜欢的图形。

（5）编写一个应用程序（利用图形的布尔运算）绘制各种样式的“月牙”。

第 15 章　泛型与集合框架

主要内容

- 泛型
- 链表
- 堆栈
- 散列映射
- 树集
- 树映射

在第 10 章我们学习了输入、输出流，其核心思想是将程序中产生的数据写入到输出流到达目的地以及从输入流读入程序所需要的数据，但不涉及如何处理程序内部的数据，即如何有效、合理地组织内存中的数据。实际上，程序时常要和各种数据打交道，合理地组织数据的结构以及相关操作是程序设计的一个重要方面，比如在程序设计中经常会使用诸如链表、散列表等数据结构。链表和散列表等数据结构都是可以存放若干个对象的集合，其区别是按着不同的方式来存储对象。在学习数据结构这门课程的时候，要用具体的算法去实现相应的数据结构，例如，为了实现链表这种数据结构，需要实现往链表中插入结点或从链表中删除结点的算法，有些烦琐。在 JDK 1.2 之后，Java 提供了实现常见数据结构的类，这些实现数据结构的类通称为 Java 集合框架。在 JDK 1.5 后，Java 集合框架开始支持泛型，本章首先介绍泛型，然后讲解常见数据结构类的用法。

15.1　泛　　型

泛型（Generics）是在 JDK 1.5 中推出的，其主要目的是可以建立具有类型安全的集合框架，如链表、散列映射等数据结构，本节主要对 Java 泛型进行初步的介绍，更深刻、详细地讨论已超出本书的范围，有关详细内容，可参见 java.sun.com 网站上的泛型教程 http://java.sun.com/j2se/1.5/pdf/generics-tutorial.pdf。

15.1.1　泛型类声明

可以使用“class 名称<泛型列表>”声明一个类，为了和普通的类有所区别，这样声明的类称做泛型类，如：

```
class People<E>
```

People 是泛型类的名称，E 是其中的泛型，也就是说，并没有指定 E 是何种类型的数据，它可以是任何对象或接口，但不能是基本类型数据。也可以不用 E 表示泛型，使用任何一个合理的标识符都可以，但最好和我们熟悉的类型名称有所区别。泛型类声明时，“泛型列表”给出的泛型可以作为类的成员变量的类型、方法的类型以及局部变量的类型。

泛型类的类体和普通类的类体完全类似，由成员变量和方法构成。比如，设计一个锥，只关心它的底面积是多少，并不关心底的具体形状，它所关心的是用底面积和高计算出自身的体积。因此，锥可以用泛型 E 作为自己的底，Cone.java 的代码如下：

Cone.java

```
class Cone<E> {
  double height;
   E bottom;
   public Cone (E b) {
      bottom=b;
   }
}
```

15.1.2 使用泛型类声明对象

和普通的类相比，泛型类声明和创建对象时，类名后多了一对“<>”，而且必须要用具体的类型替换“<>”中的泛型。例如：

```
Cone<Circle> coneOne;
coneOne =new Cone<Circle>(new Circle());
```

在下面的例子 1 中，声明了一个泛型类 Cone，一个 Cone 对象计算体积时，只关心它的底是否能计算面积，并不关心底的类型。运行效果如图 15.1 所示。

例子 1

图 15.1　使用泛型类

Cone.java

```
public class Cone<E> {
   double height;
   E bottom; //用泛型类E声明对象bottom
   public Cone (E b) {
      bottom=b;
   }
   public void setHeight(double h) {
      height=h;
   }
   public double computerVolume() {
      String s=bottom.toString();//泛型变量只能调用从Object类继承的或重写的方法
      double area=Double.parseDouble(s);
      return 1.0/3.0*area*height;
   }
}
```

Rect.java

```
public class Rect {
   double sideA,sideB,area;
   Rect(double a,double b) {
     sideA=a;
     sideB=b;
   }
   public String toString() {
      area=sideA*sideB;
      return ""+area;
   }
}
```

Circle.java

```
public class Circle {
   double area,radius;
   Circle(double r) {
      radius=r;
   }
   public String toString() { //重写Object类的toString()方法
      area=radius*radius*Math.PI;
      return ""+area;
   }
}
```

Example15_1.java

```
public class Example15_1 {
   public static void main(String args[]) {
      Circle circle=new Circle(10);
      Cone<Circle> coneOne=new Cone<Circle>(circle);//创建一个（圆）锥对象
      coneOne.setHeight(16);
      System.out.println(coneOne.computerVolume());
      Rect rect=new Rect(15,23);
      Cone<Rect> coneTwo=new Cone<Rect>(rect);       //创建一个（方）锥对象
      coneTwo.setHeight(98);
      System.out.println(coneTwo.computerVolume());
  }
}
```

注：Java中的泛型类和C++的类模板有很大的不同，在上述例子1中，泛型类中的泛型变量bottom只能调用Object类中的方法，因此Circle和Rectangle都重写了Object类的toString()方法。

Java 泛型的主要目的是可以建立具有类型安全的数据结构，如链表、散列表等数据结构，最重要的一个优点就是：在使用这些泛型类建立的数据结构时，不必进行强制类型转换，即不要求进行运行时类型检查。JDK 1.5 是支持泛型的编译器，它将运行时的类型检查提前到编译时执行，使代码更安全。Java 推出泛型的主要目的是为了建立具有类型安全的数据结构，如链表、散列映射等。

15.2 链　　表

如果需要处理一些类型相同的数据，人们习惯使用数组这种数据结构，但数组在使用之前必须定义其元素的个数，即数组的大小，而且不能轻易改变数组的大小，因为改变数组大小就意味着放弃原有的全部单元，这是无法容忍的。有时可能给数组分配了太多的单元而浪费了宝贵的内存资源，糟糕的一方面是，程序运行时需要处理的数据可能多于数组的单元。当需要动态地减少或增加数据项时，可以使用链表这种数据结构。

链表是由若干个称做结点的对象组成的一种数据结构，每个结点含有一个数据和下一个结点的引用（单链表，见图 15.2），或含有一个数据并含有上一个结点的引用和下一个结点的引用（双链表，见图 15.3）。

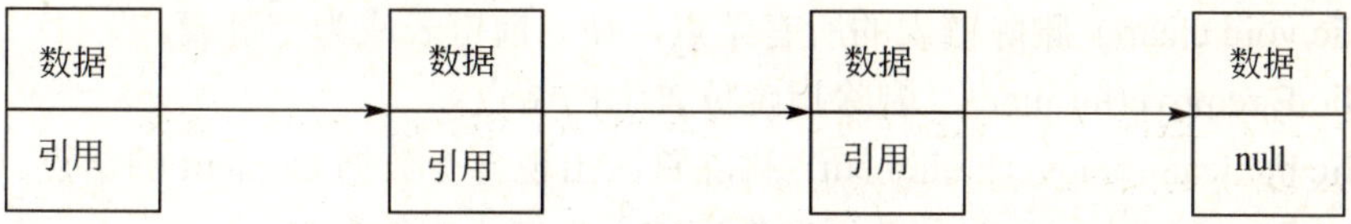

图 15.2　单链表示意图

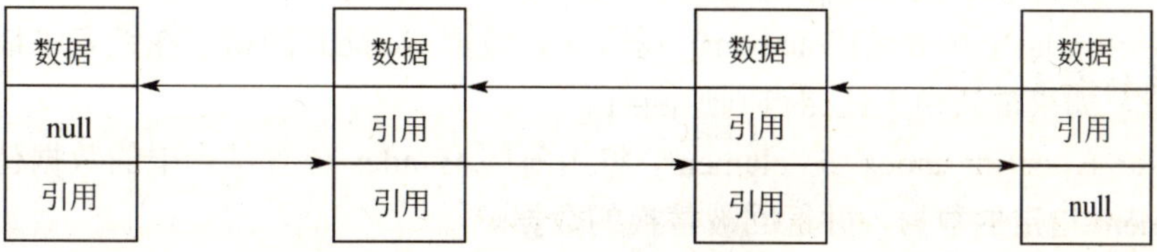

图 15.3　双链表示意图

15.2.1 LinkedList<E>泛型类

java.util 包中的 LinkedList<E>泛型类创建的对象以链表结构存储数据，习惯上称 LinkedList 类创建的对象为链表对象。例如：

```
LinkedList<String> mylist=new LinkedList<String>();
```

创建一个空双链表。

使用 LinkedList<E>泛型类声明创建链表时，必须要指定 E 的具体类型，然后链表就可以使用 add(E obj)方法向链表依次增加结点。例如，上述链表 mylist 使用 add 方法添加结点，结点中的数据必须是 String 对象，如下列代码所示：

```
mylist.add("How");
```

```
mylist.add("Are");
mylist.add("You");
mylist.add("Java");
```

这时，链表 mylist 就有了有 4 个结点，结点是自动链接在一起的，不需要我们做链接，也就是说，不需要操作安排结点中所存放的下一个或上一个结点的引用。

15.2.2 常用方法

LinkedList<E>是实现了泛型接口 List<E>的泛型类，而泛型接口 Lis<E>又是 Collection<E>泛型接口的子接口。LinkedList<E>泛型类中的绝大部分方法都是泛型接口方法的实现。编程时，可以使用接口回调技术，即把 LinkedList<E>对象的引用赋值给 Collection<E>接口变量或 List<E>接口变量，接口就可以调用类实现的接口方法。

以下是 LinkedList<E>泛型类实现 List<E>泛型接口中的一些常用方法。

- public boolean add(E element) 向链表末尾添加一个新的结点，该结点中的数据是参数 element 指定的数据。
- public void add(int index ,E element) 向链表的指定位置添加一个新的结点，该结点中的数据是参数 element 指定的数据。
- public void clear() 删除链表的所有结点，使当前链表成为空链表。
- public E remove(int index) 删除指定位置上的结点。
- public boolean remove(E element) 删除首次出现含有数据 element 的结点。
- public E get(int index) 得到链表中指定位置处结点中的数据。
- public int indexOf(E element) 返回含有数据 element 的结点在链表中首次出现的位置，如果链表中无此结点则返回–1。
- public int lastIndexOf(E element) 返回含有数据 element 的结点在链表中最后出现的位置，如果链表中无此结点则返回–1。
- public E set(int index ,E element) 将当前链表 index 位置结点中的数据替换为参数 element 指定的数据，并返回被替换的数据。
- public int size() 返回链表的长度，即结点的个数。
- public boolean contains(Object element) 判断链表中是否有结点含有数据 element。

以下是 LinkedList<E>泛型类本身新增加的一些常用方法。

- public void addFirst(E element) 向链表的头添加新结点，该结点中的数据是参数 element 指定的数据。
- public void addLast(E element) 向链表的末尾添加新结点，该结点中的数据是参数 element 指定的数据。
- public E getFirst() 得到链表中第一个结点中的数据。
- public E getLast() 得到链表中最后一个结点中的数据。
- public E removeFirst() 删除第一个结点，并返回这个结点中的数据。
- public E removeLast() 删除最后一个结点，并返回这个结点中的数据。
- public Object clone() 得到当前链表的一个克隆链表，该克隆链表中结点数据的改变不会影响到当前链表中结点的数据，反之亦然。

15.2.3 遍历链表

无论何种集合，应当允许用户以某种方法遍历集合中的对象，而不需要知道这些对象在集合中是如何表示及存储的，Java 集合框架为各种数据结构的集合，比如链表、散列表等不同存储结构的集合都提供了迭代器。

某些集合根据其数据存储结构和所具有的操作也会提供返回数据的方法，例如 LinkedList 类中的 get(int index)方法将返回当前链表中第 index 个结点中的对象。LinkedList 的存储结构不是顺序结构，因此，链表调用 get(int index)方法的速度比顺序存储结构的集合调用 get(int index)方法的速度慢。因此，当用户需要遍历集合中的对象时，应当使用该集合提供的迭代器，而不是让集合本身来遍历其中的对象。由于迭代器遍历集合的方法在找到集合中的一个对象的同时，也得到待遍历的后继对象的引用，因此迭代器可以快速地遍历集合。

链表对象可以使用 iterator()方法获取一个 Iterator 对象，该对象就是针对当前链表的迭代器。

下面的例子 2 比较了使用迭代器遍历链表和 get(int index)方法遍历链表所用的时间，运行效果如图 15.4 所示。

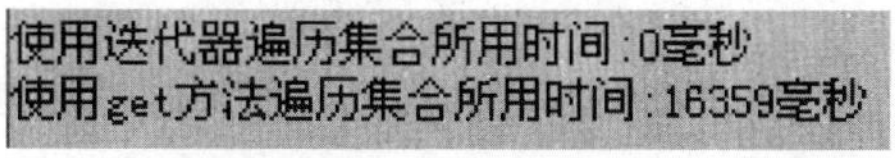

图 15.4　遍历链表

例子 2

Example15_2.java

```
import java.util.*;
public class Example15_2 {
   public static void main(String args[]){
      List<String> list=new LinkedList<String>();
      for(int i=0;i<=60096;i++){
           list.add("speed"+i);
      }
      Iterator<String> iter=list.iterator();
      long starttime=System.currentTimeMillis();
      while(iter.hasNext()){
          String te=iter.next();
      }
      long endTime=System.currentTimeMillis();
      long result=endTime-starttime;
      System.out.println("使用迭代器遍历集合所用时间:"+result+"毫秒");
      starttime=System.currentTimeMillis();
      for(int i=0;i<list.size();i++){
         String te=list.get(i);
      }
      endTime=System.currentTimeMillis();
```

```
        result=endTime-starttime;
        System.out.println("使用get方法遍历集合所用时间:"+result+"毫秒");
    }
}
```

注：Java 也提供了顺序结构的动态数组表类 ArrayList，数组表采用顺序结构来存储数据。数组表不适合动态地改变它存储的数据，如增加、删除单元等（比链表慢），但是，由于数组表采用顺序结构存储数据，数组表获得第 n 个单元中的数据的速度要比链表获得第 n 个单元中的数据快。ArrayList 类的很多方法与 LinkedList 类似，二者本质区别就是一个使用顺序结构，一个使用链式结构。请读者将例子 3 中的 LinkedList 用 ArrayList 替换，并观察程序的运行效果。

JDK 1.5 之前没有泛型的 LinkedList 类，可以用普通的 LinkedList 创建一个链表对象，如

```
LinkedList mylist = new LinkedList();
```

然后 mylist 链表可以使用 add(Object obj)方法向这个链表依次添加结点。由于任何类都是 Object 类的子类，因此可以把任何一个对象作为链表结点中的对象。需要注意的是，使用 get()获取一个结点中的对象时，要用类型转换运算符转换回原来的类型。Java 泛型的主要目的是可以建立具有类型安全的集合框架，优点就是：在使用这些泛型类建立的数据结构时，不必进行强制类型转换，即不要求进行运行时类型检查。如果使用旧版本的 LinkedList 类，JDK 1.5 后续版本的编译器会给出警告信息，但程序仍能正确运行。下面的例子 3 是使用了 JDK 1.5 版本之前的 LinkedList。

例子 3

Example15_3.java

```
import java.util.*;
public class Example13_4{
   public static void main(String args[]){
      LinkedList mylist=new LinkedList();
      mylist.add("你");                         //链表中的第一个结点
      mylist.add("好");                         //链表中的第二个结点
      int number=mylist.size();                 //获取链表的长度
      for(int i=0;i<number;i++){
        String temp=(String)mylist.get(i); //必须强制转换取出的数据
        System.out.println("第"+i+"结点中的数据:"+temp);
      }
      Iterator iter=mylist.iterator();
      while(iter.hasNext()) {
        String te=(String)iter.next();        //必须强制转换取出的数据
        System.out.println(te);
```

```
        }
    }
}
```

15.2.4 排序与查找

程序可能经常需要对链表按着某种大小关系排序，以便查找一个数据是否和链表中某个结点上的数据相等。Collections 类提供的用于排序和查找的类方法如下：

public static sort(List<E> list) 该方法可以将 list 中的元素按升序排列。

int binarySearch(List<T> list, T key,CompareTo<T> c) 使用折半法查找 list 是否含有和参数 key 相等的元素，如果 key 与链表中某个元素相等，方法返回和 key 相等的元素在链表中的索引位置（链表的索引位置从 0 开始），否则返回–1。

排序链表或查找某对象是否和链表中的结点中的对象相同，都涉及对象的大小关系。

String 类实现了 Comparable 接口，规定字符串按字典序比较大小。如果链表中存放的对象不是字符串数据，那么创建对象的类必须实现 Comparable 接口，即实现该接口中的方法 int compareTo(Object b)来规定对象的大小关系（原因是 sort 方法在排序时需要调用名字是 compareTo 的方法比较链表中对象的大小关系，即 Java 提供的 Collections 类中的 sort 方法是面向 Comparable 接口设计的，建议读者复习 6.9 节）。

在下面的例子 4 中，Student 类通过实现 Comparable 接口规定该类的对象的大小关系（按 height 值的大小确定大小关系，即学生按其身高确定他们之间的大小关系）。链表添加了 3 个 Student 对象，Collections 调用 sort 方法将链表中的对象按其 height 值升序排序，并查找一个对象的 height 值是否和链表中某个对象的 height 值相同。运行效果如图 15.5 所示。

例子 4

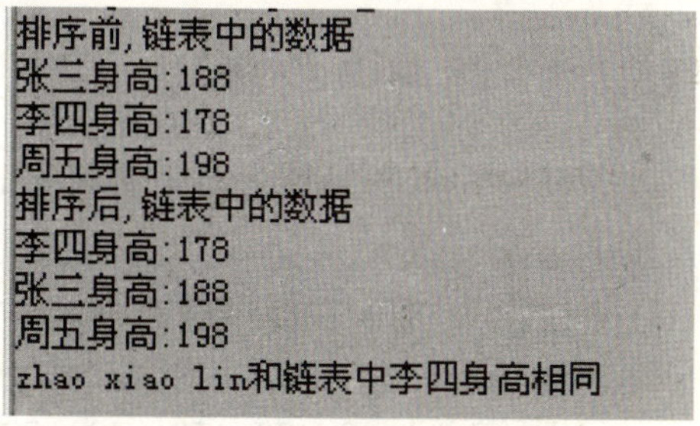

图 15.5 排序与查找

Example15_4.java

```
import java.util.*;
class Student implements Comparable {
   int height=0;
   String name;
   Student(String n,int h) {
      name=n;
      height = h;

   }
   public int compareTo(Object b) { //两个Student对象相等当且仅当两者的
                                    //height值相等
     Student st=(Student)b;
     return (this.height-st.height);
   }
}
public class Example15_4 {
    public static void main(String args[ ]) {
```

```
        List<Student> list = new LinkedList<Student>();
        list.add(new Student("张三",188));
        list.add(new Student("李四",178));
        list.add(new Student("周五",198));
        Iterator<Student> iter=list.iterator();
        System.out.println("排序前,链表中的数据");
        while(iter.hasNext()){
           Student stu=iter.next();
           System.out.println(stu.name+ "身高:"+stu.height);
        }
        Collections.sort(list);
        System.out.println("排序后,链表中的数据");
        iter=list.iterator();
        while(iter.hasNext()){
           Student stu=iter.next();
           System.out.println(stu.name+ "身高:"+stu.height);
        }
        Student zhaoLin = new Student("zhao xiao lin",178);
        int index = Collections.binarySearch(list,zhaoLin,null);
        if(index>=0) {
            System.out.println(zhaoLin.name+"和链表中"+list.get(index).name+"
            身高相同");
        }
     }
  }
```

15.2.5 洗牌与旋转

Collections 类还提供了将链表中的数据重新随机排列的类方法以及旋转链表中数据的类方法。

- public static void shuffle(List<E> list) 将 list 中的数据按洗牌算法重新随机排列。
- static void rotate(List<E> list, int distance) 旋转链表中的数据。例如，假设 list 的数据依次为 10，20，30，40，50，那么 Collections.rotate(list,1)之后，list 的数据依次为 50，10，20，30，40。当方法的参数 distance 取正值时，向右转动 list 中的数据；取负值时，向左转动 list 中的数据。
- public static void reverse(List<E> list) 翻转 list 中的数据。假设 list 索引处的数据依次为 1，2，3，那么 Collections. reverse (list)之后，list 的数据依次为 3，2，1。

下面的例子 5 使用了 shuffle()方法、reverse()方法和 rotate()方法，运行效果如图 15.6 所示。

```
洗牌前,链表中的数据
10      20      30      40      50
洗牌后,链表中的数据
50      30      10      40      20
再向右旋转1次后,链表中的数据
20      50      30      10      40
```

图 15.6 洗牌与旋转

例子 5

Example15_5.java

```
import java.util.*;
```

```
public class Example15_5 {
    public static void main(String args[ ]) {
       List<Integer> list = new LinkedList<Integer>();
       for(int i=10;i<=50;i=i+10)
           list.add(new Integer(i));
       System.out.println("洗牌前,链表中的数据");
       Iterator<Integer> iter=list.iterator();
       while(iter.hasNext()){
          Integer n=iter.next();
          System.out.printf("%d\t",n.intValue());
       }
       Collections.shuffle(list);
       System.out.printf("\n洗牌后,链表中的数据\n");
       iter=list.iterator();
       while(iter.hasNext()){
          Integer n=iter.next();
          System.out.printf("%d\t",n.intValue());
       }
       System.out.printf("\n再向右旋转1次后,链表中的数据\n");
       Collections.rotate(list,1);
       iter=list.iterator();
       while(iter.hasNext()){
          Integer n=iter.next();
          System.out.printf("%d\t",n.intValue());
       }

    }
}
```

15.3 堆　　栈

堆栈是一种“后进先出”的数据结构，只能在一端进行输入或输出数据的操作。堆栈把第一个放入该堆栈的数据放在最底下，而把后续放入的数据放在已有数据的顶上。向堆栈中输入数据的操作称为“压栈”，从堆栈中输出数据的操作称为“弹栈”。由于堆栈总是在顶端进行数据的输入输出操作，所以弹栈总是输出（删除）最后压入堆栈中的数据，这就是“后进先出”的来历。

使用 java.util 包中的 Stack<E>泛型类创建一个堆栈对象，堆栈对象可以使用

```
public E push(E item);
```

实现压栈操作。使用

```
public E pop();
```

实现弹栈操作。使用

```
public boolean empty();
```

判断堆栈是否还有数据，有数据返回 false ，否则返回 true。使用

```
public E peek();
```

获取堆栈顶端的数据，但不删除该数据。使用

```
public int search(Object data);
```

获取数据在堆栈中的位置，最顶端的位置是 1 ，向下依次增加，如果堆栈不含此数据，则返回-1。

堆栈是很灵活的数据结构，使用堆栈可以节省内存的开销。比如，递归是一种很消耗内存的算法，可以借助堆栈消除大部分递归，达到和递归算法同样的目的。Fibonacci 整数序列是我们熟悉的一个递归序列，它的第 n 项是前两项的和，第一项和第二项是 1 。

下面的例子 6 用堆栈输出该递归序列的若干项，运行效果如图 15.7 所示。

例子 6

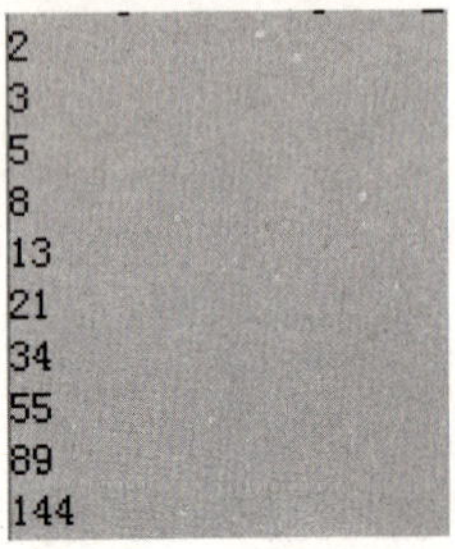

图 15.7 使用堆栈

Example15_6.java

```
import java.util.*;
public class Example15_6 {
   public static void main(String args[]) {
      Stack<Integer> stack=new Stack<Integer>();
      stack.push(new Integer(1));
      stack.push(new Integer(1));
      int k=1;
      while(k<=10) {
        for(int i=1;i<=2;i++) {
          Integer F1=stack.pop();
          int f1=F1.intValue();
          Integer F2=stack.pop();
          int f2=F2.intValue();
          Integer temp=new Integer(f1+f2);
          System.out.println(""+temp.toString());
          stack.push(temp);
          stack.push(F2);
          k++;
        }
      }
   }
}
```

15.4 散列映射

15.4.1 HashMap<K,V>泛型类

HashMap<K,V>泛型类实现了泛型接口 Map<K,V>，HashMap<K,V>类中的绝大部分方

法都是 Map<K,V>接口方法的实现。编程时，可以使用接口回调技术，即把 HashMap<K,V>对象的引用赋值给 Map<K,V>接口变量，那么接口变量就可以调用类实现的接口方法。

HashMap<K,V>对象采用散列表这种数据结构存储数据，习惯上称 HashMap<K,V>对象为散列映射。散列映射用于存储键/值对，允许把任何数量的键/值对存储在一起。键不可以发生逻辑冲突，即不要两个数据项使用相同的键，如果出现两个数据项对应相同的键，那么，先前散列映射中的键/值对将被替换。散列映射在它需要更多的存储空间时会自动增大容量。例如，如果散列映射的装载因子是 0.75，那么当散列映射的容量使用了 75%时，它就把容量增加到原始容量的 2 倍。对于数组表和链表这两种数据结构，如果要查找它们存储的某个特定的元素却不知道它的位置，就需要从头开始访问元素直到找到匹配的为止，如果数据结构中包含很多的元素，就会浪费时间。这时最好使用散列映射来存储要查找的数据，使用散列映射可以减少检索的开销。

HashMap<K,V>泛型类创建的对象称做散列映射，例如

```
HashMap<String,Student> hashtable = HashSet<String,Student>();
```

hashtable 就可以存储键/值对数据，其中的键必须是一个 String 对象，键对应的值必须是 Student 对象。hashtable 可以调用 public V put(K key,V value)将键/值对数据存放到散列映射中，该方法同时返回键所对应的值。

15.4.2 常用方法

- public void clear() 清空散列映射。
- public Object clone() 返回当前散列映射的一个克隆。
- public boolean containsKey(Object key) 如果散列映射有键/值对使用了参数指定的键，方法返回 true，否则返回 false。
- public boolean containsValue(Object value) 如果散列映射有键/值对的值是参数指定的值，方法返回 true，否则返回 false。
- public V get(Object key) 返回散列映射中使用 key 做键的键/值对中的值。
- public boolean isEmpty() 如果散列映射不含任何、键/值对，方法返回 true，否则返回 false。
- public V remove(Object key) 删除散列映射中键为参数指定的键/值对，并返回键对应的值。
- public int size() 返回散列映射的大小，即散列映射中键/值对的数目。

15.4.3 遍历散列映射

public Collection<V> values()方法返回一个实现 Collection<V>接口类创建的对象，可以使用接口回调技术，即将该对象的引用赋给 Collection<V>接口变量，该接口变量可以回调 iterator()方法获取一个 Iterator 对象，这个 Iterator 对象存放散列映射中所有键/值对中的值。

15.4.4 基于散列映射的查询

对于经常需要进行查找的数据可以采用散列映射来存储这样的数据，即为数据指定一

个查找它的关键字，然后按着键/值对，将关键字和数据一并存入散列映射中。

下面的例子 7 是一个英语单词查询的 GUI 程序，用户在界面的一个文本框中输入一个英文单词回车确认，另一个文本框显示英文单词的汉语翻译。例子 7 中使用一个文本文件 word.txt 来管理若干个英文单词及汉语翻译，如下所示。

word.txt

```
grandness 伟大  swim  游泳  sparrow  麻雀
boy 男孩 sun 太阳 moon 月亮  student 学生
```

即文件 word.txt 用空白分隔单词。例子中的 wordPolice 类使用 Scanner 解析 word.txt 中的单词（读者可复习 8.3 节），然后将英文单词-汉语翻译作为键/值存储到散列映射中供用户查询。程序运行效果如图 15.8 所示。

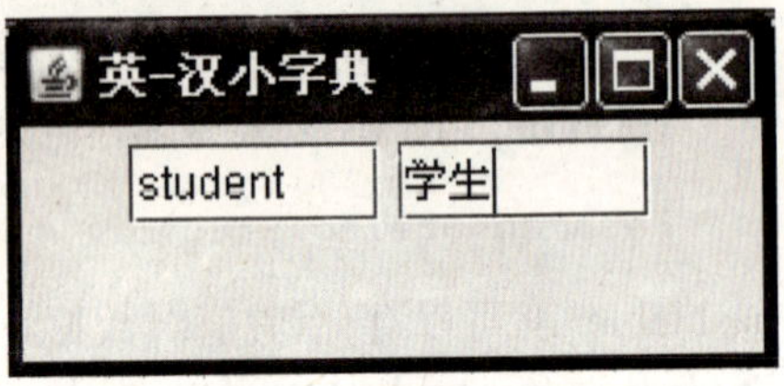

图 15.8　使用散列映射

例子 7

Example15_7.java

```
public class Example15_7 {
   public static void main(String args[]) {
      WindowWord win=new WindowWord();
      win.setTitle("英-汉小字典");
   }
}
```

WindowWord.java

```
import java.awt.*;
import javax.swing.*;
public class WindowWord extends JFrame {
   JTextField inputText,showText;
   WordPolice police;           //监视器
   WindowWord() {
      setLayout(new FlowLayout());
      inputText=new JTextField(6);
      showText=new JTextField(6);
      add(inputText);
      add(showText);
      police=new WordPolice();
      police.setJTextField(showText);
      inputText.addActionListener(police);
      setBounds(100,100,400,280);
      setVisible(true);
      setDefaultCloseOperation(JFrame.EXIT_ON_CLOSE);
   }
}
```

WordPolice.java

```
import java.awt.event.*;
```

```
import javax.swing.*;
import java.io.*;
import java.util.*;
public class WordPolice implements ActionListener {
   JTextField showText;
   HashMap<String,String> hashtable;
   File file=new File("word.txt");
   Scanner sc=null;
   WordPolice() {
     hashtable=new HashMap<String,String>();
     try{ sc=new Scanner(file);
          while(sc.hasNext()){
             String englishWord=sc.next();
             String chineseWord=sc.next();
             hashtable.put(englishWord,chineseWord);
          }
     }
     catch(Exception e){}
   }
   public void setJTextField(JTextField showText) {
      this.showText=showText;
   }
   public void actionPerformed(ActionEvent e) {
      String englishWord=e.getActionCommand();
      if(hashtable.containsKey(englishWord)) {
         String chineseWord=hashtable.get(englishWord);
         showText.setText(chineseWord);
      }
      else {
         showText.setText("没有此单词");
      }
   }
}
```

15.5 树　　集

15.5.1 TreeSet<E>泛型类

TreeSet<E>类是实现 Set<E>接口的类，它的大部分方法都是接口方法的实现。TreeSet<E>类创建的对象称做树集。树集采用树结构存储数据，树结点中的数据会按存放的数据的“大小”顺序一层一层地依次排列，在同一层中的结点从左到右按字典序从小到大递增排列，下一层的都比上一层的小。如：

```
TreeSet<String> mytree=new TreeSet<String>();
```

然后使用 add 方法为树集添加结点。

```
mytree.add("boy");
mytree.add("zoo");
mytree.add("apple");
mytree.add("girl");
```

15.5.2 结点的大小关系

树集结点的排列和链表不同，不按添加的先后顺序排列。树集用 add 方法添加结点，结点会按其存放的数据的“大小”顺序一层一层地依次排列，在同一层中的结点从左到右按“大小”顺序递增排列，下一层的都比上一层的小。mytree 的示意图如图 15.9 所示。

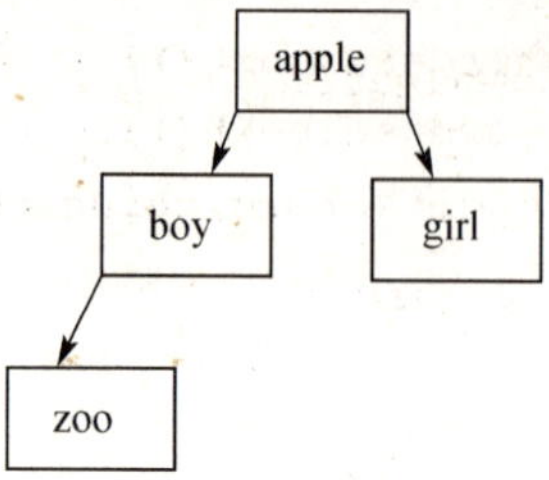

图 15.9 树集

String 类实现了 Comparable 接口中的 compareTo(Object str)方法，字符串对象调用 compareTo（String s）方法按字典序与参数 s 指定的字符串比较大小，也就是说两个字符串对象知道怎样比较大小。因此，当树集中结点存放的是 String 对象时，树集的结点数据按“大小”顺序一层一层地依次排列，在同一层中的结点从左到右按“大小”顺序递增排列，下一层的都比上一层的小。

实现 Comparable 接口类创建的对象可以调用 compareTo(Object str)方法和参数指定的对象比较大小关系。假如 a 当和 b 当是实现 Comparable 接口的类创建的两个对象，当 a.compareTo(b)<0 时，称 a 小于 b，当 a.compare(b)>0 时，称 a 大于 b，当 a.compare(b)==0 时，称 a 等于 b。

当一个树集中的数据是实现 Comparable 接口类创建的对象时，结点就按对象的大小关系顺序排列。

15.5.3 TreeSet 类的常用方法

- public boolean add(E o) 向树集添加结点，结点中的数据由参数指定，添加成功返回 true，否则返回 false。
- public void clear() 删除树集中的所有结点。
- public void contains(Object o) 如果树集中有包含参数指定的对象，该方法返回 true，否则返回 false。
- public E first() 返回树集中的第一个结点中的数据（最小的结点）。
- public E last() 返回最后一个结点中的数据（最大的结点）。
- public boolean isEmpty() 判断是否是空树集，如果树集不含任何结点，该方法返回

true。

- public boolean remove(Object o) 删除树集中的存储参数指定的对象的最小结点，如果删除成功，该方法返回 true，否则返回 false。
- public int size() 返回树集中结点的数目。

下面的例子 8 中的树集按着英语成绩从低到高存放 4 个 Student 对象。运行效果如图 15.10 所示。

```
钱二 66
李四 76
孙三 86
赵一 90
```

图 15.10 使用 TreeSet 排序

例子 8

Example15_8.java

```
import java.util.*;
class Student implements Comparable {
   int english=0;
   String name;
   Student(int english,String name) {
      this.name=name;
      this.english=english;
   }
   public int compareTo(Object b) {
      Student st=(Student)b;
      return (this.english-st.english);
   }
}
public class Example15_8 {
  public static void main(String args[]) {
     TreeSet<Student> mytree=new TreeSet<Student>();
     Student st1,st2,st3,st4;
     st1=new Student(90,"赵一");
     st2=new Student(66,"钱二");
     st3=new Student(86,"孙三");
     st4=new Student(76,"李四");
     mytree.add(st1);
     mytree.add(st2);
     mytree.add(st3);
     mytree.add(st4);
     Iterator<Student> te=mytree.iterator();
     while(te.hasNext()) {
        Student stu=te.next();
        System.out.println(""+stu.name+" "+stu.english);
     }
  }
}
```

树集中不容许出现大小相等的两个结点，例如，在上述例子 8 中如果再添加语句

```
st5=new Student(76,"keng wenyi");
mytree.add(st5);
```

是无效的。如果允许成绩相同，可把上述例子中 Student 类中的 compareTo 方法更改为：

```
public int compareTo(Object b) {
   Student st=(Student)b;
   if((this.english-st.English)==0)
       return 1;
    else
       return (this.english-st.english);
 }
```

注：理论上已经知道，把一个元素插入树集的合适位置要比插入数组或链表中的合适位置效率高。

15.6 树 映 射

前面学习的树集 TreeSet<E>适合用于数据的排序，结点是按着存储的对象的大小升序排列。TreeMap<K,V>类实现了 Map<K,V>接口，称 TreeMap<K,V>对象为树映射。树映射使用 public V put(K key,V value)方法添加结点，该结点不仅存储数据 value，也存储和其关联的关键字 key，也就是说，树映射的结点存储关键字/值对。和树集不同的是，树映射保证结点是按照结点中的关键字升序排列。

下面的例子 9 使用了 TreeMap，分别按学生的英语成绩和数学成绩排序结点。运行效果如图 15.11 所示。

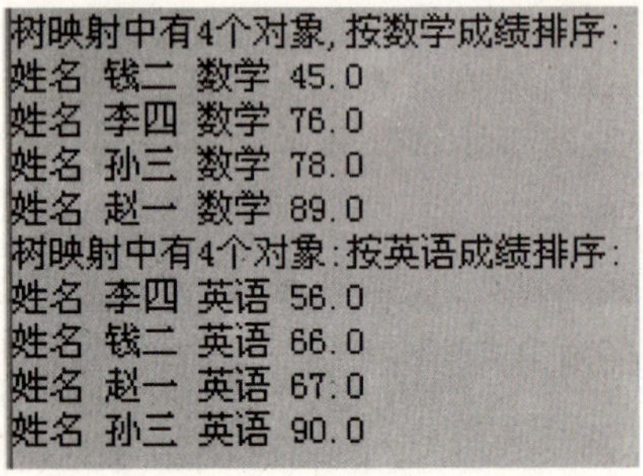

图 15.11　使用 TreeMap 排序

例子 9

Example15_9.java

```
import java.util.*;
class StudentKey implements Comparable {
   double d=0;
   StudentKey (double d) {
     this.d=d;
   }
   public int compareTo(Object b) {
     StudentKey st=(StudentKey)b;
     if((this.d-st.d)==0)
        return -1;
     else
        return (int)((this.d-st.d)*1000);
  }
}
class Student {
    String name=null;
    double math,english;
    Student(String s,double m,double e) {
```

```
        name=s;
        math=m;
        english=e;
    }
}
public class Example15_9 {
    public static void main(String args[ ]) {
        TreeMap<StudentKey,Student>  treemap= new TreeMap<StudentKey,Student>();
        String str[]={"赵一","钱二","孙三","李四"};
        double math[]={89,45,78,76};
        double english[]={67,66,90,56};
        Student student[]=new Student[4];
        for(int k=0;k<student.length;k++) {
            student[k]=new Student(str[k],math[k],english[k]);
        }
        StudentKey key[]=new StudentKey[4] ;
        for(int k=0;k<key.length;k++) {
            key[k]=new StudentKey(student[k].math); //关键字按数学成绩排列大小
        }
        for(int k=0;k<student.length;k++) {
            treemap.put(key[k],student[k]);
        }
        int number=treemap.size();
        System.out.println("树映射中有"+number+"个对象,按数学成绩排序:");
        Collection<Student> collection=treemap.values();
        Iterator<Student> iter=collection.iterator();
        while(iter.hasNext()) {
            Student stu=iter.next();
            System.out.println("姓名 "+stu.name+" 数学 "+stu.math);
        }
        treemap.clear();
        for(int k=0;k<key.length;k++) {
            key[k]=new StudentKey(student[k].english);//关键字按英语成绩排列大小
        }
        for(int k=0;k<student.length;k++) {
            treemap.put(key[k],student[k]);
        }
        number=treemap.size();
        System.out.println("树映射中有"+number+"个对象:按英语成绩排序:");
        collection=treemap.values();
        iter=collection.iterator();
        while(iter.hasNext()) {
            Student stu=(Student)iter.next();
            System.out.println("姓名 "+stu.name+" 英语 "+stu.english);
        }
    }
}
```

15.7 自动装箱与拆箱

JDK 1.5 后，程序允许把一个基本数据类型添加到类似链表等数据结构中，系统会自动完成基本类型到相应对象的转换（自动装箱）。当从一个数据结构中获取对象时，如果该对象是基本数据的封装对象，那么系统自动完成对象到基本类型的转换（自动拆箱）。

下面的例子 10 中使用了自动装箱与拆箱。

例子 10

Example15_10.java

```
import java.util.*;
public class Example13_10 {
   public static void main(String args[]) {
      ArrayList<Integer> list=new ArrayList<Integer>();
      for(int i=0;i<10;i++) {
         list.add(i);  //自动装箱,实际添加到list中的是new Integer(i)。
      }
      for(int k=list.size()-1;k>=0;k--) {
         int m=list.get(k);  //自动拆箱,获取Integer对象中的int型数据
         System.out.printf("%3d",m);
      }
   }
}
```

15.8 应 用 举 例

在下面的例子 11 中使用对象流实现商品库存的录入与显示系统。例子 11 中有一个实现接口 Serializable 的 Goods 类，程序将该类的对象作为链表的结点，然后把链表写入到文件。运行效果如图 15.12 所示。

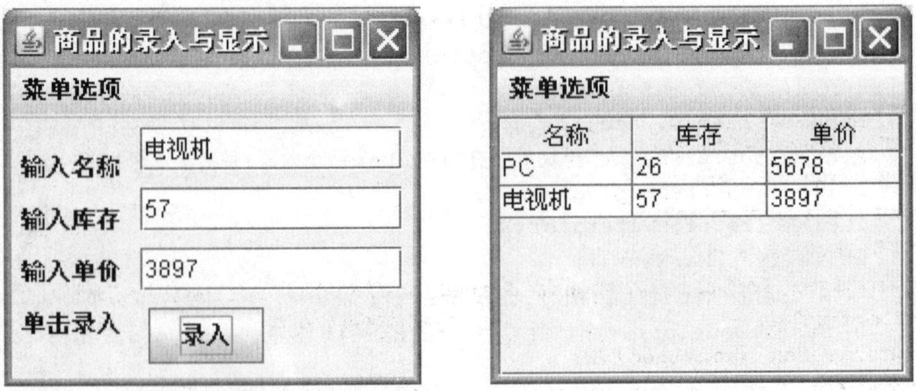

图 15.12　商品的录入与显示

例子 11

Example15_11.java

```
public class Example15_11 {
  public static void main(String args[]) {
     WindowGoods win=new WindowGoods();
     win.setTitle("商品的录入与显示");
  }
}
```

Goods.java

```
public class Goods implements java.io.Serializable {
   String name, mount,price;
   public void setName(String name) {
      this.name=name;
   }
   public void setMount(String mount) {
      this.mount=mount;
   }
   public void setPrice(String price) {
      this.price=price;
   }
   public String getName() {
      return name;
   }
   public String getMount() {
      return mount;
   }
   public String getPrice() {
      return price;
   }
}
```

InputArea.java

```
import java.io.*;
import javax.swing.*;
import java.awt.*;
import java.awt.event.*;
import java.util.*;
public class InputArea extends JPanel implements ActionListener {
   File f=null;                          //存放链表的文件
   Box baseBox ,boxV1,boxV2;
   JTextField name,mount,price;          //为Goods对象提供的视图
   JButton button;                       //控制器
   LinkedList<Goods> goodsList;          //存放Goods对象的链表
```

```
InputArea(File f) {
  this.f=f;
  goodsList=new LinkedList<Goods>();
  name=new JTextField(12);
  mount=new JTextField(12);
  price=new JTextField(12);
  button=new JButton("录入");
  button.addActionListener(this);
  boxV1=Box.createVerticalBox();
  boxV1.add(new JLabel("输入名称"));
  boxV1.add(Box.createVerticalStrut(8));
  boxV1.add(new JLabel("输入库存"));
  boxV1.add(Box.createVerticalStrut(8));
  boxV1.add(new JLabel("输入单价"));
  boxV1.add(Box.createVerticalStrut(8));
  boxV1.add(new JLabel("单击录入"));
  boxV2=Box.createVerticalBox();
  boxV2.add(name);
  boxV2.add(Box.createVerticalStrut(8));
  boxV2.add(mount);
  boxV2.add(Box.createVerticalStrut(8));
  boxV2.add(price);
  boxV2.add(Box.createVerticalStrut(8));
  boxV2.add(button);
  baseBox=Box.createHorizontalBox();
  baseBox.add(boxV1);
  baseBox.add(Box.createHorizontalStrut(10));
  baseBox.add(boxV2);
  add(baseBox);
}
public void actionPerformed(ActionEvent e) {
  if(f.exists()) {
    try{
       FileInputStream  fi=new FileInputStream(f);
       ObjectInputStream oi=new ObjectInputStream(fi);
       goodsList= (LinkedList<Goods>)oi.readObject();
       fi.close();
       oi.close();
       Goods goods=new Goods();
       goods.setName(name.getText());
       goods.setMount(mount.getText());
       goods.setPrice(price.getText());
       goodsList.add(goods);
       FileOutputStream fo=new FileOutputStream(f);
       ObjectOutputStream out=new ObjectOutputStream(fo);
```

```
            out.writeObject(goodsList);
            out.close();
         }
         catch(Exception ee) {}
      }
      else{
         try{
            f.createNewFile();
            Goods goods=new Goods();
            goods.setName(name.getText());
            goods.setMount(mount.getText());
            goods.setPrice(price.getText());
            goodsList.add(goods);
            FileOutputStream fo=new  FileOutputStream(f);
            ObjectOutputStream out=new ObjectOutputStream(fo);
            out.writeObject(goodsList);
            out.close();
         }
         catch(Exception ee) {}
      }
   }
}
```

WindowGoods.java

```
import java.io.*;
import javax.swing.*;
import java.awt.*;
import java.awt.event.*;
import java.util.*;
public class WindowGoods extends JFrame implements ActionListener {
   File file=null;
   JMenuBar bar;
   JMenu fileMenu;
   JMenuItem 录入,显示;
   JTextArea show;
   InputArea inputMessage;
   JPanel pCenter;
   JTable table;
   Object 表格单元[][],列名[]={"名称","库存","单价"};
   CardLayout card;
   WindowGoods() {
      file=new File("库存.txt"); //存放链表的文件
      录入=new JMenuItem("录入");
      显示=new JMenuItem("显示");
      bar=new JMenuBar();
```

```
      fileMenu=new JMenu("菜单选项");
      fileMenu.add(录入);
      fileMenu.add(显示);
      bar.add(fileMenu);
      setJMenuBar(bar);
      录入.addActionListener(this);
      显示.addActionListener(this);
      inputMessage=new InputArea(file); //创建录入界面
      card=new CardLayout();
      pCenter=new JPanel();
      pCenter.setLayout(card);
      pCenter.add("录入",inputMessage);
      add(pCenter,BorderLayout.CENTER);
      setVisible(true);
      setBounds(100,50,420,380);
      validate();
      setDefaultCloseOperation(JFrame.EXIT_ON_CLOSE);
   }
   public void actionPerformed(ActionEvent e) {
      if(e.getSource()==录入) {
        card.show(pCenter,"录入");
      }
      else if(e.getSource()==显示) {
        try{
           FileInputStream fi=new FileInputStream(file);
           ObjectInputStream oi=new  ObjectInputStream(fi);
           LinkedList<Goods> goodsList=(LinkedList<Goods>)oi.readObject();
           fi.close();
           oi.close();
           int length=goodsList.size();
           表格单元=new Object[length][3];
           table=new JTable(表格单元,列名);
           pCenter.removeAll();
           pCenter.add("录入",inputMessage);
           pCenter.add("显示",new JScrollPane(table));
           pCenter.validate();
           Iterator<Goods> iter=goodsList.iterator();
           int i=0;
           while(iter.hasNext()) {
              Goods  商品 =iter.next();
              表格单元[i][0]= 商品.getName();
              表格单元[i][1]=商品.getMount();
              表格单元[i][2]=商品.getPrice();
              i++;
           }
```

```
            table.repaint();
        }
        catch(Exception ee){}
        card.show(pCenter,"显示");
      }
   }
}
```

15.9 小　　结

（1）使用"class 名称<泛型列表>"声明一个泛型类，当使用泛型类声明对象时，必须要用具体的类型（不能是基本数据类型）替换泛型列表中的泛型。

（2）LinkedList<E>泛型类创建的对象以链表结构存储数据，链表是由若干个称做结点的对象组成的一种数据结构，每个结点含有一个数据以及上一个结点的引用和下一个结点的引用。

（3）Stack<E>泛型类创建一个堆栈对象，堆栈把第一个放入该堆栈的数据放在最底下，而把后续放入的数据放在已有数据的顶上，堆栈总是在顶端进行数据的输入输出操作。

（4）HashMap<K,V>泛型类创建散列映射，散列映射采用散列表结构存储数据，用于存储键/值数据对，允许把任何数量的键/值数据对存储在一起。使用散列映射来存储经常需要检索的数据，可以减少检索的开销。

（5）TreeSet<E>类创建树集，树集结点的排列和链表不同，不按添加的先后顺序排列，当一个树集中的数据是实现 Comparable 接口类创建的对象时，结点就按对象的大小关系升序排列。

（6）TreeMap<K,V>类创建树映射，树映射的结点存储键/值对，和树集不同的是，树映射保证结点是按照结点中的键升序排列。

习　题　15

1．问答题

（1）LinkedList 链表和 ArrayList 数组表有什么不同？

（2）为何使用迭代器遍历链表？

（3）树集的结点是按添加的先后顺序排列的吗？

（4）对于经常需要查找的数据，应当选用 LinkedList<E>，还是选用 HashMap<K,V>来存储？

2．阅读程序

（1）在下列 E 类中 System.out.println 的输出结果是什么？

```
import java.util.*;
public class E {
  public static void main(String args[]) {
```

```
        LinkedList< Integer> list=new LinkedList< Integer>();
        for(int k=1;k<=10;k++) {
            list.add(new Integer(k));
        }
        list.remove(5);
        list.remove(5);
        Integer m=list.get(5);
        System.out.println(m.intValue());
    }
}
```

（2）在下列 E 类中 System.out.println 的输出结果是什么？

```
import java.util.*;
public class E {
   public static void main(String args[]) {
      Stack<Character> mystack1=new Stack<Character>(),
                       mystack2=new Stack<Character>();
     StringBuffer bu=new StringBuffer();
     for(char c='A';c<='D';c++) {
        mystack1.push(new Character(c));
     }
     while(!(mystack1.empty())) {
        Character temp=mystack1.pop();
        mystack2.push(temp);
     }
     while(!(mystack2.empty())) {
        Character temp=mystack2.pop();
        bu.append(temp.charValue());
     }
     System.out.println(bu);
   }
}
```

3．编程题

（1）使用堆栈结构输出 a_n 的若干项，其中 $a_n=2a_{n-1}+2a_{n-2}$，$a_1=3,a_2=8$。

（2）编写一个程序，将链表中的学生英语成绩单存放到一个树集中，使得按成绩自动排序,并输出排序结果。

（3）有 10 个 U 盘，有两个重要的属性：价格和容量。编写一个应用程序，使用 TreeMap<K,V>类，分别按照价格和容量排序输出 10 个 U 盘的详细信息。

第 16 章　Java Applet 程序

主要内容

- Java Applet 的结构
- Java Applet 的运行原理
- 网页传值

Java Applet 程序（也称 Java 小程序）是 Java 语言中一种特殊的嵌入式程序，Java Applet 程序由浏览器中内置的 JVM 来负责执行，而不是由安装在操作系统之上的 JVM 来执行，这也是称 Java Applet 程序为嵌入式程序的原因。当初 Java 也正是因为 Java Applet 程序让许多人了解了 Java。随着 Java 技术的不断发展，Java Applet 程序的使用频率已趋下降，但是，考虑到它的运行原理对学习 Java 其他的相关嵌入式程序是有帮助的，以及维护一些仍在使用 Java Applet 的早期系统的需要，在本书的最后一章，我们介绍 Java Applet 程序。

16.1　Java Applet 的结构

一个 Java Applet 程序中必须有一个类是 Applet 类的子类，称该子类是 Java Applet 程序的主类，并且主类必须修饰为 public 的。Applet 类是 java.applet 包中的一个类，同时它还是 java.awt 包中 Panel 类的子类，因此 Java Applet 程序的主类的实例是一个容器，可以在这个容器中添加组件，处理组件事件，完成一些工作。由于目前的浏览器内置的 JVM 仅仅支持 JDK 1.1 版本中的类库，所以 Java Applet 程序中只能使用 JDK 1.1 版本公布的 java.awt 包中的组件，比如 Button、TextField、TextArea 等。

16.2　Java Applet 的运行原理

Java Applet 程序通过浏览器来执行，因此它和 Java 应用程序有许多不同之处。下面通过一个例子来讲解 Java Applet 程序的运行原理。

1．源文件

用文本编辑器编写例子 1 中的 Example16_1.java 源文件。

例子 1

Example16_1.java

```
import java.applet.*;
import java.awt.*;
```

```
public class Example16_1 extends Applet {
   Button button1,button2;
   int sum;
   public void init() {
      button1=new Button("yes");
      button2=new Button("No");
      add(button1);
      add(button2);
   }
   public void start() {
      sum=0;
      for(int i=1;i<=100;i++)
         sum=sum+i;
   }
    public void stop() { }
    public void destroy(){ }
    public void paint(Graphics g) {
       g.setColor(Color.blue);
       g.drawString("程序设计方法",20,60);
       g.setColor(Color.red);
       g.drawString("sum="+sum,20,100);
    }
}
```

一个 Java Applet 程序也是由若干个类组成的，但必须有一个类扩展了 Applet 类，即它是 Applet 类的子类，Applet 类是系统提供的类。我们把这个类叫做这个 Java Applet 程序的主类，Java Applet 程序的主类必须是 public 的。一个 Java Applet 程序不再需要 main 方法，但必须有且只有一个类扩展了 Applet 类。当保存上面的源文件时，必须命名为 Example16_1.java。假设保存 Example16_1.java 在 C:\ch16。

2．编译

```
C:\ch16>\javac Example16_1.java
```

编译成功后，文件夹 ch16 下会生成一个 Example16_1.class 文件。如果源文件有多个类，将生成多个 class 文件，都和源文件在同一文件夹里。

3．运行

Java Applet 程序属于 Java 嵌入式开发的一种，嵌入式程序的主类的实例化由嵌入该程序的平台中的 JVM 负责。这样一来，必须向这样的平台提供相应的配置文件，嵌入该程序的平台使用配置文件通知平台中的 JVM 创建主类的对象，并让该对象产生一些相应的行为。

Java Applet 必须嵌入到浏览器中来运行，因此必须编写一个超文本文件（含有 applet 标记的 web 页），即所谓的配置文件，告诉浏览器来运行这个 Java Applet。

下面是一个最简单的 html 文件，告诉浏览器运行 Java Applet 程序。使用文本编辑器编写如下的超文本文件，并保存在 C:\ch16，并命名为 show.html（扩展名必须是.html，文件名只要符合 Java 标识符规定即可）。

show.html

```
<applet code=Example16_1.class height=180 width=300>
</applet>
```

超文本中的标记 <applet …> 和</applet> 告诉浏览器将运行一个 Java Applet 程序，code 告诉浏览器运行哪个 Java Applet 程序，code“=”后面是主类的字节码文件。

一个 Java Applet 程序的执行过程称为这个 Java Applet 的生命周期。一个 Java Applet 的生命周期内涉及如下方法，这些方法也正是一个完整的 Java Applet 所包含的，它们是 init()、start()、stop()、destroy（）、paint(Graphics g)方法。

浏览器解释执行 show.html，发现有 applet 标记时，浏览器内置的 JVM 将使用主类 Example16_1 创建一个对象，该对象是个容器，它的大小由超文本文件 show.html 中的 width 和 height 来确定。尽管不知道浏览器内置的 JVM 创建的这个对象的名字，但很清楚这个对象的行为，这也是我们所关心的事情。

习惯上把浏览器内置的 JVM 创建的主类的对象称做一个 applet，applet 具有下列行为。

1）初始化：init()

applet 首先自动调用 init()方法完成必要的初始化工作。初始化的主要任务是创建所需要的其他对象、设置初始状态、装载图像、设置参数等。init()方法格式如下：

```
public void init() {
⋮
}
```

init()方法只被调用执行一次。该方法是父类 Applet 中的方法，Example16_1.java 重写了这个方法。

2）启动：start()

初始化之后，applet 自动调用 start()方法。在程序的执行过程中，init()方法只被调用执行一次。但 start()方法将多次被自动调用执行。除了进入执行过程时调用方法 start()外，当用户从 applet 所在的 Web 页面转到其他页面，然后又返回时，start()将再次被调用，但不再调用 init()方法。start()方法的格式如下：

```
public void start() {
⋮
}
```

该方法是父类 Applet 中的方法，Example16_1.java 重写了这个方法。

3）停止：stop()

当浏览器离开 applet 所在的页面转到其他页面时，applet 调用 stop()方法。如果浏览器又回到此页，applet 将再一次调用 start()。在 applet 的生命周期中，stop()方法也可以被调用多次。如果在 Java Applet 程序中设计了播放音乐的功能，而没有在 stop()方法中给出停止播放它的有关语句，那么当离开此页去浏览其他页时，音乐将不能停止。如果没有定义

stop()方法，当用户离开 applet 所在的页面时，applet 将继续使用系统的资源。若定义了 stop()方法，则可以挂起 applet 的执行。stop()方法的格式为：

```
public void stop() {
:
}
```

该方法是父类 Applet 中的方法，Example16_1.java 重写了这个方法。

4）删除：destroy()

当浏览器结束浏览时，applet 执行 destroy()方法，结束 applet 的生命。

该方法是父类 Applet 中的方法，不必重写这个方法，直接继承即可。

5）描绘：paint(Graphics g)

paint(Graphics g)方法可以使一个 applet 在屏幕上显示某些信息，如文字、色彩、背景或图像等。applet 的生命周期内可以多次调用 paint 方法。例如，当 paint 所在的页面被其他页面遮挡，然后又重新放到最前面、改变浏览器窗口的大小，以及 applet 本身需要显示信息时，applet 都会调用 paint()方法。paint 方法是 Component 中的方法，Example16_1.java 重写了这个方法。与上述 4 种方法不同的是，paint()方法有一个 Graphics 类型的参数 g，当 applet 调用 paint 方法时，浏览器内置的 Java 运行环境将产生一个 Graphics 类的实例，并传递给 paint 方法中的参数 g。

在调试 Java Applet 程序时，可以使用浏览器打开文件 show.html 来运行 Java Applet 程序，如果浏览器不支持 Java Applet 程序（该浏览器没有内置 JVM），也可以使用 JDK 提供的 appletviewer 来调试 Java Applet 程序，如在命令行窗口进入 C:\ch16 后执行 appletviewer 命令，如下所示：

C:\ch16\appletviewer show.html

applet 调用 init、start、paint 方法之后，出现如图 16.1 所示的效果。

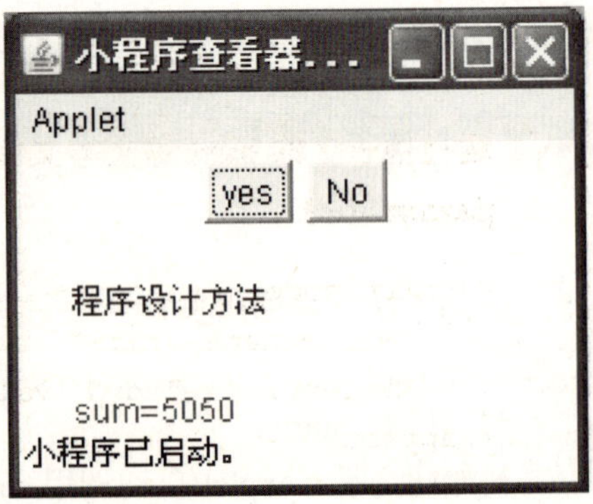

图 16.1　执行 Java Applet 程序

Java Applet 程序增强了 B/S 模式的功能。我们知道，C/S 模式中的客户端使用应用程序和服务器交互信息，其优点是可以为客户提供较多的功能，缺点是不利于整个系统的维护；B/S 模式中客户使用浏览器和服务器交互信息，和 C/S 模式相比，不能为客户端提供较多的功能，优点是便于系统的维护，但是，通过让浏览器访问一个含有 applet 标记的网页，下载执行一个 Java Applet 程序，可以很好地弥补 B/S 模式的不足。

16.3　网 页 传 值

可以在超文本中使用若干个<Param…>标志把值传递到 Java Applet 程序中，这样就可以动态地向 Java Applet 程序传递信息，不必重新编译程序，便于 Java Applet 程序的维护和使用。

下面的例子 2 使用 html 向 Java Applet 程序传递 2 个整数。

例子 2

Example16_2.java

```
import java.awt.*;
import java.applet.*;
public class Example16_2 extends Applet {
   int x,y,sum;
   public void init() {
      String s1=getParameter("girl");  //从html得到"girl"的值
      String s2=getParameter("boy");  //从html得到"boy"的值
      x=Integer.parseInt(s1);
      y=Integer.parseInt(s2);
      sum=x+y;
   }
   public void paint(Graphics g) {
      g.drawString("sum="+sum,90,120);
   }
}
```

运行例子 2 的 html 超文本文件如下：

param.html

```
<applet code= Example16_2.class width=200 height=200>
    <Param name="girl"  value ="150">
    <Param name="boy"  value ="175">
</applet>
```

习　题　16

（1）编写一个 Java Applet 程序，有两个文本框组件，当在一个文本框输入数字字符回车后，另一个文本框显示该数字的平方。

（2）参考例子 2，将矩形的参数通过网页传递给 Java Applet 程序，以便绘制矩形。

21 世纪高等学校数字媒体专业规划教材

ISBN	书　名	定价（元）
9787302234111	多媒体 CAI 课件制作技术及应用	35.00
9787302235118	虚拟现实技术	35.00
9787302238133	影视技术导论	29.00
9787302224921	网络视频技术	35.00
9787302232865	计算机动画制作与技术	39.00
9787302224877	数字动画编导制作	29.50
9787302222651	数字图像处理技术	35.00
9787302218562	动态网页设计与制作	35.00
9787302222644	J2ME 手机游戏开发技术与实践	36.00
9787302217343	Flash 多媒体课件制作教程	29.5
9787302208037	Photoshop CS4 中文版上机必做练习	99.00
9787302210399	数字音视频资源的设计与制作	25.00
9787302201076	Flash 动画设计与制作	29.50
9787302185406	网页设计与制作实践教程	35.00
9787302180319	非线性编辑原理与技术	25.00
9787302168119	数字媒体技术导论	32.00
9787302155188	多媒体技术与应用	25.00
9787302243700	多媒体信息处理与应用	35.00

以上教材样书可以免费赠送给授课教师，如果需要，请发电子邮件与我们联系。

教学资源支持

敬爱的教师：

感谢您一直以来对清华版计算机教材的支持和爱护。为了配合本课程的教学需要，本教材配有配套的电子教案（素材），有需求的教师可以与我们联系，我们将向使用本教材进行教学的教师免费赠送电子教案（素材），希望有助于教学活动的开展。

相关信息请拨打电话 010-62776969 或发送电子邮件至 weijj@tup.tsinghua.edu.cn 咨询，也可以到清华大学出版社主页（http://www.tup.com.cn 或 http://www.tup.tsinghua.edu.cn）上查询和下载。

如果您在使用本教材的过程中遇到了什么问题，或者有相关教材出版计划，也请您发邮件或来信告诉我们，以便我们更好地为您服务。

地址：北京市海淀区双清路学研大厦 A 座 708　　计算机与信息分社魏江江　收

邮编：100084　　电子邮件：weijj@tup.tsinghua.edu.cn

电话：010-62770175-4604　　邮购电话：010-62786544

《网页设计与制作（第 2 版）》目录

ISBN 978-7-302-25413-3　　梁　芳　主编

图书简介：

Dreamweaver CS3、Fireworks CS3 和 Flash CS3 是 Macromedia 公司为网页制作人员研制的新一代网页设计软件，被称为网页制作“三剑客”。它们在专业网页制作、网页图形处理、矢量动画以及 Web 编程等领域中占有十分重要的地位。

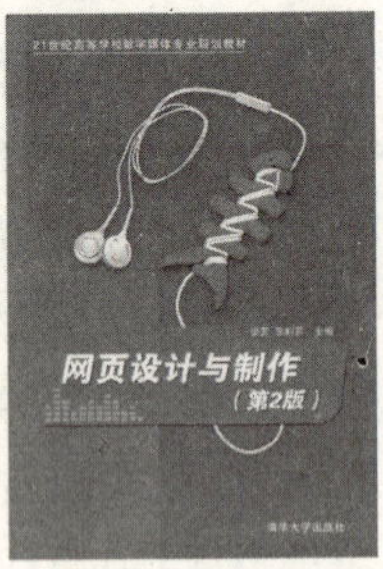

本书共 11 章，从基础网络知识出发，从网站规划开始，重点介绍了使用“网页三剑客”制作网页的方法。内容包括了网页设计基础、HTML 语言基础、使用 Dreamweaver CS3 管理站点和制作网页、使用 Fireworks CS3 处理网页图像、使用 Flash CS3 制作动画和动态交互式网页，以及网站制作的综合应用。

本书遵循循序渐进的原则，通过实例结合基础知识讲解的方法介绍了网页设计与制作的基础知识和基本操作技能，在每章的后面都提供了配套的习题。

为了方便教学和读者上机操作练习，作者还编写了《网页设计与制作实践教程》一书，作为与本书配套的实验教材。另外，还有与本书配套的电子课件，供教师教学参考。

本书可作为高等院校本、专科网页设计课程的教材，也可作为高职高专院校相关课程的教材或培训教材。

目　录：